21 世纪法学系列教材配套辅导用书

婚姻家庭继承法练习题集

主　编　龙翼飞
副主编　孙若军
撰稿人　窦冬辰　姚　邢　叶　翔

中国人民大学出版社
·北京·

编写说明

面对高等法学教育中的种种现象，我们感到困惑，也产生了很多的忧虑：十年前的时候，法学专业是所谓的“热门专业”之一，现在的热门专业排行榜早已不见了“法学”的踪影；法学本来是很“专业”的专业，但在目前法学专业毕业的学生求职的时候，很多用人单位感觉法学学生似乎最没有专业；很多学生学了四年的法学专业，知道了很多法律上的专业名词，在被问到一个案子如何处理的时候，可以侃侃而谈、头头是道，满口专业词汇，甚至德国如何规定、美国有某个新鲜的理论，但是就是不知道中国怎么规定，这个发生在中国的案子究竟该如何解决；等等。这种现象似乎可以被称为“专业教育的非专业化”。2005 年贺卫方教授在网上宣布停止招收研究生，就是针对现在考研过于注重公共课程、不注重学生对于专业的喜好这种现象而进行的挑战。法学教育中出现的这些现象，可能与整个大的教育背景有关。很多文科的学生进入大学后，“一半时间在学外语，一半时间在打游戏”。因为文科的期末考试都比较简单，学生混个学分顺利毕业是不成问题的，很多学生对专业的学习都是考试前一个月甚至一个星期前死记硬背对付考试，所以有人戏称，有些文科学生大学四年实际上是学了八个月甚至更少。我们在抨击应试教育而强调素质教育的时候，却把专业教育给“晾”了。这种“不专”的现象，已经引起了很多法学教育工作者和从业者的忧虑和不安，长此以往，不仅对我们的法学专业学生会造成不利影响，极而言之，还可能对我国的法学教育造成戕害。因此，我们建议，法科的学生还是应该学好专业，把这个专业性很强的专业修炼成自己的看家本领，从而能够以专业而谋得生存、谋得尊重。

大学生也做练习？可能有人尤其是一些文科的学生会带着嘲讽的口吻反问。理工科的大学生在学习的过程中做练习、做实验，都是很平常的事情，但是在文科的学校、院系，做练习似乎成了稀奇的事情，有的大学生也因此感到了大学与中学的“根本不同”。但是，我们专门为法学专业的学生组织编写了这套“练习题集”，就是主张法学学生在平时学习的时候也应当同步进行练习自测。这个设想就是基于以上的疑惑和忧虑而来的。我们希望，通过同步练习，帮助和促使同学们切实地掌握本学科的知识，熟悉我国现行法的规定，并对一些学术前沿问题有所了解。说得大一点，我们要为法学教育的“专业教育”作出一点努力。

具体来说，这套书希望达到以下目的：

1. 帮助学生系统掌握本学科知识。修完一门课程，并不是拿到学分了事，要真正掌握本学科的一些“门道”，至少要完成入门的工夫吧。这套“练习题集”设计了“知识逻辑图”栏目，详细勾画了一章内容是不同知识点之间的逻辑关系。设计了各种题型的自测题，突出了重点，提供了详细精辟的答案分析，不仅可以开阔学生的眼界，帮助同学们了解不同类型考题的不同形态，掌握其解题方法，而且可以培养和增强学生的适应能力。除了每章的自测题外，全书还专门设计了三套综合测试题，同学们可以在学完本门课程后自已测验一下学习的效果。

2. 帮助学生通过国家司法考试。法学专业的学生系统学习四年过后，通过国家司法考试应当是顺理成章和轻而易举的事情，事实上，情况不是这样，只能表明某些同学平时的专业学习还浮在表面。这套“练习题集”从历年国家司法考试（律师资格考试）的试题中精选了部分经典的试题，帮助学生了解司法考试的难度、角度和形式，并进行有针对性的学习和复习。

3. 帮助学生准备考研。一方面，从一些法学名校（如中国人民大学、北京大学、中国政法大学等）历年考研试题中精选了部分试题，另一方面，这套书专门设计了一个“论述题与深度思考题”栏目，以拓展学生学术视野，对考研的同学掌握论述题的答题方法和技巧亦有较大帮助。

我们的思路可归纳为：通过似乎回到“应试教育”模式、进行同步练习这样一种“俗”的方式，来达到我们强化“专业教育”的大而不俗的目的。

这套“练习题集”一共包括14本，对应着14门法学核心课程，是“21世纪法学系列教材”的配套辅导用书，不得不提的是，“21世纪法学系列教材”自2000年出版以来，被全国众多法律院校师生选用，有的教材比如王利明教授的《民法》印销数量已经达到了30万册之巨，14门核心课的教材平均印销量也在10万册以上。10万册书背后就是10万位甚至更多的读者。这么多读者的厚爱与支持，让我们感到责任重大。我们唯有不断提高服务来作为回报！“21世纪法学系列教材”目前已经有了核心课教材、核心课教学参考书、选修课教材、案例分析教材、双语教材等多个子系列，共80余种，现在又增加了这套“练习题集”。这么多品种，目的就是一个：让使用我们教材的老师、同学有更多的选择，能够满足老师、同学们更多的需求。我们希望，这套大型的“21世纪法学系列教材”能够不断补充、完善，让使用这套教材的老师、同学们满意，也为我们国家的法学“专业教育”作出自己应有的努力！

编者

2006年2月

目　录

第一章　导论：婚姻家庭与社会制度 …… 1
第二章　婚姻家庭法的历史发展 …… 8
第三章　婚姻家庭法概述 …… 18
第四章　亲属关系原理 …… 29
第五章　婚姻的成立 …… 44
第六章　婚姻的效力 …… 64
第七章　婚姻的终止 …… 79
第八章　亲权与亲子关系 …… 98
第九章　收　养 …… 107
第十章　扶　养 …… 116
第十一章　监　护 …… 123
第十二章　救助措施与法律责任 …… 128
第十三章　民族、涉外、涉侨及中国区际婚姻家庭法律问题 …… 134
第十四章　继承法概述 …… 141
第十五章　法定继承 …… 164
第十六章　遗嘱继承、遗赠和遗赠扶养协议 …… 179
第十七章　遗产的处理 …… 201

第一章　导论：婚姻家庭与社会制度

知识逻辑图

- 导论：婚姻家庭与社会制度
  - 婚姻家庭的概念和本质
    - 婚姻家庭的概念
      - （1）一般概念
      - （2）法律概念
    - 婚姻家庭的属性
      - （1）自然属性
      - （2）社会属性
    - 婚姻家庭的社会功能
      - （1）实现人口再生产
      - （2）组织经济生活
      - （3）教育
  - 婚姻家庭制度及其历史类型
    - 婚姻家庭制度
      - 婚姻家庭制度与经济基础
        - （1）经济基础决定婚姻家庭制度
        - （2）婚姻家庭制度能动反作用于经济基础
      - 婚姻家庭制度与上层建筑
        - （1）上层建筑对婚姻家庭制度的制约和影响
        - （2）婚姻家庭制度对其他上层建筑的影响
    - 婚姻家庭制度的历史类型
      - （1）群婚制
      - （2）对偶婚制
      - （3）私有制社会中的一夫一妻制
      - （4）社会主义社会的一夫一妻制

名词解释

1. 婚姻家庭的一般概念
2. 婚姻家庭的法律概念

选择题

（一）单项选择题

1. 从婚姻家庭的法律概念层面看，下列对婚姻的属性理解错误的是（　　）。

A. 婚姻具有长期性

B. 婚姻具有稳定性

C. 婚姻具有合法性

D. 婚姻具有客观性

2. 下列哪一社会形态中不可能出现一夫一妻制？（　　）

A. 氏族社会

B. 封建主义社会

C. 资本主义社会

D. 奴隶制社会

3. 以下哪一种婚姻家庭制度的历史类型出现的最晚？（　　）

A. 血缘群婚

B. 一夫一妻制

C. 对偶婚制

D. 亚血缘群婚

4. 以下有关上层建筑包括意识形态对婚姻家庭制度影响的说法错误的是（　　）。

A. 法律在调整婚姻家庭关系之中起着其他上层建筑不可替代的作用

B. 婚姻家庭立法中许多未规定的问题，都是由道德加以调整的

C. 尽管宗教曾经对婚姻家庭制度起到重要影

响，但是在当代，宗教已经不再对婚姻家庭制度进行干预

D. 在上层建筑领域里，政治最集中地反映了经济基础的性质和要求，它对婚姻家庭制度的制约和影响是很强烈的

（二）多项选择题

若持狭义的婚姻家庭概念，则婚姻家庭制度有（　　）。

A. 奴隶制社会的婚姻家庭制度

B. 氏族社会的婚姻家庭制度

C. 原始社会的婚姻家庭制度

D. 资本主义社会的婚姻家庭制度

简答题

1. 简述如何从法律意义上界定婚姻、家庭。

2. 简述婚姻家庭的自然属性和社会属性。

3. 简述婚姻家庭在物质社会关系和思想社会关系上的体现。

论述题

1. 试述当代婚姻家庭的社会功能。

2. 试述婚姻家庭制度与经济基础、上层建筑的关系。

3. 试述婚姻家庭制度产生、演变的历史进程。

参考答案

名词解释

1. 婚姻家庭的一般概念是以婚姻家庭这种社会关系为基础的，一般可以表述如下：婚姻，是为当时社会制度所确认的，男女两性互为配偶的结合。家庭，是以婚姻、血缘关系和共同经济为纽带而组成的亲属团体。

2. 婚姻家庭的法律概念，实际上就是婚姻家庭法律关系的概念。不同于社会关系意义上的婚姻家庭的一般概念，就法律关系而言，婚姻家庭的法律概念大致可以表述如下：婚姻，是男女双方以永久共同生活为目的，以夫妻的权利义务为内容的合法结合。家庭，是共同生活的，其成员间互享法定权利、互负法定义务的亲属团体。

选择题

（一）单项选择题

1. D。不同丁社会关系意义上的婚姻家庭的一般概念，就法律关系而言，婚姻家庭的法律概念大致可以表述如下：婚姻，是男女双方以永久共同生活为目的，以夫妻的权利义务为内容的合法结合。家庭，是共同生活的，其成员间互享法定权利、互负法定义务的亲属团体。为正确理解上述概念，一定要注意以下的问题。第一，要强调婚姻的长期性、稳定性和合法性。不以永久共同生活为目的的结合，是不符合婚姻关系宗旨的。在法治社会中，婚姻并不是某种中性的、与法律无关的结合，合法性是婚姻的本质特征。因此，客观性并不是法律概念层面的婚姻属性。

2. A。原始社会中的两性和血缘关系的社会形式，是同原始社会的公有制生产关系的一定发展阶段相适应的，对偶婚制已经成为它的极限。“要使对偶家庭进一步发展为牢固的一夫一妻制，除了已经看到的一直起着作用的那些原因以外，还需要有别的原因。在成对配偶制中，群已经缩减到它的最后单位，仅由两个原子组成的分子，即一男和一女……如果没有新的、社会的动力发生作用，那么从成对配偶制中就没有任何根据产生新的家庭形式了。”这里所说的新的、社会的动力，就是原始社会末期产生和发展起来的私有财产。一夫一妻制也只有在私有财产制确立之后才得以出现。因此，在氏族社会中，没有确立私有财产制，是不可能出现一夫一妻制的。

3. B。作为社会制度组成部分的婚姻家庭制度，是以各种具体的历史形态存在于社会发展的一定阶段的。如果在婚姻家庭的概念上持广义说，可将婚姻家庭制度分为群婚制、对偶婚制和一夫一妻制三种历史类型。群婚制是在原始社会蒙昧时期中、高级阶段出现、存在的婚姻形式，是指一定范围内的一群男子与一群女子互为夫妻的婚姻形式。对偶婚制，是从群婚制到一夫一妻制的过渡，是指一男一女在一定时期内过相对稳定的生活。一夫一妻制，是随着私有财产制的出现而

出现的。综上所述，一夫一妻制作为婚姻家庭制度的历史类型出现得最晚。

4. C。宗教是客观存在的自然力量和社会力量在人们思想中的虚幻的、歪曲的反映。宗教对婚姻家庭制度的制约和影响是通过人们的信仰而形成的。在当代，宗教仍然对婚姻家庭制度进行干预，不能说宗教已经不再对婚姻家庭制度产生影响。因此，C选项是错误的。

（二）多项选择题

AD。如果在婚姻家庭的概念上持狭义说，婚姻家庭制度是随着原始社会两性和血缘关系社会形式为一夫一妻制所替代而形成的，可将婚姻家庭制度划分为奴隶制的婚姻家庭制度、封建制的婚姻家庭制度、资本主义的婚姻家庭制度和社会主义的婚姻家庭制度。因此，本题的答案是AD。

简答题

1. 婚姻家庭关系一经法律调整，便成为婚姻家庭法律关系，这种法律关系的主体，即婚姻双方和其他家庭成员，便被一定的权利义务联结起来。我们认为，婚姻家庭的法律概念，实际上就是婚姻家庭法律关系的概念。婚姻家庭的法律概念，可以大致表述如下：婚姻，是男女双方以永久共同生活为目的，以夫妻的权利义务为内容的合法结合。家庭，是共同生活的、其成员间互享法定权利、互负法定义务的亲属团体。

在法律意义上界定婚姻、家庭，要注意以下两个问题：第一，要强调婚姻的长期性、稳定性和合法性。不以永久共同生活为目的的结合，是不符合婚姻关系的宗旨的。在法治社会中，婚姻并不是某种中性的、与法律无关的结合，合法性是婚姻的本质特征。第二，要强调婚姻双方与其他家庭成员间权利义务的一致性，这种权利义务是以个人为本位的。婚姻家庭领域的权利义务首先是身份关系方面的权利义务，财产方面的权利义务是基于特定的身份关系而发生的。婚姻家庭关系主体可以为实现自己的身份利益和财产利益依法向对方行使权利，同时也须为对方身份利益和财产利益的实现承担义务。

2. 婚姻家庭在本质上是一种社会关系，发生在人与人之间。但它又是以两性结合和血缘关系为必要条件的，这是婚姻家庭赖以形成的自然基础。

（1）婚姻家庭的自然属性

婚姻家庭不同于其他社会关系，有其本身的自然属性，或者说，作为社会关系的婚姻家庭是在一定的自然条件下形成的。男女两性的差别和人类固有的性的本能，是婚姻的生理学上的基础。通过生育繁衍而形成的血缘关系，是家庭的生物学上的特征。

如果没有这种自然属性，便不成其为婚姻家庭，或者说，婚姻家庭便无从产生；既没有存在的必要，也不可能实现其独特的社会功能。应当指出，在生理学和生物学的领域内，某些自然规律对人类的婚姻家庭同样也是起作用的，这一点正是以婚姻家庭的自然属性为其客观依据的。即使在个体婚和个体家庭形成以后，婚姻家庭的自然属性也是不容忽视的，任何时代、任何国家的婚姻家庭法，都不能置其于不顾，违背某些自然规律的要求。

（2）婚姻家庭的社会属性

婚姻家庭是社会关系而非自然关系。或者说，婚姻家庭只是借助于某些自然条件而形成的社会关系。婚姻家庭不是自然的产物而是社会的产物。作为自然因素的两性结合和血缘关系，是普遍存在于一切高等的或者较高等的动物界的，婚姻家庭却是人类社会特有的社会关系。因此，不能将婚姻家庭的自然属性和作为社会关系的婚姻家庭本身混为一谈。婚姻家庭的本质只能取决于它的社会属性，而不能取决于它的自然属性。社会性是人类的根本属性，也是婚姻家庭的根本属性。作为社会关系特定形式的婚姻家庭，是依存于一定的社会结构、具有一定社会内容的，它与社会诸关系具有多方面的内在联系。婚姻家庭的起源、性质、特点及发展变化等，这一切都不是它的自然属性所能说明的。作为社会关系的婚姻家庭，是一定的物质社会关系和一定的思想社会关系的结合。对婚姻家庭关系的内容稍加观察，有助于揭示婚姻家庭的社会属性，认识婚姻家庭的社会本质。婚姻家庭的社会属性主要表现为物质的社会关系和思想的社会关系。

3. 作为社会关系的婚姻家庭，是一定的物质社会关系和一定的思想社会关系的结合：

就物质的社会关系而言，婚姻双方和家庭成员的经济关系（财产关系）无非是社会生产关系在婚姻家庭领域的具体表现。由于生产资料所有制和生产组织形式的不同，婚姻家庭领域的经济关系的性质和特点也是各不相同的。社会物质生活条件中的其他因素，也对婚姻家庭领域的经济关系起着不同程度的制约和影响作用。通过婚姻家庭中的生育行为而实现的人口再生产，也是在一定的物质社会关系中进行的。

就思想的社会关系而言，作为婚姻家庭关系主体的个人，是被感情、道德及法律等因素联结在一起的。婚姻家庭中的这些因素绝不是孤立存在的。一般而言，这些属于思想社会关系的因素直接或间接地反映了物质社会关系的要求，它们是同一定社会的上层建筑、意识形态相适应的。列宁曾经说过，思想社会关系只是不以人们的意志和意识为转移而形成的物质社会关系的上层建筑，而物质关系是人们维持生存的活动的形式(结果)。婚姻家庭中的思想社会关系和物质社会关系在总体上是一致的，但有时也会出现不相一致的情形，在社会制度、婚姻家庭制度发生重大变革的时代，表现得尤为明显。

论述题

1. 婚姻是家庭的基础，是家庭关系的源泉，广义上的家庭关系包括了婚姻关系（夫妻关系），因此，婚姻家庭的社会功能就是家庭的社会功能。这些功能将作为社会组织细胞的婚姻家庭和社会密切地联系在一起，是婚姻家庭的本质和作用在社会生产和社会生活中的具体体现。一般说来，婚姻家庭不仅起着调节两性关系、维护两性关系的社会秩序的作用，而且是社会中人口再生产的单位、重要的经济单位和教育单位。在不同的社会制度下，上述功能的具体内容不尽相同，反映了一定的社会发展阶段中生产方式和生活方式的要求。这些功能有：

（1）实现人口再生产的功能

人口和人口再生产是社会生存和发展的必要条件。以两性结合和血缘联系为其自然条件的婚姻家庭，作为人口再生产的单位是其自然属性的具体表现。但是，人类社会中的人口再生产并不是一个与社会制度无关的纯自然的过程。历史上的每一种生产方式，都有其特定的人口规律。社会制度不同，婚姻家庭在实现人口再生产的功能时也呈现出相应的特点。这是由婚姻与家庭的社会属性决定的。

人类自身的繁衍是在一定的社会关系、婚姻家庭关系中进行的。宏观上的社会人口再生产，在微观上是通过婚姻家庭主体的生育行为实现的。正因为如此，婚姻家庭制度和生育制度具有密切的联系，这也是我国以计划生育作为婚姻与家庭法基本原则之一的客观依据。

（2）组织经济生活的功能

家庭的经济功能反映了一定社会中生产力和生产关系的性质和要求，以婚姻为基础的个体家庭自其产生之时便在社会经济生活中起着重要的作用。从历史上来看，不论是奴隶社会还是封建社会，家庭在当时的社会经济结构中都是一个组织生产和消费的基本单位。进入资本主义时代以来，家庭的经济功能虽然有所削弱，但它在经济生活特别是组织消费方面的作用仍然是不容忽视的。家庭作为组织消费的基本单位，仍然是社会分配和个人消费的中介。它在养老育幼（扶养家庭中没有独立生活能力的成员）方面所起的重要作用，是其他社会组织无法替代的。

（3）教育功能

家庭是社会中的一个教育单位，家庭教育是社会教育的组成部分。家庭成员之间特有的血缘的、感情的、经济的和共同生活的联系，使这种教育具有不同于学校教育等其他社会教育的特点。在教育事业不发达的古代社会，家庭教育是主要的教育手段。近现代社会以来，学校和其他教育机构有了很大的发展，但家庭教育在全部社会教育中仍然具有特殊的地位和作用。家庭是人们最初的生活环境和实践场所，家庭成员间的亲密关系，又为这种教育提供了各种有利的条件。

2. 婚姻家庭制度是社会制度的组成部分，属于上层建筑的范畴。按照我国法学界比较公认的见解，婚姻家庭制度是一定社会中经济基础对婚姻家庭的要求在上层建筑领域的集中表现。基于婚姻家庭的社会属性，以及经济基础和上层建筑的辩证关系，经济基础对婚姻家庭的要求必然会在上层建筑包括意识形态中有所表现，既表现为有关婚姻家庭的观点、观念，即婚姻家庭观；也表现为由有关婚姻家庭的各种社会规范构成的制度，即婚姻家庭制度。

（1）经济基础对婚姻家庭制度起到决定作用

经济基础的性质，决定了包括婚姻家庭制度在内的全部上层建筑的性质。不同类型的社会都有与其经济基础相适应的婚姻家庭制度。各种婚姻家庭制度依次更替，无一不是经济基础发生变革的必然结果。婚姻家庭和其他上层建筑一样，它和上层建筑的联系是以经济基础为中介的，只有当生产力的发展导致经济基础变革的时候，才能引起婚姻家庭制度的根本变革。

婚姻家庭制度也同其他上层建筑一样，对于经济基础并不是消极的、被动的，它能够通过自身特有的途径，能动地反作用于经济基础，通过经济基础而对生产力起着积极的或者消极的影响作用。先进的婚姻家庭制度是促进生产力发展的积极因素，落后的婚姻家庭制度是束缚生产力发展的消极因素。

（2）上层建筑包括意识形态对婚姻家庭制度起到制约和影响作用

经济基础对婚姻家庭的要求，是通过相关的上层建筑直接或间接地表现出来的。有关婚姻家庭的各种规范和具体制度，是寓于上层建筑相关部门之中的。从广义上来说，意识形态也属于上层建筑领域。作为意识形态而存在的婚姻家庭观，是一定社会中婚姻家庭制度的精神支柱，其影响切不可低估。在上层建筑、意识形态中，政治、法律、道德、宗教、文学艺术等都通过不同的途径作用于婚姻家庭制度。我们既要肯定经济基础对婚姻家庭制度的决定作用，又要重视上层建筑包括意识形态对婚姻家庭制度的制约和影响。列宁指出，如果企图把两性关系从它们与整个思想体系的总的联系中划分出来后的本身变化，直接归结到社会经济基础，那就不是马克思主义，而是唯理主义。一定社会的上层建筑，包括意识形态，往往具有自身的、源自历史、民族、宗教和传统文化等方面的种种特征。只有充分估计到这方面的情况，才能合理地解释为什么许多具有同一类型经济基础的国家，在婚姻家庭制度上会有种种差别。如果置上层建筑、意识形态于不顾，一切问题都直接地、机械地从经济基础中去寻找答案，同样也是违背历史唯物主义基本原理的。

在上层建筑领域里，政治最集中地反映了经济基础的性质和要求，它对婚姻家庭制度的制约和影响是很强烈的。中国古代的宗法统治和奴隶制、封建制的婚姻家庭制度的关系，资产阶级的虚伪的“自由、平等、民主”和资本主义婚姻家庭制度的关系，都说明了当时的政治制度和婚姻家庭制度的一致性。同样，社会主义的民主政治也是维护、巩固和发展社会主义婚姻家庭制度的强大动力。

法律是由国家制定或认可的，以国家的强制力保证其实施的行为规范，任何国家均以法律为调整婚姻家庭关系的重要手段。婚姻家庭制度具有一定的法律形式以后，就更加系统化、固定化了。有关婚姻家庭的法律制度，是一定社会中婚姻家庭制度的核心部分。婚姻家庭关系一经法律调整，主体之间便发生法定的权利义务，法律在调整婚姻家庭关系之中起着其他上层建筑不可替代的作用。

婚姻家庭是人类社会中重要的伦理实体，道德观念和道德规范中具有大量的有关婚姻家庭的内容。与法律不同，道德不是依靠国家的强制力，而是依靠人们的信念、传统、教育以及社会舆论等力量，去评判是非、善恶，分别加以支持或谴责，从而影响人们的意志，调整人与人之间的关系的。道德不仅具有社会性，而且具有阶级性。在一定社会中占统治地位的道德即统治阶级的道德，同婚姻家庭立法是一致的，两者是相辅相成、相互补充的。不论是任何时代、任何国家，婚姻家庭立法中许多未规定的问题，都是由道德加以调整的。

宗教对婚姻家庭制度的制约和影响也是不容忽视的。宗教无非是客观存在的自然力量和社会力量在人们思想中的虚幻的、歪曲的反映。在这种反映中，人间力量采取了超人间力量的形式。宗教对婚姻家庭制度的制约和影响是通过人们的信仰而起作用的。从历史上来看，在许多政教合一的国家里，宗教经典同时起着法典的作用，如印度教的《摩奴法典》、伊斯兰教的《古兰经》等。欧洲中世纪的寺院法和基督教的《圣经》等对婚姻家庭的重要影响，也是这方面的明显例证。

在当代一些国家中，宗教对婚姻家庭制度仍有程度不同的干预。

对于婚姻家庭制度来说，作为意识形态的文学艺术是运用形象思维反映社会存在和社会实践，通过影响人们的婚姻家庭观，潜移默化地发挥其作用的。文学艺术总是按照一定的价值判断，对婚姻家庭领域中的各种复杂的现象作出自己的评估，或揭露、或歌颂，从而引起人们在感情上的共鸣，这种精神力量也会对婚姻家庭制度产生一定影响。

此外，风俗习惯对婚姻家庭制度的影响也是十分明显的。风俗习惯一般都是在历史上长期形成的，同人们的生产和生活环境有密切的关系，往往带有民族的、地区性的和传统文化的特点。某些婚姻家庭方面的习惯，本身就是婚姻家庭制度的内容。在婚姻家庭领域里保持和发扬各种科学的、健康有益的风俗习惯，破除这方面的落后的陈规陋习，对改革和完善婚姻家庭制度具有很重要的意义。

上层建筑、意识形态对婚姻家庭制度的制约和影响是多方面的，此处不能一一列举。它们的作用、途径和表现方式，也是各不相同的。婚姻家庭制度对其他上层建筑也会产生一定的影响，作为同一经济基础的上层建筑本来就是相互联系的。

3. 作为社会制度组成部分的婚姻家庭制度，是以各种具体的历史形态存在于社会发展的一定阶段的。婚姻家庭制度的历史类型和社会制度的历史类型是一致的。一般说来，根据婚姻家庭制度的变迁过程，广义上婚姻家庭制度的历史类型分为群婚制、对偶婚制和一夫一妻制三种历史类型，狭义上婚姻家庭制度的历史类型分为奴隶制的婚姻家庭制度、封建制的婚姻家庭制度、资本主义的婚姻家庭制度和社会主义的婚姻家庭制度。

（1）群婚制

原始社会作为一个独立的社会形态具有根本不同于阶级社会的特点。与当时低下的生产力相适应，原始的公有制的生产关系是社会的经济基础。一般说来，生产关系和两性血缘关系的社会形式是完全一致的。

当时，任何意义上的婚姻家庭都不存在。如果一定要将婚姻家庭的概念用于那时的原始人类，那只能说，一个原始群体就是一个“婚姻”集团，一个“家庭公社”，实际上也就是一个社会。随着原始社会不断地缓慢发展，才从最初的毫无限制的两性关系中发展出各种群婚制的两性和血缘关系的社会形式。

需要指出的是，原始群体中的两性关系，具有自然的、素朴的性质。在两性结合上虽然没有后世出现的种种禁例，但绝不是说两性关系在日常生活中是乱得毫无秩序的。

（2）对偶婚制

在人类两性和血缘关系的演进过程中，对偶婚是从群婚制到一夫一妻的过渡。应当指出，作为两性结合的一种事实或现象，成对配偶在一定时期相对稳定地同居，在群婚制下或更早的时代便已出现，但在当时的生活条件下不可能成为一种通行的制度。随着两性和血缘关系社会形式的发展变化，群婚制下的各种婚姻禁例越来越多，越来越严格，一男一女对偶同居的现象逐渐被习惯、道德固定下来，直至用对偶婚制取代了群婚制。

对偶婚姻只具有相对稳定的性质，双方的结合并不牢固，极易为一方或双方破坏。在一个相当长的时期内，对偶婚并不总是单一的，现有的各种研究成果表明，它有时是复合的、交叉的。从过去在群婚制下只能判明谁是子女的生母，现在谁是子女的生父一般来说也是能够判明的了。从一定意义上来说，对偶婚是一夫一妻制个体婚姻的萌芽。特别需要指出的是，原始社会末期的生产力有了较大的提高，氏族内部的私有经济已经产生并且不断积累，这就为一夫一妻制个体家庭的形成提供了条件。

（3）私有制社会中的一夫一妻制

原始社会中的两性和血缘关系的社会形式，是同原始社会的公有制生产关系的一定发展阶段相适应的，对偶婚制已经成为它的极限。氏族社会中私有经济因素的扩大，最后导致“母权制”废除，母系氏族为父系氏族所替代。于是，子女由母方氏族的成员变为父方氏族的成员，确立了子女按父方计算世系和承袭父方遗产的制度。在父系氏族内部，逐渐形成以男子为中心，以一定的私有财产为其经济基础的一夫一妻制婚姻家庭。男女两性社会地位的变化，从原始的、朴素的平等关系到男尊女卑，也是在这一过程中，在私有制产生和发展的社会条件下完成的。

一夫一妻制的婚姻家庭在性质上根本不同于过去的两性和血缘关系的社会形式。私有制社会中的一夫一妻制一开始就是片面的、名不副实的，在某种意义上是专对女方而言的，称其为“一妻一夫制”可能更为确切。奴隶制的、封建制的和资本主义的婚姻家庭制度都是私有制社会中一夫一妻制的具体历史形态，它们都具有起源并植根于私有财产的共同本质。由于各种社会中私有制形式的不同，其一夫一妻制又具有各自不同的种种特征。例如，奴隶制、封建制下的一夫一妻制，具有包办强迫婚姻、剥削阶级实行公开的多妻制，以及男尊女卑、夫权统治、漠视子女利益等特点。而资本主义婚姻家庭制度下，形式上的婚姻自由代替了往昔父母家长对子女的主婚权，法律上的男女平等掩盖了事实上的不平等，有产者手中的财产权取代了过去的人身特权。

（4）社会主义的婚姻家庭制度

社会主义婚姻家庭制度是真正的一夫一妻制的婚姻家庭制度，它具有婚姻自由，男女平等，一夫一妻，保护妇女、儿童和老人合法权益等基本特征。凡此种种，都是由社会主义公有制决定的，同时也反映了社会主义的政治、法律、道德等对婚姻家庭的要求。婚姻家庭领域里人与人之间的地位和关系，同社会其他领域里人与人之间的地位和关系是一致的。婚姻家庭是社会主义社会中极为活跃、具有强大生命力的细胞，在社会生产、社会生活中起着重要的作用，婚姻家庭生活的文明进步是私有制社会中的婚姻家庭不可比拟的。

应当指出，在社会主义社会的一定发展阶段中，新的婚姻家庭制度还不够完善，婚姻家庭领域里旧制度、旧思想的残余影响也是不可能在短期内完全消除的。例如，婚姻自由的实现程度，还要受一定的社会条件的制约；在家庭关系中，男女两性在法律地位上的平等和实际生活中的完全平等还有一定的距离；现实生活中某些婚姻家庭关系，还不符合新的婚姻家庭制度的要求。只有通过社会主义物质文明和精神文明建设，才能为巩固和发展社会主义婚姻家庭制度创造各种更加有利的条件。在这一过程中，对婚姻家庭关系的法律调整具有十分重要的意义。

第二章　婚姻家庭法的历史发展

知识逻辑图

- 古代型的婚姻家庭法
  - 中国古代婚姻家庭法
    - 奴隶社会的婚姻家庭规范
      - 礼
        - 婚礼
          - （1）适用对象：奴隶主阶段
          - （2）根本宗旨：合两姓之好，上以事宗庙，下以继后世
        - 家礼
          - （1）适用对象：奴隶主阶级
          - （2）核心内容
            - 孝、悌
            - 亲亲、尊尊、长长⇒维护家长权、父权、夫权
            - 男女有别
      - 习惯：调整奴隶阶级的婚姻关系
    - 封建社会的婚姻家庭规范
      - （1）改造、补充后的婚礼、家礼
      - （2）作为成文法的《户婚律》
  - 外国古代婚姻家庭法
    - 古代罗马亲属法
      - 亲属法的渊源
      - 结婚制度
        - （1）婚约制度
        - （2）条件和程序
          - 市民法（有夫权婚）
            - 共食婚
            - 买卖婚
            - 时效婚
          - 万民法（无夫权婚）：符合法定条件时，依当事人合意
      - 离婚制度
        - （1）婚姻终止的原因
          - 配偶死亡
          - 自由权或市民权丧失
          - 离婚
        - （2）离婚的方式
          - 协议离婚
          - 片意离婚
    - 欧洲中世纪各国婚姻家庭法：重点把握法源

- 近现代型的婚姻家庭法
  - 资产阶级国家婚姻家庭法
    - 法德民法典中的婚姻家庭法
      - 法律渊源
      - 婚姻成立
      - 婚姻效力
      - 婚姻终止
      - 亲子关系
    - 英美等国的婚姻家庭法
      - 法律渊源
      - 立法体制
      - 婚姻成立
      - 婚姻形式
      - 婚姻终止
      - 亲子关系
    - 对资本主义婚姻家庭法的评价
  - 社会主义国家婚姻家庭法
    - 社会主义国家婚姻家庭法
      - 法律渊源
      - 基本原则
    - 第二次世界大战后的社会主义国家婚姻家庭法
      - 法律渊源
      - 基本内容

- 我国婚姻家庭制度的改革和立法
  - 封建主义婚姻家庭制度及半殖民地半封建社会亲属立法
    - 封建主义婚姻家庭制度及其基本特征
      - 封建的包办婚姻
      - 剥削阶级的多妻制
      - 男尊女卑、夫权统治
      - 家长专制、漠视子女利益
      - 女子的“从一而终”和男子的出妻、休妻
    - 清末和北洋军阀政府的亲属立法
    - 国民党政府民法亲属编
  - 新中国成立前革命根据地婚姻家庭立法
    - 中华苏维埃共和国婚姻条例和婚姻法
    - 抗日战争、解放战争时期地区性婚姻条例
  - 中华人民共和国婚姻家庭立法
    - 1950 年《婚姻法》的颁行和贯彻
    - 1980 年《婚姻法》的发展
    - 《婚姻法》的修正和修正后的《婚姻法》
  - 完善婚姻家庭法的宏观立法思路

名词解释

1. 户婚律
2. 罗马亲属法
3. 寺院法

选择题

（一）单项选择题

1. 下列哪一部法律是集中国封建社会前期婚姻家庭立法之大成者？（　　）

A. 隋《开皇律》

B. 北齐《户婚律》

C. 唐《户婚律》

D. 北周《婚姻》《户禁》

2. 关于家父权的规定，最早记载于（　　）。

A.《十二铜表法》

B.《法学阶梯》

C.《法学汇纂》

D.《查士丁尼法典》

3. 下列有关中国封建婚姻家庭制度的基本特征说法错误的是（　　）。

A.“父母之命”和“媒妁之言”是封建婚姻的合法形式

B. 夫犯妻须依法加刑，妻犯夫得依法减刑

C. 在封建的伦理观念中，子女、卑幼的身体、生命是属于父母、尊长，而不是属于本人的

D. 封建法律没有一般地禁止孀妇改嫁

4. 以下哪一部分不属于《中华苏维埃共和国婚姻条例》的体系结构？（　　）

A. 结婚

B. 离婚后小孩的抚养

C. 离婚后男女财产的处理

D. 夫妻间的权利与义务

5. 以下哪一项对 1980 年《婚姻法》的规定说法是正确的？（　　）

A. 1980 年《婚姻法》增加了禁止家庭暴力规定

B. 1980 年《婚姻法》规定了法定婚龄是男 20 岁，女 18 岁

C. 1980 年《婚姻法》增加了实体上的判决离婚的法定理由

D. 1980 年《婚姻法》共设 8 章

6. 中国封建社会婚姻家庭法规范的主要表现形式是（　　）。

A. 礼

B. 律

C. 礼、律并用，以礼为主

D. 礼、律并用，以律为主

（二）多项选择题

1. 在奴隶制社会的宗法制度下，婚礼的最高宗旨是（　　）。

A. 上以事宗庙　　B. 下以继后世

C. 孝　　D. 悌

2. 在奴隶制社会的宗法制度下，内容繁多的家礼是为了维护哪些权力为核心内容？（　　）

A. 家父权　　B. 夫权

C. 家长权　　D. 父权

3. 以下哪些是寺院法有关婚姻家庭内容的依据？（　　）

A. 使徒教律

B. 新约全书

C. 旧约全书

D. 教皇颁发的决议

4. 有夫权婚姻的结婚方式有（　　）。

A. 共食婚　　B. 共住婚

C. 买卖婚　　D. 时效婚

5. 在罗马亲属法中，婚姻终止的原因有（　　）。

A. 配偶死亡

B. 离婚

C. 自由权的丧失

D. 市民权的丧失

6. 社会主义婚姻家庭制度的基本特征是（　　）。

A. 漠视子女利益　　B. 一夫一妻

C. 婚姻自由　　D. 男女平等

7. 在我国封建时代依法律的规定，夫妻的生前离异有哪些方式？（　　）

A. 出妻　　B. 和离

C. 分居　　D. 义绝

8. 下列哪些人可以作为封建婚姻的主婚人？（　　）

A. 祖父母　　B. 外祖父母

C. 父母　　D. 兄长

简答题

1. 简述我国古代奴隶制社会中的婚礼和家礼。

2. 简述罗马婚姻家庭法的主要内容。

3. 1980 年《婚姻法》有哪些方面的发展？

4. 修正后的《婚姻法》增设了哪些重要规定？

论述题

1. 试述中国奴隶制社会、封建社会婚姻家庭法的特点。

2. 试述近现代资本主义国家婚姻家庭法的历史进步性和局限性。

3. 试述中华人民共和国婚姻家庭立法的历史进程。

参考答案

名词解释

1. 户婚律，就是中国封建社会中除礼之外调整婚姻家庭关系的主要法律形式。户律始于汉《九章律》，大成于唐《户婚律》。户婚律的根本宗旨是维护婚姻家庭领域的封建伦理纲常。户婚律在调整范围上是有局限性的，主要是调整与刑相关的问题，而其他方面则一概归于礼。

2. 罗马亲属法是古代罗马对婚姻家庭关系的法律规范，为奴隶制时代的家庭制度提供了系统的法律形式。罗马亲属法具有强烈的宗法性质，人身依附关系十分突出。早期的婚姻权从属于家父权，而家庭则完全是父系、父权、父治的。

3. 寺院法亦称宗规法或天主教教法，其中有关婚姻家庭的内容主要以《新约全书》《使徒教律》《使徒约章》以及宗教大会的决议、教皇颁发的教令集等为依据。《旧约全书》中的一些伦理原则也是寺院法中婚姻家庭法规范的重要渊源。寺院法对世俗事务特别是婚姻家庭生活的干预，是随着教义的传播、教权的伸张和教令的统一而逐渐强化的。

选择题

（一）单项选择题

1. C。《唐律疏议》是中国现存最完整、最古老的一部典型封建法典。唐《户婚律》集我国封建社会前期婚姻家庭立法之大成，是以后历代王朝婚姻家庭立法的蓝本。

2. A。罗马亲属法以婚姻家庭法规范为其重要内容，为奴隶制时代的家庭制度提供了系统的法律形式，对后世各国的婚姻家庭立法有极大的影响。《十二铜表法》中就有关于家父权的规定。家父权具有绝对性，家父权的依据是权力关系，而不是权利义务关系，所以它不受法律的限制。

3. B。该题考查的是封建主义的婚姻家庭制度的基本特征。其一，按照礼与律的要求，封建婚姻的成立并非出于男女双方的意愿。主婚权操于父母、尊长等第三人之手。“父母之命”和“媒妁之言”是封建婚姻的合法形式。其二，封建宗法制度下，一切均以男子为中心。夫妻人身权利是不平等的。夫犯妻可以依法减刑，而妻犯夫则要依法加刑。其三，封建时代的家庭是家长制家庭，一家之内，子必从父，弟必从兄，妻必从夫，家属必须服从家长。在亲子关系中，父为子纲被奉为天经地义。子女、卑幼在人身、财产方面，均处于任人摆布的地位。例如按照清律的规定，父母非理殴杀子女者，仅杖一百。处刑如此之轻的根本原因在于在封建的伦理观念中，子女、卑幼的身体、生命是属于父母、尊长而不是属于本人的。同时，尽管封建法律并没有一般地禁止孀妇改嫁，但历代王朝对妻为亡夫守节都是大力提倡和予以保护的。因此，答案选 B。

4. D。在新中国的婚姻家庭立法史上具有重要意义的《中华苏维埃共和国婚姻条例》，于 1931 年 12 月 1 日公布施行。这个婚姻条例以《中华苏维埃宪法大纲》中有关解放妇女、施行婚姻自由等原则为立法依据，在体系结构上分为 7 章：总则、结婚、离婚、离婚后小孩的抚养、离婚后男女财产的处理、未经结婚登记所生小孩的抚养、附则。因此，答案选 D。

5. C。1980 年《婚姻法》共设 5 章：总则、结婚、家庭关系、离婚和附则。修订和补充主要表现在以下几个方面：其一，除重申原《婚姻法》的各项基本原则外，增加了保护老人合法权益和实行计划生育的内容。其二，关于法定婚龄，将原法规定的男 20 岁、女 18 岁，提高至男 22 岁、女 20 岁。其三，在离婚条款上，从实体上增加了有关判决离婚的法定理由的规定。A 选项所说的“禁止家庭暴力规定”，是在 2001 年《婚姻法》中增加的。综上所述，答案选 C。

6. C。总的说来，中国古代婚姻家庭法的规定详于礼而略于法。婚姻家庭领域的规范在奴隶制时代是一统于礼的。即使在封建制时代，律已成为调整婚姻家庭关系的重要手段，其也不是唯一的手段，甚至不是最主要的手段。历代封建王朝对婚姻家庭关系的调整是礼、律并用，以礼为主，以律为辅的。自汉以后，“父为子纲”“夫为妻纲”和“君为臣纲”一样，被推崇为封建伦常的基本支柱，成为婚姻家庭立法的指导思想和基本原则。在婚姻家庭领域，律、令等法律规范就其内容而言是很不全面的，所规定的主要是那些与刑相关，即一旦违反即处以刑的问题，其他方面一概委诸礼。因此，本题选 C。

（二）多项选择题

1. AB。在整个奴隶制时代，婚姻家庭关系主要是靠维护宗法制度的礼和为统治阶级所认可的习惯来调整的。调整婚姻家庭关系的礼实际上起着法的作用。有关婚姻家庭的礼，都直接或间接地反映了维护宗法制度的需要，例如将“上以事宗庙，下以继后事”作为婚礼的最高宗旨，来维护和巩固家庭、家族中的宗法秩序。

2. BCD。古代宗法伦理秩序对家庭关系的影响十分深刻。正确认识宗法制度对婚姻家庭关系的支配作用，对揭示婚礼和家礼的本质具有很重要的意义。内容繁多的家礼，是以维护家长权、父权、夫权为其核心内容的，夫、父、家长往往一身而三任。而君权则不在家礼的调整范围内。家父权的概念主要出现在罗马法中。因此，本题选 BCD。

3. ABC。寺院法中有关婚姻家庭的内容主要以《新约全书》《使徒教律》《使徒约章》以及宗教大会的决议、教皇颁发的教令集等为依据。《旧约全书》中的一些伦理原则也是寺院法中婚姻家庭法规范的重要渊源。D 选项中教皇颁发的不是决议而是教令，因此是错误的。

4. ACD。按照市民法规定而成立的称为正式婚，即有夫权的婚姻。结婚方式分为三种：一是共食婚，二是买卖婚，三是时效婚。共食婚须履行隆重的宗教仪式。买卖婚须由男子在计量者之前以要式契约的方式买受女子。时效婚要求男女双方须在事实上同居一年后始得视为正式配偶。

5. ABCD。在罗马亲属法上，婚姻的终止原因有三，即配偶的死亡、自由权或市民权的丧失、离婚。在特定的情况下，一方地位的重大变化亦可依法终止婚姻关系。离婚可分为协议离婚和片意离婚。前者出于夫妻双方的共同意思，后者出于夫妻一方的单独意思，各有其不同的法律程序。在罗马社会前期，对处于家父权之下的婚姻当事人来说，即使并非出于本人的意思，家父亦可责令其离婚，到了帝国时期这种离婚方式已被废除。

6. BCD。社会主义婚姻家庭制度，是真正的一夫一妻制度。它具有婚姻自由，男女平等，一夫一妻，保护妇女、儿童和老人合法权益等基本特征。凡此种种，都是由社会主义公有制决定的，同时也反映了社会主义的政治、法律、道德等对婚姻家庭的要求。而A项的漠视子女利益，是典型的封建制婚姻家庭制度的特征。

7. ABD。关于夫妻的生前离异，封建时代依法律的规定主要有以下三种方式：出妻、和离、义绝。此外，还有夫妻一方基于特定缘由得向官府呈诉离婚的规定。其中，男方出妻、男家出妇是离婚的主要方式。这种离婚制度具有强烈的男子专权离婚的色彩。

8. ABCD。按照礼与律的要求，婚姻的成立并非出于男女双方本人的意愿，主婚权操于父母、尊长等第三人之手。通常来说，祖父母、父母、期亲尊长都得主婚。因此，本题选ABCD。

简答题

1. 在整个奴隶制时代，婚姻家庭关系主要是由维护宗法制度的礼和为统治阶级所认可的习惯来调整的。一般说来，调整婚姻家庭关系的礼实际上起着法的作用。关于奴隶主贵族的婚礼和家礼，在《仪礼》《礼记》等古籍和相关著作中留下了比较系统的记载。礼主要用于调整统治阶级内部的关系，至于广大奴隶的婚姻家庭生活当然是不会见诸礼制的，这方面的一些问题是由统治阶级认可的习惯调整的，甚至是由其主人随心所欲地处理的。

（1）古代奴隶制社会中的婚礼

古代宗法伦理观念对婚姻十分重视，将婚礼置于礼之本的地位。婚姻被认为是人伦之始。但是，就当时的婚礼的内容来看，它主要是为维护统治阶级的一夫一妻制和包办、买卖婚姻服务的。在统治阶级中，名义上的一夫一妻制和事实上的一夫多妻制并行而不悖。就礼制而言，正妻仅得为一人，但并不妨碍其夫占有妻以外的女性。这种事实上的多妻制具有强烈的等级制的特点。多妻的状况是同夫的身份、地位、权力等成正比的。从婚姻成立的程序来看，奴隶制时代后期已经以聘娶婚作为主要的结婚方式。这种婚姻是以父母等尊长对子女、卑幼的婚事实行包办强迫为特征的，往往以聘娶为名，行买卖之实。

（2）古代奴隶制社会中的家礼

至于内容繁多的家礼，则是以维护家长权、父权、夫权为其核心内容的，夫、父、家长往往一身而三任。当时的家庭，是以男性为中心的父系、父权、父治的家长制家庭。家长在全家中处于支配一切的地位，他的权力是至高无上的，也是不可分割的。家长身份的取得，则是按照嫡长继承制来确定的。宗法制家庭是宗法制社会的一个缩影，子女、卑幼对父母、家长要绝对服从，恪守孝道，在人身关系和财产关系方面都受家礼的重重束缚。家礼对妇女的束缚更是较男子为甚。妇女的一生，从生到死，都处于依附于男子的地位。

2. 罗马婚姻家庭法规范是罗马亲属法的重要内容，为奴隶制时代的家庭制度提供了系统的法律形式，对后世各国的婚姻家庭立法有很大的影响。古代罗马的亲属制度具有强烈的宗法性质，人身依附关系十分突出。罗马婚姻家庭法的主要内容有：

（1）婚约制度。早期型的婚约具有相当强大的法律效力，婚约双方在一定时期内有结婚的义务。订婚出于父命，女方对其父所选择的人，除其为人格减等或品行恶劣者外，不得抗拒。

（2）关于结婚的条件和程序。结婚的条件和程序在市民法和万民法中有不同的规定。按照市民法规定而成立的称为正式婚，即有夫权的婚姻。结婚方式分为三种：一是共食婚，二是买卖婚，三是时效婚。按照万民法规定而成立的称为略式婚，即无夫权的婚姻。在符合法定要件时，依当事人的合意即可成婚。市民法上的结婚方式主要盛行于罗马奴隶制前期，到了后期逐渐为万民法上的合意婚所代替。

（3）家父权和夫权。按照早期法律中的有关规定，家父在家庭中有司祭祀的权力、司审判的权力，有支配家庭财产的权力，甚至还有出卖子女的权力。后期法律中对家父权有所限制，家子也可依法取得一定的特有财产。夫权在市民法中因正式婚姻而取得，有夫权的婚姻中妻子的家庭地位低下，在人身关系、财产关系方面均受夫权的支配。在无夫权的婚姻中，妻的家庭地位相对来说有了较大的改善，在人身权利和财产权利上具有一定的独立性。其实，即使按照万民法的规定，夫妻双方也不是地位平等的主体。

(4) 婚姻终止的原因。在罗马亲属法中，婚姻终止的原因有三，即配偶死亡、自由权或市民权的丧失、离婚。在特定的情况下，一方地位的重大变化亦可依法终止婚姻关系。离婚可分为协议离婚和片意离婚两种，前者出于夫妻双方的共同意思，后者出于夫妻一方的单独意思，各有其不同的法律程序。

3. 与 1950 年《婚姻法》相比较，1980 年《婚姻法》所作的修改和补充主要表现在以下几个方面：

(1) 对基本原则的补充。除重申原《婚姻法》的各项基本原则外，增加了保护老人合法权益和实行计划生育的内容。

(2) 结婚条件的修改。关于法定婚龄，将原法规定的男 20 周岁、女 18 周岁，提高至男 22 周岁、女 20 周岁。关于禁婚亲，将原法中的规定改为禁止直系血亲和三代以内的旁系血亲结婚。

(3) 扩大家庭关系的法律调整。除夫妻关系、父母子女关系外，将祖孙关系、兄弟姊妹关系也纳入调整范围。在夫妻财产制、扶养、抚养、赡养、收养、继父母继子女关系、对未成年子女的管教和保护等问题上，修订后的条款都比原规定有所改进。

(4) 离婚条款的增补。对于男女一方要求离婚的纠纷，在程序上作了可由有关部门进行调解或直接向人民法院提出离婚诉讼的规定；在实体上增加了有关判决离婚的法定理由的规定。在离婚后子女的抚养教育、财产和生活等问题上，也根据新的情况作了适当的修改。

总的来看，1980 年《婚姻法》在一定程度上丰富和发展了我国的婚姻家庭立法，但是，它的内容没有脱离 1950 年《婚姻法》的框架，修改和补充的幅度并不是很大的。

4. 1980 年的《婚姻法》使我国的婚姻家庭制度改革在经历了“文化大革命”后重新回到健康发展的轨道，在一定程度上满足了当时调整婚姻家庭关系的实际需要。但是作为一部调整婚姻家庭的基本法，它的内容是不够完善的。2001 年修正后的《婚姻法》对原法的补充和修改，主要表现在以下几个方面：

(1) 关于总则

一是在第 3 条的禁止性条款中增设了“禁止有配偶者与他人同居”“禁止家庭暴力”的规定。二是在新增的第 4 条中，规定了婚姻双方和家庭成员的共同责任。

(2) 关于结婚制度

主要是增设了有关无效婚姻和可撤销婚姻的规定，其内容包括婚姻无效的原因，婚姻撤销的原因、程序、请求权人和请求权行使的时间，婚姻无效和被撤销的法律后果等。

(3) 关于家庭关系

在夫妻财产制上，一是改进了原有的法定夫妻财产制，分别列举了法定夫妻财产制中双方共有财产和一方个人财产的种类和范围。二是规范了夫妻财产约定，包括约定的内容、形式和效力等。在父母子女关系中，增设了子女应当尊重父母的婚姻权利，不得干涉父母的再婚自由以及婚后的生活等规定。在父母对未成年子女的保护和教育、父母对非婚生子女的生活和教育费用的负担，祖孙间、兄弟姐妹间的抚养、赡养和扶养等问题上，也对原法的相关规定作了必要的修改。

(4) 关于离婚制度

对离婚的法定理由，在重申如夫妻感情确已破裂，调解无效，应准予离婚的同时，增设了若干列举性、例示性的规定。离婚法定理由具体化，有利于保障离婚自由，防止轻率离婚。对原法有关在一定条件下限制男方离婚请求权的规定，修正后也作了必要的增补。在离婚后子女的抚养教育问题上，增设了不直接抚养子女的父或母对子女有探望权的规定。在离婚时的财产处理等问题上，增设了在一定条件下一方对另一方有权请求补偿的规定。

(5) 关于救助措施和法律责任

修正后的《婚姻法》增设了“救助措施和法律责任”一章。对因违反婚姻家庭法行为而受害的人，规定了各种必要的救助措施，对实施违反婚姻家庭法行为的人，规定了相应的法律责任(行政处罚、民事制裁、刑事制裁)。

论述题

1. 在整个奴隶制时代，婚姻家庭关系主要是由维护宗法制度的礼和为统治阶级所认可的习惯来调整的。一般说来，调整婚姻家庭关系的礼实际上起着法的作用。在封建社会里，调整婚姻家庭关系礼律并重。一方面，古已有之的婚礼、家礼在经过改造、补充后仍然发挥其重要作用，成为维护封建宗法统治的有效手段。另一方面，有关婚姻家庭的立法也有一定的发展，这方面的法律规范是诸法合体的古代封建法典的组成部分。总体来说，我国古代奴隶制社会、封建社会的婚姻家庭制度的基本特征有：

（1）包办强迫婚姻

按照礼与律的要求，婚姻的成立并非出于男女双方本人的意愿，主婚权操于父母、尊长等第三人之手。婚事既有赖于父母、尊长之命，又有为牟利奔走双方的媒妁，他们是这种包办婚姻的不可缺少的伴侣。在嫁娶违律时，媒妁亦须负一定的责任。门当户对和婚姻论财，是奴隶制婚姻和封建婚姻的实际内容，也是父母、尊长下命和媒妁传言的依据。阶级、等级、家庭地位的不同，给通婚带来了许多严格的限制。首先，奴隶制时代和封建时代是良贱不婚的。士庶之间、高门大户和寒门卑姓之间，实际上也是很难相互通婚的，即使在统治集团内部，婚事上也有很深的门阀之见。

（2）剥削阶级的多妻制

与奴隶制时代相同，我国封建时代仍然是剥削阶级的一夫多妻制和劳动人民的一夫一妻制共存的。为了维护家族制度，礼与律十分重视嫡庶之别，禁止妻妾不分，但不禁止纳妾。对剥削阶级来说，名义上的一夫一妻制和实际上的一夫多妻制并不矛盾，反倒成为他们以纳妾为名占妻以外的女性的礼与律的依据。在严格的等级制度下，当时的多妻制也呈现出强烈的等级制的特点。天子、王公、贵族、品官等得纳妾数额，是与他们在封建阶梯中所处的地位相一致的。历代封建王朝有关重婚的规定，从另一方面为只禁多妻、不禁纳妾提供了法律上的说明。因为这些规定只适用于有妻者再娶妻，纳妾是不在此限的。

（3）男尊女卑和夫权统治

在宗法制度下，一切均以男子为中心。男尊女卑和夫权统治，是奴隶制和封建婚姻家庭制度的本质特征之一。宗法伦理观念十分重视男女之别，并通过一系列有关乾坤、天地、阴阳之说，论证男尊女卑是天然合理的，因而也是不可更易的。妇女在家庭生活中处于从属于男子的低下地位，已婚妇女更是受着夫权的支配。奴隶制和封建时代的礼与律都是公然维护男尊女卑夫权统治的，已婚妇女的人身权利和财产权利受到种种限制或剥夺。在财产权利方面，封建时代的家产也不是以个人为本位的，而是以家为本位的，夫妻的财产在形式上是共有的、不分彼此的，但财产的管理、支配、处分等，却权操于夫。如果家长由夫之尊长充当，尚须听命于家长。作为家属的妻，并无独立的财产权利，即使在婚姻终止后改嫁他人时，对财产的处理，也要受到夫家的干预。

（4）家长专制、漠视子女利益

奴隶制时代和封建时代的家庭是家长制家庭，一家之内，子必从父，弟必从兄，妻必从夫，家属必须服从家长。在财产关系上，家长握有管理、支配家产的全权。按照礼制的要求，凡为子者，毋得蓄私财，俸禄及田宅收入尽归之父母，当用则请用之，不敢私假，不敢私与。这里虽然是父母并提，实际上财产权是归属于父即男性家长的。为了维护家长的财产权，封建法律中有禁止卑幼不经家长私自动用财产的规定。在亲子关系中，“父为子纲”被奉为天经地义。礼与律均要求子女、卑幼恪遵孝道，不得有违。父慈子孝本是亲子关系的道德准则，但是，宗法家族制度下的孝是有其特定的社会历史内容的。在一个“孝”字的掩盖下，数不清的家礼、家规给子女、卑幼套上了沉重的锁链。子女、卑幼在人身、财产等方面，均处于任人摆布的无权地位。家长权和由父集中行使的亲权，在滥用时却得到礼与律的宽容和保护。

（5）女子的“从一而终”和男子的出妻、休妻

婚姻因配偶死亡或离婚而终止。与男尊女卑的制度和思想相适应，礼教在这个问题上采用了双重的道德标准。“夫有再娶之义，妇无二适之

义。”妻死夫得再娶，被认为理所当然；反之，却要求妻为亡夫守节，这就是所谓的“从一而终”。需要指出的是，虽然并没有一般地禁止孀妇改嫁，历代王朝对妻为亡夫守节却是大力提倡和予以保护的。关于夫妻的生前离异，依法律的规定主要有以下三种方式：出妻、和离、义绝。此外，还有夫妻一方基于特定缘由得向官府呈诉离婚的规定。其中，男方出妻、男家出妇是离婚的主要方式。这种离婚制度具有强烈的男子专权离婚的色彩。

2. 近现代资本主义国家的法律不再诸法合体，而是在法律体系中形成了若干各有其调整范围的法律部门。以婚姻家庭法为主体的亲属法，是民法的重要组成部分。按照传统法学中的一般解释，亲属法和其他民事法律都具有私法的性质。

总体来说，近现代资本主义国家婚姻家庭法的历史进步性体现在婚姻自由原则和男女平等思想的确立上。1804 年《法国民法典》中的亲属法，以法律的形式宣告资本主义婚姻家庭制度的确立，在世界亲属立法史上具有划时代的重要意义，对其他国家的亲属立法也有很大的影响。应当指出，这部法典总的说来是以公民权利平等、契约自由等资产阶级的法律原则为其立法依据的。关于婚姻的成立，该法对结婚合意、法定婚龄、禁止结婚的亲属关系和禁止重婚等都作了具体规定。在当时的历史条件下，这对确立资产阶级的婚姻自由原则是有进步意义的。关于婚姻的效力，与古代型的婚姻家庭法相比较，夫妻间的人身依附关系已经大为削弱。该法规定夫妻互负忠实、帮助、救援等义务。并且确认，双方只要不违背善良风俗和法律规定，在处理夫妻财产关系时可随意订立契约。1900 年《德国民法典》是从资本主义时代向帝国主义时代过渡的产物，亲属法部分既汲取了《法国民法典》的成果，又反映了新的时代特点。亲属法是该法的第四编，它对民事婚姻、亲属和监护制度等作了全面、详尽的规定。在结婚、离婚等问题上，该法的规定较法国亲属法有所进步；已婚妇女和子女的法律地位，同一些资本主义国家早期立法相比也有所改善。类似的思想也反映在英美法系的法律中。在离婚问题上，1857 年英国颁行的《处理夫妻案件法》开始实行判决离婚制度。离婚的法定理由也在经过多次修改后逐渐扩大。第二次世界大战结束以后，资本主义国家的亲属制度中的封建传统进一步被破除，夫妻在家庭中的法律地位趋于平等，在离婚法上从限制离婚主义向自由离婚主义发展，以及禁止滥用亲权，非婚生子女的法律地位有所改善等，便是上述变化的主要表现。一般说来，这些变革对妇女地位的提高和婚姻家庭生活的改善是有一定积极意义的。

然而，近现代资本主义国家婚姻家庭法的局限性也是很明显的，主要体现在人身依附关系上。例如，1804 年《法国民法典》规定，子女未达到一定年龄（男 25 岁，女 21 岁）时非经父母同意不得结婚。父母意见不一致时，有父亲同意即可。即使当事人已达上述年龄，也要通过法定方式征得父母等尊亲属的同意。否则，只有在符合有关规定的条件下始得举行婚姻仪式。同时夫妻法律地位的不平等在该法中仍有明显的表现，如妻应顺从其夫，妻未得其夫同意不得为某些特定的法律行为包括诉讼行为等。这种不平等性，在夫妻财产关系方面表现尤为明显。离婚理由方面的某些规定对夫妻双方来说是不平等、不公正的。例如，夫得以妻通奸为理由诉请离婚，妻则需以夫通奸且于夫妻共同居所实行姘居为理由始得诉请离婚。关于亲权的规定仍然是以父母为本位的，亲权为父母双方享有，实际上主要由父行使。例如，父有权依法请求将处于亲权之下的子女予以拘留，有权管理未成年子女的财产，并对该项财产享有用益权等。非婚生子女的法律地位，更是远较婚生子女低下。1900 年《德国民法典》也残存着部分受到封建传统影响的条款，夫妻关系、亲子关系方面的某些规定便是明显的例证。类似的规定也存在于早期的英美法系的法律中。例如，在离婚问题上，1857 年以前，英国法仍采取禁止离婚主义，法院无权作出离婚的判决，因特别重大的理由需要离异的，须经议会通过法案才被准许。1857 年颁行的《处理夫妻案件法》开始实行判决离婚制度。当时离婚的法定理由极为有限。在家庭关系方面，早期法律中留有许多封建的残余影响。妻处于依附于夫的地位，父母双方在未成年子女的监护问题上权利也是不平等的。

3. 综观新中国成立以来的婚姻家庭法制建设，大致经历了三个不同的阶段。在第一个阶段中，随着1950年《婚姻法》的颁行，从法律上废除了封建主义的婚姻家庭制度，实行新民主主义的婚姻家庭制度。经过广泛、深入的贯彻婚姻法运动和各项有效的工作，城乡地区广大群众的婚姻家庭关系发生了深刻的变化。在社会主义改造和社会主义建设的过程中，婚姻家庭制度顺利地实现了从民主主义性质的改革到社会主义性质的改革的转变，其主要标志是社会主义婚姻家庭制度的初步建立。在第二个阶段中，由于受“文化大革命”的影响，婚姻家庭方面的法制建设停步不前，公民的婚姻家庭权益也得不到应有的保障，某些过去基本上已被破除的陈规陋习又死灰复燃，乘机蔓延。在第三个阶段中，自党的十一届三中全会以来，社会主义的民主和法制建设有了长足的进展。1980年《婚姻法》和其他相关法规的实施，特别是2001年对《婚姻法》的修正，加强了婚姻家庭关系的法律调整。婚姻家庭法的规范体系已经基本形成，但尚需随着社会生活、婚姻家庭生活的发展变化使之更加完善。

(1) 1950年《婚姻法》的颁行和贯彻

1950年4月，中央人民政府委员会第七次会议通过了《中华人民共和国婚姻法》，自同年5月1日起公布施行。这是新中国成立初期一项极为重要的立法，是国家为全面改革婚姻家庭制度而采取的重大立法举措。1950年《婚姻法》分为8章，即总则，结婚，夫妻间的权利和义务，父母子女间的关系，离婚，离婚后子女的抚养和教育，离婚后的财产和生活，附则。内容以调整婚姻关系为主，同时也对家庭关系作了必要的规定。名称虽然是婚姻法，但实际上是一部婚姻家庭法，但是，它对家庭关系的调整是过于简略、不够全面的。

“废除包办强迫、男尊女卑、漠视子女利益的封建主义婚姻制度。实行男女婚姻自由、一夫一妻、男女权利平等、保护妇女和子女合法利益的新民主主义婚姻制度。”1950年《婚姻法》的上述规定既指出了这部法律的根本宗旨，又确定了这部法律的基本原则。重婚、纳妾、童养媳、干涉寡妇婚姻自由和借婚姻关系问题索取财物等，都是旧婚姻家庭制度的必然产物，也是建立新的婚姻家庭制度的严重障碍，所以《婚姻法》明令予以禁止。

(2) 1980年《婚姻法》对我国婚姻家庭立法的发展

在我国改革开放之初，第五届全国人民代表大会第三次会议于1980年9月10日通过了第二部《婚姻法》，该法自1981年1月1日起施行。

这部《婚姻法》是在1950年《婚姻法》的基础上，根据实践经验和当时婚姻家庭领域里新的情况、新的问题修订的。修改原《婚姻法》、颁行新的《婚姻法》是巩固和发展社会主义婚姻家庭制度的需要，是保障公民的婚姻家庭权益，促进社会文明进步的需要。1980年《婚姻法》共设5章。第一章“总则”，是有关婚姻法的宗旨和原则的规定。第二章“结婚”，是有关结婚成立的条件和程序的规定。第三章“家庭关系”，是有关夫妻、父母子女和其他近亲属间的权利和义务的规定。第四章“离婚”，是有关婚姻解除的程序和处理原则，以及离婚后的子女、财产等问题的规定。第五章“附则”，是有关制裁、执行和施行问题的规定。

总的来看，1980年《婚姻法》在一定程度上丰富和发展了我国的婚姻家庭立法，但是，它的内容没有脱离1950年《婚姻法》的框架，修改和补充的幅度并不是很大的。

从20世纪80年代到90年代，我国的婚姻家庭立法又有了显著的发展。1980年《婚姻法》起着婚姻家庭基本法的作用。《收养法》《民法通则》《未成年人保护法》《妇女权益保障法》《老年人权益保障法》等法律中也有若干婚姻家庭法的规范。《继承法》中的某些规定也与婚姻家庭法有关。最高人民法院对如何适用法律处理婚姻家庭纠纷等问题，相继作出了大量的司法解释。一个以宪法为立法依据，以现行婚姻法为主体，包括有关法律、法规、规章、司法解释的婚姻家庭法规范体系已经初步确立。

(3)《婚姻法》的修正和修正后的《婚姻法》

1980年《婚姻法》有其重大的历史功绩。但是，作为一部调整婚姻家庭关系的基本法，它的内容是不够完善的。一是缺乏某些必要的具体制度，立法上的空白较多；二是原有的某些规定已经滞后，有必要加以修改。

修正后的《婚姻法》对原法的补充和修改，主要表现在以下几个方面：

1）关于总则

一是在第 3 条的禁止性条款中增设了“禁止有配偶者与他人同居”“禁止家庭暴力”的规定。二是在新增的第 4 条中，规定了婚姻双方和家庭成员的共同责任，这一规定，集中地体现了《婚姻法》的立法宗旨。

2）关于结婚制度

主要是增设了有关无效婚姻和可撤销婚姻的规定，其内容包括婚姻无效的原因，婚姻撤销的原因，程序，请求权人和请求权行使的时间，婚姻无效和被撤销的法律后果等。上述规定，使我国的结婚制度较前更加完善。

3）关于家庭关系

在夫妻财产制上，一是改进了原有的法定夫妻财产制，分别列举了法定夫妻财产制中双方共有财产和一方个人财产的种类和范围。二是规范了夫妻财产约定，包括约定的内容、形式和效力等。在父母子女关系中，增设了子女应当尊重父母的婚姻权利，不得干涉父母的再婚自由以及婚后的生活等规定。在父母对未成年子女的保护和教育、父母对非婚生子女的生活和教育费用的负担，祖孙间、兄弟姐妹间的抚养、赡养和扶养等问题上，也对原法的相关规定作了必要的修改。

4）关于离婚制度

对离婚的法定理由，在重申如夫妻感情确已破裂，调解无效，应准予离婚的同时，增设了若干列举性、例示性的规定；符合法定情形之一，调解无效的，应准予离婚。一方被宣告失踪，另一方提出离婚诉讼的，应准予离婚。离婚法定理由的具体化，有利于保障离婚自由，防止轻率离婚。对原法有关在一定条件下限制男方离婚请求权的规定，修正后也作了必要的增补。在离婚后子女的抚养教育问题上，增设了不直接抚养子女的父或母对子女有探望权的规定。在离婚时的财产处理等问题上，增设了在一定条件下一方对另一方有权请求补偿的规定。

5）关于救助措施和法律责任

修正后的《婚姻法》增设了“救助措施和法律责任”一章。对违反婚姻家庭法行为中的受害人，规定了各种必要的救助措施。对实施违反婚姻家庭法行为的人，规定了相应的法律责任（行政处罚、民事制裁、刑事制裁）。

第三章　婚姻家庭法概述

知识逻辑图

- 婚姻家庭法的概念和调整对象
  - 婚姻家庭法的概念
    - 婚姻法与婚姻家庭法概念之辨
    - 婚姻家庭法的概念
      - （1）既包括婚姻法规范，又包括家庭法规范，还包括其他亲属规范
      - （2）属于部门法、实体法和国内法
  - 婚姻家庭法的调整对象
    - 调整对象
      - （1）既调整婚姻关系，又调整家庭关系
      - （2）既调整人身关系，又调整财产关系
    - 人身关系与财产关系：财产关系依附于人身关系
    - 婚姻家庭法中的财产关系与其他民事财产关系的区别
      - 基本原则不同
      - 目的不同
      - 主体不同
      - 产生根据不同
      - 性质不同
  - 婚姻家庭法的特点
    - 适用范围的广泛性
    - 强烈的伦理性
    - 鲜明的强制性
- 婚姻家庭法的渊源
  - 宪法
  - 法律
  - 行政法规和部门规章
  - 地方性法规和民族自治地方的有关规定
  - 司法解释及相关判例
  - 我国缔结和参加的国际条约
- 婚姻家庭法的地位
  - 婚姻家庭法在立法体例上的发展
    - 诸法合体的古代婚姻家庭法
    - 附属于民法的近代婚姻家庭法
    - 形成独立法律部门的社会主义婚姻家庭法
  - 婚姻家庭法与其他法律的关系
    - 宪法：“母”法与“子”法关系
    - 民法通则：整体与部分
    - 行政法、民事诉讼法、刑法：实施与保障
- 婚姻家庭法的基本原则
  - 婚姻自由
  - 一夫一妻
  - 男女平等
  - 保护妇女、儿童和老人合法权益
  - 实行计划生育
  - 婚姻双方和家庭成员的共同责任

名词解释

1. 婚姻自由
2. 一夫一妻制
3. 男女平等原则
4. 计划生育
5. 包办婚姻
6. 买卖婚姻
7. 重婚
8. 家庭暴力
9. 虐待
10. 遗弃

选择题

（一）单项选择题

1. 以下哪一项不是婚姻家庭法的特点？（　　）

A. 适用范围的广泛性

B. 强烈的伦理性

C. 崇尚意志自由

D. 鲜明的强制性

2. 以下哪一项不是婚姻家庭法的法律渊源？（　　）

A. 宪法

B. 学者论说

C. 行政法规和国务院所属部门制定的有关规章

D. 最高人民法院所作的司法解释及援用、认可的有关判例

3. 下列关于重婚的说法错误的是（　　）。

A. 重婚是婚姻无效的原因

B. 重婚是离婚损害赔偿请求权的发生根据之一

C. 必须与他人办理结婚登记才构成重婚，以夫妻名义共同生活不构成重婚

D. 重婚是结婚的禁止条件

4. 以作为或不作为的形式，对家庭成员歧视、折磨、摧残，使其在精神上、肉体上遭受损害的违法行为是（　　）。

A. 虐待

B. 家庭暴力

C. 遗弃

D. 非法拘禁

5. 按照最高人民法院司法解释“有配偶者与他人同居”指的是（　　）。

A. 有配偶者与婚外异性发生性行为

B. 有配偶者与婚外异性以夫妻名义共同居住行为

C. 有配偶者与婚外异性共同居住行为

D. 有配偶者与婚外异性，持续、稳定地共同居住行为

（二）多项选择题

1. 以下有关婚姻家庭法与其他法律关系说法正确的是（　　）。

A. 婚姻家庭法与宪法的关系，就是“子法”与“母法”的关系

B. 婚姻家庭法独立于民法而存在

C. 公民在婚姻家庭方面的合法权益，既受到婚姻家庭法的保护，也受到刑法的保护

D. 一些婚姻家庭法的规定既属于婚姻家庭法的范畴，也属于行政法的范畴

2. 以下哪些行为是干涉婚姻自由的行为？（　　）

A. 包办婚姻

B. 子女干涉父母再婚

C. 家庭暴力

D. 虐待

3. 我国婚姻法规定的禁止性条款有（　　）。

A. 禁止借婚姻索取财物

B. 禁止重婚

C. 禁止有配偶者与他人同居

D. 禁止家庭暴力

4. 以下哪些行为构成我国婚姻法上的虐待？（　　）

A. 父母常年打骂孩子

B. 孩子生病不予医疗救治

C. 子女强行限制母亲的人身自由

D. 子女不赡养无劳动能力的父母

简答题

1. 简述婚姻家庭法的调整对象。

2. 简述婚姻家庭法所调整的财产关系与其他

民事法律所调整的财产关系有何区别？

3. 简述婚姻家庭法的特点。

4. 简述计划生育政策有哪些调整与现实要求？

5. 简述借婚姻索取财物行为的特点。

6. 简述如何认定和处理重婚问题？

7. 简述重婚和有配偶者与他人同居行为的区别。

法条分析题

《婚姻法》第 2 条规定：实行婚姻自由、一夫一妻、男女平等的婚姻制度。保护妇女、儿童和老人的合法权益。实行计划生育。

请问："男女平等"原则和"保护妇女"原则是否自相矛盾？若不，应当如何理解？

论述题

1. 试述婚姻家庭法的法律渊源。

2. 试述婚姻家庭法在法律体系中的地位。

3. 试述婚姻自由。

4. 试述一夫一妻制的法律要求及其合理性。

5. 试述男女平等原则及其在婚姻家庭法中的表现。

6. 试述《婚姻法》第 4 条的立法精神。

参考答案

名词解释

1. 婚姻自由是指婚姻当事人有权根据法律的规定，自主自愿地决定自己的婚姻问题，不受任何人的强制和非法干涉。婚姻自由包括结婚自由和离婚自由。

2. 一夫一妻制是一男一女结为夫妻互为配偶的婚姻形式。按照一夫一妻制，任何人不得同时拥有两个或两个以上的配偶。一夫一妻制是我国婚姻法规定的婚姻形式。

3. 男女平等原则是婚姻家庭法所规定的基本原则之一，其核心内容是指男女两性在婚姻关系和家庭生活的各个方面都享有平等的权利，承担平等的义务。

4. 计划生育，就是指人类自身的生产应当有计划地进行，要有计划地引导、控管全社会人口的增减和结构。在宏观意义上，计划生育等同于人口的社会控制；在微观意义上，计划生育主要指通过生育机制有计划地调节人口增长速度和素质，在保证人口质量的基础上提高或降低人口增长率。

5. 包办婚姻是指婚姻关系以外的第三人（包括父母）违反婚姻自由原则，在完全违背婚姻当事人意愿的情况下，强迫当事人缔结的婚姻。

6. 买卖婚姻是指婚姻关系以外的第三人（包括父母）以索取大量财物为目的，包办、强迫当事人的婚姻。

7. 重婚是有配偶者又与他人结婚的违法行为。按照一夫一妻原则，有配偶者只有在婚姻终止，即配偶死亡或依法离婚后始得再行结婚，否则便构成重婚。重婚不具有婚姻的法律效力。重婚是犯罪行为，须依法追究刑事责任。

8. 家庭暴力是发生于家庭成员之间的暴力行为。是指行为人以殴打、捆绑、残害、强行限制人身自由或者其他手段，对其他家庭成员进行的身体的暴力、性暴力以及心理上的暴力。

9. 虐待，是指以作为或不作为的形式，对家庭成员歧视、折磨、摧残，使其在精神上、肉体上遭受损害的违法行为，如打骂、恐吓、冻饿、患病不予治疗、限制人身自由等。

10. 遗弃，是指家庭成员中负有赡养、扶养、抚养义务的一方，对需要赡养、扶养和抚养的另一方，不履行其应尽义务的违法行为。遗弃以不作为的形式出现，应为而不为，致使被遗弃人的权益受到侵害。

选择题

（一）单项选择题

1. C。婚姻家庭法的特点有：（1）适用范围的广泛性。婚姻家庭关系是一种最广泛、最普遍的社会关系。每个社会成员不论性别、年龄，都不可避免地与婚姻家庭相联系，既是婚姻家庭关系的产物，又是婚姻家庭关系的主体。（2）强烈的伦理性。婚姻家庭法属于身份法，其调整的婚姻家庭关系既是一种身份关系，又是一种现实的伦理关系。(3) 鲜明的强制性。强制性是一切法律部门的共同特点，在婚姻家庭法上表现尤为明显。伦理性和强制性都决定了意志自由并非婚姻家庭法的特点。因此，本题选 C。

2. B。本题考查的是婚姻家庭法的法律渊源。婚姻家庭法的法律渊源就是婚姻家庭法借以表现和存在的形式。根据我国现行的法律法规的体系、层次和立法模式，婚姻家庭法的法律渊源有以下几种：其一，宪法，宪法中涉及婚姻家庭法的原则性内容。其二，法律，包括构成独立法律部门的基本法、暂无法律部门归属的法律和直接调整婚姻家庭关系的专门性法律。其三，是行政法规和国务院所属部门制定的有关规章。这些规范性文件大多以“条例”“决定”“规定”“办法”等形式表现出来。其四，是地方性法规和民族自治地方的有关规定。地方国家机关可以根据本行政区域内婚姻家庭的实际情况，制定有关婚姻家庭的地方性法规，发布具有一般规范性效力的决议、决定。其五，最高人民法院所作的司法解释及援用、认可的有关判例。最高人民法院可以根据婚姻家庭法的基本精神，在总结审判实践经验的基础上作出关于适用法律的司法解释和指导性文件以及确立、援用、认可并以“批复”形式下达各种典型判例。其六，我国缔结和参加的国际条约。处理涉外婚姻家庭关系时可适用我国缔结或者参加的国际条约，在特定情况下还可以适用国际惯例。此外，在一定条件下，党和国家在特定历史时期制定的有关婚姻家庭的政策，以及某些为法律认可的、符合社会主义婚姻家庭道德要求的习惯，也具有婚姻家庭法律渊源的地位和作用。因此，本题选 B。

3. C。重婚是有配偶者又与他人结婚的违法行为。按照一夫一妻原则，有配偶者只有在婚姻终止，即配偶死亡或依法离婚后始得再行结婚，否则构成重婚。重婚是对一夫一妻制的严重破坏。重婚不具有婚姻的法律效力，在民事上重婚是结婚的禁止条件、婚姻无效的原因。根据《婚姻法》第 46 条，有重婚情形的，在离婚时无过错方有权请求损害赔偿。因此，重婚还是离婚损害赔偿请求权的发生根据之一。重婚应当作实质意义的理解。有配偶者又与他人登记结婚的，固然是重婚；虽未登记结婚但确与他人以夫妻名义同居生活的，也构成重婚。前者为法律上的重婚，后者为事实上的重婚。因此，本题选 C。

4. A。我国法律规定，虐待是指对共同生活的家庭成员，以作为或不作为形式对其进行歧视、折磨、摧残，使其在精神上、肉体上遭受损害的违法行为，如打骂、恐吓、冻饿、患病不予治疗、限制人身自由等。因此，本题选 A。

5. D。根据最高人民法院《关于适用〈中华人民共和国婚姻法〉若干问题的解释（一）》（以下简称《婚姻法司法解释一》）第 2 条的规定，婚姻法第 3 条、第 32 条、第 46 条规定的“有配偶者与他人同居”的情形，是指有配偶者与婚外异性，不以夫妻名义，持续、稳定地共同居住。

（二）多项选择题

1. ACD。宪法作为国家的根本大法，具有最高的法律效力，俗称“母法”。婚姻家庭法与宪法的关系，就是“母法”和“子法”。婚姻家庭法又是民法的组成部分，属于同一法律部门中的内部关系，而非各自独立。行政法是调整国家行政机关在实现其管理职能的过程中所发生的各种社会关系的法律规范的总和。婚姻家庭领域有不少方面与行政管理相联系，因而要受行政法的调整。如公民的结婚登记、离婚登记等。刑法是规定有关犯罪和刑罚的法律，是维护社会秩序，保护公民合法权益的有力武器。公民在婚姻家庭方面的合法权益、国家确立的婚姻家庭秩序，既受到婚姻家庭法的保护，也受到刑法的保护。因此，本题选 ACD。

2. AB。婚姻自由，包括结婚自由和离婚自由，是指婚姻当事人有权根据法律的规定，自主自愿地决定自己的婚姻问题，不受任何人的强制和非法干涉。包办婚姻是指婚姻关系以外的第三人（包括父母）违反婚姻自由原则，在完全违背婚姻当事人意愿的情况下，强迫其缔结的婚姻。子女干涉父母再婚，是其他干涉婚姻自由的行为。而家庭暴力和虐待主要是对家庭成员的肉体和精神层面的伤害，与干涉婚姻自由无关。

3. ABCD。《婚姻法》第 3 条规定：“禁止包办、买卖婚姻和其他干涉婚姻自由的行为。禁止借婚姻索取财物。禁止重婚。禁止有配偶者与他人同居。禁止家庭暴力。禁止家庭成员间的虐待和遗弃。”因此，本题选ABCD。

4. ABC。虐待，是指以作为或不作为的形式，对家庭成员歧视、折磨、摧残，使其在精神上、肉体上遭受损害的非法行为，如打骂、恐吓、冻饿、患病不予治疗、限制人身自由等。《婚姻法司法解释一》第1条还规定，持续性、经常性的家庭暴力，构成虐待。根据《反家庭暴力法》第2条规定，家庭暴力是指家庭成员之间以殴打、捆绑、残害、限制人身自由以及经常性谩骂、恐吓等方式实施的身体、精神等侵害行为。因此，本题选择ABC。而D项构成遗弃。

简答题

1. 婚姻家庭法的调整对象可概括为婚姻家庭关系。

（1）从调整对象的范围来看，婚姻家庭法既调整婚姻关系，又调整家庭关系；既包括婚姻家庭关系发生、变更和终止的动态运行的全过程，又包括由该动态运行所形成的主体之间的权利和义务。关于结婚的条件和程序、夫妻间的权利和义务，关于离婚的处理原则、程序、条件以及离婚后有关子女抚养、财产分割和经济帮助等问题，都属于婚姻家庭法的调整范围。关于确认家庭成员之间的亲属身份，规定家庭成员之间的权利义务及其产生、变更和终止等方面的事项，都属于婚姻家庭法的调整范围。收养关系虽因单行的《收养法》而自成一个较独立的系统，但其性质仍应归属于家庭关系范围，是一种因法律拟制而形成的家庭关系。有关收养的原则、条件、程序、法律后果及收养的解除条件、程序和效力既由收养法规定，同时又是婚姻家庭法调整的范围。收养法只是婚姻家庭法的一个重要组成部分。

（2）从调整对象的性质来看，婚姻家庭法既调整婚姻家庭方面的人身关系，又调整婚姻家庭方面的财产关系。其中人身关系居主导地位，财产关系以人身关系为先决条件，居于从属依附地位。所以，婚姻家庭法在性质上应认定为身份法而非财产法；它所调整的对象是基于婚姻家庭而产生的人身关系以及与此相联系的财产关系。婚姻家庭中的人身关系，是存在于具有特定的亲属身份的主体之间，本身并无直接财产内容的一种社会关系。这种社会关系表现为根据一定法律事实而产生某种法律所确认的身份，其本身并不直接体现经济内容。婚姻家庭中的财产关系，是以人身关系为前提，直接体现一定经济内容或者以一定的财产为媒介所形成的社会关系，在法律意义上即为财产性质的权利义务关系。

2. 婚姻家庭中的财产关系与其他民事法律所调整的财产关系，虽都属于财产关系范围，但又有明显的不同。第一，基本原则不同。民法中的财产关系以等价有偿、公平、自愿等为原则；婚姻家庭法中的财产关系则以男女平等、保护弱者为原则。第二，目的不同。民法中的财产关系以服务于商品经济关系或市场经济关系为目的，婚姻家庭法中的财产关系以服务于家庭共同生活、实现家庭功能为目的。第三，主体不同。婚姻家庭法中的财产关系以具有特定身份的自然人为主体，民法中的财产关系以一切具有平等属性的自然人、法人为主体。第四，产生根据不同。婚姻家庭法中的财产关系以引起特定身份关系的法律事实为根据，民法中的财产关系以各种能够引起民事法律关系的事件、行为或事实构成为根据。第五，性质不同。民法中的财产关系带有任意性，具有“意思自治”的特点，而婚姻家庭法中的财产关系大多数带有强制性，“意思自治”原则在婚姻家庭领域的财产关系中是受到诸多限制的。

3. 婚姻家庭法的特点是由其调整对象的范围和性质决定的，其本质是身份法而不是财产法，主要表现为：

（1）适用范围的广泛性

婚姻家庭关系是一种最广泛、最普遍的社会关系。每个社会成员，不论性别、年龄，都不可避免地与婚姻家庭相联系，既是婚姻家庭关系的产物，又是婚姻家庭关系的主体。每个人从出生到死亡都一直置于两性、血缘关系之中，受到婚姻家庭法的规范，享受着婚姻家庭法上的权利，承担着婚姻家庭法上的义务。所以任何人只要生存在社会中，都不可能不参与婚姻家庭法领域里的法律关系；婚姻家庭法是适用于公民的普通法，而不是只适用于部分公民的特别法。

（2）强烈的伦理性

婚姻家庭法属于身份法，其调整的婚姻家庭关系既是一种身份关系，又是一种现实的伦理关系。在一定意义上婚姻家庭就是一种社会伦理实体，伦理道德与法律的一致性，在婚姻家庭法上反映得尤为突出。许多调整婚姻家庭关系的原则、规范，既是伦理道德的要求，也是法律的规定。一般说来，在婚姻家庭领域中，法律脱离伦理道德，就会成为无源之水；道德离开了法律，就会变得软弱无力。因此，不仅在立法上，要注意充分反映伦理道德的要求，将某些道德准则转变为法律规范；而且在处理具体婚姻家庭问题时，亦要注意既坚持法律标准，又坚持道德标准，发挥道德对法律的补充作用。做到导之以伦理，约之以道德，规之以法律。婚姻家庭法中的某些条款，可以称之为道德化的法律或法律化的道德。

（3）鲜明的强制性

强制性是一切法律部门的共同特点，在婚姻家庭法上表现尤为明显。为了有效地保护公民在婚姻家庭方面的合法权益和维护社会利益，婚姻家庭法中的规定大多是强制性规范。当一定的法律事实如结婚、离婚、出生、死亡或收养等发生之后，便在主体之间产生了一定的权利义务。这种法律后果是由法律预先指明、严格规定的，当事人不得自行改变或通过约定加以改变。当然，婚姻家庭法中也有一部分任意性规范，如关于夫妻财产问题的约定、离婚时关于子女抚养和财产分割的协议等。但是，处理这些问题也必须以婚姻家庭法的有关原则和规定为依据，当事人选择的余地是不大的。

4. 计划生育的内容，从广义上说，包括有计划地调整人口增长速度，提高或降低人口增长率，提高人口的素质，调整人口的结构和地域分布，加强流动人口的管理，完善人口的社会保障体系等诸方面。现行《婚姻法》不仅在总则中规定了计划生育原则，而且在第 16 条中具体规定“夫妻双方都有实行计划生育的义务”。收养是对无子女家庭的补救手段，可以满足不育夫妻养育子女的合理要求。为保证收养与计划生育的一致性，《收养法》一方面在原则中规定“收养不得违背计划生育的法律、法规”，另一方面又在收养条件中具体要求“收养人只能收养一名子女”和“送养人不得以送养子女为理由违反计划生育的规定再生育子女”。这是计划生育作为婚姻家庭法基本原则的具体表现。2001 年 12 月 29 日通过并于 2015 年 12 月 27 日修正的《人口与计划生育法》，为推行计划生育提供了有效的法律保障，关于生育调节和其他相关问题，均应按该法的具体规定办理。

根据我国目前的人口状况，修正后的《人口与计划生育法》规定，公民有生育的权利，也有依法实行计划生育的义务，夫妻双方在实行计划生育中负有共同的责任；国家提倡一对夫妻生育两个子女，符合法律法规规定条件的，可以要求安排再生育子女；少数民族也要实行计划生育，具体办法由省、自治区、直辖市人民代表大会或者其常务委员会规定。

5. 借婚姻索取财物，主要是指婚姻当事人一方向对方索要一定的财物，以此作为结婚条件的违法行为。其特点表现为：

（1）索取财物的主体一般是婚姻当事人一方，这是借婚姻索取财物与买卖婚姻的区别之一。

（2）在婚姻决定权上，男女双方对结婚基本是自主自愿，体现了他们的个人意志。这是借婚姻索取财物与买卖婚姻区别之二。

（3）婚姻的缔结多数不是以感情为基础，对索要财物的一方来说，往往是建立在贪图金钱物质的基础上。

（4）表现形式多是女方向男方索取财产，男方向女方索要财产的只是例外；有时女方的父母等人也从中索要部分财物，以此作为同意女儿婚事的条件。

（5）这种婚姻关系在性质上违背社会主义婚姻的基本要求，违反婚姻自由原则，属于违法行为，所以婚姻家庭法予以禁止。

6. 重婚是有配偶者又与他人结婚的违法行为。按照一夫一妻原则，有配偶者只有在婚姻终止，即配偶死亡或依法离婚后始得再行结婚，否则便构成重婚。在重婚关系中，一方或双方的合法婚姻并未基于法定原因而终止，正因为合法婚姻继续存在，故发生于后的违法结合应以重婚论处。

按照有关司法解释，对重婚应作实质意义上的理解。有配偶者又与他人登记结婚的，固然是重婚；虽未登记结婚但却与他人以夫妻关系同居生活的，也构成重婚。如果说前者可称为法律上的重婚，那么，后者可称为事实上的重婚。1994 年 2 月 1 日《婚姻登记管理条例》（现已失效）施行后，我国对未办结婚登记的事实婚姻已从有条件地承认转为不承认，但是，上述事实上的重婚仍应按重婚论处。

我国实行严格的一夫一妻制的婚姻制度，重婚不具有婚姻的法律效力。在民事上，重婚是结婚的禁止条件（婚姻障碍）、婚姻无效的原因。前婚尚未终止又申请结婚的，不予办理结婚登记；已经构成重婚的，应依法确认其无效。在刑事上，犯重婚罪的依法追究刑事责任。按照我国刑法的有关规定，有配偶而重婚的，或者明知他人有配偶而与之结婚的，处2年以下有期徒刑或者拘役。明知是现役军人的配偶而与之同居或者结婚的，处3年以下有期徒刑或者拘役。

7. 重婚和有配偶者与他人同居行为的区别主要在于，在重婚中，有配偶者在婚姻没有终止时和他人结婚。从逻辑上来看，重婚不一定要求有配偶者与他人同居，尽管有配偶者以“夫妻名义”同居，可以视作结为事实婚。在有配偶者与他人同居中，有配偶者是与他人同居，而非形成婚姻，通常表现为非以“夫妻名义”的同居。两者的区别还在于两种行为的法律后果不同。重婚不仅是一般违法行为，还是犯罪行为，在刑事上，犯重婚罪的须依法追究其刑事责任；而且在后的婚姻无效。但是有配偶者与他人同居不是犯罪行为。

法条分析题

婚姻法一方面规定了“男女平等”原则，另一方面又规定了“保护妇女”原则，这两个规定并非自相矛盾。男女平等原则源于人人平等理念，指的是男女在夫妻关系中地位平等，侧重于男女两性的人格平等，是形式意义上的平等。而保护妇女原则则是从人的自然状况，考虑到家庭成员存在身体上的自然差别，予以特别保护，实现家庭成员间的实质上的平等。如果不考虑客观存在的主体之间的实际差别，而追求人人平等普适性，对于这些弱势主体而言，他们由于自身的问题无法和强者一样享有相同的实现权利能力，也就无法保障其权利的实现。只有予以特别保护，才能真正保障他们合法权益的获得。在婚姻法中只有实现主体的人格平等，侧重其身份差异，保护弱者的合法权益，才能体现法律的公平正义。

论述题

1. 婚姻家庭法的法律渊源就是婚姻家庭法借以表现和存在的形式。根据我国现行的法律规范的体系、层次和立法模式，婚姻家庭法的渊源有以下几种：

（1）宪法

宪法在我国法律体系中居于统帅地位，其效力高于其他任何法律。宪法中一般都有涉及其他法律的原则性内容，所以，宪法是一切法律部门共有的法律渊源和立法依据，婚姻家庭法亦不例外。一切调整婚姻家庭关系的规范性文件，均不得与宪法的原则性条款内容相冲突。

（2）法律

这里所说的法律，是狭义的严格意义上的法律，专指由全国人民代表大会及其常务委员会制定的规范性文件。

作为婚姻家庭法渊源的法律包括三个层面：一是构成独立法律部门的基本法，如民法、刑法、诉讼法、行政法等。在这些部门基本法中，均有涉及婚姻家庭关系的相应规范，而且其本身又是由多层次、多形式的法律规范所组成的，因而对此层意义上的法律不能作机械的单一化理解。特别需要指出的是，广义民法既作为婚姻家庭法的渊源之一，又将婚姻家庭法包容在本部门之内。二是不宜专属哪个部门的法律。此类法律规范具有法律的立法地位和效力，但却无具体的法律部门依从，如《人口与计划生育法》《妇女权益保障法》《未成年人保护法》《老年人权益保障法》《反家庭暴力法》等。它们也是婚姻家庭法渊源。三是直接调整婚姻家庭关系的专门性法律，即《婚姻法》和《收养法》。这两者是婚姻家庭法的较系统、较集中的渊源，其中《婚姻法》是基本准则，《收养法》则是专门调整收养关系的具体规范；前者是婚姻家庭基本法，后者是婚姻家庭法的重要组成部分。

（3）行政法规和国务院所属部门制定的有关规章

国务院是国家最高权力机关的执行机关，一方面负责法律的执行，另一面根据立法法可以制定与法律不相抵触的规范性文件。这些规范性文件大多以“条例”“决定”“规定”“办法”等形式表现出来。在我国现行婚姻家庭法中，有不少规范是国务院及其所属部门制定的，它们具有针对性、可操作性、具体性等诸多实用特点，对贯彻执行宪法、法律中有关婚姻家庭的规定，发挥了重要作用。

（4）地方性法规和民族自治地方的有关规定

地方国家机关根据本行政区域内婚姻家庭的实际情况，以宪法、法律为依据，制定有关婚姻家庭的地方性法规，发布具有一般规范性效力的决议、决定，是保证法律贯彻实施的重要措施。其名称多有不同，但几乎都带有实施细则和补充规定的操作性质，也是婚姻家庭法的渊源。如各省、市制定的关于婚姻登记的规定，关于人口与计划生育的规定，关于保护妇女、儿童和老人合法权益的规定等。此外，依照《宪法》第116条、《婚姻法》第50条、《收养法》第32条的规定，民族自治地方可以颁行有关贯彻执行婚姻家庭法的变通或补充规定。香港、澳门特别行政区，各有其独立的婚姻家庭法律制度。民族自治地方有关婚姻家庭法的变通或补充规定，特别行政区有关婚姻家庭的法律、条例等，也是我国婚姻家庭法规范体系的组成部分。

（5）最高人民法院所作的司法解释及援用、认可的有关判例

人民法院在审判过程中如何具体适用法律、法规，并不是一项消极被动的“对号入座”，而是对法律、法规本身如何理解、掌握和执行的积极主动的创造性工作。最高人民法院根据婚姻家庭法的基本精神，在总结审判实践经验的基础上作出的关于适用法律的司法解释和指导性文件以及确立、援用、认可的并以“批复”形式下达的各种典型判例，即成为婚姻家庭法的重要渊源之一。最高人民法院的司法解释及其典型判例对婚姻家庭法至少有四个方面的作用：一是填补成文法律本身的空白；二是明确可能引起歧义的条文；三是明确某些法律概念的外延；四是根据法律精神，针对具体问题提出处理办法。

（6）我国缔结和参加的国际条约

根据《民法通则》《涉外民事关系法律适用法》的有关规定，处理涉外婚姻家庭关系时可适用我国缔结或者参加的国际条约（在特定情况下还可以适用国际惯例），因此，我国缔结或参加的有关婚姻家庭的国际条约也是婚姻家庭法的渊源。

此外，在一定条件下，党和国家在特定历史时期制定的有关婚姻家庭的政策，以及某些为法律认可的、符合社会主义婚姻家庭道德要求的习惯，也具有婚姻家庭法渊源的地位和作用。

由上可见，我国婚姻家庭法的渊源是一个开放的复合结构。它是一个由不同形式的规范所组成的有机联系的整体。同时应注意，作为婚姻家庭法渊源的各种规范性文件，各处于不同的层次，具有不同的法律效力，在适用范围上亦相应有所区别。

2. 婚姻家庭法在法律体系中所处的地位，反映了婚姻家庭法在立法体例上的发展和演变。自婚姻家庭法产生以来，其在立法体例上的发展，大致经历了三个阶段，呈现出三种类型。

（1）诸法合体的古代婚姻家庭法

在整个古代，不论是奴隶社会，还是封建社会，中外各国在立法上一般均采取刑民不分、诸法合体的形式。在这种立法模式下，有关调整婚姻家庭关系的法律规范，在法律体系中并未取得独立地位，而是包容在统一的法典之中，所以称之为诸法合体时期的古代婚姻家庭法。

诸法合体的古代婚姻家庭法主要有以下三个显著特征：①婚姻家庭法与其他法律规范相混杂，共存于统一的法典之中，所以独立的形式意义上的婚姻家庭法尚不存在，实质意义上的婚姻家庭法内容虽有所反映，但并不充分、不完备，而是以分散、附带的形式置于法典之中，所占比重不大，表现出法典的重刑轻民、重社会行政统治、轻民事关系调整的古代法色彩。②法律规范的功能作用呈单一状态，普遍用刑罚方法作为处理婚姻家庭方面的违法行为的主要手段，婚姻家庭法的刑法色彩浓厚。③婚姻家庭法对其他社会规范的依赖性较大；宗教、道德、习惯等社会规范的作用十分突出。这些社会规范成为古代婚姻家庭制度的重要内容，是古代婚姻家庭法的必要补充。在我国诸法合体的古代，关于婚姻家庭的社会规范，有重礼轻法、详于礼而略于法的特点。

（2）附属于民法的近代婚姻家庭法

随着近代资本主义制度的建立和发展，资本主义法制和法律体系也逐步形成和完善。由于社

会化大生产带来的生产力发展和社会分工的细密，社会关系日益复杂，利益冲突愈来愈多，无法再用统一的法典来调整众多的社会领域。因此，资本主义国家建立之后，开始了法律体系由诸法合体的形式向各个法律部门分支独立的演变。这一演变首先由资产阶级法学家提出一系列理论依据，后被国家立法付诸实践，将法律划分为若干部门，分别调整特定的社会关系，形成了资本主义法律体系。

这种法律体系虽然改变了诸法合体的立法体例，建立起不同的法律部门和法律学科，但婚姻家庭法尚无系统独立的法典，仍然不是一个独立的法律部门，而是包括在民法之中，以亲属法或其他名称作为民法的一个组成部分，从而形成了附属于民法的近代婚姻家庭法历史类型。

（3）形成独立法律部门的社会主义婚姻家庭法

新中国成立后，在 1950 年和 1980 年两个重大历史转折时期颁布的婚姻法，都带有独立部门法的特点。社会主义婚姻家庭法之所以一开始即形成独立的法律部门，并非偶然，其是由一定的理论背景、社会背景、文化背景和法制背景等多重因素共同作用的必然结果，反映出当时的合理性和进步性。同时也正因为它是特定历史条件下的产物，所以随着该历史条件的变化、理论认识上的廓清和社会主义法律体系的逐步健全与完善，它亦不可避免地暴露出一定的历史局限性，从而不得不引起我们的重新认识，以求为婚姻家庭法的法律地位寻找一个更恰当的归属。以《民法通则》为龙头、以各单行基本法律为主干、以其他各种层次的法律渊源为配套的中国民事法律体系初具规模并渐臻完善。为此，特殊历史条件下形成的婚姻家庭法的独立部门法地位发生动摇，从《民法通则》的颁行开始即正式宣告了婚姻家庭法向民法的回归，婚姻家庭法在立法体制上应属于广义民事法律的组成部分。

《民法通则》第 2 条规定："中华人民共和国民法调整平等主体的公民之间、法人之间、公民和法人之间的财产关系和人身关系。"《民法总则》第 2 条规定："民法调整平等主体的自然人、法人和非法人组织之间的人身关系和财产关系。"显然，婚姻家庭法中的人身关系和财产关系，正是发生在作为平等主体的公民之间，符合民法规范的范围。《民法通则》及《民法总则》所列举的民事权利中包括婚姻自由等权利，并规定了涉外婚姻家庭关系的法律适用等问题，反映了民法对婚姻家庭关系的直接调整。因此，在我国现行立法体例上，婚姻家庭法和继承法、知识产权法、合同法等都属于民法不可分割的有机组成部分。同时也应看到，婚姻家庭法同其他民法规范相比较，仍有其自身的固有特点，所以在民法中又具有相对独立的性质。

3. 婚姻自由作为婚姻家庭法的首项原则，是指婚姻当事人有权根据法律的规定，自主自愿地决定自己的婚姻问题，不受任何人的强制和非法干涉。

（1）结婚自由

结婚自由主要有两方面的内容：第一，结婚必须男女双方完全自愿且意思表示真实，不容许任何一方对他方进行强迫、欺骗、乘人之危或任何第三者加以包办及非法干涉。第二，结婚必须符合法律规定的条件和程序。缔结婚姻不只是当事人双方的私事，同时也涉及他人和社会的利益，所以，当事人虽然对结婚表示了完全自愿和真实的态度，但还必须符合法律规定的结婚条件和程序。婚姻家庭法对结婚予以条件上的限制和程序上的约束，是使结婚自由沿着有利于个人、家庭和社会的方向发展运行的重要保障。

（2）离婚自由

离婚自由亦有两方面的内容：一是指夫妻双方有共同作出离婚决定、达成离婚协议的权利；或者在夫妻感情确实已经破裂、婚姻关系无法继续维持下去的情况下，夫妻任何一方都有提出离婚的权利。二是离婚同结婚一样，必须符合法定条件，履行法定程序，承担相应的法律后果。提出离婚，是当事人的一项自由权利，但是否允许离婚，则须有国家的干预，不能由当事人任意决定。婚姻家庭法对离婚的原则、程序、离婚后子女的抚养教育、离婚时的财产清算等问题，都作了明确规定，这些规定既是对离婚自由的保障，又是对当事人行使离婚自由权利的约束。婚姻自由的完整含义作为婚姻自由的组成部分，结婚自由和离婚自由共同构成婚姻自由原则的完整含义。结婚自由是建立婚姻关系的自由，离婚自由是解除婚姻关系的自由；结婚自由是实现婚姻自由的先决条件，离婚自由是结婚自由的必要补充。离婚使那些已无生命力的婚姻得以解除，为缔结新的自由婚姻创造条件。没有离婚自由，就根本不可能有完全的婚姻自由。

4.（1）一夫一妻制的法律要求

一夫一妻是一男一女结为夫妻互为配偶的婚姻形式。按照一夫一妻制，任何人不得同时有两个或两个以上的配偶。其基本要求如下：

①任何人都不得同时有两个或两个以上的配偶。

②已婚者即有夫之妇、有妇之夫，在其配偶死亡或离婚前不得再行结婚。未婚男女不得同时与两个或两个以上的人结婚。

③一切公开的、隐蔽的一夫多妻、一妻多夫都是非法的，受到法律的禁止和取缔。两性关系只能存在于有合法婚姻的夫妻之间。

④违反一夫一妻制情节轻微的，要予以批评教育或行政处分；情节较重的，应给予行政处罚；情节严重构成犯罪的，要受到刑罚制裁。

（2）一夫一妻制的合理性

人类社会的婚姻结构从杂乱的两性关系经过群婚制、对偶婚制，最后进入了一夫一妻制，这是必然的普遍规律。一夫一妻制的合理性体现在：

①一夫一妻制符合婚姻的本质。只有实行一夫一妻制才能给夫妻感情专一、持久创造条件，使夫妻真诚相爱，获得个人幸福；才能使男女双方齐心协力，共同抚育子女，建设家庭，承担对社会应尽的责任和义务。任何形式的一夫多妻或一妻多夫的结合，都是同爱情的专一性和排他性不相容的，不利于婚姻的性爱、情感等功能的实现，不利于发挥婚姻家庭对社会的作用。

②一夫一妻制反映了男女性别比例的自然要求。人类社会除战争、瘟疫或其他人为的原因之外，男女两性在绝大多数时候的自然增长和自然死亡的运行中，其比例基本上都是正常、平衡的。这种性别比例的平衡性既反映在世界总人口结构中，也反映在大多数国家、民族和地区的具体人口分布中，它从客观上限制了一夫多妻或一妻多夫，提出了实行一夫一妻的自然要求。

③从形式上看，一夫一妻制已成为当今世界各国普遍实行的婚姻原则。

④一夫一妻制既是男女平等的要求，又是实现男女平等的保障，对提高妇女社会地位、家庭地位，保护妇女合法权益具有重要的现实意义。

⑤一夫一妻制有利于婚姻的稳定和婚姻质量的提高，有利于家庭的和睦、团结、稳固和家庭功能的实现，有利于子女的健康成长。

5.（1）婚姻家庭法所规定的男女平等原则的核心内容是指男女两性在婚姻关系和家庭生活的各个方面都享有平等的权利、承担平等的义务。这一原则突出地反映了我国婚姻家庭制度的社会主义本质，是社会主义婚姻家庭制度区别于以男权为中心的一切旧婚姻家庭制度的重要标志。

男女平等原则既反映在婚姻家庭法的各条法律规范上，又贯穿于婚姻家庭法的整体精神之中，亦全面展现于《妇女权益保障法》之内，综合起来，有如下内容：

①在婚姻关系方面。婚姻家庭法所规定的结婚和离婚条件、程序及其相应的权利、责任和义务对男女双方同样适用；夫妻在家庭中地位平等。

②在父母子女关系方面。婚姻家庭法关于父母子女（包括父母与非婚生子女、养父母与养子女、继父母与继子女）间权利义务的规定对不同性别的家庭成员平等适用：子女可以随父姓，可以随母姓；父母双方对未成年子女享有平等的监护权；离婚后，子女可以由母方抚养，可以由父方抚养，抚养费由双方合理地分担；父母均有要求子女赡养的权利；父母子女有相互继承遗产的权利等。

③在其他家庭成员方面。兄弟姐妹处于平等的家庭地位，都享有要求父母抚养的权利，都承担赡养父母的义务，都是父母的第一顺序的法定继承人。兄姐对未成年的弟妹及已成年的弟妹对兄姐承担扶养责任的条件和内容都是平等的，兄弟姐妹互为第二顺序的法定继承人。祖父母与外祖父母、孙子女与外孙子女的权利义务是平等的，祖父母、外祖父母是孙子女、外孙子女的第二顺序法定继承人，孙子女、外孙子女享有平等的代位继承权。

④在收养关系方面。男女平等亦是收养法所坚持的基本原则。收养法关于收养人、送养人、被收养人的条件的规定，关于夫妻共同收养或父母共同送养的要求，关于养父母、养子女及其他

养亲属的权利义务的各项条款，无不贯彻着不分性别，男女均一视同仁的平等精神。

（2）婚姻家庭法所规定的男女平等原则，既是《宪法》中男女“五大平等”原则的具体化，又是《妇女权益保障法》的立法基础。其核心内容是指男女两性在婚姻关系和家庭生活的各个方面都享有平等的权利，承担平等的义务。这一原则突出地反映了我国婚姻家庭制度的社会主义本质，是社会主义婚姻家庭制度区别于以男权为中心的一切旧婚姻家庭制度的重要标志。

婚姻家庭法中保护妇女合法权益，主要是指从婚姻家庭角度，在男女平等原则的基础上，对妇女的某些婚姻家庭权益加以特殊的确认和保护，表现了党和国家对妇女有别于男子的特殊关心和照顾。妇女的婚姻家庭权益是妇女在婚姻家庭关系中基于特定的亲属身份关系和共同生活关系所享有的权利与利益的总称，包括人身权益和财产权益方面的多项内容。其法律表现主要有两个方面，一是妇女享有的与男子平等的婚姻家庭权益，由男女平等原则来反映；二是妇女依法享有的特殊权益，由保护妇女合法权益的原则来体现。因此，保护妇女的合法权益是男女平等原则的必要补充，也是对男女平等原则的有效保证。

从法律规范的内容上来说，两原则的内容也是相互交叉。男女平等原则既反映于婚姻家庭法的各条法律规范上，又贯穿于婚姻家庭法的整体精神之中，亦全面展现于《妇女权益保障法》之内。

6.《婚姻法》第 4 条规定：“夫妻应当互相忠实，互相尊重；家庭成员间应当敬老爱幼，互相帮助，维护平等、和睦、文明的婚姻家庭关系。”这一规定明确地指明了婚姻双方和家庭成员的共同责任，充分地体现了婚姻法的立法宗旨。维护平等、和睦、文明的婚姻家庭关系，既是对婚姻家庭关系进行法律调整的出发点，也是这种法律调整所追求的价值目标。具体来说，《婚姻法》第 4 条的立法精神需分两部分阐释。

（1）夫妻应当互相忠实，互相尊重

婚姻是夫妻双方以永久共同生活为目的的结合，双方互相忠实，包括性生活方面的忠实，是婚姻的专一性和排他性的必然要求。就一夫一妻制的本质，特别是社会主义制度下的一夫一妻制的本质而言，夫妻互相忠实是婚姻赖以维系和巩固的必备要素，是婚姻的生命力之所在。一方对另一方不忠实，应视为违反婚姻义务，这是不符合法律和道德的要求的。

夫妻是婚姻家庭关系中的平等主体，双方具有平等的法律地位，享有平等的权利，承担平等的义务。双方互相尊重，是男女平等原则的必然要求，是夫妻之间互爱、互敬的思想基础。夫妻是家庭的核心成员，互相尊重应当贯串于婚姻家庭生活的各个方面。在思想感情上应当互相体贴，互相谅解；在生活、工作上要互相帮助，互相照顾；在赡养扶助老人、抚养教育子女等方面要共同关心，通力合作；在家庭理财、家务管理等方面要互相协商，一方不得将自己的意见强加于对方。要做到互相尊重，需要夫妻双方共同努力。

（2）家庭成员间应当敬老爱幼，互相帮助，维护平等、和睦、文明的婚姻家庭关系

敬老爱幼是我国人民的传统美德，应当在社会主义制度下发扬光大。敬老，是指家庭中的晚辈成员对长辈成员应当予以尊敬，使其愉悦地安度晚年。爱幼，是指家庭中的长辈成员对晚辈成员应当予以爱护，使其健康地茁壮成长。敬老爱幼和保护儿童、老人合法权益的原则是完全一致的，但两者是从不同的角度加以规定的。保护儿童、老人的合法权益，侧重于对各种具体的人身和财产权益的保护，敬老爱幼，则从更高的层次上，从建设精神文明的高度，对如何处理家庭中的代际关系提出了更高的要求。

家庭是以婚姻、血缘和共同经济为纽带而形成的亲属团体和生活单位。家庭成员同居一家，共同生活，在思想、生活、工作、经济等方面理应互相关心，互相帮助，这是家庭的社会功能的具体表现。家庭成员之间的互相帮助，是来自其他方面的帮助不能替代的。

第四章 亲属关系原理

知识逻辑图

- 亲属的概念和分类
  - 亲属的概念
    - 亲属的含义
      - 生物遗传学和社会学意义上的亲属
      - 法律意义上的亲属
    - 法律意义亲属的特征
      - （1）具有身份和财产双重性
      - （2）产生事实具有多样性
      - （3）具有严格的法律内涵
      - （4）具有特定的组织形式或共同体结构
    - 亲属与相关概念的区别
      - （1）亲属在中国古代的释义
      - （2）亲属与家属
      - （3）亲属与家庭成员
  - 亲属的分类
    - 我国古代亲属分类
      - 宗亲
      - 外亲
      - 妻亲
    - 现代国家对亲属的分类
      - 配偶
      - 血亲
        - 自然血亲
        - 拟制血亲
      - 姻亲
        - （1）血亲的配偶（已身长辈直系血亲的配偶除外）
        - （2）配偶的血亲（已身配偶的晚辈直系血亲除外）
        - （3）配偶的血亲的配偶
  - 亲属的范围
    - 亲属范围的立法模式
      - 分别限定的立法模式
      - 总体限定的立法模式
    - 我国亲属范围的立法规定
      - 《婚姻法》
      - 《继承法》
      - 《民法通则》
      - 《刑事诉讼法》

- 亲系和亲等
  - 亲系
    - 概念
    - 分类
      - 直系亲与旁系亲
      - 父系亲与母系亲
      - 男系亲与女系亲
      - 长辈亲、同辈亲与晚辈亲
  - 亲等
    - 概念
    - 计算方法
      - 罗马法的计算方法
      - 寺院法的计算方法
      - 我国“代”的计算方法
      - 亲属关系的重复

- 亲属关系法律事实
  - 亲属关系法律事实的认定
    - 身份法律事实的概念
    - 身份法律事实的构成特点
      - 具有法律规范的预定性
      - 具有外在客观性
      - 具有法律后果指向性
      - 分类具有多样性
        - 自然事实
        - 主体的特定身份行为
  - 亲属身份行为
    - 概念
    - 特点
      - 具有非契约的“合同行为”性质
      - 意思表示有明显的局限性
      - 对“行为能力”有特定的规律性
      - 具有非代理性
      - 不得附条件或期限
      - 无效、撤销应有独立的规则
      - 具有要式性
  - 亲属关系的发生和终止
    - 配偶关系
      - 发生：结婚
      - 终止
        - 死亡
        - 离婚
    - 血亲关系
      - 自然血亲
        - 发生：出生
        - 终止：死亡
      - 拟制血亲
        - 养父母子女关系
          - 发生：收养
          - 终止
            - 死亡
            - 收养解除
        - 有抚养关系的继父母子女
          - 发生：结婚与扶养关系
          - 终止
            - 死亡
            - 解除
    - 姻亲关系
      - 发生：婚姻成立
      - 终止
        - 主体死亡
        - 离婚（各国规定不一）
        - 配偶一方死亡（各国规定不一）

名词解释

1. 法律意义上的亲属
2. 亲系
3. 直系血亲
4. 旁系血亲
5. 直系姻亲
6. 旁系姻亲
7. 亲等

选择题

（一）单项选择题

1. 下列有关法律意义上的亲属的特性说法错误的是（　　）。

A. 亲属关系作为一种法律关系，兼具身份和财产双重性，身份性是前提和基础，财产性是身份性的结果和表现

B. 亲属关系作为一种法律关系，有赖以产生的法律事实，自然人的出生、缔结婚姻均可以构成亲属法律关系的产生

C. 亲属关系作为一种法律关系，具有严格的法律内涵，具体表现为主体身份上和财产上的权利义务

D. 亲属无非是被两性结合和血缘纽带连接在一起的个人，没有组织形式

2. 以下有关亲属与家属的说法错误的是（　　）。

A. 家属是与家长相对应的称谓

B. 古代家属的范围包括家长、家长的妻、子女、儿媳等近亲属

C. 对于在家庭共同生活的奴婢、妾、童养媳等，因为与家长有人身依附关系，法律也认为其是家属

D. 亲属的范围比家属要广泛得多，家属不一定是亲属，而亲属也不一定是家属

3. 下列有关我国古代对亲属的说法正确的是(　　)。

A. 我国古代最初将亲属分为宗族、外姻和妻亲三类

B. 在封建社会中期，我国古代确立了宗族和外姻二分法的体制

C. 宗亲的范围最广，关系最重要，法律上的权利、义务也规定得最多

D. 妻不是夫方宗族的成员

4. 继父母与未形成抚养教育的继子女的关系，在亲属分类上属于(　　)。

A. 拟制血亲　　B. 半血缘的拟制血亲

C. 半血缘的自然血亲　　D. 姻亲

5. 按照罗马法的亲等计算法，高祖父母与曾孙子女之间的亲等数为(　　)。

A. 四　　B. 五

C. 六　　D. 七

6. 按照我国《婚姻法》的“代”的计算，高祖父母与曾孙子女之间为几代？(　　)

A. 四　　B. 五

C. 六　　D. 七

7. 按照罗马法的亲等计算法，姨表兄弟姐妹之间的亲等数为(　　)。

A. 四　　B. 五

C. 六　　D. 七

8. 按照我国《婚姻法》的“代”的计算，姨表兄弟姐妹是几代以内旁系血亲？(　　)

A. 二　　B. 三

C. 四　　D. 五

9. 按照罗马法的亲等计算法，丈夫与妻子的姐妹之间的亲等数为(　　)。

A. 二　　B. 三

C. 四　　D. 五

(二) 多项选择题

1. 现行《婚姻法》确认的拟制血亲有以下哪几种？(　　)

A. 养父母与养子女

B. 养子女与养父母的其他近亲属

C. 养父母与养子女的其他近亲属

D. 事实上形成了抚养教育关系的继父母与继子女

2. 以下哪一些是直系姻亲关系？(　　)

A. 儿媳与公婆

B. 女婿与岳父母

C. 丈夫与妻子的姐妹

D. 堂兄弟姐妹

3. 以下哪一些是旁系血亲关系？(　　)

A. 表兄弟姐妹

B. 祖父母与孙子女

C. 继父母与继子女

D. 堂兄弟姐妹

4. 以下哪一些是旁系姻亲关系？(　　)

A. 本人与兄嫂　　B. 本人与弟媳

C. 妯娌　　D. 连襟

5. 我国《婚姻法》上规定的能引起配偶关系发生变动的原因有(　　)。

A. 结婚

B. 离婚

C. 配偶一方自然死亡

D. 配偶一方被宣告死亡

6. 根据我国《婚姻法》的规定，父母子女的血亲关系终止的时间为(　　)。

A. 血亲关系一方当事人自然死亡

B. 血亲关系一方当事人被宣告死亡

C. 父母离婚

D. 双方协议解除

7. 以下有关亲属身份行为的说法正确的是(　　)。

A. 亲属身份行为不具有要式性

B. 亲属身份行为的意思表示有明显的局限性

C. 亲属身份不能被代理

D. 亲属身份行为具有非契约的“合同行为”性质

8. 根据我国《婚姻法》、其他相关法律和司法解释的规定，作为法律调整对象的亲属关系包括(　　)。

A. 父母子女　　B. 夫妻

C. 祖孙　　D. 兄弟姐妹

9. 根据我国《婚姻法》的规定，配偶关系终止的时间为（　　）。

A. 配偶一方自然死亡的时间
B. 人民法院准予离婚的调解书或判决书生效的时间
C. 登记离婚取得离婚证的时间
D. 配偶一方被人民法院宣告死亡的时间

（三）不定项选择题

1. 在各亲等计算法中，不能被计算亲等的是（　　）。

A. 姻亲　　B. 自然血亲
C. 拟制血亲　　D. 配偶

2. 有抚养关系的继父母与继子女之间的拟制血亲关系的终止原因有（　　）。

A. 继父母子女当事人一方死亡
B. 双方当事人自愿协议解除
C. 继父母离婚，继子女未成年由生父母带走而继父母终止抚养的
D. 一方当事人诉请法院依法调解或判决解除

3. 收养关系解除后，养子女与养父母之间的身份和权利义务即消灭，成年养子女与生父母及其他近亲属间的权利义务关系（　　）。

A. 不能恢复
B. 自行恢复
C. 协商决定是否恢复
D. 如成年养子女已婚则不能恢复

简答题

1. 简述亲属的含义。
2. 简述法律意义上的亲属的特性。
3. 简述现代国家对亲属的分类。
4. 简述各国法律调整亲属范围的立法例。
5. 简述直系亲。
6. 简述旁系亲。
7. 简述罗马法的亲等计算法。
8. 简述我国婚姻法中“代”的计算。
9. 简述亲属关系的重复。
10. 简述认定亲属关系的法律事实。

法条分析题

《婚姻法》第四条第二款　家庭成员间应当敬老爱幼，互相帮助，维护平等、和睦、文明的婚姻家庭关系。

请问：该条所指的家庭成员的范围是？该条所指的家庭成员应当敬老爱幼，互相帮助，维护平等、和睦、文明的婚姻家庭关系的义务在《婚姻法》上的具体表现是什么？将“尊老爱幼”入律的社会意义是什么？

论述题

1. 试述如何确定亲系和亲等。
2. 试述亲属身份行为的特点。
3. 试述各种亲属关系发生和终止的原因。

参考答案

名词解释

1. 法律意义上的亲属，即得到法律确认并受法律调整，其根据一定的法律事实而产生、变动，并具有一定法律效力的亲属。实际上，法律意义上的亲属，就是现代亲属法上的主体。

2. 亲系是指亲属之间的联络系统，即以婚姻、血缘为基础的亲属之间，构成纵横交错、相互交织的亲属网络。除配偶外，一切亲属都有一定亲系可循。按照联系的不同标准，亲属可以分为不同系列，而这些不同的系列就是亲系。

3. 直系血亲是指彼此之间有直接血缘联系的亲属。包括从自己所出和指向自己的两部分血亲。指向自己的血亲，就是生育自己的各代血亲，从自己所出的血亲，就是自己生育的后代。

4. 旁系血亲是指彼此之间具有间接血缘联系的亲属。即除直系血亲外，与自己同出一源的血亲。

5. 直系姻亲包括自己晚辈直系血亲的配偶和配偶的长辈直系血亲。前者如儿媳、女婿等。后者如公婆、岳父母等。在无抚养关系的继父母继子女关系中，继父或继母和继子或继女互为姻亲关系。

6. 旁系姻亲包括旁系血亲的配偶、配偶的旁

系血亲和配偶的旁系血亲的配偶三类。旁系血亲的配偶，如兄嫂、弟媳等；配偶的旁系血亲，如妻的兄弟姐妹、夫的兄弟姐妹等；配偶的旁系血亲的配偶，如妯娌、连襟等。

7. 亲等是计算亲属关系亲疏远近的基本单位。亲等数越小，亲属关系越近；亲等数越大，亲属关系越远。计算亲等的客观依据是血缘联系，亲等的计算是以血亲为基准，而准用于姻亲，具体应用时以配偶为中介换算。配偶不计亲等。

选择题

（一）单项选择题

1. D。法律意义上的亲属的特性如下：其一，亲属不仅是一种社会学意义上的关系，而且是法律关系，这种法律关系兼具身份和财产的双重性。其二，亲属作为一种法律关系，有其赖以产生的法律事实，并且亲属以其身份性为前提而产生，因此与一般民事法律关系产生的法律事实不同。具体来说，构成亲属产生原因的法律事实有三类：一是缔结婚姻的法律行为，二是自然人的出生，三是基于特定的法律行为对身份关系的拟制。其三，亲属作为一种法律关系，具有法律关系的内容，表现为主体身份上和财产上的权利义务。其四，亲属作为人际互动关系，具有特定的组织形式或共同体结构。如果仅就自然意义去考察亲属关系，那么是不能透彻理解亲属关系的。在理解亲属关系时，必须要将社会因素考虑在内，这是亲属关系具有组织形式的根本原因。因此，选项D的说法是错误的。

2. B。家属是与家长相对应的称谓。我国古代的礼法规定，实行家长制，每个家庭设有家长，共同生活在一个家庭中的其他成员则为家属，主要包括家长的妻、子女、儿媳等近亲属。对于在家庭共同生活的奴婢、妾、童养媳等，因为这些人与家长有人身依附关系，法律也认为其是家属。亲属与家属的区别主要在于，亲属的范围比家属要广泛得多，家属不一定是亲属，亲属也不一定是家属。因此，选项B的说法是错误的，家属不包括家长。

3. C。我国古代的礼和律以宗法为根，重男轻女，男尊女卑，尊父系而轻母系。因此，最初亲属被分为宗族和外姻两类，父系为宗族，母系和妻系均为外姻，宗族也叫宗亲、本亲或内亲。妻族本来也被包括在外亲之内。一直到封建社会中期，礼与律才另列妻族一类，确立了宗亲、外亲、妻亲三分法的体制。至于配偶本身即夫妻在我国古代亲属种类中的地位问题，由于来归之妇，即嫁入本族的女子，妻，已为宗亲，因而没有必要单独列为一类。其只有在婚姻离异之后才脱离夫的宗族。在这三种亲属中，宗亲的范围最广，关系最重要，法律上的权利、义务也规定得最多。宗亲设有宗族组织。因此，选项C的说法是正确的。选项A和B对亲属分类的演进说法正好相反。选项D的说法是错的，因为嫁入本族的女子是其夫方宗族的成员。

4. D。该题考查学生对亲属概念的理解。姻亲，是指以婚姻为中介而产生的亲属，但配偶除外。男女在成为配偶之后，一方与对方亲属之间的关系即姻亲关系。姻亲分为以下三类：（1）血亲的配偶。即自己的血亲的配偶。例如儿媳、女婿、姐夫、姑父等。但需要指出的是，自己长辈直系血亲的配偶，是自己的血亲而非姻亲，例如祖父祖母都是自己的血亲。（2）配偶的血亲。即自己的配偶的血亲。例如，公婆、岳父母、妻子的兄弟姐妹、丈夫的兄弟姐妹等。但是与血亲的配偶相似的是，在这里一部分配偶的血亲并非姻亲而是血亲。例如，子女、孙子女、外孙子女。（3）配偶的血亲的配偶。即自己与配偶的血亲的配偶。例如妯娌、连襟等。因此，本题中，未形成抚养教育关系的继父母与继子女之间，未形成拟制血亲，但是由于继子女是继父母配偶的血亲，因而该二者关系属于姻亲。

5. A。罗马法的亲等计算法随罗马法的传播为欧洲大陆法系国家相继实行，目前为世界上绝大多数国家所采用。其计算方法分为直系血亲和旁系血亲两个方面：（1）直系血亲亲等的计算。以自己作为基点，往上或往下数但不算自己，以一世代为一亲等。如从自己往上数，父母为一亲等，祖父母、外祖父母为二亲等，曾祖父母、外曾祖父母为三亲等，高祖父母、外高祖父母为四亲等。从自己往下数，子女为一亲等，孙子女、外孙子女为二亲等，曾孙子女、外曾孙子女为三亲等，玄孙子女、外玄孙子女为四亲等。按此方法计算，父母与子女是一亲等的直系血亲，祖父母与孙子女是二亲等的直系血亲。(2) 旁系血亲亲等的计算。首先找出同源直系血亲，即自己与对方的最近的共同长辈直系血亲，再按直系血亲亲等的计算方法从自己往上数至同源直系血亲，记下世代数；再从同源直系血亲往下数至要计算的旁系血亲，记下世代数；最后将两边的世代数相加所得之和，就是旁系血亲的亲等数。如要计算自己与母系的表兄姐妹的亲等数，首先找出自己与表兄弟姐妹的同源直系血亲，即外祖父母，从自己往上数至外祖父母是二世代，再从外祖父母往下数至表兄姐妹也是二世代，将两边世代数相加为四，因此自己与表兄姐妹是四亲等旁系血亲。另外，关于姻亲亲等的计算，遵循“姻亲从血亲的原则”。如儿媳与公婆的亲等，与丈夫与其父母的亲等相同，因丈夫与其父母是一亲等的血亲，所以，儿媳与公婆是一亲等的直系姻亲。由于高祖父母与玄孙子女是直系血亲，因而应适用直系血亲的亲等计算方法，他们之间为四亲等血亲。因此选项 A 正确。

6. B。我国《婚姻法》是以“代”来表明亲属关系的亲疏远近的。代，即指世辈，一般一世代为一辈、一代。计算亲属的代数的方法也与罗马法和寺院法相同，分为直系血亲和旁系血亲两个方面。(1) 直系血亲的计算。从自己开始，自己为一代，往上数或往下数，每增加一世代增加一代。例如从自己往上数至父母为二代，祖父母、外祖父母为三代，曾祖父母、外曾祖父母为四代，高祖父母、外高祖父母为五代。从自己往下数，子女为二代，孙子女、外孙子女为三代，曾孙子女、外曾孙子女为四代，玄孙子女、外玄孙子女为五代。(2) 旁系血亲的计算。我国婚姻法中“代”的计算方法与罗马法与寺院法的旁系血亲计算方法相似。首先，先按直系血亲的计算法，从自己往上数直至同源直系血亲，记下代数；再从同源直系血亲往下数直至要计算的旁系血亲，记下代数。如果两边代数相同，则以此数作为代数。如果两边的代数不同，则取较大的代数为确定的代数。例如，自己与兄弟姐妹的同源直系血亲是父母，从自己往上数到父母是二代，再从父母往下数至兄弟姐妹也是二代，两边世代数相同，因此自己与兄弟姐妹是两代以内旁系血亲。再比如，要计算自己与伯和叔的代数，先从自己往上数到同源直系血亲，即祖父母为三代，再从祖父母往下数到伯和叔是二代，取较大的世代数为代数，则自己与伯和叔是三代以内旁系血亲。

由于高祖父母与玄孙子女是直系血亲，因而应适用直系血亲的亲等计算方法，他们之间为五代。因此选项 B 正确。

7. A。姨表兄弟姐妹属于旁系血亲，按照罗马法的亲等计算方法，如要计算自己与姨表兄弟姐妹的亲等数，首先找出自己与表兄弟姐妹的同源直系血亲，即外祖父母，从自己往上数至外祖父母是二世代，再从外祖父母往下数至表兄姐妹也是二世代，将两边世代数相加为四，因此自己与姨表兄姐妹是四亲等旁系血亲。

8. B。姨表兄弟姐妹之间属于旁系血亲，按照我国《婚姻法》“代”的计算方法，如要计算自己与姨表兄姐妹，首先按直系血亲的计算法，从自己往上数直至同源直系血亲，即外祖父母，记下代数，是三；再从同源直系血亲往下数直至要计算的旁系血亲，记下代数，同样也是三。如果两边代数相同，则以此数作为代数。因此，自己与姨表兄弟姐妹是三代以内旁系血亲。

9. A。丈夫与妻子的姐妹属于姻亲关系，按照罗马法的亲等计算法，姻亲亲等的计算，遵循“姻亲从血亲的原则”。丈夫与妻子的姐妹的亲等，与妻子与其姐妹的亲等相同。因此按照旁系血亲亲等的计算。首先找出同源直系血亲，即妻子与其姐妹的最近的共同长辈直系血亲，即父母，再按直系血亲亲等的计算方法从自己往上数至同源直系血亲，记下世代一；再从同源直系血亲往下数至要计算的旁系血亲，记下世代数一；最后将两边的世代数相加所得之和，就是旁系血亲的亲等数。因此，丈夫与妻子的姐妹之间的亲等数为二。

（二）多项选择题

1. ABCD。血亲关系可以基于特定的法律事实被法律拟制而创设成为拟制血亲。拟制血亲，是指本无对应自然血亲应具有的血缘关系，而由法律规定、确认其与该种自然血亲具有同等权利义务的亲属。由于此种血亲不是自然形成的，而是法律设定的，故又称为“准血亲”。我国《婚姻法》确认的拟制血亲有两类：一是养父母与养子女以及养子女与养父母的其他近亲属；二是在事实上形成了抚养教育关系的继父母与继子女。

2. AB。直系姻亲是姻亲中的一种，包括自己晚辈直系血亲的配偶和配偶的长辈直系血亲。前者如儿媳、女婿等，后者如公婆、岳父母等。在无抚养关系的继父母继子女关系中，继父或继母和继子或继女互为姻亲关系。因此在本题中，AB选项是正确的，C选项是旁系姻亲。而D选项堂兄弟姐妹之间属于旁系血亲关系。旁系血亲是指彼此之间具有间接血缘联系的亲属。即除直系血亲外，与自己同出一源的血亲。

3. AD。旁系血亲是指彼此之间具有间接血缘联系的亲属。即除直系血亲外，与自己同出一源的血亲。因此表兄弟姐妹、堂兄弟姐妹之间是旁系血亲关系。祖父母与孙子女之间，是直系血亲关系。继父母与继子女之间属于姻亲关系，若在事实上形成抚养教育关系，则也属于拟制血亲中的直系血亲关系。

4. ABCD。旁系姻亲包括旁系血亲的配偶、配偶的旁系血亲和配偶的旁系血亲的配偶三类。旁系血亲的配偶，如兄嫂、弟媳等；配偶的旁系血亲，如妻的兄弟姐妹、夫的兄弟姐妹等；配偶的旁系血亲的配偶，如妯娌、连襟等。因此，本题选ABCD。

5. ABCD。配偶关系因男女结婚而发生。按我国现行《婚姻法》的规定，配偶关系发生的时间以取得结婚证的时间为准。配偶关系终止的原因有二：一是配偶一方死亡（包括自然死亡和宣告死亡）而终止，宣告失踪并不使得配偶关系发生变动；二是因夫妻离婚而终止。根据不同原因，配偶关系终止的时间为配偶一方自然死亡的时间、人民法院宣告死亡的判决书生效的时间、登记离婚并取得离婚证的时间以及人民法院准予离婚的调解书或判决书生效的时间。

6. AB。自然血亲只能因一方的死亡而终止，这是古今中外立法的通例。自然血亲，除一方死亡外，不因任何人为行为、其他事实的发生而终止。例如父母子女关系，既不因为父母离婚而终止，也不能因为双方协议、一方声明而终止。即使子女为他人收养，也仅终止双方的法律上的父母子女权利义务，因出生而形成的父母子女身份和称谓、法律上的禁婚亲的规定和对收养人的干预权利仍然存在，而不会消灭。因此，本题选AB。

7. BCD。亲属身份行为的基本特点如下：(1) 亲属身份行为具有非契约性。亲属的身份关系，是两个以上亲属身份人互相间之共同生活关系，成立或解除亲属身份共同生活关系时，则大多应由两个以上之亲属身份人共同为之始可。(2) 亲属身份行为的意思表示有明显的局限性。由于亲属身份行为的基础是身份性，因此其不能适用一般财产法上意思自由原则。(3) 亲属身份行为不适用代理规则。亲属身份行为及其法律后果以人身为依归，依附于主体的人格，是人身专属性的行为和后果，只能由本人进行和承受。(4) 亲属身份行为具有要式性。亲属身份的产生、变更或消灭必须经过特定的方式、履行特定的手续，以获得一定的社会公示和公信效果。根据以上表述，本题选BCD。

8. ABCD。根据我国《婚姻法》规定，禁婚亲范围为直系血亲和三代以内旁系血亲；有扶养关系的亲属范围为夫妻、父母子女、兄弟姐妹、祖孙（祖父母、外祖父母、孙子女、外孙子女）。我国《继承法》规定，法定继承人的范围为配偶、父母子女、兄弟姐妹、祖父母、外祖父母，孙子女和外孙子女及晚辈直系血亲为代位继承人，丧偶的儿媳对公婆和丧偶的女婿对岳父母，尽了主要赡养义务的，可作为第一顺序法定继承人。因此，本题的答案是ABCD。

9. ABCD。根据我国《婚姻法》的规定，配偶关系终止的原因有二：一是因配偶一方死亡（包括自然死亡和宣告死亡）而终止，宣告失踪并不使得配偶关系发生变动；二是因夫妻离婚而终止。根据不同原因，配偶关系终止的时间为配偶一方自然死亡的时间、人民法院宣告死亡的判决书生效的时间、登记离婚并取得离婚证的时间以及人民法院准予离婚的调解书或判决书生效的时间。

（三）不定项选择题

1. D。亲等，是计算亲属关系亲疏远近的基本单位，亲等数小的，表示亲属关系亲近，亲等数大的，表示亲属关系疏远。由于计算亲等的客观依据是血缘联系，故亲等的计算是以血亲为基准，而准用于姻亲，具体应用时可以以配偶为中介换算。配偶则自为配偶，不计亲等。

2. ABCD。有抚养关系的继父母子女关系，既是拟制血亲，又是姻亲。根据亲属关系的重复中，法律适用当采取“从近从重”原则，应当适用拟制血亲的法律规定。拟制血亲，顾名思义，是本不具有自然血亲的亲属关系，而因法律的设定而发生与自然血亲相同效力的血亲形式。根据拟制血亲的种类不同，其发生和终止的原因也不同。有抚养关系的继父母子女之间的拟制血亲关系的终止，除可因继父母子女当事人一方死亡而终止，也可基于双方当事人自愿而协议解除，或由一方当事人诉请法院依法调解或判决解除。如果生父与继母离婚或生母和继父离婚，继子女未成年由生父母带走而继父母终止抚养的，则该子女与继父母间的拟制血亲关系终止；但如继子女已被继父母抚养成年，则其与继父母间的拟制血亲关系仍然存在，不因离婚而终止。

3. C。根据《收养法》第 29 条的规定，收养关系解除后，养子女与养父母及其他近亲属间的权利义务关系即行消除，与生父母及其他近亲属间的权利义务关系自行恢复，但成年养子女与生父母及其他近亲属间的权利义务关系是否恢复，可以协商确定。因此，本题选 C。

简答题

1. 亲属的含义有二：一是生物遗传学和社会学意义上的亲属。它泛指由婚姻、血缘所连接的一切具有血缘同源性、姻缘相关性的人与人之间的关系。这是一种网络化的生物遗传结构和婚姻社会结构，在横向上无边无际，在纵向上无始无终，难于穷尽。如果说在古代社会，尤其是中国奴隶社会、封建社会的宗法家族体系下，这种宽泛的亲属网络被人们看重，并被赋予较强的社会功能意义，那么在现代工业社会和人际关系频繁变异的当代世界，此层意义上的亲属除具有“攀亲道故”的生活作用之外，已无多大社会实效。二是法律意义上的亲属，即得到法律确认、受到法律调整、具有一定法律效力的亲属，这是亲属关系的主体在现代亲属法上的具体指向。

2. 法律意义上的亲属有着四个鲜明的特性：

其一，亲属不仅是一种社会关系，而且是一种法律关系，这种法律关系兼具身份和财产双重性，但身份性是前提和基础，财产性则是身份性的结果和表现。

其二，作为法律关系，必然有赖以产生的法律事实，而且这种法律事实与一般民事法律关系不同。具体来说，构成亲属产生原因的法律事实主要有三类：一是缔结婚姻的法律行为；二是自然人的出生；三是基于收养等法律行为对身份关系的法律拟制。

其三，亲属具有严格的法律内涵，具体表现为主体身份上和财产上的权利义务。这是法律赋予亲属的效力，也是亲属所承接的法律效果和功能作用。正因如此，亲属法上的亲属只是生物遗传上的或人们在社会生活中认知的亲属的一部分，而且是极小的一部分。这一部分被浓缩了的亲属可以说是人们在实际生活中发生或存在的最亲最近的亲属的一种法律确认和制度规范反映。在此意义上，亲属、亲属关系和亲属法律关系可在同一内涵和外延上使用。

其四，亲属作为人际互动关系，具有特定的组织形式或共同体结构。如果仅就自然意义去考察亲属关系，那么亲属无非是被两性结合和血缘纽带连接在一起的个人。然而，社会因素使亲属具有一定的组织形式。这种组织形式因不同的时代而异，从原始群体到氏族、从氏族到家族、再从家族到家庭，大致反映了亲属组织形式变迁的全部轨迹。现代法律意义上的亲属，已基本上集中浓缩于家庭之内；家庭是典型的普遍的亲属共同体；家庭中的夫妻关系、亲子关系等涵盖了现代亲属关系的大部分内容。

3. 亲属，是作为由两性关系和血缘关系联系起来的一定范围的人相互之间的特定社会关系的外在表现和身份称谓。亲属的含义可以从生物遗传学和社会学意义上来理解，也可以从法律上来理解。无论从什么层面理解，亲属关系均纵横交错，错综复杂。按不同的标准，可以将亲属划分为不同的种类。例如，按亲属关系的亲疏远近，可以将亲属分为近亲属和一般亲属；按亲属间的联系中介，可将亲属分为男系亲与女系亲、父系亲与母系亲、直系亲与旁系亲；按照亲属的辈分，可将亲属分为长辈亲、晚辈亲与同辈亲；按亲属关系的发生原因，可将亲属分为配偶、血亲和姻亲。

按亲属关系的发生原因，可将亲属分为配偶、血亲和姻亲。这是当代国家对亲属最基本的分类，阐述如下：

（1）配偶。配偶即夫妻。在我国，男女因结婚而互为配偶。一些国家也承认同性婚姻，因此在这些国家自然人因结婚而互为配偶。配偶关系即夫妻关系。配偶在亲属关系中处于承上启下和牵线架桥的核心地位，它是血亲关系的源泉和姻亲关系的中介。

（2）血亲。指具有血缘联系的亲属。血亲本为自然血亲，即生物学意义上的血亲，但血亲关系也可以基于特定的法律事实被法律拟制而创设这种血亲成为拟制血亲。

（3）姻亲。是指以婚姻为中介而产生的亲属，但配偶除外。男女在成为配偶之后，一方与对方亲属之间的关系即姻亲关系。姻亲分为以下三类：①血亲的配偶。②配偶的血亲。③配偶的血亲的配偶。

4. 现代各国法律调整亲属范围的立法例，大体有以下两种立法模式：

（1）分别限定的立法模式。即立法不从总体上概括限定亲属的范围，而是在具体的亲属关系或法律事项上分别规定亲属的法律效力。也就是说，法律分别就禁婚亲、扶养、继承、监护等方面亲属的效力作出规定。如法国、我国均属此类立法模式。

（2）总体限定的立法模式。即立法从总体上概括限定亲属的范围，此范围之外的亲属关系则不属法律调整对象，也不具有亲属的法律效力。如现行日本民法规定："下列人为亲属：六亲等内的血亲；配偶；三亲等内的姻亲。"韩国民法亦属此类立法模式。

5. 直系亲，又分为直系血亲和直系姻亲。

（1）直系血亲

直系血亲是指彼此之间有直接血缘联系的亲属。包括己身所从出和从己身所出的两部分血亲。己身所从出的血亲，即生育己身的各代血亲，如父母、祖父母、外祖父母、曾祖父母、外曾祖父母、高祖父母和外高祖父母等；从己身所出的血亲，即己身生育的后代，如子女、孙子女、外孙子女、曾孙子女、外曾孙子女、玄孙子女和外玄孙子女等。这些亲属与己身有纵向血缘关系，因此，都是直系血亲。值得注意的是，直系血亲除自然直系血亲外，还包括法律拟制的直系血亲，如养父母与养子女、养祖父母与养孙子女、有扶养关系的继父母与继子女都是直系血亲。

（2）直系姻亲

直系姻亲包括己身晚辈直系血亲的配偶和配偶的长辈直系血亲。前者如儿媳、女婿、孙媳、孙女婿、养儿媳、养女婿等；后者如公婆、岳父母等。在无扶养关系的继父母继子女关系中，继父或继母和继子或继女亦互为直系姻亲。

6. 旁系亲，又分为旁系血亲和旁系姻亲。

（1）旁系血亲

旁系血亲是指彼此之间具有间接血缘联系的亲属。即除直系血亲外，与己身同出一源的血亲。如兄弟姐妹、侄子女、伯、叔、姑、舅、姨、堂兄弟姐妹、表兄弟姐妹等。

（2）旁系姻亲

旁系姻亲包括旁系血亲的配偶、配偶的旁系血亲和配偶的旁系血亲的配偶三类。旁系血亲的配偶，如兄嫂、弟媳、侄媳、侄女婿、伯（叔）母、姑父、姨父、舅母等。配偶的旁系血亲，如妻的兄弟姐妹和伯叔姑、夫的兄弟姐妹和伯叔姑等。配偶的旁系血亲的配偶，如妯娌、连襟、夫的伯（叔）母和妻的伯（叔）母等。

7. 这种计算法滥觞自罗马法，随罗马法的传播为欧洲大陆法系国家相继实行，目前为世界上绝大多数国家所采用。其计算方法分为直系血亲和旁系血亲两个方面：

（1）直系血亲亲等的计算。以自己作为基点，往上或往下数但不算自己，以一世代为一亲等。如从自己往上数，父母为一亲等，祖父母、外祖父母为二亲等，曾祖父母、外曾祖父母为三亲等，高祖父母、外高祖父母为四亲等。从自己往下数，子女为一亲等，孙子女、外孙子女为二亲等，曾孙子女、外曾孙子女为三亲等，玄孙子女、外玄孙子女为四亲等。

（2）旁系血亲亲等的计算。首先找出同源直系血亲，即自己与对方的最近的共同长辈直系血亲，再按直系血亲亲等的计算方法从自己往上数至同源直系血亲，记下世代数；再从同源直系血亲往下数至要计算的旁系血亲，记下世代数；最后将两边的世代数相加所得之和，就是旁系血亲的亲等数。

(3) 关于姻亲亲等的计算，以“姻亲从血亲的原则”。如儿媳与公婆的亲等，与丈夫与其父母的亲等相同，因丈夫与其父母是一亲等的血亲，所以，儿媳与公婆是一亲等的直系姻亲。

8. 我国《婚姻法》是以“代”来表明亲属关系的亲疏远近的，主要反映在禁婚亲的问题上。在我国1950年的《婚姻法》里即规定：(除兄弟姐妹外的) 其他五代内的旁系血亲间禁止结婚的问题，从习惯。1980年《婚姻法》也有类似的规定：禁止三代以内的旁系血亲结婚。修改后的现行《婚姻法》继续沿用了这一规定：禁止三代以内的旁系血亲结婚。这里所说的“代”，就是我国法律规定的计算亲属关系亲疏远近的单位。代数小的一般被认为比代数大的亲属关系亲近。

代，即指世辈，一般一世代为一辈、一代。计算亲属的代数的方法也与罗马法和寺院法相同，分为直系血亲和旁系血亲两个方面。

(1) 直系血亲的计算。从自己开始，自己为一代，往上数或往下数，每增加一世代增加一代。例如从自己往上数至父母为二代，祖父母、外祖父母为三代，曾祖父母、外曾祖父母为四代，高祖父母、外高祖父母为五代。从自己往下数，子女为二代，孙子女、外孙子女为三代，曾孙子女、外曾孙子女为四代，玄孙子女、外玄孙子女为五代。

(2) 旁系血亲的计算。我国婚姻法中“代”的计算方法与罗马法与寺院法的旁系血亲计算方法相似。首先，先按直系血亲的计算法，从自己往上数直至同源直系血亲，记下代数；再从同源直系血亲往下数直至要计算的旁系血亲，记下代数。如果两边代数相同，则以此数作为代数。如果两边的代数不同，则取较大的代数为确定的代数。例如，自己与兄弟姐妹的同源直系血亲是父母，从自己往上数到父母是二代，再从父母往下数至兄弟姐妹也是二代，两边世代数相同，因此自己与兄弟姐妹是两代以内旁系血亲。再比如，要计算自己与伯和叔的代数，先从自己往上数到同源直系血亲，即祖父母为三代，再从祖父母往下数到伯和叔是二代，取较大的世代数为代数，则自己与伯和叔是三代以内旁系血亲。

9. 亲属关系的重复，又称亲属关系的并存，指有亲属关系的两人之间，同时存在两种或两种以上不同的亲属关系。其产生主要因婚姻或法律拟制而形成。传统的亲属法理论认为，在亲属关系并存时，采取“一关系不为另一关系吸收或排斥”的原则，即并存的亲属关系各自独立存在，各保有其固有的效力。如一亲属关系消灭，不影响另一亲属关系的存在。但是，同时并存的一亲属关系所生的效力，得停止另一亲属关系所发生的效力。当亲属关系并存、互不吸收各自独立时，其法律的适用，采取“从近从重”原则。即同时并存的亲属关系中，适用亲属关系近者、权利义务重者的法律规定，发生该种亲属的效力；同时停止亲属关系远者、权利义务轻者的亲属效力。

10. 由于亲属关系在性质上属于身份关系，因而亲属关系的法律事实又称身份法律事实。亲属关系作为一类民事法律关系，其产生、变更或消灭也必须有一定的根据。凡依照亲属法规范能够引起亲属关系发生、变更和消灭的根据，就是亲属关系的法律事实，也是身份法律事实。身份法律事实的构成特点有以下四方面：

(1) 身份法律事实必须是亲属法确认的能够引起亲属关系发生、变更和消灭的客观事实，具有法律规范的预定型。尽管亲属法律关系是亲属法调整的结果。但是，亲属法规范本身作为静态规则并不能创设某一亲属关系，也不能改变或消灭某一亲属关系。亲属法只能通过规定一些实施条件，按照人伦秩序和社会规制的要求，将这些实施条件与一定的亲属法律后果相互联系，来反映一定的利益需要。亲属法规范的意义在于，它预先设定了事实发生——法律后果程式，在其所确定的事实条件发生时，相应的亲属关系就得以发生、变更或消灭。这些由亲属法规定的、能够产生亲属关系后果的事实，就是身份法律事实。可见，亲属法规范是确认身份法律事实的依据，身份法律事实又是亲属关系发生、变更或消灭的原因，而亲属关系发生、变更或消灭则是身份事实出现的结果。

(2) 身份法律事实具有外在客观性。身份法律事实可以与人的意志有关，也可以与人的意志无关。从这个意义上来讲，身份法律事实既可以是某种事件或状态，也可以是主体的行为，但其必须外化为客观存在。只存在于主观之中而不表现于外界的思想意志和愿望不能成为身份法律事实。

（3）身份法律事实必须具有法律后果指向性。客观事实无所不在，无时不生，但并非都是法律事实。作为身份法律事实必须是依法能产生亲属法上的后果的事实。这种亲属法上的后果不外乎三类：一是引起一定亲属关系的产生；二是引起一定亲属关系的变更；三是引起一定亲属关系的消灭。

（4）身份法律事实的具体表现分为两类：一是自然事实，即与主体意志无关的客观现象，包括事件和某种状态，如出生、死亡、成年、时间经过等；二是主体的特定身份行为，即人的有意识的活动，如结婚、离婚、收养、解除收养等。就亲属法的实践操作来看，自然事实与相应的法律秩序具有确定性，能够非常清楚地认定和把握；但身份行为却相对复杂，并与普通民事法律行为有所不同。

法条分析题

（1）家庭成员的范围是具有《婚姻法》《继承法》上法定权利义务关系的家庭成员。家庭是以婚姻、血缘和共同经济为纽带而形成的亲属集团和生活单位。家庭成员至少包括夫妻、父母子女、兄弟姐妹、祖孙，他们不仅共同生活，而且血缘及亲情关系比三世、四世等大家族中的成员要亲密。

对家庭成员的理解，需要注意法律意义上的家庭成员与习惯上以“共同生活”为界定标准划分家庭成员的区别，因为后者的范围比前者要大。随着社会的变化，现代社会的家庭规模呈现出核心化、小型化的特点，“夫妇式”家庭使个人更容易适应劳动力市场的需要，可以自由随职业变动而发生阶层流动和区域流动。由一夫一妻及其子女组成的“核心家庭”比例日趋增长。与此同时，有的亲属之间虽没有法定的权利义务关系，但是要肯定在现实中存在一些亲属自愿地为另一些亲属承担一定的责任。例如，叔叔资助侄女等。

（2）家庭成员之间所具备的尊老爱幼、互相帮助的义务，在《婚姻法》上的体现主要是父母对子女的抚养义务和子女对父母的赡养义务。但是很明显，不同的家庭成员之间，抚养关系和赡养关系是不同的。根据《婚姻法》第 21 条的规定，父母对未成年子女的抚养以及成年子女对生活困难父母的赡养是无条件的。但根据《婚姻法》第 28、29 条的规定，祖孙之间、兄弟姐妹之间的扶养确是有条件的，只有出现了法定情形时才发生。婚姻法所规定的不同远近的亲属关系的家庭成员之间的权利义务关系，是赡老育幼的最低标准，是当事人向公权力机关提出救助的最低依据，但是法律并不禁止家庭成员之间超越法律规定的范畴而自愿履行的扶助关系，不具有权利义务关系的家庭成员之间产生的扶助和帮助，是对公力救助的有效补充，是我国优良道德习俗的发扬光大，是中华民族互助精神的传承和延续。

（3）将“尊老爱幼”写入法律的社会意义有：其一，有助于婚姻家庭内部各成员地位的平衡。科学技术的发展以及由此导致的经济发展、文化意识的变化会影响人们的婚姻家庭观念，经济社会中因突出自我个人价值的实现而导致的家庭团队观念的淡化，家庭成员间互相尊敬、互相帮助以及家庭扶养功能进一步退化等问题逐步凸显，而每个家庭成员在婚姻家庭中所处的地位也愈发不平等，他们彼此之间实现权利的能力也不可能处于完全公平的状态。在婚姻家庭这一充满道德色彩的领域内，法律运作的空白区域必须让道德来填补。因此，将必要的尊重、爱护、团队协作、正义等内容纳入法律，有助于平衡和协调婚姻家庭内部的各种关系，在必要时救助权利实现的弱者，促使家庭成员之间的关系在事实上达到最大限度的合理状态。其二，有助于婚姻家庭道德约束力的提升。在社会转型期，存在对婚姻家庭伦理精神的缺失、对家庭责任的忽视、对传统道德的断代，因婚姻家庭不稳定而诱发的青少年违法犯罪率上升则动摇着社会的治安秩序，老年人因得不到赡养而侵蚀着渊远传承的孝道观念和现阶段的养老秩序，这些问题的存在仅靠道德调控已经无法解决，需要国家依照一定的强制力加以纠正，法律只有与道德一起发挥作用力，才有助于唤醒人们内心的正义，才有助于带动人们的积极作为。加大违反中华美德的道德和法律成本，可以提升婚姻家庭道德的约束力，为家庭成员彼此尊重，彼此互助创造条件。其三，有助于家庭的和谐和社会的稳定。将尊老爱幼写入法律，旨在促进家庭成员之间的互相帮助，促进家庭中老年人和未成年人健康幸福地生活，助推家庭成员间的敬爱与诚信在社会问题处理上的应用，进而维护和巩固我国社会主义婚姻家庭制度，发挥家庭这一社会细胞的作用，以家庭稳定保障和促进社会稳定。

论述题

1.（1）如何确定亲系

亲系是指亲属间的联络系统。亲属以婚姻、血缘为基础，构成纵横交错、互相交织的亲属网络。除配偶外，一切亲属都有一定的亲系可循。按不同的联系标准，亲属可以分为不同系列。

1）直系亲与旁系亲

直系亲，又分为直系血亲和直系姻亲。直系血亲是指彼此之间有直接血缘联系的亲属。包括己身所从出和从己身所出的两部分血亲。己身所从出的血亲，即生育己身的各代血亲，如父母、祖父母、外祖父母、曾祖父母、外曾祖父母、高祖父母和外高祖父母等；从己身所出的血亲，即己身生育的后代，如子女、孙子女、外孙子女、曾孙子女、外曾孙子女、玄孙子女和外玄孙子女等。这些亲属与己身有纵向血缘关系，因此，都是直系血亲。值得注意的是，直系血亲除自然直系血亲外，还包括法律拟制的直系血亲，如养父母与养子女、养祖父母与养孙子女，有扶养关系的继父母与继子女都是直系血亲。直系姻亲包括己身晚辈直系血亲的配偶和配偶的长辈直系血亲。前者如儿媳、女婿、孙媳、孙女婿、养儿媳、养女婿等；后者如公婆、岳父母等。在无扶养关系的继父母继子女关系中，继父或继母和继子或继女亦互为直系姻亲。

旁系亲，又分为旁系血亲和旁系姻亲。旁系血亲是指彼此之间具有间接血缘联系的亲属。即除直系血亲外，与己身同出一源的血亲。如兄弟姐妹、侄子女、伯、叔、姑、舅、姨、堂兄弟姐妹、表兄弟姐妹等。旁系姻亲，包括旁系血亲的配偶、配偶的旁系血亲和配偶的旁系血亲的配偶三类。旁系血亲的配偶，如兄嫂、弟媳、侄媳、侄女婿、伯（叔）母、姑父、姨父、舅母等。配偶的旁系血亲，如妻的兄弟姐妹和伯叔姑、夫的兄弟姐妹和伯叔姑等。配偶的旁系血亲的配偶，如妯娌、连襟、夫的伯（叔）母和妻的伯（叔）母等。

2）父系亲与母系亲

父系亲是指通过父亲的血缘关系为中介联系的亲属。如祖父母、伯、叔、姑、堂兄弟姐妹等。母系亲是指通过母亲的血缘关系为中介联系的亲属。如外祖父母、舅、姨、姨表兄弟姐妹等。

3）男系亲与女系亲

男系亲是指通过男子的血缘关系为中介联系的亲属。如我国古代的宗亲即属男系亲（同时也属父系亲）。女系亲是指通过女子的血缘关系为中介联系的亲属。如我国古代的外亲、妻亲均属女系亲。

4）长辈亲、同辈亲与晚辈亲

辈分又称行辈，是指亲属间的世代第次。辈分按世代来划分，以一世代为一辈分。按辈分的不同，可将亲属分为长辈亲、同辈亲和晚辈亲。长辈亲（旧称尊亲属）是指高于己身辈分的亲属。即父母辈及父母辈以上的亲属。如父母、伯叔父母、姑父母、祖父母、外祖父母等。同辈亲（又称平辈亲）是指与己身辈分相同的亲属。如兄弟姐妹、堂兄弟姐妹、姐妹夫等。晚辈亲（旧称卑亲属）指低于己身辈分的亲属。即子女辈及子女辈以下的亲属。如子女、儿媳、女婿、孙子女、外孙子女等。

（2）如何确定亲等

亲等，是计算亲属关系亲疏远近的基本单位。亲等数小的，表示亲属关系亲近；亲等数大的，表示亲属关系疏远。由于计算亲等的客观依据是血缘联系，故亲等的计算是以血亲为基准，而准用于姻亲，具体应用时可以配偶为中介换算。配偶则自为配偶，不计亲等。

现代各国立法对亲等的计算主要有两种方法：罗马法计算法和寺院法计算法。我国与之不同，1950 年《婚姻法》、1980 年《婚姻法》和修改后的《婚姻法》均以世代来计算亲属关系的亲疏远近。我国古代则用丧服制计算亲属关系的亲疏远近。

1）罗马法的亲等计算法

此种计算法创自罗马法，随罗马法的传播为欧洲大陆法系国家相继实行，目前为世界上绝大多数国家所采用。其计算方法分为直系血亲和旁系血亲两个方面：

直系血亲亲等的计算。从己身往上或往下数但不算己身，以一世代为一亲等。如从己身往上数，父母为一亲等，祖父母、外祖父母为二亲等，曾祖父母、外曾祖父母为三亲等，高祖父母、外高祖父母为四亲等。从己身往下数，子女为一亲等，孙子女、外孙子女为二亲等，曾孙子女、外曾孙子女为三亲等，玄孙子女、外玄孙子女为四亲等。

旁系血亲亲等的计算。首先找出同源直系血亲，即己身与对方的最近的共同长辈直系血亲，再按直系血亲亲等的计算方法从己身往上数至同源直系血亲，记下世代数；再从同源直系血亲往下数至要计算的旁系血亲，记下世代数；最后将两边的世代数相加所得之和，就是旁系血亲的亲等数。

关于姻亲亲等的计算，以“姻亲从血亲”为原则。如儿媳与公婆的亲等，因丈夫与其父母是一亲等的直系血亲，所以，儿媳与公婆是一亲等的直系姻亲；伯叔与侄子女是三亲等的旁系血亲，因此，侄子女与伯（叔）母是三亲等的旁系姻亲。

2）寺院法的亲等计算法

此种计算法创自欧洲中世纪的教会法，由于宗教影响和立法传统等原因，至今仍为少数国家采用。其计算方法亦分为直系血亲和旁系血亲两个方面：

直系血亲亲等的计算，与罗马法直系血亲亲等的计算法完全相同。即从己身往上或往下数（不算己身），一个世代为一亲等。

旁系血亲亲等的计算，与罗马法旁系血亲亲等的计算方法有所不同，其计算方法是：从己身往上数（不算己身）至同源直系血亲，记下世代数；再从同源直系血亲往下数至要计算亲等的旁系血亲，记下世代数，如果两边的世代数相同，即以此数为旁系血亲亲等数；如果两边的世代数不同，则取数大的一边世代数为旁系血亲的亲等数。

姻亲的亲等计算，与罗马法相似，也是以配偶为中介换算的。

3）我国婚姻法中“代”的计算

我国《婚姻法》是以“代”来表明亲属关系的亲疏远近。代即指世辈，以一辈为一代。计算亲属的代数分为直系血亲和旁系血亲两个方面。

直系血亲的计算。从己身开始，己身为一代，往上或往下数。如从己身往上数至父母为二代，至祖父母、外祖父母为三代，至曾祖父母、外曾祖父母为四代，至高祖父母、外高祖父母为五代；往下数，子女为二代，孙子女、外孙子女为三代，曾孙子女、外曾孙子女为四代，玄孙子女、外玄孙子女为五代。

旁系血亲的计算。首先找出同源直系血亲，按直系血亲的计算法，从己身往上数至同源直系血亲，记下代数；再从同源直系血亲往下数至要计算的旁系血亲，记下代数。如果两边的代数相同，即以此数定其代数。如果两边的代数不同，则取世代数大的一边定代数。例如，要计算兄弟姐妹的代数，首先找出同源直系血亲父母，己身为一代，往上数至父母为二代；再从父母为一代，往下数至兄弟姐妹是二代。因此，兄弟姐妹之间是两代以内旁系血亲。

2. 亲属身份行为是自然人以亲属的身份之取得或丧失为目的之行为，亦即个人将要进入或脱离某类亲属的身份共同生活关系秩序之行为。换言之，亲属身份行为就是自然人有意识地追求亲属身份法律后果的行为。作为法律事实的亲属身份行为，既不同于主体在亲属身份状态下行使权利履行义务的身份关系行为，也与财产法上的普通民事法律行为有所区别。概括起来，其基本特点如下：

（1）亲属身份行为具有非契约的“合同行为”性质

亲属的身份关系，是两个以上亲属身份人互相间之共同生活关系，成立或解消亲属身份共同生活关系时，则大多应由两个以上之亲属身份人共同为之始可。而此行为，乃系以实现或消灭亲属的身份共同生活关系事实，为其目的之行为，即合同行为是。

（2）亲属身份行为的意思表示有明显的局限性

亲属身份关系的内容，并非由亲属身份行为人的意思表示所构成，更不能由意思表示人的效果意思来创设亲属身份关系的法律效果。亲属关系的权利义务体系，基本上是由法律全面地加以确认和规范，具有预定性和强制性，进入亲属身份状态中的人别无选择地受其约束，只有全面接纳、承受和遵行的义务，没有按自己的意志予以选择、变更和排斥的权利。因而，行为人只有对身份行为本身的起始或终结有一定的意志自由，而对该行为之后果则无意思自治。

(3) 亲属身份行为对“行为能力”有特定的规律性

关于亲属身份行为的“行为能力”界定，有两个特定规律性：其一，不论亲属的身份人，有无现代法制下之“行为能力”，而只要该身份人，若能与另一身份人，成立某一种类型之特定亲属的身份共同生活关系，而与人伦秩序事实相一致者，则因无从否认该人伦秩序上事实之存在，随而应即确认：该亲属的身份共同生活关系业已有效成立。其二，由于亲属身份行为所产生的法律上的和人伦道德上的后果具有复杂性、多重性和人身归属的长期性，要求主体具有对该事实的把握能力、对其后果的认知能力和承受、维系能力；同时，身份行为之后果直接关联着公序良俗，并会连带出其他一系列身份法关系，如结婚、离婚、收养、解除收养、非婚生子女的认领等，因而亲属法在民法总则所规定的一般行为能力的基础上，往往针对不同的身份行为又作出相应的特别规定，使其成为身份行为的主体资格或能力要件，显示出身份行为之“行为能力”的特别规范。

(4) 亲属身份行为具有非代理性

亲属身份行为及其法律后果以人身为依归，附随于主体的人格，是人身专属性的行为和后果，只能由本人进行和承受，因而亲属的身份关系的成立、变更或消灭，原则上皆须基于亲属身份人本人之自由意思，且须亲自作出实质性意思表示，不得由第三人代理。

(5) 亲属身份行为不得附条件或期限

普通民事法律行为可以根据当事人的意志予以效力上的条件或期限的限制，既可以约定延缓条件或期限，也可以约定解除条件或期限。但“亲属身份法关系，系自然的、必然的、本质的结合关系，是亲属的身份人互相间之全面的共同生活关系，故不准附任何‘条件’与‘期限’，否则将违反人伦秩序上事实，而无法加以承认”。

(6) 亲属身份行为的无效、撤销应有独立的规则

民法总则关于民事行为无效、撤销的规定主要从主体不适格、意思表示瑕疵、不合法律的强行性规定和违背公序良俗四个方面进行价值判断和认定。亲属身份行为的效力认定虽然在总体上一般不能超出这四个方面，但其重心与财产行为明显有别，而且不同的亲属身份行为，其主体资格的定位、意思表示的把握、公序良俗的内涵、法律强行性规范的指向等方面在操作运行上互不相同。因此，各国在近、现代民法规则的体系中，针对各类亲属身份行为的特殊要件，直接配设无效或撤销的具体规范，从而形成了亲属身份行为无效或撤销的独立规则。

(7) 亲属身份行为具有要式性

古往今来，关于亲属身份行为的形式要求，或民间习惯的、法律的，或世俗的、宗教的，或行政的、司法的，其共同点则都在于要式性，即亲属身份的产生、变更或消灭必须经过特定的方式、履行特定的手续，以获得一定的社会公示和公信效果。尽管现代财产法关系讲求便捷、灵活和效率，法律行为的形式有淡化、简明之趋势，但亲属身份行为的要式性不仅没有动摇，反而有强化、严格的取向。法律上之所以注重亲属身份行为的要式性，其理由有五：一是反映了亲属身份行为后果的复杂性、多重性和强制性；二是为了维护和保障亲属身份关系的稳定性和持久性；三是显示亲属身份关系的严肃性和公益性；四是有利于切实保护当事人的合法权益；五是展示公序良俗的作用，引进公力干预，介入社会监控。

3. 亲属关系因一定原因而产生，也因一定的原因而终止。亲属关系的变动包括亲属关系的发生和终止。

(1) 配偶关系发生和终止的原因

配偶关系因男女结婚而发生。按我国现行《婚姻法》的规定，配偶关系发生的时间以取得结婚证的时间为准。配偶关系终止的原因有二：一是因配偶一方死亡（包括自然死亡和宣告死亡）而终止，宣告失踪并不使得配偶关系发生变动；二是因夫妻离婚而终止。根据不同原因，配偶关系终止的时间为配偶一方自然死亡的时间、人民法院宣告死亡的判决书生效的时间、登记离婚并取得离婚证的时间以及人民法院准予离婚的调解书或判决书生效的时间。

(2) 血亲关系发生和终止的原因

血亲关系的发生和终止因自然血亲和拟制血

亲而不同。

①就自然血亲关系而言，出生是自然血亲关系发生的唯一原因。自然血亲是由于出生而产生的亲属关系。只要出生事实的发生，出生者就与其父母、兄弟姐妹等亲属存在着自然的血缘关系，发生自然血亲关系。无须当事人双方或对方的认可，也不需要履行法律手续。无论是婚生，还是非婚生，都是自然血亲。死亡是自然血亲关系终止的唯一原因。这是古今中外立法的通例。自然血亲，除一方死亡外，不因任何人为行为、其他事实的发生而终止。例如父母子女关系，既不因为父母离婚而终止，也不能因为双方协议、一方声明而终止。即使子女为他人收养，也仅终止双方的法律上的父母子女权利义务，因出生而形成的父母子女身份和称谓、法律上的禁婚亲的规定和对收养人的干预权利仍然存在，而不会消灭。

②就拟制血亲关系而言，根据拟制血亲的种类不同，其发生和终止的原因也不同。

养父母与养子女关系发生和终止的原因是收养的成立和一方的死亡、收养解除。收养关系一经成立，收养人与被收养人之间即发生父母子女关系；同时被收养人与收养人的其他近亲属，也发生拟制血亲关系。养父母与养子女这种拟制血亲关系除因一方死亡而终止外，还可因收养解除而终止。即收养解除后，收养人及其近亲属与被收养人的拟制血亲关系终止。

有抚养关系的继父母子女关系的发生和终止的原因较为复杂。这种拟制血亲关系的发生须两个条件，一是继子女的生母或生父与继父或继母结婚；二是继子女与继父母之间必须形成抚养教育关系。有抚养关系的继父母子女之间的拟制血亲关系的终止，除可因继父母子女当事人一方死亡而终止，也可基于双方当事人自愿而协议解除，或由一方当事人诉请法院依法调解或判决解除。如果生父与继母离婚或生母和继父离婚，继子女未成年由生父母带走而继父母终止抚养的，则该子女与继父母间的拟制血亲关系终止；但如继子女已被继父母抚养成年，则其与继父母间的拟制血亲关系仍然存在，不因离婚而终止。

(3) 姻亲关系发生和终止的原因

姻亲因婚姻成立而发生，因此有效婚姻是姻亲关系产生的基础，以婚姻为中介，配偶一方才与配偶另一方的亲属及双方的亲属之间发生姻亲关系。姻亲关系发生时间是婚姻成立的时间。姻亲关系除因主体一方死亡而终止外，是否因其他原因如离婚或配偶一方死亡而终止，各国规定不同。

①是否因离婚而消灭。现代各国立法有消灭主义和不消灭主义两种。消灭主义的典型如《日本民法典》的规定："姻亲关系因离婚而终止。"通常姻亲关系的终止不影响禁婚亲的效力。不消灭主义的典型是《德国民法典》的规定："由婚姻而生的姻亲关系，不因该婚姻解除而消灭。"

②是否因配偶一方死亡而终止。现代各国立法主要采任意主义、消灭主义等。任意主义是指，立法对配偶一方死亡后，是否终止姻亲关系不予规定，是否维系交由姻亲双方当事人自愿决定；有条件的消灭主义是指，在配偶一方死亡后，如生存配偶一方再婚或作出终止姻亲关系的意思表示，则姻亲关系终止。

我国《婚姻法》没有规定姻亲关系终止的原因，配偶一方死亡后，姻亲当事人双方是否仍保持姻亲关系，视双方当事人决定。但根据我国《继承法》规定，丧偶的儿媳对公婆、丧偶的女婿对岳父母尽了主要赡养义务的，不论再婚与否，均可以作为公婆、岳父母的第一顺序法定继承人。

第五章　婚姻的成立

知识逻辑图

- 结婚制度概说
  - 婚姻成立
    - 概念
    - 特征
    - 效力
  - 婚姻成立的要件
    - 实质要件
      - 公益要件
      - 私益要件
    - 形式要件
      - 事实婚
      - 形式婚
        - 宗教婚
        - 法律婚
  - 结婚制度的历史沿革
    - 个体婚形成初期的结婚方式
      - 掠夺婚
      - 有偿婚
      - 无偿婚
    - 中国古代的聘娶婚
    - 欧洲中世纪的宗教婚
    - 近现代的共诺婚

- 婚约
  - 概念
  - 特征
  - 历史类型及其效力
    - 早期型婚约
    - 晚期型婚约
  - 解除
    - 概念
    - 效力
      - 人身关系
      - 财产关系

- 结婚的条件
  - 必备条件
    - 须有结婚的合意
    - 必须达到法定的结婚年龄
    - 必须符合一夫一妻制
  - 禁止条件
    - 禁止结婚的血亲
      - 直系血亲
      - 三代以内旁系血亲
    - 禁止结婚的疾病

- 结婚的程序
  - 结婚程序的概念及意义
    - 概念
    - 主要形式
      - 仪式制
      - 登记制
      - 登记与仪式结合制
    - 意义
  - 结婚登记
    - 机关
    - 程序
      - 申请
      - 审查
      - 登记
  - 事实婚姻
    - 概念
    - 发展历程
  - 补办结婚登记

- 无效婚姻和可撤销婚姻
  - 无效婚姻和可撤销婚姻的概念
  - 有关婚姻无效和撤销的外国立法例
  - 无效婚姻
    - 婚姻无效的原因
    - 确认婚姻无效的程序
    - 请求权
      - 请求权人的范围
      - 请求权的行使期限
  - 可撤销婚姻
    - 婚姻撤销的原因
    - 婚姻撤销的程序
    - 请求权人
    - 请求权的行使期间
  - 法律后果
    - 对当事人的法律后果
    - 对子女的法律后果
    - 违法者的法律责任

名词解释

1. 婚姻的成立
2. 掠夺婚
3. 有偿婚
4. 无偿婚
5. 聘娶婚
6. 六礼
7. 宗教婚
8. 共诺婚
9. 婚约
10. 法定婚龄
11. 禁婚亲
12. 结婚登记
13. 事实婚姻
14. 无效婚姻
15. 可撤销的婚姻

选择题

（一）单项选择题

1. 甲男与乙女通过网聊恋爱，后乙提出分手遭甲威胁，乙无奈遂与甲办理了结婚登记。婚后乙得知，甲婚前就患有医学上认为不应当结婚的疾病且久治不愈，乙向法院起诉离婚。下列哪一说法是正确的？（　　）（司考）

A. 法院应判决宣告该婚姻无效

B. 法院应判决撤销该婚姻

C. 对该案的审理应当进行调解

D. 当事人可以对法院的处理结果依法提起上诉

2. 甲与乙登记结婚 3 年后，乙向法院请求确认该婚姻无效，乙提出的哪一理由可以成立？（　　）（司考）

A. 乙登记结婚的实际年龄离法定婚龄相差 2 年

B. 甲婚前谎称是海归博士且有车有房，乙婚后发现上当受骗

C. 甲与乙是表兄妹关系

D. 甲以揭发乙父受贿为由胁迫乙结婚。

3. 网名“我心飞飞”的 21 岁女子甲与网名“我行我素”的 25 岁男子乙在网上聊天后产生好感，乙秘密将甲裸聊的镜头复制保存。后乙要求与甲结婚，甲不同意。乙威胁要公布其裸聊镜头，甲只好同意结婚并办理了登记，下列哪项说法是正确的？（　　）（司考）

A. 甲可以自婚姻登记之日起 1 年内请求撤销该婚姻

B. 甲可以在婚姻登记后以没有感情基础为由起诉要求离婚

C. 甲有权主张该婚姻无效

D. 乙侵犯了甲的隐私权

4. 以暴力掠夺女子为妻的结婚形式是（　　）。

A. 掠夺婚　　B. 买卖婚

C. 劳役婚　　D. 强制婚

5. 中国古代盛行的婚姻形式是(　　)。
A. 有偿婚　　B. 聘娶婚
C. 无偿婚　　D. 共诺婚

6. “六礼”中在完成哪项步骤后，婚约即告成立？(　　)
A. 纳采　　B. 纳吉
C. 纳征　　D. 请期

7. “六礼”中哪项程序代表的是男方派遣媒人问明女子的生辰八字及其生母的身份？(　　)
A. 纳采　　B. 问名
C. 纳征　　D. 请期

8. “六礼”中，代表男方到女方家迎娶成婚的程序是(　　)。
A. 纳采　　B. 问名
C. 亲迎　　D. 请期

9. 关于“六礼”之制，后世不如早期严格。宋代改“六礼”为“四礼”，后又将纳吉并入纳征。元代增加了一道程序，该程序的名称是(　　)。
A. 议婚　　B. 议亲
C. 论婚　　D. 论亲

10. 下列有关婚约的说法，正确的是(　　)。
A. 婚约不须由当事人双方亲自订立
B. 婚约当事人双方不得有法定的婚姻障碍
C. 婚约为要式行为
D. 婚约是狭义上的结婚的一道程序

11. 下列有关早期型婚约特征的说法，正确的是(　　)。
A. 法律不强调婚约双方的忠诚，订婚人如无理由解除婚约，不需要承担一定的法律责任
B. 婚约基于当事人的合意自愿订立
C. 婚约订立后，对男女发生准夫妻的效力
D. 订婚是结婚的先行阶段，未订婚者的婚姻无效

12. 下列有关晚期型婚约特征的说法，错误的是(　　)。
A. 婚约基于当事人的合意自愿订立
B. 订婚是结婚的先行阶段，未订婚者的婚姻无效
C. 双方因合意或法定理由可随时解除婚约
D. 婚约可以强制执行

13. 下列不符合《婚姻法》上结婚合意的是(　　)。
A. 张三与李四是在网上认识的，他们觉得彼此很投缘于是就打算结婚
B. 张三与李四在认识一天后，觉得相见恨晚，决定结婚
C. 张三与李四相识之后，其母亲认为李四的家境很好，希望张三同其结婚，张三勉强答应
D. 张三在听取父母关于李四家境贫寒的意见后，没有同意与李四结婚

14. 根据我国《婚姻法》的规定，我国结婚的法定程序属于(　　)。
A. 仪式制　　B. 登记制
C. 登记与仪式制　　D. 宗教仪式制

15. 以下哪项所列的亲属是我国《婚姻法》上不能结婚的亲属？(　　)
A. 公公和儿媳
B. 有抚养关系的继父母子女
C. 养父母和养子女
D. 表兄弟姐妹

16. 根据我国《婚姻法》的规定，婚姻可撤销的原因是(　　)。
A. 胁迫
B. 未到法定婚龄
C. 重婚
D. 申请结婚人是表兄妹

17. 关于我国《婚姻法》规定的可撤销婚姻，下列说法错误的是(　　)。
A. 胁迫一方也享有撤销权
B. 撤销事由仅限于婚姻自由受限
C. 撤销请求权的行使受到 1 年除斥期间的限制
D. 婚姻被撤销后并非自始无效，而是从人民法院作出宣告时

（二）多项选择题

1. 根据我国《婚姻法》的规定，婚姻无效的原因有(　　)。
A. 重婚的
B. 患有禁止结婚的疾病的
C. 一方当事人未到法定婚龄的
D. 一方当事人被胁迫的

2. 下列有关确认婚姻无效的程序的说法，正确的是(　　)。

A. 有请求权的当事人、第三人包括有关单位可向人民法院提出确认婚姻无效之诉

B. 请求确认婚姻无效的诉讼，应当以判决的方式结案，不应以调解的方式结案

C. 在处理有关婚姻效力的纠纷时，不能因双方当事人对本属无效的婚姻并无争议就不加追究

D. 请求确认婚姻无效的请求权行使不受时间限制

3. 下列有关婚姻撤销的说法，正确的是(　　)。

A. 婚姻撤销仅有可撤销的事由而无撤销行为的，婚姻的效力并不消灭

B. 婚姻可以依行政程序由婚姻登记机关予以撤销

C. 婚姻可以依诉讼程序由人民法院予以撤销

D. 当事人以结婚登记程序存在瑕疵为由提出民事诉讼，主要撤销结婚登记的，依法受理

4. 下列有关婚姻无效或被撤销的法律后果的说法，正确的是(　　)。

A. 在人身关系上，尽管当事人之间不存在夫妻关系，但是其是合法的生育主体，仍然应当遵守计划生育的规定

B. 在财产关系方面，作为无效或被撤销婚姻的当事人，不适用夫妻财产制的规定，但是若当事人对财产作了约定，则就应当承认其具有法律效力

C. 无效或被撤销婚姻的当事人，相互之间没有法定的扶养义务。因而不适用《婚姻法》有关扶养费的规定

D. 在无效婚姻或被撤销的婚姻中出生的子女，为非婚生子女

（三）不定项选择题

1. 内地居民结婚，男女双方应当共同到婚姻登记机关提出结婚申请。申请时，当事人应当出具下列哪些证件和证明材料？(　　)

A. 本人的户口簿

B. 本人无配偶的签字声明

C. 本人的身份证

D. 本人与对方当事人没有直系血亲或三代以内旁系血亲的签字声明

2. 张三的户口在北京，李四的户口在杭州，若张三和李四想结婚，他们可到下列哪个或哪些地区办理结婚登记？(　　)

A. 仅得在北京　　B. 仅得在杭州

C. 可在北京或杭州　　D. 可在任何地区

3. 婚姻当事人和利害关系人可以向法院申请宣告婚姻无效，利害关系人包括(　　)。

A. 婚姻当事人的近亲属

B. 基层组织

C. 婚姻当事人的债权人

D. 所有人

4. 下列有关我国司法实践处理事实婚姻问题的情况，正确的是(　　)。

A. 从建国以来，在对待事实婚姻问题上，我国一直坚持有条件地承认事实婚姻

B. 王五与李四在1993年以夫妻名义同居，但并没有办理结婚登记，其到人民法院起诉要求离婚的，按非法同居关系处理

C. 王五与李四在1995年以夫妻名义同居，但并没有办理结婚登记，其到人民法院起诉要求离婚的，按事实婚姻关系处理

D. 王五与李四在1995年以夫妻名义同居，但并没有办理结婚登记，其后于2010年补办了结婚登记，其婚姻的效力从补办了结婚登记之时开始计算

5. 下列民事法律关系中，需要两个法律事实才能产生的是(　　)。

A. 抵押关系　　B. 遗嘱继承关系

C. 侵权赔偿关系　　D. 婚姻关系

简答题

1. 简述婚姻成立的概念及特征。
2. 简述婚姻成立的要件。
3. 简述个体婚制形成初期的结婚方式。
4. 简述婚约的特征。
5. 简述婚约的法律后果。
6. 简述我国法律对婚约解除后因婚约而产生的财产关系的处理规定。

7. 简述结婚程序的概念及类型。

8. 简述我国婚姻法规定的结婚登记程序。

9. 简述结婚合意的概念及要求。

10. 简述法定婚龄的概念及决定法定婚龄的因素。

11. 简述禁婚亲的概念及范围。

材料分析题

（一）案例分析题

1. 某甲与某乙的母亲是亲姐妹，某甲与某乙于某年办理结婚登记，并开始共同生活。某甲与某乙于次年生育长女，某丙。某乙与某甲共同生活期间，遭受某甲的言语侮辱、家庭暴力，长期承受巨大的精神压力，并多次流产，患上了严重的精神疾病，生活不能自理。此时，某乙将某甲诉至法院，希望解除婚姻关系，并要求某甲支付生活费、医疗费及经济补偿，以及要求某甲负责抚养某丙。请问：

（1）某甲与某乙的婚姻关系应如何处理？

（2）应如何处理某甲与某乙的财产关系？

（3）某丙应由谁抚养？并由谁承担抚养费？

2. 某甲 11 岁时被贩卖到某乙所生活的村里，某乙的父亲（已故）将其买到家中作为某乙的妻子。双方于某甲 15 岁那年举办婚礼，并受某乙胁迫于当地婚姻登记机关登记结婚。次年某甲生育长子某丙，第三年某甲生育长女某丁。某甲成年后，企图反抗，但多次逃跑均被某乙抓回，期间受到某乙的威胁恐吓，导致身心深陷痛苦之中。现，某甲向法院起诉要求撤销婚姻关系，并要求某乙支付合理的精神赔偿、经济补偿，并要求取得两个孩子的抚养权，请问法院应当如何处理？请至少回答以下几个问题：

（1）法院应如何处理某甲与某乙的婚姻关系？

（2）法院应如何处理某乙的精神赔偿、经济补偿请求？

（3）法院应如何处理某丙与某丁的抚养问题？

（二）政策分析题

2011 年，被称为“最严限购令”的“京十五条”出台后，限购令将一些有心在京购房的非京籍人士挡在了门外。“京十五条”的重点内容是：对已拥有 2 套及以上住房的本市户籍居民家庭、拥有 1 套及以上住房的非本市户籍居民家庭、无法提供本市有效暂住证和连续 5 年（含）以上在本市缴纳社会保险或个人所得税缴纳证明的非本市户籍居民家庭，暂停在本市向其售房，即“限购令”。

令人意想不到的是，最严格的楼市限购令催生出了最抢手的生意。比如，有的中介趁机做起了假结婚购房“一条龙”服务。部分房屋中介开价数万元，自称向非京籍人士收取一笔不菲的费用后，可以帮助非京籍人士补交 5 年连续在京的纳税证明等，此次新京报报道的就是其中一例。在这场交易中，非京籍人士买到了房，京籍人士拿到了好处费，中介得到了“服务费”，看起来皆大欢喜，而非京籍人士为了真结婚，需要来一次假结婚，买完房子后来一次真离婚，然后来一次真结婚。结婚、离婚一共 3 次，闹剧才算落幕。类似的情况也发生在上海、杭州等限购房产的城市。

请从《婚姻法》角度分析“限购令”的合理性。

法条分析题

《婚姻法》第十一条　因胁迫结婚的，受胁迫的一方可以向婚姻登记机关或人民法院请求撤销该婚姻。受胁迫的一方撤销婚姻的请求，应当自结婚登记之日起一年内提出。被非法限制人身自由的当事人请求撤销婚姻的，应当自恢复人身自由之日起一年内提出。

（1）本条所称“胁迫”如何理解？

（2）有权以胁迫为由请求撤销婚姻的主体是谁？是否合理？

（3）本条中规定的“1 年”是除斥期间还是诉讼时效？

论述题

1. 试述结婚制度的历史沿革。

2. 试述结婚的法定条件。

3. 试述结婚的法定程序。

4. 试述如何认定事实婚姻和同居关系。

5. 试述无效婚姻的概念及婚姻无效的原因。

6. 试述可撤销婚姻的概念及婚姻撤销的原因。

7. 试述婚姻无效和被撤销的法律后果。

8. 试述无效婚姻和可撤销婚姻的区别。

参考答案

名词解释

1. 婚姻的成立，亦称结婚，是指男女双方按照法律规定的条件和程序，确立夫妻关系的法律行为。结婚有广义和狭义之分，狭义的结婚，仅指夫妻关系的确立；广义的结婚，包括婚姻的成立和订立婚约两个方面。

2. 掠夺婚亦称抢婚，是指男子以暴力掠夺女子为妻的结婚形式。掠夺婚最早形成于原始社会末期，进入个体婚时代后，掠夺婚作为一种求婚的方式在一些民族中被沿袭下来，后来演变为一种徒具形式的礼仪性的婚俗。

3. 有偿婚是指须以付出一定代价作为成婚条件的婚姻。包括：买卖婚，是指男方以向女方家庭交付一定数量的财物作为成婚条件的婚姻；互易婚，是指双方父母各以其女交换为子妇，或男子各以其姐妹交换为妻作为成婚条件的婚姻。劳役婚，是男方以为女方家庭服一定的劳役作为成婚条件的婚姻。

4. 无偿婚是有偿婚的对称，指无须以付出一定代价作为成婚条件的婚姻。包括：赠与婚，是指权力者或父母将其可以支配的女子赠与他人为妻的婚姻；收继婚，是指女子在其丈夫死后有义务在家族内部转房的婚姻。如兄死后弟收继其嫂为逆缘婚；姐死后妹继嫁姐夫为顺缘婚；强制婚，是指官府将罪人之妻女断配给他人为妻的婚姻。

5. 聘娶婚，是指男方以向女方家庭交付聘金、彩礼作为结婚条件的婚姻形式。创自西周的“六礼”，为聘娶婚规定了完备的结婚程序，这种礼仪程序不仅用礼来规范，后来还以法律的形式加以确认。聘娶婚是在我国通行了几千年的主要婚姻形式，尽管历经各个朝代，程序会有繁简的变通，但聘娶婚的基本内容和程序始终不变。

6. 六礼，创自西周，是中国古代聘娶婚的完备结婚程序。所谓“六礼备，谓之聘；六礼不备，谓之奔。”“六礼”指纳采、问名、纳吉、纳征、请期、亲迎。

7. 宗教婚，即在欧洲中世纪，婚姻关系由教会法调整下的结婚方式。在宗教婚中，婚姻的缔结被视为是“神的旨意”，教会法规定的结婚宣誓是一种圣典仪式，具有严格的条件和程序。

8. 共诺婚，是指依男女双方的合意而成立的婚姻。基于婚姻契约的理论，共诺婚强调的是双方的合意，法律以当事人双方共同的意思表示为婚姻成立的要件。

共诺婚的确立是人类婚姻制度的一大进步，使当事人享有了婚姻自主的权利，摆脱了父母包办子女婚姻的传统观念。

9. 婚约，是男女双方以结婚为目的而作的事先约定。成立婚约的行为称为订婚。订婚后的男女双方具有未婚夫妻身份。婚约成立后，双方当事人负有按约定缔结婚姻的义务，但是这并不意味着当事人将来必须结婚。法律不要求婚约必须履行，当事人任何一方在不履行婚约时，另一方不得请求法院强制其履行。附加在婚约上的任何违约条款，也都不具有法律上的效力。

10. 法定婚龄，是指法律规定的准予结婚的最低年龄。我国《婚姻法》第 6 条规定，结婚年龄，男不得早于 22 周岁，女不得早于 20 周岁。凡未达到法定婚龄的，不予登记结婚。法定婚龄的确定取决于自然因素和社会因素。

11. 禁婚亲，是指法律规定的禁止结婚的亲属。我国《婚姻法》第 7 条规定，直系血亲和三代以内的旁系血亲，禁止结婚。关于禁婚亲有不同的立法例，一些国家的禁婚亲不仅包括一定范围的自然血亲，还包括了一定范围的拟制血亲和姻亲。

12. 结婚登记是登记制下婚姻成立的法定要件，或是登记与仪式结合制下婚姻成立的法定要件之一。结婚登记，是要求结婚的男女双方亲自到婚姻登记机关进行结婚登记，婚姻登记机关在审查后，给符合结婚条件的男女双方颁发结婚证，完成结婚登记。

13. 事实婚姻是法律婚姻相对应的称呼。事实婚姻，就是指男女双方在主观上具有永久共同生活的目的，在客观上未满足结婚的法定形式要件，其他群众也认为其是夫妻关系的结合。各国法律对事实婚姻存有承认主义、不承认主义和相对承认主义三种态度。

14. 无效婚姻，即不具有法律效力的婚姻，是指男女两性的结合因违反了法律规定的结婚要件而不具有法律效力的违法结合。无效婚姻既可以是不符合婚姻成立的形式要件，也可以是不符合婚姻成立的实质要件。无效婚姻自始、绝对地不发生效力。

15. 可撤销的婚姻，是指已成立的婚姻关系，因欠缺婚姻合意，受胁迫的一方当事人可向婚姻登记机关或人民法院申请撤销的违法结合。可撤销婚姻，因欠缺结婚合意，法律赋予当事人申请撤销的权利。可撤销婚姻若被撤销，则自始、绝对地不发生效力，若不被撤销，则婚姻关系仍然存续。

选择题

（一）单项选择题

1. A。《婚姻法》第 10 条规定："有下列情形之一的，婚姻无效：（一）重婚的；（二）有禁止结婚的亲属关系的；（三）婚前患有医学上认为不应当结婚的疾病，婚后尚未治愈的；（四）未到法定婚龄的。"根据最高人民法院《关于适用〈中华人民共和国婚姻法〉若干问题的解释（二）》（以下简称《婚姻法司法解释二》）第3条的规定，人民法院受理离婚案件后，经审查确属无效婚姻的，应当将婚姻无效的情形告知当事人，并依法作出宣告婚姻无效的判决。由于婚姻的成立不仅涉及当事人的意志，还涉及公共利益，因此在当事人起诉离婚的案件中，若具有无效事由，法院应作出宣告无效的判决，而不是离婚的判决。选项 A 错误的原因在于，尽管根据《婚姻法》第 11 条的规定因胁迫结婚的，属于可撤销的婚姻，受胁迫的人可向婚姻登记机关或者人民法院请求撤销该婚姻。但是，由于第一，当无效婚姻与可撤销婚姻出现竞合时，因无效婚姻具有更严重的效力瑕疵，因此应按无效婚姻处理；第二，当事人并未行使婚姻撤销权。选项 C 和 D 错误的原因主要如下：《婚姻法司法解释一》第 9 条规定，人民法院审理宣告婚姻无效案件，对婚姻效力的审理不适用调解，应当依法作出判决；有关婚姻效力的判决一经作出，即发生法律效力。涉及财产分割和子女抚养的，可以调解。调解达成协议的，另行制作调解书。对财产分割和子女抚养问题的判决不服的，当事人可以上诉。因此，宣告婚姻无效的诉讼可以分两部分观察，在属于婚姻效力的部分，诉讼程序属于非诉程序，不适用调解，一经作出即发生效力，当事人不得上诉。但若涉及子女抚养和财产分割的事宜，则属于诉讼程序，可以适用调解程序，对此部分判决不服的，当事人也可以提出上诉。

2. C。根据《婚姻法》第 10 条的规定，有下列情形之一的，婚姻无效：（1）重婚的；（2）有禁止结婚的亲属关系的；（3）婚前患有医学上认为不应当结婚的疾病，婚后尚未治愈的；（4）未到法定婚龄的。根据《婚姻法司法解释一》第 8 条的规定，当事人依据《婚姻法》第 10 条规定向人民法院申请宣告婚姻无效的，申请时，法定的无效婚姻情形已经消失的，人民法院不予支持。乙结婚时离法定婚龄相差 2 岁，但现已经过了 3 年，法定的无效婚姻情形已经消失了，所以 A 选项是错误的。根据最高人民法院《关于〈中华人民共和国婚姻法〉若干问题的解释（三）》（以下简称《婚姻法司法解释三》）第 1 条的规定，当事人以婚姻法第 10 条规定以外的情形申请宣告婚姻无效的，人民法院应当判决驳回当事人的申请。当事人以结婚登记程序存在瑕疵为由提起民事诉讼，主张撤销结婚登记的，告知其可以依法申请行政复议或者提起行政诉讼，而因欺诈结婚的，不属于无效婚姻，因此不能选 B。同时，因胁迫结婚的，属于可撤销婚姻，不属于无效婚姻，因此不能选 D。

3. A。根据《婚姻法》第 11 条的规定，受胁迫的一方撤销婚姻的请求，应当自结婚登记之日起一年内提出。被非法限制人身自由的当事人请求撤销婚姻的，应当自恢复人身自由之日起一年内提出。因此 A 选项正确。根据《婚姻法》第 32 条第 2 款的规定："人民法院审理离婚案件，应当进行调解；如感情确已破裂，调解无效，应准予离婚。"诉讼离婚的法定条件是"感情确已破裂"，若感情尚未破裂，则不支持离婚的诉讼请求，而没有感情基础不等于感情确已破裂，B 选项错误。因胁迫结婚的，不属于无效婚姻，因此 C 选项错误。隐私权是指自然人享有的私人生活安宁与私人信息秘密依法受到保护，不被他人非法侵扰、知悉、收集、利用和公开的一种人格权，由于本文中乙复制保存的裸聊镜头虽未经过允许，但甲同意让其知悉，并且乙并未公开，因此并未达到侵犯隐私权的程度。

4. A。掠夺婚亦称抢婚，是指男子以暴力行为掠夺女子为其妻子的结婚形式。掠夺婚最早形成于原始社会末期，恩格斯在《家庭、私有制和国家》的起源中曾提到，当一个青年男子，在朋友的帮助下劫得或拐得一个姑娘的时候，他们便轮流同她发生性关系；但是在此之后，这个姑娘便被认为是那个发动抢劫的青年男子的妻子。

5. B。聘娶婚是在我国通行了数千年的主要婚姻形式，尽管历经了各个朝代，从奴隶制社会到封建制社会，各个环节的程序上会有繁简的变通，但聘娶婚的基本内容和程序始终不变。

6. C。六礼是我国古代聘娶婚的结婚程序，聘娶婚的礼仪程序不仅被六礼来规范，后来还以法律的形式加以确认。所谓“六礼备，谓之聘；六礼不备，谓之奔”。“六礼”的主要内容是：纳采，即男方向女方求亲须先委托媒人为之通言，得到女方家同意后，才能备礼相见；问名，即男方派遣媒人问明女方的生辰八字和其生母的身份；纳吉，即将两方生辰八字相合，卜其凶吉，若为吉兆则通知女方；纳征，即纳聘财。“征”者成也，交纳聘财后，婚约即告成立。纳征是“六礼”中的主要程序，在此步骤之后，双方成立未婚夫妻关系，婚约对双方有人身约束力；亲迎，即男方到女方家迎娶女子成婚。聘娶婚是在我国通行了数千年的主要婚姻形式，尽管历经了各个朝代，从奴隶制社会到封建制社会，各个环节的程序上会有繁简的变通，但聘娶婚的基本内容和程序始终不变。因此，本题选 C。

7. B。此题的解析如上题答案所示。

8. C。此题的解析如第 6 题答案所示。

9. A。宋、元、明、清各代，继续遵循“六礼”，但在具体程序上有所增减。《朱子家礼》：“古礼有问名、纳吉，今不能尽用。纳采后即纳币以从简便。”元代于“六礼”前增加“议婚”一项。明清两代于纳吉前增加“拜见”一项。

10. B。婚约，是男女双方以结婚为目的而作的事先约定。成立婚约的行为称为订婚。订婚后男女双方具有未婚夫妻的身份。婚约作为一种特殊的具有身份性质的契约，其特征如下：(1) 婚约必须由当事人双方亲自订立且意思表示真实。婚约是将来双方接受婚姻的承诺。因此，必须以双方合意为条件。因此 A 选项错误。(2) 婚约当事人双方不得有法律规定的禁止结婚的条件。订立婚约是以结婚为目的的，因而婚约不得违反法律对婚姻的禁止性规定。因此 B 选项正确。(3) 婚约为非要式行为。不同于婚姻，法律没有规定婚约的形式，当事人可以采取各种方式订立婚约，可以以口头或书面形式订立婚约。因此 C 选项错误。同时，在婚约与结婚的关系上，结婚有广义和狭义的区分，后者仅指夫妻关系的确立，前者不仅包括婚姻的成立并且还包括订立婚约。然而当今世界各国的亲属立法主要是在狭义上使用婚姻的成立。因此，D 选项错误。

11. C。早期的婚约主要是伴随着有偿婚的结婚形式而形成的。在买卖婚中，男子需向女方的家庭交付一定的财物以缔结婚姻，在男子交付财物被女方的监护人接受后，女方家庭就负有将女子交付给该男子的义务，这就是婚约。早期型婚约是结婚的必经程序，没有婚约的婚姻是无效婚姻。婚约订立后，对男女双方发生准夫妻的效力，双方互负贞操义务。订立婚约需要一定的形式，例如我国聘娶婚以“婚书”或收受“聘礼”为婚约成立的法定要件。

12. D。晚期型婚约与早期型婚约的不同主要表现在：其一，婚约不是结婚的必经程序，一些国家在亲属立法中取消了对婚约的规定（例如我国）。婚约成为当事人可自由选择的程序；其二，订立婚约的当事人不再是监护人而是婚约当事人，并且婚约的订立是基于当事人的合意；其三，婚约的解除是自由的，在双方合意和有法定理由存在时可随时解除婚约。其四，婚约不能强制执行，婚约解除后，双方不再受婚约的约束，但过错方应依法承担由于解约而产生的损害赔偿和赠与物的返还责任。因此本题选 D。

13. C。我国《婚姻法》第 5 条规定，结婚必须男女双方完全自愿，不许任何一方对他方加以强迫或任何第三者加以干涉。法律要求的“男女双方完全自愿”具有三个含义：一是要求双方自愿而不是一方愿意；二是要求男女双方本人自愿而不是父母或第三人愿意；三是要求双方完全自愿而不是勉强同意。结婚是婚姻当事人双方的法律行为，双方自愿是婚姻结合的基础，法律排斥当事人一方对他方的强迫，排斥当事人父母或第三人的包办或干涉，排斥当事人非自愿地被迫同意。尽管法律并不排除当事人的父母或他人对当事人提出意见和建议，但是是否缔结婚姻应由当事人自行决定。因此，本题选 C。

14. B。根据目前各国亲属法的规定，结婚的程序大体有三种主要形式：(1) 仪式制。指婚姻的成立必须举行一定的仪式，结婚仪式是婚姻成立的法定要件。(2) 登记制。指结婚必须到法定的登记机关进行登记，结婚登记是婚姻成立的法定要件。(3) 登记与仪式结合制。指结婚既要在法定的登记机关进行登记又要举行仪式，结婚登记和结婚仪式均是婚姻成立的法定要件，缺一不可。我国结婚实行登记制，即结婚必须履行的法定程序只有结婚登记，因此本题选 B。

15. D。我国《婚姻法》第 7 条规定，直系血亲和三代以内的旁系血亲，禁止结婚。按照世代计算方法，凡出自同一祖父母、外祖父母的血亲，除直系血亲外，都是三代以内的旁系血亲，这些人之间禁止通婚：兄弟姐妹，含同父同母的全血缘的兄弟姐妹，也包括同父异母或同母异父的半血缘的兄弟姐妹；伯、叔、姑与侄、侄女，舅、姨与甥、甥女；堂兄弟姐妹、表兄弟姐妹。关于拟制血亲之间能否结婚，我国《婚姻法》没有明确规定。关于姻亲之间能否结婚，特别是直系姻亲之间的禁婚问题，我国《婚姻法》没有作明确的规定。因此本题选 D。

16. A。我国婚姻法规定的可撤销婚姻，是指业已成立的婚姻关系，因欠缺婚姻合意，受胁迫一方或受胁迫的双方婚姻当事人可在婚姻登记之日起一年内向婚姻登记机关或人民法院请求撤销该婚姻。因此本题选 A。

17. D。根据《婚姻法》第 11 条的规定，因胁迫结婚的，受胁迫的一方可以向婚姻登记机关或人民法院请求撤销该婚姻。受胁迫的一方撤销婚姻的请求，应当自结婚登记之日起一年内提出。被非法限制人身自由的当事人请求撤销婚姻的，应当自恢复人身自由之日起一年内提出。根据《婚姻法司法解释一》的规定，婚姻法第 11 条规定的“一年”，不适用诉讼时效中止、中断或者延长的规定。同时，根据我国《婚姻法》第 12 条的规定，无效或被撤销的婚姻，自始无效。当事人不具有夫妻的权利和义务。同居期间所得的财产，由当事人协议处理；协议不成时，由人民法院根据照顾无过错方的原则判决。对重婚导致的婚姻无效的财产处理，不得侵害合法婚姻当事人的财产权益。当事人所生的子女，适用本法有关父母子女的规定。因此在我国，婚姻的无效和婚姻的可撤销都是溯及既往的，本题选 D。

（二）多项选择题

1. ABC。根据我国《婚姻法》第 10 条的规定，有下列情形之一的，婚姻无效：(1) 重婚的；(2) 有禁止结婚的亲属关系的；(3) 婚前患有医学上认为不应当结婚的疾病，婚后尚未治愈的；(4) 未到法定婚龄的。因此，本题选 ABC。

2. ABC。根据《婚姻法司法解释一》第 7 条的规定，有权依据婚姻法第 10 条规定向人民法院就已办理结婚登记的婚姻申请宣告婚姻无效的主体，包括婚姻当事人及利害关系人。利害关系人包括当事人的近亲属和基层组织。因此 A 选项正确。根据《婚姻法司法解释一》第 9 条的规定，人民法院审理宣告婚姻无效案件，对婚姻效力的审理不适用调解，应当依法作出判决；有关婚姻效力的判决一经作出，即发生法律效力。因此 B 选项正确。而由于婚姻无效涉及公共利益，因而在处理有关婚姻效力的纠纷时，不能因双方当事人对本属无效的婚姻并无争议就不加追究，C 选项正确。确认婚姻无效请求权的行使受到时间的限制。根据《婚姻法司法解释一》第 8 条的规定，当事人依据婚姻法第 10 条规定向人民法院申请宣告婚姻无效的，申请时，法定的无效婚姻情形已经消失的，人民法院不予支持。因此，当事人必须在法定的无效婚姻情形消失前申请宣告婚姻无效。

3. ABC。根据《婚姻法》第 11 条的规定，因胁迫结婚的，受胁迫的一方可以向婚姻登记机关或人民法院请求撤销该婚姻。受胁迫的一方撤销婚姻的请求，应当自结婚登记之日起一年内提出。被非法限制人身自由的当事人请求撤销婚姻的，应当自恢复人身自由之日起一年内提出。因此 B

和C选项正确。依婚姻撤销的法理，可撤销婚姻，须被有权机关撤销后才发生自始无效的效力。根据《婚姻法司法解释一》第13条的规定，婚姻法第12条所规定的自始无效，是指无效或者可撤销婚姻在依法被宣告无效或被撤销时，才确定该婚姻自始不受法律保护。因此A选项正确。而根据《婚姻法司法解释三》第1条第2款的规定，当事人以结婚登记程序存在瑕疵为由提起民事诉讼，主张撤销结婚登记的，告知其可以依法申请行政复议或者提起行政诉讼，可知选项D错误。

4. CD。无效或被撤销婚姻当事人双方之间不具有基于婚姻的效力而发生的夫妻权利和义务，因此当事人之间的人身关系和财产关系与合法婚姻中相应的关系是不同的。在人身关系方面。《婚姻法》第16条夫妻双方都有实行计划生育的义务的规定不适用于无效婚姻和可撤销婚姻的情形。在财产关系方面。对无效或被撤销婚姻的当事人，不适用《婚姻法》有关夫妻财产制的规定。在处理上，首先应当遵循当事人之间对财产的约定，只要约定符合民事法律行为的有效要件，就应当具有法律效力。无效或被撤销婚姻的当事人，相互之间没有法定的扶养义务。因而，也不适用《婚姻法》有关一方不履行扶养义务时，需要扶养的一方有要求对方给付扶养费的权利的规定。在子女方面。在无效婚姻或被撤销的婚姻中出生的子女，应为非婚生子女。另外，在监护、代理、收养、抚养、赡养、继承等方面无效或可撤销婚姻出生的子女与其他婚生子女的权利义务相同，不受父母婚姻无效和可撤销的影响。

（三）不定项选择题

1. ABCD。根据我国《婚姻登记条例》第5条第1款的规定，办理结婚登记的内地居民应当出具下列证件和证明材料：（1）本人的户口簿、身份证；（2）本人无配偶以及与对方当事人没有直系血亲和三代以内旁系血亲关系的签字声明。

2. C。根据《婚姻登记条例》第4条的规定，内地居民结婚，男女双方应当共同到一方当事人常住户口所在地的婚姻登记机关办理结婚登记。因此本题选C。

3. AB。根据《婚姻法司法解释一》第7条的规定，有权依据《婚姻法》第10条规定向人民法院就已办理结婚登记的婚姻申请宣告婚姻无效的主体，包括婚姻当事人及利害关系人。利害关系人包括：（1）以重婚为由申请宣告婚姻无效的，为当事人的近亲属及基层组织；（2）以未到法定婚龄为由申请宣告婚姻无效的，为未达法定婚龄者的近亲属；（3）以有禁止结婚的亲属关系为由申请宣告婚姻无效的，为当事人的近亲属；（4）以婚前患有医学上认为不应当结婚的疾病，婚后尚未治愈为由申请宣告婚姻无效的，为与患病者共同生活的近亲属。因此，本题选AB。

4. A。在我国的现实生活中，事实婚姻是指未履行结婚登记程序，即以夫妻名义公开长期稳定同居生活的两性结合。在任何国家和地区，无论广义上或狭义上的事实婚姻都是存在的。我国一直坚持有条件地承认事实婚姻。自1994年2月1日民政部门颁布的《婚姻登记管理条例》（现已失效）施行后，凡未办理结婚登记即以夫妻名义同居生活的，均按非法同居关系处理。但是在实际处理过程中，并非一律按照非法同居关系处理，未按《婚姻法》第8条规定办理结婚登记而以夫妻名义共同生活的男女，起诉到人民法院要求离婚的，应当区别对待：（1）1994年2月1日民政部《婚姻登记管理条例》公布实施以前，男女双方已经符合结婚实质要件的，按事实婚姻处理；（2）1994年2月1日民政部《婚姻登记管理条例》公布实施以后，男女双方符合结婚实质要件的，人民法院应当告知其在案件受理前补办结婚登记；未补办结婚登记的，按解除同居关系处理。

因此，B和C选项的说法正好相反。而根据《婚姻法司法解释一》第4条的规定，男女双方根据《婚姻法》第8条规定补办结婚登记的，婚姻关系的效力从双方均符合婚姻法所规定的结婚的实质要件时起算。因此王五和李四的婚姻关系的效力是从1995年开始起算，而非2010年。

5. B。遗嘱继承的发生，首先需要存在有效的遗嘱，而遗嘱行为属于民事法律行为。其次继承关系的产生，即被继承人死亡事实的发生。因此此关系需要两个法律事实才能产生。

简答题

1. 婚姻的成立，亦称结婚，是指男女双方按照法律规定的条件和程序，确立夫妻关系的法律行为。结婚有广义和狭义之分，狭义的结婚，仅指夫妻关系的确立；广义的结婚，包括婚姻的成立和订立婚约两个方面。近现代各国的亲属立法，大多将婚姻的成立作狭义上的规定，订婚已不再是结婚的必经程序。

婚姻的成立具有以下三个特征：(1) 结婚行为的主体是男女两性。婚姻关系的产生，是以男女两性的生理差别为前提的，人类性的本能和自身的繁衍是婚姻的自然属性，这是婚姻区别于其他社会关系最重要的特征。如果没有两性间的这种自然属性，婚姻则无从产生，也没有其存在的意义。(2) 结婚行为是法律行为。当事人必须遵守法律的规定，包括法律规定的结婚条件和结婚程序两个方面。与一般的民事法律行为不同，法律对结婚行为的条件和程序作了特别的规定，婚姻必须依法成立，否则不具有婚姻的法律效力。(3) 结婚行为的后果是确立夫妻关系。男女双方因结婚形成了互为配偶的夫妻身份，相互享有和承担法律规定的权利和义务。夫妻身份关系确立后，未经法定程序，双方不能自行解除。

2. 结婚行为是一种法律行为，必须符合法律规定的结婚要件，包括结婚的实质要件和形式要件，凡欠缺结婚要件的男女结合，都不具有婚姻的法律效力。

(1) 婚姻成立的实质要件

婚姻成立的实质要件，是指婚姻当事人以及双方之间的关系，必须符合法律规定的结婚条件，包括结婚必须具备的条件和结婚禁止的条件。在传统的亲属法学中，将婚姻成立的要件分为公益要件和私益要件。公益要件，是指涉及社会公共利益的要件，如结婚双方必须达到法定婚龄、不得重婚等；私益要件，是指涉及个人利益的要件，如结婚双方当事人的合意等，体现的是个人的意思自治，不受公权力干涉。两者的结合是法律对个人利益和社会利益的平衡和协调。我国现行《婚姻法》对结婚要件的规定，是将国家、社会和个人三者的利益统一起来，形成一个完整的整体，不仅保护了国家、社会和民族的整体利益，也切实地保护了婚姻当事人个人的利益。

(2) 婚姻成立的形式要件

婚姻成立的形式要件，是指婚姻成立的方式或程序必须符合法律规定的条件。对于婚姻成立的方式，有事实婚（或称不要式婚）和形式婚（或称要式婚）两种。事实婚，是指当事人双方只要具有共同生活的意愿和以夫妻名义共同生活的事实，婚姻即为成立，法律承认其婚姻的效力。形式婚，是指结婚必须履行一定的程序，符合一定的方式。形式婚又可分为宗教婚，法律婚（亦称民事婚）等。中国古代的聘娶婚也属于形式婚的类别。由于各国的立法不同，婚姻成立的形式要件也有所不同。基于婚姻本身应具有公示意义，现代国家大多采用法律婚，以利于社会对婚姻关系的确认和保护。

3. 个体婚制形成初期的结婚方式主要包括以下三种：

(1) 掠夺婚

掠夺婚亦称抢婚，是指男子以暴力掠夺女子为妻的结婚形式。掠夺婚最早形成于原始社会末期。进入个体婚时代后，掠夺婚作为一种求婚的方式在一些民族中被沿袭下来，后来演变为一种徒具形式的礼仪性的婚俗。

(2) 有偿婚

有偿婚是指须以付出一定代价作为成婚条件的婚姻。包括：①买卖婚，是指男方以向女方家庭交付一定数量的财物作为成婚条件的婚姻。②互易婚，是指双方父母各以其女交换为子妇，或男子各以其姐妹交换为妻作为成婚条件的婚姻。③劳役婚，是男方以为女方家庭服一定的劳役作为成婚条件的婚姻。

(3) 无偿婚

无偿婚是有偿婚的对称，指无须以付出一定代价作为成婚条件的婚姻。包括：①赠与婚，是指权力者或父母将其可以支配的女子赠与他人为妻的婚姻。②收继婚，是指女子在其丈夫死后有义务在家族内部转房的婚姻。如兄死后弟收继其嫂为逆缘婚；姐死后妹继嫁姐夫为顺缘婚。③强制婚，是指官府将罪人之妻女断配给他人为妻的婚姻。

4. 婚约作为一种特殊的具有身份性质的契约，其特征如下：

(1) 婚约必须由当事人双方亲自订立且意思表示真实。婚约是将来双方接受婚姻的承诺。因此，必须以双方合意为条件，任何由包括父母在内的第三人代订的婚约都是无效的；因欺诈、胁迫而订立的意思表示不真实的婚约，也是无效的。

(2) 婚约当事人双方不得有法律规定的禁止结婚的条件。订立婚约是以结婚为目的的，因而婚约不得违反法律对婚姻的禁止性规定。法律规定的禁婚亲之间不得订立婚约；一方或双方已有配偶的不得订立婚约。但由于订立婚约本身不是结婚，因此订婚后又与他人结婚或重复订婚者均不构成法律上的重婚。

(3) 婚约为非要式行为。不同于婚姻，法律没有规定婚约的形式，当事人可以采取各种方式订立婚约，可以以口头或书面形式订立婚约。

5. 婚约，是男女双方以结婚为目的而作的事先约定。成立婚约的行为称为订婚。订婚后男女双方具有未婚夫妻的身份。在结婚前，男女双方为保证婚姻的缔结，可以事先达成一个目的为承诺接受将来的婚姻的协议。在我国，现行法上没有婚约的规定，对婚约采取既不提倡，也不禁止的态度。婚约不是法律所调整的对象，当事人自愿订立的婚约没有法律上的约束力。

婚约成立后，尽管双方当事人负有按约定缔结婚姻的义务，但是由于婚约的身份性质，法律不要求婚约必须履行，当事人不得请求法院强制履行婚约，婚约上的任何违约条款也都不具有法律效力。

当事人有解除婚约的自由，可以双方合意解除，也可单方解除而不论其有无重大事由或有无重大过错。当一方要求解除婚约时，应通知对方，但无须征得对方的同意，也无须经过法定的程序。婚约解除后，因婚约而产生的未婚夫妻的身份关系也随之解除，任何一方不得请求法院强制履行婚约。婚约期间双方同居生活的，不产生夫妻间的权利和义务关系，如生有子女的，该子女视为非婚生子女。因婚约而产生的财产关系，由于不同于婚姻中的夫妻财产关系，具有其特殊性，应分别情况妥善处理。

6. 我国现行亲属立法并未对婚约进行规定，我国法律对婚约采取既不提倡，也不禁止的态度。婚约解除后，因婚约而产生的未婚夫妻的身份关系也随之解除，任何一方不得请求法院强制履行婚约。因婚约而产生的财产关系，由于不同于婚姻中的夫妻财产关系，然也不同于一般的民事财产关系，具有特殊性，应分不同情况处理：

(1) 当事人因订立婚约而给付彩礼的，应当按照《婚姻法司法解释二》第 10 条的规定处理，即当事人请求返还按照习俗给付的彩礼的，如果查明属于以下情形，人民法院应当予以支持：①双方未办理结婚登记手续的；②双方办理结婚登记手续但确未共同生活的；③婚前给付并导致给付人生活困难的。适用前款第②③项的规定，应当以双方离婚为条件。

(2) 婚约期间，当事人双方由于资金的共用、财物的合并以及共同投资等产生的共同财产，因不具有夫妻身份关系，所以不应视为共同共有，各自的财产归各人所有，具有独立性。婚约解除后，双方对共有财产有约定的，按约定处理；没有约定的，应视为按份共有，按比例分割。

(3) 婚约期间，当事人基于结婚的目的，一方或双方将自己的财产无偿给予对方而产生的单方赠与或双方赠与，与一般的以价值转移为目标的赠与不同，大多是为了基于增进感情，促使婚约的履行，保证结婚目的的实现。对于这种附结婚条件的赠与，赠与人虽不能要求受赠人必须与其结婚，但赠与人能否基于赠与的目的不能实现而请求返还，我国法律没有明确规定。

(4) 婚约期间，一方或双方支出的费用及负担的债务，以及在财产上、精神上受到的损害等，在婚约解除后，能否要求对方给予赔偿，各国法律基于婚约为契约的理论，一般都要求过错方负一定的损害赔偿责任。我国法律对此不予支持。

7. 结婚的程序，即结婚的形式要件，是法律规定的缔结婚姻所必须履行的法定手续。婚姻的成立，除要求当事人必须符合结婚的实质要件外，还必须符合一定的形式要件。只有在履行了法律规定的结婚程序后，婚姻才具有法律上的效力，才能得到国家和社会的承认。

根据目前各国亲属法的规定，结婚的程序大体有三种主要形式：(1) 仪式制。指婚姻的成立必须举行一定的仪式，结婚仪式是婚姻成立的法定要件。结婚仪式又根据主持人的不同分为三种：一是宗教仪式，指由神职人员主持，在教堂中进行的结婚仪式；二是世俗仪式，指在民间由家长等主婚人主持，有证人参加的结婚仪式；三是法律仪式，指由政府官员主持的结婚仪式。(2) 登记制。指结婚必须到法定的登记机关进行登记，结婚登记是婚姻成立的法定要件。(3) 登记与仪式结合制。指结婚既要在法定的登记机关进行登记，又要举行仪式，结婚登记和结婚仪式均是婚姻成立的法定要件，缺一不可。

8. 我国结婚实行登记制，即结婚必须履行的法定程序是结婚登记。根据《婚姻登记条例》的规定，结婚登记程序分为以下三步骤：

(1) 申请

内地居民结婚，男女双方应当共同到婚姻登记机关提出结婚申请。申请时，当事人应当出具下列证件和证明材料：①本人的户口簿、身份证；②本人无配偶以及与对方当事人没有直系血亲或三代以内旁系血亲关系的签字声明。

(2) 审查

婚姻登记机关应当依法对当事人的结婚申请进行审核和查证。除查验当事人提交的证件和证明是否齐全、是否符合规定外，还应对当事人是否符合法律规定的结婚条件进行审核。审查中，可就需要了解的情况向当事人提出询问，必要时也可以进行调查。审查是结婚登记程序的中心环节，审查应依法办事，不得草率或拖延。

(3) 登记

婚姻登记机关对当事人的结婚申请进行审查后，符合结婚条件的，应当当场予以登记，发给结婚证。对离过婚的，应当注销其离婚证件。申请结婚登记的当事人有下列情形之一的，婚姻登记机关不予登记：①未到法定结婚年龄的；②非双方自愿的；③一方或者双方已有配偶的；④属于直系血亲或者三代以内旁系血亲的；⑤患有医学上认为不应当结婚的疾病的。婚姻登记机关对当事人不符合结婚条件不予登记的，应当向当事人说明理由。

9. 结婚合意，是指当事人双方确立夫妻关系的意思表示真实一致。基于人格独立和意思自治原则，各国法律大多都把双方合意作为结婚的必备条件。我国《婚姻法》第 5 条规定："结婚必须男女双方完全自愿，不许任何一方对他方加以强迫或任何第三者加以干涉。"结婚合意是结婚的首要条件，是保障结婚自由的前提，是婚姻自由原则在结婚制度中的具体体现。法律要求的"男女双方完全自愿"具有两个含义：一是要求双方自愿而不是一方愿意；二是要求男女双方本人自愿而不是父母或第三人愿意。

10. 法定婚龄，是指法律规定的准予结婚的最低年龄。我国《婚姻法》第 6 条规定："结婚年龄，男不得早于 22 周岁，女不得早于 20 周岁。晚婚晚育应予鼓励。"凡当事人双方或一方未达到法定婚龄的，婚姻登记机关不予登记。

由于婚姻关系是自然属性和社会属性的结合，因而，法定婚龄的确定必须取决于其自然因素和社会因素。自然因素是指人的生理和心理的发育规律。人类只有达到一定的年龄，才能具备适合结婚的生理条件和心理条件，才具有婚姻行为能力，才能履行夫妻义务，承担对家庭和社会的责任。社会因素是指一定的生产方式以及与之相适应的政治、经济、文化、人口状况、道德、宗教、民族习惯等社会条件。由于不同地区、不同民族受地理、气候等的影响，在身体的发育和成熟上具有一定的差异，社会条件也不尽相同，各国对法定婚龄的规定是高低有别的。

11. 禁婚亲，是指法律规定的禁止结婚的亲属。关于禁婚亲有不同的立法例，一些国家的禁婚亲不仅包括一定范围的自然血亲，还包括了一定范围的拟制血亲和姻亲。

(1) 自然血亲

禁止直系血亲结婚，是各国立法的通例。对旁系血亲的禁婚范围，由于文化传统和风俗习惯的不同，各国法律的规定有广狭宽严之别。我国《婚姻法》按照世代计算方法，规定凡出自同一祖父母、外祖父母的血亲，除直系血亲外，都是三代以内的旁系血亲，禁止通婚。

(2) 拟制血亲

对于拟制血亲之间能否结婚，我国《婚姻法》没有明确规定。许多国家对法律拟制的直系血亲，都明文规定加以禁止。有些国家还将拟制血亲的禁婚范围扩大到养子女的卑血亲。对于拟制直系血亲，从伦理要求和法律精神上看，应属于禁止结婚的范围。至于拟制旁系血亲间的通婚，只要没有血缘上的禁忌，在解除拟制关系后法律应予准许。

(3) 姻亲

此外，由于受伦理观念的影响，许多国家还禁止一定范围的姻亲结婚。特别是直系姻亲一般都在禁婚的范围，在夫妻离异或一方死亡他方表示终止姻亲关系时，仍不得结婚。有少数国家将一定亲等的旁系姻亲也列入禁婚的范围。我国《婚姻法》没有禁止姻亲结婚的规定，直系姻亲虽无直系血亲的法律地位，但由于直系姻亲通婚有悖伦理，所以一直是人类的一个婚姻禁忌。因此，尽管法律没有明文禁止，但基于伦理上的要求，也应予以限制为宜。但旁系姻亲，包括异父异母的兄弟姐妹，只要他们相互之间没有禁止结婚的血缘关系，则应准予结婚。

材料分析题

（一）案例分析题

1.（1）某甲与某乙的婚姻是无效婚姻。

尽管某甲与某乙办理了结婚登记并在一起以夫妻关系共同生活多年，但是某甲与某乙是姨表姐弟关系，根据我国《婚姻法》代系计算方法，属于三代以内旁系血亲，因此属于禁止结婚的亲属关系。由此，某甲与某乙的婚姻关系属无效婚姻，应宣告无效。这里必须要说明的是，尽管某乙在诉讼请求中，并未要求确认婚姻无效，但根据《婚姻法司法解释二》第 3 条的规定，人民法院受理离婚案件后，经审查确属无效婚姻的，应当将婚姻无效的情形告知当事人，并依法作出宣告婚姻无效的判决，法院须主动行使释明权，并且作出婚姻无效的宣告。

（2）某甲与某乙的财产关系不适用《婚姻法》有关夫妻财产制的规定。

因为无效婚姻自始、永久地不发生效力，而夫妻财产制所调整的财产关系，是以特定的身份关系为前提的。如果无效或被撤销婚姻的当事人对财产作了约定，只要这种约定符合民事法律行为的有效要件，就应当承认其具有法律效力。然而某甲与某乙在同居生活中并没有作出相应的财产约定。因此，根据《婚姻法司法解释一》第 15 条的规定，被宣告无效或被撤销的婚姻，当事人同居期间所得的财产，按共同共有处理。但有证据证明为当事人一方所有的除外。因此，对某甲与某乙同居期间所得的财产，应当按共同共有均分处理。然而有关生活费、医疗费以及经济帮助等问题，尽管不适用《婚姻法》有关经济补偿、医疗费、生活费等规定，但是因为在同居期间，某乙的身体健康权等权利受到甲的侵害，其可以根据《侵权责任法》获得赔偿。

（3）某甲与某乙的婚姻无效，因此某丙应为非婚生子女，但是我国《婚姻法》规定，非婚生子女享有同婚生子女同等权利，任何人不得加以危害和歧视。若此时某丙没有成年，则某甲与某乙应当对该子女负有抚养教育、保护的权利和义务，某丙成年后对某甲与某乙有赡养义务，某丙与某甲和某乙之间有相互继承遗产的权利。若某丙已经成年，则某甲与某乙对其没有抚养教育、保护的权利和义务。

至于某丙应当由谁抚养的问题，根据最高人民法院《关于人民法院审理离婚案件处理子女抚养问题的若干具体意见》，应当视丙的岁数而定。

其一，两周岁以下的子女，一般随母方生活。母方有下列情形之一的，可随父方生活：①患有久治不愈的传染性疾病或其他严重疾病，子女不宜与其共同生活的；②有抚养条件不尽抚养义务，而父方要求子女随其生活的；③因其他原因，子女确无法随母方生活的。其二，父母双方协议两周岁以下子女随父方生活，并对子女健康成长无不利影响的，可予准许。其三，对两周岁以上未成年的子女，父方和母方均要求随其生活，一方有下列情形之一的，可予优先考虑：①已做绝育手术或因其他原因丧失生育能力的；②子女随其生活时间较长，改变生活环境对子女健康成长明显不利的；③无其他子女，而另一方有其他子女的；④子女随其生活，对子女成长有利，而另一方患有久治不愈的传染性疾病或其他严重疾病，或者有其他不利于子女身心健康的情形，不宜与子女共同生活的。

由于某乙患有精神疾病，所以应当由某甲抚养某丙。

2.（1）应当根据某甲与某乙之间是否产生了夫妻感情的不同，判决撤销婚姻，或判决不撤销婚姻。

根据《婚姻法》第 11 条的规定，因胁迫结婚的，受胁迫的一方可以向婚姻登记机关或人民法院请求撤销该婚姻。受胁迫的一方撤销婚姻的请求，应当自结婚登记之日起一年内提出。被非法限制人身自由的当事人请求撤销婚姻的，应当自恢复人身自由之日起一年内提出。根据《婚姻法司法解释一》第 10 条的规定，婚姻法第 11 条所称的“胁迫”，是指行为人以给另一方当事人或者其近亲属的生命、身体健康、名誉、财产等方面造成损害为要挟，迫使另一方当事人违背真实意愿结婚的情况。因受胁迫而请求撤销婚姻的，只能是受胁迫一方的婚姻关系当事人本人。某甲是受某乙的胁迫而违背自己意愿登记结婚的。但是不排除可能在长期的共同生活过程中，某甲与某乙产生了夫妻感情，此时胁迫的事由就消失了。若某甲与某乙一直没有产生夫妻感情，并且某甲长期遭受人身监禁，只要某甲提出撤销婚姻关系的时候是其恢复人身自由一年内，则法院应当根据《婚姻法》第11条的规定宣告撤销某甲与某乙的婚姻。

（2）某甲与某乙的财产关系不适用《婚姻法》有关夫妻财产制的规定，某乙可以以《侵权责任法》为基础获得精神赔偿和经济补偿。

因为可撤销婚姻一旦被撤销则自始、永久地不发生效力，而夫妻财产制所调整的财产关系，是以特定的身份关系为前提的，因此某甲和某乙的财产关系不适用《婚姻法》有关夫妻财产制的规定。尽管不适用《婚姻法》有关经济补偿、医疗费、生活费等规定，但是因为在同居期间，某乙的身体健康权等权利受到甲的侵害，其可以根据《侵权责任法》获得赔偿。

（3）至于某丙和某丁应当由谁抚养的问题，根据最高人民法院《关于人民法院审理离婚案件处理子女抚养问题的若干具体意见》，应当视某丙和某丁的岁数和其他具体情况而定。

其一，两周岁以下的子女，一般随母方生活。母方有下列情形之一的，可随父方生活：①患有久治不愈的传染性疾病或其他严重疾病，子女不宜与其共同生活的；②有抚养条件不尽抚养义务，而父方要求子女随其生活的；③因其他原因，子女确无法随母方生活的。其二，父母双方协议两周以下子女随父方生活，并对子女健康成长无不利影响的，可予准许。其三，对两周岁以上未成年的子女，父方和母方均要求随其生活，一方有下列情形之一的，可予优先考虑：①已做绝育手术或因其他原因丧失生育能力的；②子女随其生活时间较长，改变生活环境对子女健康成长明显不利的；③无其他子女，而另一方有其他子女的；④子女随其生活，对子女成长有利，而另一方患有久治不愈的传染性疾病或其他严重疾病，或者有其他不利于子女身心健康的情形，不宜与子女共同生活的。

（二）政策分析题

很明显，题中所发生的假结婚情况，这些当事人通过虚假的结婚行为，刻意绕过政策，是典型的以合法形式掩盖非法目的的法律行为，是违法的。这种行为破坏了婚姻的神圣性，视婚姻如儿戏行为，实在是对婚姻和感情的亵渎。然而从《婚姻法》的角度来看，只要进行了登记，就是合法的结婚行为。这些“假结婚”行为的风险很大。法律规定婚后房产属于夫妻双方的共同财产，“假结婚”后购房再离婚时，若结婚双方协商不好将会面临财产分割的纠纷。并且现实生活中已经出现了为了购房假离婚，可是离婚后却没有复婚的情况；也有假结婚后购房，在离婚时出现财产分割的纠纷情况等。

但是，出现了“假结婚”的现象，并不代表“限购令”是不合理的。这一现象的存在，本质上是人们对结婚行为性质认识的不到位所引起的，或者说是由于目前对结婚实质性审查和对假结婚行为的处罚不够所导致的。“限购令”是国家行政部门对房产买卖的管控手段。与其说“限购令”是不合理的，不如说目前对结婚登记和离婚登记的审查力度或程度不到位。

法条分析题

（1）根据《婚姻法司法解释一》第10条第1款的规定，婚姻法第11条所称的“胁迫”，是指行为人以给另一方当事人或者其近亲属的生命、身体健康、名誉、财产等方面造成损害为要挟，迫使另一方当事人违背真实意愿结婚的情况。

（2）根据《婚姻法司法解释一》第10条第2款的规定，因受胁迫而请求撤销婚姻的，只能是受胁迫一方的婚姻关系当事人本人。然而这一规定并不合理。客观上来说，胁迫不仅可以来自婚姻关系的一方当事人，还可以来自婚姻关系之外的其他人，因此不应该限制撤销权人为受胁迫一方的婚姻关系当事人，而是应当确认受胁迫结婚的婚姻关系当事人为撤销权人。

（3）根据《婚姻法司法解释一》第12条的规定，《婚姻法》第11条规定的“一年”，不适用诉讼时效中止、中断或者延长的规定，因此这一规定是除斥期间。

论述题

1. 结婚制度的变迁与不同社会的经济基础以及上层建筑的发展有着密切的关系。从古至今，结婚制度的历史沿革大致可以分为以下 4 个时期：

（1）个体婚

①掠夺婚。掠夺婚亦称抢婚，是指男子以暴力行为掠夺女子为其妻子的结婚形式。掠夺婚最早形成于原始社会末期，进入个体婚时代后，掠夺婚作为一种求婚的方式在一些民族中被沿袭下来，后来演变为一种仅具形式意义的礼仪性的婚俗。

②有偿婚。有偿婚是指须付出一定代价作为婚姻成立的条件的婚姻。根据代价的不同，有偿婚可以分为买卖婚，即男方以向女方交付一定数量的财物作为婚姻成立的条件的婚姻；互易婚，是指双方父母以其子女交换为子妇，或男子之间以其姐妹交换为妻作为婚姻成立的条件的婚姻；劳役婚，是男方以为女方家庭服一定的劳役作为婚姻成立的条件的婚姻。

③无偿婚。无偿婚是有偿婚的对称，指无须付出一定代价作为婚姻成立的条件的婚姻，根据无偿形式的不同，可分为赠与婚，是指权力者或父母将其可以支配的女子赠与他人为妻的婚姻；收继婚，是指女子在其丈夫死后有义务在家庭内部转房的婚姻。

（2）中国古代的聘娶婚

聘娶婚，是指男方以向女方家庭交付聘金、彩礼作为结婚条件的婚姻形式。据史书记载，聘娶婚始于伏羲，大备于周。西周开始创立的“六礼”，为聘娶婚规定了完备的结婚程序，聘娶婚的礼仪程序不仅被六礼来规范，后来还以法律的形式加以确认。聘娶婚是在我国通行了数千年的主要婚姻形式。

（3）欧洲中世纪的宗教婚

欧洲中世纪，在许多国家和地区中，婚姻关系主要是由教会法来调整的，婚姻的缔结被认为是“神的旨意”，教会法规定的结婚宣誓是一种圣典仪式，具有严格的条件和程序。准备结婚的当事人须事先在教会布告栏中公告，结婚应举行宗教仪式，婚礼由神职人员主持并得到祝福，婚姻始为成立和有效。

（4）近现代的共诺婚

共诺婚，是指依男女双方的合意而成立的婚姻。基于婚约契约的理论，共诺婚强调的是双方的合意，法律以当事人双方共同的意思表示为婚姻成立的要件。共诺婚的确立是婚姻制度的一大进步，使当事人享有了宝贵的婚姻自主的权利，摆脱了父母及其他权力人包办婚姻的串通观念。共诺婚首先在《法国民法典》上被确立：未经当事人合意不得成立婚姻。这一规定在婚姻立法史上具有很重要的意义。

2. 结婚的条件，又称结婚的实质要件，包括结婚的必备条件和结婚的禁止条件，前者是结婚应具备的积极要件，而后者是结婚的消极要件。

（1）结婚的积极要件

结婚的积极要件，又称结婚的必备条件，是当事人结婚时必须具备的法定条件，缺乏任何一个条件则不能成立婚姻。根据我国现行《婚姻法》的规定，结婚的必备条件有三：

①须有结婚的合意

结婚合意是指当事人双方确立夫妻关系的意思表示真实一致。我国《婚姻法》第 5 条规定，结婚必须男女双方完全自愿，不许任何一方对他方加以强迫或任何第三者加以干涉。结婚合意是结婚的首要条件，是保障结婚自由的前提，是婚姻自由原则在结婚制度中的具体体现。尽管法律并不排除当事人的父母或他人对当事人提出意见和建议，但是是否缔结婚姻应由当事人自行决定。

②必须达到法定的结婚年龄

法定婚龄，是指法律规定的准许结婚的最低年龄。我国《婚姻法》第 6 条规定，结婚年龄，男不得早于 22 周岁，女不得早于 20 周岁。晚婚晚育应予鼓励。凡是当事人双方或一方未达到法定婚龄的，婚姻登记机关不予登记。由于婚姻关系兼具自然属性和社会属性，因而，法定婚龄的确定必须取决于自然因素和社会因素。

③必须符合一夫一妻制

一夫一妻制是我国婚姻制度的基本原则，符合一夫一妻制是结婚的必备条件，法律禁止重婚。《婚姻登记条例》第 6 条规定，申请结婚登记的当事人已有配偶的，婚姻登记机关不予登记。对于构成重婚罪的，应依照刑法的规定，追求其刑事责任。

(2) 结婚的消极要件

结婚的消极要件，又称结婚的禁止条件或婚姻障碍，是指当事人结婚时不得具有法律规定的禁止结婚的婚姻障碍。根据我国现行《婚姻法》的规定，结婚的禁止条件有以下两个：

①禁止结婚的血亲

禁婚亲，是指法律规定的禁止结婚的亲属。我国《婚姻法》第7条规定，直系血亲和三代以内的旁系血亲，禁止结婚。关于禁婚亲有不同的立法例，一些国家的禁婚亲不仅包括一定范围的自然血亲，甚至还包括了一定范围的拟制血亲和姻亲。禁止一定范围的亲属结婚，源于原始社会的婚姻禁止。禁止直系血亲结婚，是各国立法的通例。但对于旁系血亲的禁婚范围，根据文化传统和风俗习惯的不同，各国法律的规定有所不同。关于拟制血亲之间能否结婚，我国《婚姻法》没有明确规定。许多国家对法律拟制的直系血亲，都明文规定加以禁止。有些国家还将拟制血亲的禁婚范围扩大到养子女的卑血亲。关于姻亲之间能否结婚，特别是直系姻亲之间的禁婚问题，我国《婚姻法》没有作明确的规定。然而很明显，直系姻亲虽没有直系血亲的法律地位，但是直系姻亲通婚有悖伦理，应当予以限制。

②禁止结婚的疾病

法律禁止患有特定疾病的人结婚，取决于婚姻关系的自然属性和特征，其目的是防止和避免疾病的传染和遗传，保护婚姻当事人的利益和社会利益。我国《婚姻法》第7条规定，患有医学上认为不应当结婚的疾病的人禁止结婚。《婚姻登记条例》第6条规定，患有医学上认为不应当结婚的疾病的，不予登记。

我国《婚姻法》对禁止结婚的疾病，没有作具体的列举，而是以“医学上认为不应当结婚的疾病”作概括性的规定，一般可分为两类：第一类是精神方面的疾病，包括特定的精神病、痴呆症等。患有这一类疾病的人通常是无民事行为能力人或限制民事行为能力人，不具有行使和承担夫妻间权利和义务的能力，并且有将精神上的疾病遗传给后代的可能。第二类是身体方面的疾病，主要是指足以危害对方和后代健康的重大不治的传染性疾病或遗传性疾病。

3. 结婚的程序，即结婚的形式要件，是法律规定的缔结婚姻所必须履行的法定手续。婚姻的成立，除要求当事人必须符合结婚的实质要件外，还必须符合一定的形式要件。只有在履行了法律规定的结婚程序后，婚姻才具有法律上的效力，才能得到国家和社会的承认。

根据各国的规定，目前结婚的程序大体有三种主要形式：(1) 仪式制。指结婚必须举行一定的仪式，结婚仪式是婚姻成立的法定要件。结婚仪式又可分为三种：一是宗教仪式，指由神职人员主持，在教堂中进行的结婚仪式；二是世俗仪式，指在民间由家长等主婚人主持，有证人参加的结婚仪式；三是法律仪式，指由政府官员主持的结婚仪式。有的国家还规定，宗教仪式和法律仪式具有同等的效力，可由当事人自己选择，法律均予承认。(2) 登记制。指结婚必须到法定的登记机关进行登记，结婚登记是婚姻成立的法定要件。(3) 登记与仪式结合制。指结婚既要进行登记，又要举行仪式，结婚登记和结婚仪式均是婚姻成立的法定要件，缺一不可。

我国结婚实行登记制，即结婚必须履行的法定程序是结婚登记。《婚姻法》第8条规定：“要求结婚的男女双方必须亲自到婚姻登记机关进行结婚登记。符合本法规定的，予以登记，发给结婚证。取得结婚证，即确立夫妻关系。未办理结婚登记的，应当补办登记。”男女在登记结婚并取得结婚证后，无论是否同居生活，无论是否举行结婚仪式，都具有法律上的夫妻身份关系，其婚姻受到国家的承认和法律的保护。如一方或双方反悔，须按离婚程序解除婚姻关系。反之，如果男女双方仅举行结婚仪式或同居生活，但没有办理结婚登记的，则其婚姻不具有法律效力。

4. 长期以来，在我国的现实生活中，人们一直将未履行结婚登记程序，即以夫妻名义公开同居生活的两性结合称为事实婚姻。事实婚姻，从广义上讲，是指男女双方在主观上具有永久共同生活的目的，在客观上具有未经结婚登记即以夫妻名义同居生活的事实，群众也认为是夫妻关系的结合。从狭义上讲，事实婚姻专指没有配偶的男女双方，未经结婚登记，即以夫妻名义同居生活，群众也认为是夫妻关系的结合。司法实践中对事实婚姻的认定，历来采用狭义的解释。事实婚姻是合法有效的婚姻关系，受到《婚姻法》的保护。

而同居关系则有所不同，只要男女双方共同居住即可认定为同居关系。但是要注意的是即使以夫妻名义共同生活，如果该关系不具有婚姻效力，则不能认定为婚姻关系。甚至若当事人办理了结婚登记，但是该婚姻关系被认定为无效婚姻，则当事人之间的关系也只能被认定为同居关系。

根据《婚姻法司法解释一》的规定，未按《婚姻法》第8条规定办理结婚登记而以夫妻名义共同生活的男女，起诉到人民法院要求离婚的，应当区别对待：（1）1994年2月1日民政部《婚姻登记管理条例》公布实施以前，男女双方已经符合结婚实质要件的，按事实婚姻处理；（2）1994年2月1日民政部《婚姻登记管理条例》公布实施以后，男女双方符合结婚实质要件的，人民法院应当告知其在案件受理前补办结婚登记；未补办结婚登记的，按解除同居关系处理。

5. 无效婚姻，即不具有法律效力的婚姻，是指男女两性的结合因违反了法律规定的结婚要件而不具有法律效力的违法结合。

根据我国《婚姻法》第10条的规定，婚姻无效的原因有：（1）重婚；（2）有禁止结婚的亲属关系；（3）婚前患有医学上认为不应当结婚的疾病，婚后尚未治愈的；（4）未到法定婚龄。具体来说，婚姻无效的原因有：

（1）违反一夫一妻制

重婚包括双方均有配偶的重婚和一方无配偶与已有配偶者的重婚。无配偶者一方的重婚，在主观上有善意和恶意的区别。但是，从婚姻法上来说，从结果意义上来讲，无论无配偶一方是善意还是恶意，都破坏了一夫一妻的婚姻制度，其婚姻无效的认定没有任何影响。这里要指出一个宣告死亡后的婚姻关系存续问题。如果婚姻关系中的一方当事人被宣告死亡，另一方可以另行结婚。即使被宣告死亡的人再出现，死亡宣告被撤销，另一方当事人的婚姻仍然受法律保护，不能按重婚处理。

（2）当事人为禁婚亲的无效婚姻

从我国的婚姻法上来看，凡是直系血亲和三代以内的旁系血亲结婚的，都是无效婚姻。基于自然选择规律的要求，以及长期形成的伦理观念，禁止一定范围的亲属结婚，是各国亲属立法的通例。由于民族文化和传统习惯的不同，禁止结婚的亲属在各国亲属立法中均不相同，一些国家的禁婚亲不仅包括一定范围的自然血亲，还包括了一定范围的拟制血亲和姻亲。

（3）患有禁止结婚疾病的无效婚姻

禁止特定的疾病患者结婚，是保护当事人权益、防止疾病传播、提高人口素质、维护民族健康的需要。对患有医学上认为不应当结婚的疾病的人，其结婚行为不仅会给婚姻的对方当事人造成身体上的损害，还可能危及社会利益，因此患有医学上认为不应当结婚的人的婚姻是无效婚姻。但是在对疾病范围进行解释时，须谨遵医学鉴定的结果，不能任意扩大解释。

（4）未到法定婚龄的无效婚姻

各国亲属法一般均规定男女双方在结婚时必须达到一定的年龄，一方或双方未到法定婚龄的婚姻无效。在我国，男子的法定婚龄是22岁，女子的法定婚龄是20岁。

6. 可撤销婚姻，是指已成立的婚姻关系，因欠缺婚姻合意，受胁迫的一方当事人可向婚姻登记机关或人民法院申请撤销的违法结合。我国婚姻法规定的可撤销婚姻，是指业已成立的婚姻关系，因欠缺婚姻合意，受胁迫一方或受胁迫的双方婚姻当事人可在婚姻登记之日起一年内向婚姻登记机关或人民法院请求撤销该婚姻。依据《婚姻法》第11条的规定，婚姻撤销的事由是受胁迫而结婚。婚姻自由是我国宪法赋予公民的基本人身权利，也是婚姻法的首要原则。结婚自由是婚姻自由中的重要部分，结婚自由要求婚姻当事人在作出结婚行为时具有结婚的合意，并且该意思表示真实。如果一方或双方当事人并没有结婚的合意，而是因为胁迫、不得不违心地作出同意结婚的意思表示，鉴于本人并不具有结婚的真实意愿，法律赋予其撤销该婚姻的权利。

构成胁迫的要件有：其一，有胁迫的故意。即胁迫人又通过胁迫使被胁迫人产生恐惧心理，并基于恐惧心理而为意思表示的故意。其二，有胁迫行为。即胁迫人必须有以加害相威胁的表示或行为，并已达到令被胁迫人产生恐惧的程度。以加害相威胁的对象，不仅包括被胁迫人自身，也包括其近亲属的生命、健康、自由、名誉和财产等。其三，胁迫须具有一般意义上的违法性，即非法的目的和非法的手段。其四，被胁迫人在恐惧心理下而为的结婚的意思表示须与胁迫行为之间有因果关系。当胁迫行为与结婚没有因果关系时，被胁迫一方不得请求撤销该婚姻。

根据《婚姻法司法解释一》的规定：《婚姻法》第 11 条所称的“胁迫”，是指行为人以给另一方当事人或者其近亲属的生命、身体健康、名誉、财产等方面造成损害为要挟，迫使另一方当事人违背真实意愿结婚的情况。因受胁迫而请求撤销婚姻的，只能是受胁迫一方的婚姻关系当事人本人；《婚姻法》第 11 条规定的“一年”，不适用诉讼时效中止、中断或者延长的规定。需要指出的是，在现实生活中，胁迫不仅限于婚姻一方当事人对另一方当事人的胁迫，也存在双方当事人均受胁迫的情形。例如在包办婚姻的情况下，双方都是受到第三人胁迫的婚姻当事人。就法理而言，这种情形下不应剥夺双方当事人撤销婚姻的请求权。

7.《婚姻法》第 12 条规定，无效或被撤销的婚姻，自始无效。当事人不具有夫妻的权利和义务。同居期间所得的财产，由当事人协议处理；协议不成时，由人民法院根据照顾无过错方的原则判决。对重婚导致的婚姻无效的财产处理，不得侵害合法婚姻当事人的财产权益。当事人所生的子女，适用该法有关父母子女的规定。

确认婚姻无效和撤销，是法律对当事人的配偶身份的否定，它使已经登记成立的婚姻不具有婚姻的法律效力，使从事违法婚姻的当事人无法达到其预期的目的。此外，对违法婚姻的责任主体来说，除婚姻无效或被撤销外，还会因其违法行为导致其他后果，他们应当依法承担相应的法律责任。

（1）对当事人的法律后果

由于当事人的配偶身份为法律所否定，无效或被撤销婚姻当事人双方之间不具有基于婚姻的效力而发生的夫妻权利和义务。因此，当事人间的人身关系和财产关系与合法婚姻中的夫妻关系有着根本的不同。主要表现在以下方面：

1）人身关系方面

①在姓名权、人身自由权等问题上，不适用《婚姻法》的规定；②由于无效或被撤销婚姻中的男女不是合法配偶，一方与另一方的血亲及其配偶之间，不发生姻亲关系；③在监护、代理、收养以及告诉才处理的犯罪等问题上，不适用以夫妻身份为基础法律关系的各种规定。

2）财产关系方面

①对无效或被撤销婚姻的当事人，不适用《婚姻法》有关夫妻财产制的规定。夫妻财产制所调整的财产关系，是以特定的身份关系为前提的，无效或被撤销婚姻当事人同居期间并非婚姻关系存续期间，在此期间所得的财产，不能适用关于夫妻财产制的规定。如果无效或被撤销婚姻中的当事人对财产作了约定，只要这种约定符合民事法律行为的有效要件，就应当承认其具有法律效力。这并不是对无效或被撤销婚姻的肯定或承认，而是对公民民事权利的尊重和对民事法律行为的保护。在无效或被撤销婚姻当事人终止同居关系时，不存在依法分割夫妻共同财产的问题。如果双方有约定为共有的财产，或虽无约定但在实际生活中形成了某种财产共有关系，应按民法中有关共有关系终止的一般规定处理。《婚姻法司法解释一》中指出：被宣告无效或被撤销的婚姻，当事人同居期间所得的财产，按共同共有处理。但有证据证明为当事人一方所有的除外。②对重婚导致的婚姻无效的财产处理，不得侵害合法婚姻当事人的财产权益。人民法院审理重婚导致的无效婚姻案件时，涉及财产处理的，应当准许合法婚姻当事人作为有独立请求权的第三人参加诉讼。③无效或被撤销婚姻的当事人，相互之间没有法定的扶养义务。因而，也不适用《婚姻法》有关一方不履行扶养义务时，需要扶养的一方有要求对方给付扶养费的权利的规定。一方出于自愿扶养另一方，与履行法定的扶养义务在性质上是有着严格区别的。在无效或被撤销婚姻的当事人终止同居关系时，如因同居期间的生活费负担等问题发生争议，应根据具体情况妥善处理。一方对在同居期间已花去的费用，终止同居关系时要求另一方返回的，一般应不予支持。④无效或被撤销婚姻的当事人不能以配偶的身份互为第一顺序的法定继承人。在一方死亡后，另一方对其父或母，尽了主要赡养义务的，不适用《继承法》中关于丧偶儿媳对公、婆，丧偶女婿对岳父、岳母尽了主要赡养义务的，作为第一顺序法定继承人

的规定。无效或被撤销婚姻中的一方在遗嘱中以另一方为受遗赠人的，是遗嘱人依法对其财产的处分，应予以准许。在一定情况下，一方死亡时，另一方可以根据《继承法》第 14 条的规定，作为继承人以外依靠被继承人扶养的缺乏劳动能力又无生活来源的人，或者以对被继承人扶养较多为由，分得适当的遗产。但是，这同法定的配偶继承权有着严格的区别。

（2）对子女的法律后果

对婚姻无效或被撤销的宣告具有溯及既往的效力，无效婚姻或被撤销的婚姻是自始无效的。因此，在无效婚姻或被撤销的婚姻中受胎或出生的子女，应为非婚生子女。我国《婚姻法》规定，非婚生子女享有同婚生子女同等的权利，任何人不得加以危害和歧视。不直接抚养非婚生子女的生父或生母，应当负担子女的生活费和教育费，直至子女能独立生活为止。这里需要注意两个问题：①子女于无效婚姻或被撤销婚姻中受胎，但在出生时其父母已具有合法的配偶身份，该子女则应视同婚生子女。②无效婚姻或被撤销婚姻中受胎、出生的子女与父母间的权利和义务，不受其父母婚姻无效和被撤销的影响。生父母与生子女是自然血亲，《婚姻法》中有关父母子女关系的规定，同样适用于无效婚姻和被撤销婚姻中受胎、出生的子女。具体而言：第一，父母对该子女负有抚养教育、保护的权利和义务。第二，该子女成年后对父母负有赡养的义务。第三，父母与该子女之间有相互继承遗产的权利。

此外，在监护、代理、收养等涉及父母子女关系的事项中，父母子女间的权利和义务也不受父母婚姻无效和被撤销的影响。在无效婚姻或被撤销婚姻当事人终止同居关系时，有关子女的抚养归属、抚养费的负担等问题，应与婚生子女同等对待，按《婚姻法》的有关规定处理，这对保护违法婚姻中的子女权益是十分必要的。

8. 在兼采婚姻无效和婚姻可撤销的国家中，无效婚姻和可撤销婚姻的区别一般表现在以下几个方面：

（1）从违反婚姻成立要件的程度来看，无效婚姻和可撤销婚姻往往是有重轻之别的。某些要件的欠缺导致婚姻当然无效，这些欠缺被称为无效原因。另一些要件的欠缺并不导致婚姻当然无效，但可依有请求权人的请求，依法予以撤销，这些欠缺被称为可撤销的原因。一般说来，无效原因的违法性，比撤销原因的违法性更为严重。但是，何者为无效原因，何者为可撤销的原因，均依各国法律的规定，某一要件的欠缺，可能是这一国家婚姻无效的原因，却也可能是另一国家婚姻可撤销的原因，并没有统一的标准。

（2）从认定的程序和方式来看，有些国家法律规定，无效婚姻当然无效，只要具有无效的法定原因，无须提出诉讼或经法院的宣告，当事人自行主张即可使婚姻归于无效；可撤销的婚姻则须经当事人或其他有撤销权人的请求，依照诉讼程序，由法院以判决确定其撤销，撤销权因法定期间的经过而消灭，采用这种制度的有日本等国。但是，也有一些国家法律规定，无效婚姻亦须经裁判的宣告，否则不发生无效的效力，采用这种制度的有德国等。当然无效制和可撤销制在认定程序上的区别十分明显，宣告无效制和可撤销制在认定程序上则是很难区别的。

（3）从无效和撤销的时间效力来看，在一般情况下婚姻的无效都是溯及既往的，无效婚姻自始无效，从当事人结合时起即不具有婚姻的效力；婚姻的撤销则不溯及既往，只是从撤销之时起废止该婚姻的效力。但是，也有一些国家规定，无效婚只有部分的溯及力或者并无溯及力，前者以无效婚当事人的善意或恶意作为确定有无追溯力的标准，后者自法院宣告时起始发生无效的效力。

（4）从无效和撤销的法律后果来看，有些国家规定，于无效婚中受胎而出生的子女为非婚生子女；于婚姻被撤销前受胎，于被撤销后出生的子女亦为非婚生子女。也有一些国家为了保护子女的权益，规定婚姻无效并不影响该婚姻中所生子女的权利。另外，无效婚的当事人不适用有关夫妻财产制的规定；被撤销婚姻的当事人（以及并无追溯力的无效婚姻的当事人）有关财产的处理实际上适用离婚的规定。

第六章　婚姻的效力

知识逻辑图

- 婚姻的效力
  - 婚姻效力概说
    - 婚姻效力
      - 广义的婚姻效力与狭义的婚姻效力
      - 直接效力与间接效力
    - 夫妻在家庭中的地位
      - 历史变迁：夫妻一体主义→夫妻别体主义
      - 不同社会制度下的夫妻法律地位
        - 男尊女卑、夫权统治时期
        - 形式上渐趋平等的时期
        - 实质上渐趋平等的时期
      - 我国：夫妻在家庭中地位平等
  - 夫妻关系（人身方面）
    - 配偶身份权（我国《婚姻法》的规定）
      - 夫妻有各用自己姓名的权利
      - 夫妻双方都有参加生产、工作、学习和社会活动的自由
      - 夫妻双方有平等的婚姻住所决定权
      - 夫妻双方都有实行计划生育的义务
      - 夫妻之间有相互继承遗产的权利
      - 夫妻之间有相互扶养的权利和义务
    - 配偶身份权的立法完善
      - 同居的权利和义务
      - 忠实义务
      - 日常家事代理权
      - 生育权
  - 夫妻关系（财产方面）
    - 夫妻财产制的分类
      - 按发生根据不同
        - 法定夫妻财产制
        - 约定夫妻财产制
      - 按适用情况不同
        - 普通财产制
        - 非常财产制
          - 当然的非常财产制
          - 宣告的非常财产制
      - 按内容不同
        - 共同财产制
          - 一般共同制
          - 动产及所得共同制
          - 所得共同制
          - 劳动所得共同制
        - 分别财产制
        - 剩余共同财产制
        - 统一财产制
        - 联合财产制
      - 按涉及夫妻财产范围
        - 共同财产制
        - 特有财产制
    - 我国现行夫妻财产制
      - 法定财产制——婚后所得共同制，列举了个人特有财产范围
      - 约定财产制

名词解释

1. 夫妻一体主义
2. 夫妻别体主义
3. 配偶身份权
4. 夫妻间的忠实义务
5. 日常家事代理权
6. 配偶生育权
7. 法定夫妻财产制
8. 约定夫妻财产制
9. 共同财产制
10. 分别财产制
11. 剩余共同财产制
12. 统一财产制
13. 特有财产制

选择题

（一）单项选择题

1. 以下有关配偶身份权的说法错误的是（　　）。

A. 配偶人格权不属于配偶身份权的范围

B. 严格意义上的配偶身份权一般被称为夫妻人身关系

C. 抚养权、继承权是以配偶身份为前提而派生出的财产性权利

D. 配偶身份权是夫妻之间在配偶身份状态下相互享有和承担的权利义务的统称

2. 下列有关我国《婚姻法》上夫妻姓名权的规定，错误的是（　　）。

A.《婚姻法》对夫妻姓名权的规定尽管夫妻并提，但主要是为了保护已婚妇女的姓名权

B. 1980 年《婚姻法》首次规定夫妻双方都有使用自己姓名的权利

C. 夫妻双方自愿达成一致的协议，冠以夫姓，法律是允许的

D. 夫妻享有平等的姓名权对子女称姓的确定有重要意义

3. 下列有关计划生育的说法，错误的是（　　）。

A. 实行计划生育是夫妻的法定义务

B. 实行计划生育是夫妻双方的法定义务

C. 实行计划生育不是夫妻双方的法定权利

D. 计划生育与夫妻不生育的自由并不冲突

4. 下列有关我国法规定的夫妻相互继承遗产的权利，说法错误的是（　　）。

A. 婚姻关系的合法存在，是配偶继承权的先决条件

B. 配偶互为独立顺序的法定继承人，享有同等的继承权

C. 除了《继承法》所规定的丧失继承权的法定情形外，任何人均不得以任何借口剥夺、干涉或妨碍生存配偶对继承权的享有和行使

D. 配偶继承权不受婚姻存续时间长短的影响

5. 以下夫妻财产制的形式，不属于法定夫妻财产制的是（　　）。

A. 分别财产制　　B. 共同财产制

C. 管理共同制　　D. 约定夫妻财产制

6. 婚后除特有财产外，夫妻的全部财产或部分财产归双方共同所有的夫妻财产制是（　　）。

A. 共同财产制　　B. 分别财产制

C. 剩余共同财产制　　D. 统一财产制

7. 夫妻共同财产的性质为（　　）。

A. 按份共有

B. 共同共有

C. 以按份共有为主，共同共有为辅

D. 以共同共有为主，以按份共有为辅

（二）多项选择题

1. 一夫一妻的个体婚的结构功能为（　　）。

A. 性爱功能　　B. 生育功能

C. 扶助功能　　D. 维护社会稳定功能

2. 配偶人格权主要包括（　　）。

A. 继承权　　B. 姓名权

C. 人身自由权　　D. 生育权

3. 共同财产制主要包括（　　）。

A. 一般共同制

B. 动产及所得共同制

C. 所得共同制

D. 劳动所得共同制

4. 按照我国《婚姻法》的规定，以下哪些属于夫妻个人所有的财产（　　）。

A. 一方婚前财产，婚后没有约定

B. 父母为双方购置房屋出资的，未明确表示

赠与对象的

C. 军人的伤亡保险金、伤亡补助金

D. 一方因身体受到伤害获得的医疗费、残疾人生活补助费等费用

（三）不定项选择题

1. 甲乙夫妻的下列哪一项婚后增值或所得，属于夫妻共同财产？（　　）（司考）

A. 甲婚前承包果园，婚后果树上结的果实

B. 乙婚前购买的1套房屋升值了50万元

C. 甲用婚前的10万元婚后投资股市，得利5万元

D. 乙婚前收藏的玉石升值了10万元

2. 甲（男）、乙（女）结婚后，甲承诺，在子女出生后，将其婚前所有的一间门面房，变更登记为夫妻共同财产。后女儿丙出生，但甲不愿兑现承诺，导致夫妻感情破裂离婚，女儿丙随乙一起生活。后甲又与丁（女）结婚。未成年的丙因生重病住院急需医疗费20万元，甲与丁签订借款协议从夫妻共同财产中支取该20万元。下列哪一表述是错误的？（　　）（司考）

A. 甲与乙离婚时，乙无权请求将门面房作为夫妻共同财产分割

B. 甲与丁的协议应视为双方约定处分共同财产

C. 如甲、丁离婚，有关医疗费按借款协议约定处理

D. 如丁不同意甲支付医疗费，甲无权要求分割共有财产

3. 胡某与黄某长期保持同性恋关系，胡某创作同性恋题材的小说发表。后胡某迫于父母压力娶陈某为妻，结婚时陈某父母赠与一套房屋，登记在陈某和胡某名下。婚后，胡某收到出版社支付的小说版税10万元。此后，陈某得知胡某在婚前和婚后一直与黄某保持同性恋关系，非常痛苦。下列哪一说法是正确的？（　　）（司考）

A. 胡某隐瞒同性恋重大事实，导致陈某结婚的意思表示不真实，陈某可请求撤销该婚姻

B. 陈某受欺诈而登记结婚，导致陈某父母赠与房屋意思表示不真实，陈某父母可撤销赠与

C. 该房屋不属于夫妻共同财产

D. 10万元版税属于夫妻共同财产

4. 按照我国《婚姻法》的规定，以下哪些属于夫妻共同财产？（　　）

A. 遗嘱中没有确定只归夫或妻的财产

B. 一方以个人财产投资取得的收益

C. 男女双方取得的住房公积金

D. 实际取得的养老保险金、破产安置补偿费

简答题

1. 简述婚姻的效力。

2. 简述夫妻关系。

3. 简述夫妻在家庭中的法律地位的变迁。

4. 简述我国《婚姻法》对夫妻地位的规定。

5. 简述一夫一妻的个体婚结构的功能。

6. 简述配偶之间有哪些身份上的权利义务。

7. 简述我国《婚姻法》中“夫妻有各用自己姓名的权利”之规定的内容和意义。

8. 简述婚姻住所决定权及其含义。

9. 简述《婚姻法》规定“夫妻双方都有实行计划生育的义务”的基本精神。

10. 简述夫妻相互继承遗产的权利。

11. 简述夫妻财产制。

12. 简述夫妻共同财产制。

13. 简述夫妻共同财产制的分类。

14. 简述夫妻财产制与民事交易安全的关系。

材料分析题

（一）案例分析题

原告某甲与被告某乙于2008年4月登记结婚。2006年12月，某乙购买位于青岛市城阳区房屋一处，某乙支付首付款14万元并向银行贷款33万元，该房屋于2011年2月登记在某乙名下。2012年12月，某甲与某乙签订协议书载明“位于某公馆301室房屋产权由某甲和某乙共同共有”。某乙于2014年1月诉至法院，请求判令双方离婚，夫妻财产依法分割。法院一审认为，因涉案房屋系某乙婚前购买，且登记在被告名下，应视为被告婚前个人财产，对于双方签订的协议，应视为双方签订了房屋赠与合同，根据《婚姻法司法解释三》第6条及《合同法》第186条的规定，

某甲与某乙在签订协议书后，没有办理房地产权利转移登记手续，某乙享有撤销赠予的权利，对某甲要求享有涉案房屋 50%份额的主张，不予支持。判决位于青岛市城阳区房屋一处归被告所有，某乙支付某甲经济补偿款人民币 8 万元。某甲不服，以双方所签协议是将一方婚前财产约定为共有为由提起上诉。中级人民法院经审理认为，根据《婚姻法》第 19 条的规定，夫妻可以约定婚姻关系存续期间所得的财产以及婚前财产归各自所有、共同所有或部分各自所有、部分共同所有。夫妻对婚姻关系存续期间所得的财产以及婚前财产的约定，对双方具有约束力。对于被上诉人主张要求撤销赠与的理由，二审法院认为，相对于《物权法》及《合同法》，《婚姻法》对夫妻财产的规定属于特别规定，应当优先适用《婚姻法》的规定。本案中双方在婚姻关系存续期间对房产作出了约定，按照约定该房产应为双方的共同共有财产。考虑到该房产是由被上诉人婚前家人投入和借亲戚款项购买，对该房产来源贡献度大，应适当多分，由某乙给付某甲 1/3 的房屋折价款为宜。遂改判案涉房屋归某乙所有，某乙支付某甲折价款 19 万元。

请问，一审法院和二审法院的判决是否合理？请至少说明以下两个问题：

1.《婚姻法司法解释三》第 6 条“夫妻赠与”与《婚姻法》第 19 条“夫妻财产约定”的关系是什么？

2. 本案应适用“夫妻财产约定”还是“夫妻赠与”的规定？

（二）政策分析题

夫妻共同债务根据《婚姻法》第 41 条之规定，可定义为夫妻共同生活所负担的应由夫妻双方共同偿还的债务。然而，根据夫妻共同债务的对内和对外效力的不同，既有在审理离婚案件中引用《婚姻法司法解释二》第 24 条的规定进行认定的情况，也有在债权人起诉夫妻双方的民间借贷案件中引用《婚姻法》第 41 条的规定进行认定的情况。请根据您对《婚姻法》的理解，在夫妻一方行使追偿权和债权人起诉夫妻双方的案件中，在法律依据、举证责任、法律后果、夫妻一方能否追偿上有何区别？

法条分析题

《婚姻法》第十七条　夫妻在婚姻关系存续期间所得的下列财产，归夫妻共同所有：

（一）工资、奖金；

（二）生产、经营的收益；

（三）知识产权的收益；

（四）继承或赠与所得的财产，但本法第十八条第三项规定的除外；

（五）其他应当归共同所有的财产。

夫妻对共同所有的财产，有平等的处理权。

请问：

（1）该条中“知识产权的收益”指的是什么？

（2）该条中“其他应当归共同所有的财产”指的是什么？

论述题

1. 试述我国现行《婚姻法》上的配偶身份权。

2. 试述夫妻财产制的类型。

3. 试述如何理解我国现行的夫妻财产制。

参考答案

名词解释

1. 夫妻一体主义，又称夫妻同体主义，是夫妻在家庭中法律地位的一种立法主义，即夫妻因婚姻成立而合为一体，双方的人格互相吸收。实际上夫妻一体主义不过是夫权主义的别名，多为封建制社会国家所采用。

2. 夫妻别体主义，又称夫妻分体主义，是夫妻在家庭中法律地位的一种立法主义，即夫妻婚后仍然在人格上相互独立，夫妻双方虽受婚姻效力的约束，但仍各有行为能力和财产权利，可以各为民事行为。资产阶级国家立法多采夫妻别体主义。

3. 配偶身份权是夫妻之间相互享有和承担的权利义务的统称，一般被理解为夫妻人身关系，是夫妻之间互动对等的人身上的权利义务关系。

4. 夫妻间的忠实义务，是指夫妻在性生活上互守贞操，不发生婚外性行为；不恶意遗弃配偶，不为第三人牺牲、损害其配偶的利益。忠实义务通常是道德上的义务。

5. 日常家事代理权是指夫妻一方因日常事务在与第三人进行民事活动时，其所作的意思表示被视为夫妻的共同意思表示，另一方对该方所为的民事行为承担连带责任。这种代理基于配偶身份而生。

6. 配偶生育权就是夫妻二人分别拥有的选择是否生育、何时生育、生育子女数量和如何生育的权利。生育权的行使面临着个人利益、家庭利益、社会利益和国家利益的协调，同时配偶间行使生育权也常常发生冲突的情形。

7. 法定夫妻财产制，是指夫妻婚前或婚后均未就夫妻财产关系作出约定，或所作约定无效时，依法律规定而直接适用的夫妻财产制度。

8. 约定夫妻财产制，是指相对于法定财产制，指由婚姻当事人以约定的方式，选择决定夫妻财产制形式的法律制度。在与法定财产制并存时，约定夫妻财产制优先适用。

9. 共同财产制是夫妻财产制的一种，是指婚姻成立后，除特有财产外，夫妻的全部财产或部分财产归双方共同共有。

10. 分别财产制是夫妻财产制的一种，是指婚姻成立前、婚姻成立后，夫妻所得的财产均各自所有、各自独立管理、使用、收益和处分，但是分别财产制不排斥夫妻一方以合同形式将个人财产的管理权交付另一方行使，并且分别财产制也不排斥夫妻双方在一定范围内共有部分财产。

11. 剩余共同财产制是夫妻财产制的一种，是指夫妻对于自己的婚前财产及婚后所得财产，各自保留其所有权、管理权、使用收益权及有限制的处分权，夫妻财产制终止的时候，夫妻双方财产增值的部分为剩余财产，归夫妻双方分享。

12. 统一财产制是夫妻财产制的一种，是指婚姻成立后，除特有财产外，将妻子的婚前财产估算出一定价值，转归丈夫所有。妻子在婚姻关系终止时，对此部分财产原物保留返还请求权，或者对该部分价金享有返还请求权。

13. 特有财产制是夫妻财产制的一种，是在依法或依约定实行夫妻共同财产制的前提下，夫妻各自保留一定范围的个人财产。特有财产制是共同财产制的限制和补充。

选择题

（一）单项选择题

1. A。配偶身份权是夫妻之间相互享有和承担的权利义务的统称。配偶身份权一般包含三个层面：其一是基于对历史上家长权、夫权的否定，在夫妻之间进一步强化的配偶人格权，例如姓名权、人身自由权、生育权等。这类权利原本并不属于身份权的范畴，但是由于在夫权统治的社会里，女性的人格权遭到了严重的损害，因此近现代亲属法不得不将部分人格权的内容反映在配偶身份权中。其二是直接由婚姻共同体内在特性规定的配偶身份权，一般被称为严格意义上的配偶身份权，被理解为夫妻人身关系，内容主要是夫妻之间互动对等的人身上的权利义务关系。其三是以配偶身份为前提而派生出的财产性权利，如抚养权、继承权和财产共有权等，这一般被称为夫妻财产关系。

2. B。根据我国《婚姻法》的规定，姓名权是人格权的重要组成部分，是一项极为重要的人身权利。尽管姓名只是用来表示个人的特定符号，但是个体是否能拥有独立姓名是有无独立人格的重要标志。在封建社会，女子婚后加入夫宗，被冠以夫姓而丧失姓名权。在新中国成立后，冠夫姓被视为明显的封建残余，因此在 1950 年到 1980 年两部《婚姻法》中均规定：夫妻双方都有使用自己姓名的权利。在法律用语上虽然是夫妻共提，但是立法者的用意显然是保护已婚妇女的姓名权，体现男女平等，破除陋习。当然，规定夫妻双方都有使用自己姓名的权利，并不排斥夫妻就姓名问题另作约定，只要夫妻双方自愿达成一致的协议，无论是丈夫随妻子的姓还是妻子随丈夫的姓，抑或是夫妻各用自己的姓，法律都是允许的。同时夫妻有各用自己姓名的权利，在子女姓名的确定上有着重要的意义。我国《婚姻法》第 22 条规定，子女可以随父姓，可以随母姓。这条规定实际上是为了破除奴隶社会和封建社会子女从父姓的陋习。同时这也有利于破除以男性为中心的宗法制度的残余影响，更加体现了我国婚姻法男女平等的理念。因此，本题选 B。

3. C。计划生育既是基本国策，又是家庭的责任和夫妻的义务。现行《婚姻法》不仅在总则中规定了计划生育原则，而且在第 16 条中具体规定“夫妻双方都有实行计划生育的义务”。收养是对无子女家庭的补救手段，可以满足不育夫妻养育子女的合理要求。为保证收养与计划生育的一致性，《收养法》一方面在原则中规定“收养不得违背计划生育的法律、法规”，另一方面又在收养条件中具体要求“收养人只能收养一名子女”和“送养人不得以送养子女为理由违反计划生育的规定再生育子女”。这是计划生育作为婚姻家庭法基本原则的具体表现。2001 年 12 月 29 日通过并于 2015 年 12 月 27 日修正的《人口与计划生育法》，为推行计划生育提供了有效的法律保障，关于生育调节和其他相关问题，均应按该法的具体规定办理。

4. B。在理解和适用配偶继承权时，应注意：其一，夫妻之间享有配偶继承权的前提是婚姻关系的合法存在。只有在婚姻关系合法有效地缔结之后，在终止之前，配偶之间才互相享有继承遗产的权利。其二，配偶不仅是双方的法定继承人，还互为第一顺位继承人，享有同等的继承权。除了法定的丧失继承权的情形之外，任何人不得以任何借口剥夺、干涉或妨碍生存配偶的继承权的享有和行使。其三，配偶继承权不受婚姻存续时间长短的影响，也不受生存一方是否再婚的妨碍。因此本题选 B。

5. D。夫妻财产制又称婚姻财产制，是规定夫妻财产关系的法律制度。根据夫妻财产制的发生根据，可以将夫妻财产制分为法定夫妻财产制和约定夫妻财产制。法定夫妻财产制是指夫妻婚前或婚后均未就夫妻财产关系作出约定，或所作约定无效时，依法律规定而直接适用的夫妻财产制。目前各国采用的法定财产制主要有分别财产制、共同财产制、管理共同制、剩余共同财产制等形式。因此本题选 D。

6. A。按夫妻财产制的内容，可分为共同财产制、分别财产制、剩余共同财产制、管理财产制和统一财产制等。共同财产制，是指婚姻成立后，除特有财产外，夫妻的全部财产或部分财产归双方共同共有。分别财产制，是指婚姻成立前、婚姻成立后，夫妻所得的财产均各自所有、各自独立管理、使用、收益和处分，但是分别财产制不排斥夫妻一方以合同形式将个人财产的管理权交付另一方行使，并且分别财产制也不排斥夫妻双方在一定范围内共有部分财产。剩余共同财产制，是指夫妻对于自己的婚前财产及婚后所得财产，各自保留其所有权、管理权、使用收益权及有限制的处分权，夫妻财产制终止的时候，夫妻双方财产增值的部分为剩余财产，归夫妻双方分享。统一财产制，是指婚姻成立后，除特有财产外，将妻子的婚前财产估算出一定价值，转归丈夫所有。妻子在婚姻关系终止时，对此部分财产原物保留返还请求权，或者对该部分价金享有返还请求权。因此本题选 A。

7. B。夫妻共同财产制，它指婚后除了特有财产外，夫妻的全部财产或部分财产归双方共同所有。依共有的范围不同，又分为一般共同制、动产及所得共同制、所得共同制、劳动所得共同制等形式。夫妻共同所有是一种共同共有关系，即夫妻双方作为共有人对全部夫妻共有财产不区分份额的享有所有权，因此本题选 B。

（二）多项选择题

1. ABC。一夫一妻制的个体婚结构在功能上集中于三个方面：（1）性爱功能。一夫一妻制将人们的性生活限制在婚姻的范围内，既有利于性需要的普遍满足，也可以避免由于人们对性需要的原始冲动而可能引发的社会冲突和混乱，有利于个体利益与社会利益的兼顾。（2）生育功能。生育能延续个体的血缘关系，实现人类自身再生产，是婚姻制度的重要社会功能，实际上这是人们建立婚姻的目的之一，也是人类社会因繁衍所需而富于婚姻的使命，更是人类社会存在和发展的基本条件。自个体婚制以来，婚姻一直是生育的合法常态途径，尽管从客观上无法阻止非婚生育，然而其在社会规范上普遍遭到否定。（3）扶助功能。在社会发展的一定阶段，目前公共福利尚难完备充足，扶助责任不能完全由社会承担，有必要进行必要的分流。具体来说，一夫一妻制即要求夫妻在经济上、物质上相互供养，生活上互相照顾，精神上互相关心抚慰。扶助功能是婚姻生育功能的有效保障。

2. BCD。配偶人格权是配偶身份权的一部分，主要包括姓名权、人身自由权、生育权等。这类权利原本并不属于身份权的范畴，但是由于在夫权统治的社会里，女性的人格权遭到了严重的损害，因此近现代亲属法不得不将部分人格权的内容反映在配偶身份权中。因此本题答案选BCD。

3. ABCD。夫妻共同财产制是夫妻财产制的一种。夫妻共同财产制，它指婚后除了特有财产外，夫妻的全部财产或部分财产归双方共同所有，依共有的范围不同，又分为一般共同制、动产及所得共同制、所得共同制、劳动所得共同制等形式。(1) 一般共同制，是指夫妻婚前、婚后的一切财产（包括动产和不动产）均为夫妻共有的财产制。(2) 动产及所得共同制，是指夫妻婚前的动产及婚后所得的财产为夫妻共有的财产制。(3) 所得共同制，是指夫妻在婚姻关系存续期所得的财产为夫妻共有的财产制。(4) 劳动所得共同制，是指夫妻婚后的劳动所得为夫妻共有，非劳动所得的财产如继承、受赠所得等，则归各自所有的财产制。

4. ABCD。我国《婚姻法》第18条规定："有下列情形之一的，为夫妻一方的财产：（一）一方的婚前财产；（二）一方因身体受到伤害获得的医疗费、残疾人生活补助费等费用；（三）遗嘱或赠与合同中确定只归夫或妻一方的财产；（四）一方专用的生活用品；（五）其他应当归一方的财产。"根据《婚姻法司法解释二》第13条的规定，军人的伤亡保险金、伤残补助金、医药生活补助费属于个人财产。因此本题选ABCD。

（三）不定项选择题

1. C。《婚姻法司法解释三》第5条规定，夫妻一方个人财产在婚后产生的收益，除孳息和自然增值外，应认定为夫妻共同财产。选项A中"果树上结的果实"属于孳息；选项B中与选项D中的"升值"都属于自然增值，都不能认定为夫妻共同财产。选项C正确。甲用婚前的10万元婚后投资股市，得利5万元，是婚后投资所得，属于夫妻共同财产。但是可以发现A选项表述并不准确，若果树上的果实并没有与果树分离，则此时果实并不是孳息。

2. D。选项A说法正确。《婚姻法》第18条规定，有下列情形之一的，为夫妻一方的财产：(1) 一方的婚前财产；(2) 一方因身体受到伤害获得的医疗费、残疾人生活补助费等费用；(3) 遗嘱或赠与合同中确定只归夫或妻一方的财产；(4) 一方专用的生活用品；(5) 其他应当归一方的财产。本题中，由于甲、乙在婚姻存续期间未按照约定将门面房的产权变更为夫妻共同财产，所以其仍属于甲的婚前个人财产。因此，在离婚时乙无权请求将门面房作为夫妻共同财产进行分割。选项B、C说法正确。《婚姻法司法解释三》第16条规定，夫妻之间订立借款协议，以夫妻共同财产出借给一方从事个人经营活动或用于其他个人事务的，应视为双方约定处分夫妻共同财产的行为，离婚时可按照借款协议的约定处理。据此可知，甲与丁的协议应视为双方约定处分共同财产，如甲、丁离婚，有关医疗费按借款协议约定处理。选项D说法错误。《婚姻法司法解释三》第4条规定，婚姻关系存续期间，夫妻一方请求分割共同财产的，人民法院不予支持，但有下列重大理由且不损害债权人利益的除外：(1) 一方有隐藏、转移、变卖、毁损、挥霍夫妻共同财产或者伪造夫妻共同债务等严重损害夫妻共同财产利益行为的；(2) 一方负有法定扶养义务的人患重大疾病需要医治，另一方不同意支付相关医疗费用的。据此可知，若丁不同意甲支付医疗费，甲可以要求分割共有财产。

3. D。我国《婚姻法》规定的可撤销婚姻的原因只有被胁迫。《婚姻法司法解释一》第10条规定，《婚姻法》第11条所称的"胁迫"，是指行为人以给另一方当事人或者其近亲属的生命、身体健康、名誉、财产等方面造成损害为要挟，迫使另一方当事人违背真实意愿结婚的情况。因受胁迫而请求撤销婚姻的，只能是受胁迫一方的婚姻关系当事人本人。因此，A选项错误。就房屋赠与而言，该行为不能被撤销。受赠人欠缺欺诈故意，赠与人作出赠与意思表示的原因是"建立合法婚姻关系"，而不是"胡某系异性恋"，因而是否成立重大误解仍值得怀疑，并且由于该赠与房屋已经转移登记，同时，该赠与房屋合同不属于具有救灾、扶贫等社会公益、道德义务性质的赠与合同或者经过公证的赠与合同，因此该合同不能被撤销。B选项错误。根据《婚姻法》第18条第3款的规定，遗嘱或赠与合同中确定只归夫或妻一方的财产，归夫妻一方所有，并且该房屋登记在双方名下，因此，该房屋是夫妻共同财产。最后，根据《婚姻法》第17条第3项，"夫妻在婚姻关系存续期间所得的下列财产，归夫妻共同所有：……（三）知识产权的收益”。《婚姻法司法解释二》第12条规定：“婚姻法第十七条第三项规定的知识产权的收益，是指婚姻关系存续期间，实际取得或者已经明确可以取得的财产性收益。”题干信息为“婚后，胡某收到出版社支付的小说版税10万元”，故D选项正确，当选。

4. ABCD。根据我国《婚姻法》第17条的规定，夫妻在婚姻关系存续期间所得的下列财产，归夫妻共同所有：（1）工资、奖金；（2）生产、经营的收益；（3）知识产权的收益；（4）继承或赠与所得的财产，但本法第18条第3项规定的除外；（5）其他应当归共同所有的财产。夫妻对共同所有的财产，有平等的处理权。根据《婚姻法司法解释三》的规定，夫妻一方个人财产在婚后产生的收益，除孳息和自然增值外，应认定为夫妻共同财产。

简答题

1. 婚姻的效力是指男女因结婚而产生的法律后果。它随婚姻关系的确立而发生，并随婚姻关系的消灭而终止。

婚姻的效力，有广义和狭义之分。广义的婚姻效力，指婚姻的成立在婚姻家庭法及其他相关法律中产生的法律后果。例如，民法、刑法、民事诉讼法、刑事诉讼法、劳动法、国籍法等都有关于婚姻效力的规定。狭义的婚姻效力，仅指婚姻在婚姻家庭法上的效力。其又可分为婚姻的直接效力和间接效力。直接效力指因婚姻而产生的夫妻间的权利义务关系；间接效力指因婚姻引起的其他亲属间的权利义务关系。本章阐述的婚姻效力，专指婚姻的直接效力，即夫妻间的权利义务。

婚姻的直接效力，从性质上可分为两个方面：一是婚姻在身份法上的效力，二是婚姻在财产法上的效力。从国外立法看，前者包括姓名权、同居义务、忠实义务、婚姻住所决定权及日常家事代理权等；后者主要指夫妻财产制，包括夫妻财产的归属、管理和使用、收益及处分等权利和债务的清偿，以及约定夫妻财产制的设立、变更和废止等法律规定。

2. 夫妻关系即夫妻法律关系，它是夫妻之间的权利和义务的总和。夫妻关系的内容包括人身关系和财产关系。人身关系指与夫妻的身份相联系而不具有经济内容的权利义务关系。财产关系指夫妻间具有经济内容的权利义务关系。夫妻人身关系决定夫妻财产关系，夫妻财产关系从属于夫妻人身关系。

3. 在传统的亲属法学中，常用立法主义的不同来说明夫妻在家庭中法律地位的变迁，认为夫妻关系立法可分为两大类型：一种是夫妻一体主义，又称夫妻同体主义，即夫妻因婚姻成立而合为一体，双方的人格互相吸收。从表面看，夫妻的地位是平等的，实际上，只是妻的人格被夫所吸收，妻处于夫权的支配之下。故夫妻一体主义不过是夫权主义的别名。此立法主义主要为古代和中世纪的亲属法所采用。我国古代也采此说。如古籍中有“夫妇，一体也”等说。“夫者妻之天”“夫为妻纲”等是夫妻关系中至高无上的原则，被中国古代的礼教奉为天经地义。另一种是夫妻别体主义，或称夫妻分体主义，即夫妻婚后仍各是独立的主体，各有独立的人格。夫妻双方虽受婚姻效力的约束，仍各有法律行为能力和财产权利。资产阶级国家的亲属法多采夫妻别体主义。但资产阶级国家早期的立法中，仍保留有一定的封建残余。随着社会的发展，许多资本主义国家对有关夫妻地位的法律作了修改，使夫妻双方的法律地位在形式上逐渐趋于平等。

4. 《婚姻法》第13条规定：“夫妻在家庭中地位平等。”这是男女平等原则的具体体现，是对夫妻法律地位的原则性规定。我国《婚姻法》对夫妻关系的其他具体规定，都体现了这一原则的精神。夫妻是家庭的基本成员，只有在家庭地位平等的基础之上，才能平等地行使权利，平等地履行义务。实现夫妻在家庭中的地位平等，有利于消除夫权统治和家长专制等封建残余影响，建立和发展社会主义制度下新型的夫妻关系。根据我国《婚姻法》的规定，夫妻在人身关系和财产关系两个方面的权利和义务都是一律平等的。法律不允许夫妻任何一方只享受权利而不尽义务，或者只尽义务而不享受权利。

夫妻在家庭中地位平等，既是确定夫妻间权利和义务的原则，也是处理夫妻间权利和义务纠纷的基本依据。对于夫妻间的权利和义务纠纷，

《婚姻法》有具体规定的，应按具体规定处理；无具体规定的，则应按夫妻在家庭中地位平等原则的精神予以处理。

5. 一夫一妻制是群婚结构、偶婚结构后的个体婚结构的历史变种，是迄今为止协调个体利益与社会利益的最佳婚姻结构。一夫一妻制的个体婚结构在功能上集中于三个方面：

（1）性爱功能。在婚姻关系成立后，性爱就成为维系男女双方之间的重要纽带。一夫一妻的婚姻是对这种性爱的确认和保障，性爱也成为婚姻生活的重要内容。婚姻是满足夫妻性需求的场所，婚姻也成为限制男女性行为的单位。一夫一妻制的婚姻结构既有确认、维护性爱的保障功能，又带有限制、排斥婚姻之外的性爱的防护功能。

（2）生育功能。缔结婚姻的目的除性爱外，还有性爱行为的成果，即生育。生育延续个体的血缘关系，实现人类自身再生产，是婚姻制度的重要社会功能，实际上这是人们建立婚姻的目的之一，也是人类社会因繁衍所需而富于婚姻的使命，更是人类社会存在和发展的基本条件。自个体婚制以来，婚姻一直是生育的合法常态途径，尽管从客观上无法阻止非婚生育，然而其在社会规范上普遍遭到否定。

（3）扶助功能。在社会发展的一定阶段，目前公共福利尚难完备充足，扶助责任不能完全由社会承担，有必要进行必要的分流。一夫一妻的婚姻结构是一男一女长久共同生活的实体，夫妻之间相互扶助的责任和义务既是道德和法律层面的要求，也是维护婚姻结构稳定的必然。具体来说，一夫一妻制即要求夫妻在经济上、物质上相互供养、生活上互相照顾、精神上互相关心抚慰。扶助功能是婚姻生育功能的有效保障。

6. 配偶身份权是夫妻之间在配偶身份状态下相互享有和承担的权利义务的统称。就其法律属性分析，配偶身份权一般包含三个层面：一是基于对历史上家长权、夫权的否定，在夫妻之间进一步强化的配偶人格权，如姓名权、人身自由权、生育权等。该类权利本不属于身份权范畴，但在人类历史上，曾经普遍存在且仍有现实表现的男性中心文化氛围及其制度构造，使婚姻成了扼杀女性人格权的牢笼，所以，近现代亲属法不得不将部分人格权内容反映在配偶身份权中。二是直接由婚姻这一共同体内在特性规定的配偶身份权，是夫妻之间互动对等的人身上的权利义务关系，构成严格意义上的配偶身份权，一般被称为夫妻人身关系。三是以配偶身份为前提而派生出的财产性权利，如扶养权、继承权、财产共有权等，一般被称为夫妻财产关系。

7. 我国《婚姻法》中“夫妻有各用自己姓名的权利”之规定的内容是，夫妻双方都有使用自己姓名的权利。当然，此规定并不妨碍夫妻就姓名问题另作约定。只要夫妻双方自愿达成一致的协议，无论是夫妻别姓（各用自己的姓）、夫妻同姓（妻随夫姓或夫随妻姓），或相互冠姓，法律都是允许的。

这里虽然是夫妻并提，但其针对性主要是保护已婚妇女的姓名权，体现了男女平等原则，有利于破除旧的称姓习俗。姓名权是人格权的重要组成部分，是一项重要的人身权利。姓名，是姓与名的合称。姓名虽然只是用来表示个人的特定符号，但有无姓名权却是有无独立人格的重要标志。

夫妻享有平等的姓名权对子女称姓的确定有重要意义。我国《婚姻法》第 22 条规定：“子女可以随父姓，可以随母姓。”这是法律上就未成年子女的命名权所作的规定，意在未成年子女的姓，应当由父母双方协商确定。在我国奴隶社会和封建社会，子女从来都是从父姓，这是宗法制度对称姓问题的必然要求。我国《婚姻法》对子女称姓的规定，体现了夫妻法律地位平等的精神，有利于改变子女只能从父姓的旧传统，有利于破除以男系为中心的宗法制度的残余影响。修正后的《婚姻法》删除原《婚姻法》中的“也”字，使这一法律精神表现得更充分、更彻底。

8. 婚姻住所决定权，是指选择、决定夫妻婚后共同生活住所的权利。对于夫妻婚后的住所由谁决定，古今中外立法有所不同。在奴隶社会和封建社会，夫妻关系是男尊女卑，夫为妻纲，妻从属于夫。婚姻住所的决定权亦专属于夫，普遍实行“妻从夫居”的婚居方式。

我国修正后的《婚姻法》删除了原《婚姻法》第 8 条中的“也”字，在第 9 条规定：“登记结婚后，根据男女双方约定，女方可以成为男方家庭的成员，男方可以成为女方家庭的成员。”这一规定表明，在我国的婚姻家庭中夫妻平等地享有婚姻住所决定权。其立法精神是提倡男方成为女方家庭成员，是对我国传统的“妇从夫居”婚姻居住方式的一项重要改革。

这一规定的含义有二：一是登记结婚后，夫妻双方平等地享有婚姻住所决定权。对于婚后夫妻共同生活的住所的选择，应由夫妻双方自愿约定。一方不得对另一方强迫，第三人也不得干涉。二是夫妻双方享有互为对方家庭成员的约定权。登记结婚后，根据男女双方约定，女方可以成为男方家庭的成员，即“女到男家落户”，妻从夫居；男方可以成为女方家庭的成员，即“男到女家落户”，夫从妻居。对于结婚时的约定，婚后也可以通过协商加以变更。当然夫妻婚后也可另组新家庭，不加入任何一方原来的家庭，即从新居。

9. 计划生育是我国的一项基本国策，也是婚姻家庭功能的一项重要内容。婚姻家庭担负人口再生产的重要任务，因此，我国《婚姻法》既通过调整婚姻家庭关系而间接作用于生育关系，也直接调整生育关系。《婚姻法》第 16 条规定：“夫妻双方都有实行计划生育的义务。”其基本精神有三：

（1）实行计划生育是夫妻的法定义务

实行计划生育是夫妻的法定义务，必须严格履行。育龄夫妻应当按照国家有关计划生育的政策和法律规定生育子女，不得计划外生育。如果夫妻的生育行为违反计划生育法律、法规，应承担法律责任。

（2）实行计划生育是夫妻双方的法定义务

实行计划生育是夫妻双方的职责，夫妻双方应自觉承担此法定义务。夫妻任何一方都不得拒绝履行该项义务，更不得将计划生育仅视为女方的义务。

（3）实行计划生育也是夫妻双方的法定权利

实行计划生育是夫妻双方的法定义务，也是一项法定权利。夫妻享有依有关计划生育规定生育子女的权利，并受国家法律的保护，任何人不得侵犯。同时，夫妻也有不生育的自由，任何人不得强迫或干涉。育龄夫妻双方按照国家有关规定实行计划生育，计划生育工作部门应当提供安全、有效的避孕药具和技术，保障采取节育措施、实施节育手术的夫妻的健康和安全。

10. 以夫妻身份关系即婚姻的存续为前提，确认配偶互为法定继承人，相互享有遗产继承权，是现代继承法和亲属法的通例。我国《婚姻法》第 24 条第 1 款明确规定：“夫妻有相互继承遗产的权利。”

（1）婚姻关系的合法存在，亦即夫妻身份的现实存续，是配偶继承权的先决条件，也是法律确认配偶继承权的依据。换言之，只有在婚姻关系依法有效缔结之后，合法有效终止之前，配偶一方死亡，另一方才享有继承权。因此，配偶继承权是一种身份财产权，带有身份和财产双重属性。

（2）配偶互为第一顺序继承人，享有同等的继承权。除了《继承法》所规定的丧失继承权的情形之外，任何人均不得以任何借口剥夺、干涉或妨碍生存配偶对继承权的享有和行使。

（3）配偶继承权与夫妻共同财产的分割不能相混淆。我国以夫妻共同财产制为法定财产制，除夫妻之间存在合法有效的约定及法定个人特有财产之外，凡婚姻关系存续期间所得财产均为共同财产，因而当配偶一方死亡，其现有财产状态多为夫妻生前共有，并非全部是个人遗产。为此，必须进行夫妻共有财产的认定和分割，保障生存一方的共有财产权，同时确定死者个人遗产的价值和范围，认定和保护生存配偶及其他同一顺序继承人的继承权。

（4）配偶继承权不受婚姻存续时间长短的影响，也不受生存一方是否再婚的妨碍。在实践中一定要注意防范和杜绝干涉“寡妇带产再嫁”或干涉“上门女婿带产再婚”等侵犯配偶继承权的现象。

11. 夫妻财产制又称婚姻财产制，是指规定夫妻财产关系的法律制度。其内容包括各种夫妻财产制的设立、变更与废止，夫妻婚前财产和婚后所得财产的归属、管理、使用、收益、处分，以及家庭生活费用的负担，夫妻的对外财产责任，婚姻终止时夫妻财产的清算和分割等问题。男女因结婚产生夫妻人身关系，并随之产生夫妻财产关系。法律为确保夫妻地位平等和婚姻生活的圆满，保障夫妻双方的财产权益和社会交易安全，维护社会秩序，设立夫妻财产制以调整夫妻财产关系。

夫妻财产制的种类具有一定的地域性和时代性。在古代，各国立法对夫妻财产基于夫妻一体主义的要求，多采“吸收财产制”，妻的财产因结婚而为夫家或夫所有，否认妻有独立的财产权。到近代、现代，夫妻财产制随社会的发展而变化，出现了多种形式。

12. 夫妻共同财产制是夫妻财产制的一种。夫妻财产制又称婚姻财产制，是指规定夫妻财产关系的法律制度。其内容包括夫妻财产制的设立、变更与废止，夫妻婚前财产和婚后所得财产的权利归属，及管理、使用、收益和处分以及家庭生活费用如何负担，夫妻的对外财产责任，婚姻终止时夫妻财产的清算和分割等问题。男女因结婚产生夫妻人身关系，并随之产生夫妻财产关系。法律为确保夫妻地位平等和婚姻生活的圆满，保障夫妻双方的财产权益和社会交易安全，维护社会秩序，设立夫妻财产制以调整夫妻财产关系。

13. 夫妻共同财产制指婚后除特有财产外，夫妻的全部财产或部分财产归双方共同所有。依共有的范围不同，又分为一般共同制、动产及所得共同制、所得共同制、劳动所得共同制等形式。

（1）一般共同制，是指夫妻婚前、婚后的一切财产（包括动产和不动产）均为夫妻共有的财产制。

（2）动产及所得共同制，是指夫妻婚前的动产及婚后所得的财产为夫妻共有的财产制。

（3）所得共同制，是指夫妻在婚姻关系存续期间所得的财产为夫妻共有的财产制。

（4）劳动所得共同制，是指夫妻婚后的劳动所得为夫妻共有，非劳动所得的财产如继承、受赠所得等，则归各自所有的财产制。

14. 民事交易安全是夫妻财产制立法的原则之一，夫妻财产制与民事交易关系密切。实行何种夫妻财产制，影响着夫妻共有财产的范围、夫妻如何行使日常家事代理权，同时也影响着与夫妻一方进行交易的第三人的交易安全。

男女因结婚产生夫妻人身关系，并随之产生夫妻财产关系。法律为确保夫妻地位平等和婚姻生活的圆满，保障夫妻双方的财产权益和社会交易安全，维护社会秩序，设立夫妻财产制以调整夫妻财产关系。在当今世界，促进夫妻平等，维护婚姻共同生活之圆满，保护第三人的利益及交易安全，已成为夫妻财产法的立法原则和目的。

材料分析题

（一）案例分析题

1.《婚姻法司法解释三》第 6 条所规定的“夫妻赠与”在具体适用上须依据《合同法》和《物权法》关于物权转移的法律规定。若适用“夫妻赠与”规定，则不动产赠与未经公证或未履行物权变动手续的，赠与人可以行使任意撤销权。

但若根据《婚姻法》第 19 条“夫妻财产约定”的规定，其效力规则具有特殊性，约定一经生效，即在夫妻之间产生财产权利的变动。夫妻财产约定以财产协议的形式呈现，但毕竟基于夫妻身份而发生和变更，具有人身附随属性，不能简单以一般财产契约的等价有偿原则来衡量和规范，与一般财产合同所产生的债的效力不同。有观点认为，在调整夫妻财产关系领域，物权法、合同法应当保持谦抑性，对婚姻法的适用空间和规制功能予以尊重。这一观点可以我国现行房产登记办法及房产税收政策中免征夫妻房产变动的契税来证明。免征夫妻房产变动的契税的主要理由是“婚姻关系存续期间夫妻双方自愿变更房屋、土地权属，一般不涉及资金或其他权益的往来，不能简单视同于买卖、交换或者赠与行为。”这一解释明确将夫妻之间的房产约定变更与普通民事主体之间的赠与行为区分开来。

2. 本案不宜适用《婚姻法司法解释三》第 6 条的规定，本案原告与被告婚姻存续期间 6 年，育有一女，婚后双方共同偿还房屋贷款，说明某甲并非企图通过婚姻获取房产。不能依据《婚姻法司法解释三》第 6 条的规定，因房产没有办理转移登记手续，某乙享有撤销赠与的权利。同时，协议内容并非将房产完全赠与另一方，而是约定为双方共同共有。该房产也是某甲与某乙的婚后居所，因此更倾向于认可不宜适用《婚姻法司法解释三》第 6 条的规定。

（二）政策分析题

夫妻共同债务在债权人起诉夫妻双方的民间借贷和夫妻一方起诉追偿的案件中，在适用法律依据、举证责任、法律后果和能否追偿上有以下几处不同：

1. 适用的法律依据不同。在夫妻共同债务对外效力的认定上，在债权人起诉夫妻双方的民间借贷等案件中，应依据《婚姻法司法解释二》第23条、第24条、第25条、第26条的规定界定某一债务对外是否属于夫妻共同债务、能否由夫妻双方承担连带清偿责任。而在离婚、夫妻一方行使追偿权等案件中，认定是否属于夫妻共同债务应适用《婚姻法》第19条、第41条的规定。

2. 举证责任不同。在债权人起诉夫妻双方的民间借贷时，只要证明夫妻一方负有债务，且债务发生时间为夫妻关系存续期间，即可推定该债务为夫妻共同债务（非法债务除外），应由夫妻双方共同偿还，除非夫妻一方能够举证证明与债权人明确约定为个人债务或者属于《婚姻法》第19条第3款规定的情形。在夫妻一方起诉追偿的案件时，采用的是实质标准，对于夫妻一方举证证明一方对外所负担的债务，应先推定为夫妻一方的个人债务，举债一方应承担举证责任证明举债是为了夫妻共同生活，举证不能的则该债务由举债一方个人承担。

3. 法律后果不同。在债权人起诉夫妻双方的民间借贷案件中，即使判决确认某一债务为夫妻共同债务，夫妻双方对债权人承担连带清偿责任，该判决仍只有相对效力，只是对于债权人而言视为夫妻共同债务，该笔债务在对内效力的认定上还是需要按照实质标准进行再审查。而针对对内效力作出判决确认属于夫妻共同债务的，可以直接认定该债务在对外效力上亦为夫妻共同债务，夫妻双方就该债务应对债权人负担连带清偿责任。据此，在婚姻关系存续期间，夫妻一方无论是否以个人名义对外举债，原则上应认定为夫妻共同债务。该原则存在两种例外情形：一是夫妻一方与债权人明确约定该债务为个人债务；二是夫妻双方约定婚姻关系存续期间采用分别财产制，债权人知道该约定并与夫妻一方形成债权债务关系的债务。在例外情形中，夫妻一方与债权人之间形成的债务为个人债务，只能以自己所有的财产进行清偿，债权人也无权请求夫妻另一方进行清偿。同时，为了维护健康诚信的经济社会秩序，2017年2月，最高人民法院对《婚姻法司法解释二》第24条增加两款内容，就夫妻一方与第三人串通虚构债务、夫妻一方非法债务的裁判尺度作出调整，人民法院对前述相关债务的主张不予支持。

4. 夫妻一方能否追偿不同。在债权人起诉夫妻双方的民间借贷案件中，非举债一方依据生效法律文书所承担的责任并未终局责任，其承担责任后，可依照《婚姻法司法解释二》第25条之规定行使追偿权，当然，如果该笔债务在离婚协议或者法院的法律文书中未涉及的，夫妻一方承担责任后仍可根据连带责任的一般原理向举债一方行使追偿权，如举债一方不能举证证明该债务系为夫妻共同生活的，则应向另一方承担清偿责任。而夫妻一方起诉追偿的案件中，夫妻一方依据生效法律文书所确定的责任份额承担责任后，不存在向另一方追偿的问题。

法条分析题

（1）根据《婚姻法司法解释二》第12条，该条所指“知识产权的收益”是指婚姻法第17条第3项规定的“知识产权的收益”，是指婚姻关系存续期间，实际取得或者已经明确可以取得的财产性收益。

（2）根据《婚姻法司法解释二》第11条的规定，婚姻关系存续期间，下列财产属于《婚姻法》第17条规定的“其他应当归共同所有的财产”：①一方以个人财产投资取得的收益；②男女双方实际取得或者应当取得的住房补贴、住房公积金；③男女双方实际取得或者应当取得的养老保险金、破产安置补偿费。

论述题

1. 根据我国《婚姻法》的规定，配偶身份权的内容有以下几个方面：

（1）夫妻有各用自己姓名的权利

姓名权是人格权的重要组成部分，是一项重要的人身权利。姓名，是姓与名的合称。姓名虽然只是用来表示个人的特定符号，但有无姓名权却是有无独立人格的重要标志。在我国封建社会，婚姻多实行男娶女嫁，女子婚后即加入夫宗，冠以夫姓而丧失姓名权（赘夫则冠以妻姓）。新中国成立后，1950年和1980年两部《婚姻法》均规定：夫妻双方都有使用自己姓名的权利。这里虽然是夫妻并提，但其针对性主要是保护已婚妇女的姓名权，体现了男女平等原则，有利于破除旧的称姓习俗。当然，此规定并不妨碍夫妻就姓名问题另作约定。只要夫妻双方自愿达成一致的协议，无论是夫妻别姓（各用自己的姓）、夫妻同姓（妻随夫姓或夫随妻姓），或相互冠姓，法律都是允许的。

夫妻享有平等的姓名权对子女称姓的确定有重要意义。我国《婚姻法》第22条规定："子女可以随父姓，可以随母姓。"这是法律上就未成年子女的命名权所作的规定，意在未成年子女的姓，应当由父母双方协商确定。在我国奴隶社会和封建社会，子女从来都是从父姓，这是宗法制度对称姓问题的必然要求。我国《婚姻法》对子女称姓的规定，体现了夫妻法律地位平等的精神，有利于改变子女只能从父姓的旧传统，有利于破除以男系为中心的宗法制度的残余影响。修正后的《婚姻法》删除原《婚姻法》中的"也"字，使这一法律精神表现得更充分、更彻底。

（2）夫妻双方都有参加生产、工作、学习和社会活动的自由

夫妻有人身自由权是双方家庭地位平等的重要标志。在旧中国，妇女受"男女有别""男外女内""三从四德"等封建礼教的束缚，只能从事家务，伺候丈夫和公婆，没有参加工作和社会活动的权利，人身自由受到各种限制，成为家庭"奴隶"。这不仅摧残了妇女本身，也阻碍了社会的经济发展和文明进步。

修正后的《婚姻法》第15条规定了"夫妻双方都有参加生产、工作、学习和社会活动的自由，一方不得对他方加以限制或干涉"。这些规定，既是夫妻地位平等的标志，又为夫妻平等地行使权利和承担义务提供了法律保障。从形式上看，夫妻人身自由权适用于夫妻双方。但就其针对性而言，主要是为了保障已婚妇女享有参加生产、工作、学习和社会活动的自由权利，禁止丈夫限制或干涉妻子的人身自由。

夫妻双方都必须正当行使上述人身自由权，不得滥用权利损害对方和家庭的利益。任何一方在行使该项权利时，都必须同时履行法律规定的自己对婚姻家庭承担的义务。如果夫妻任何一方不当行使该项权利，对方有权提出意见，进行必要的劝阻。

（3）夫妻双方有平等的婚姻住所决定权

婚姻住所决定权，是指选择、决定夫妻婚后共同生活住所的权利。对于夫妻婚后的住所由谁决定，古今中外立法有所不同。在奴隶社会和封建社会，夫妻关系是男尊女卑，夫为妻纲，妻从属于夫。婚姻住所的决定权亦专属于夫，普遍实行"妻从夫居"的婚居方式。我国修正后的《婚姻法》第9条规定："登记结婚后，根据男女双方约定，女方可以成为男方家庭的成员，男方可以成为女方家庭的成员。"这一规定表明，在我国的婚姻家庭中夫妻平等地享有婚姻住所决定权。其立法精神是提倡男方成为女方家庭成员，是对我国传统的"妇从夫居"婚姻居住方式的一项重要改革。

这一规定的含义有二：一是登记结婚后，夫妻双方平等地享有婚姻住所决定权。对于婚后夫妻共同生活的住所的选择，应由夫妻双方自愿约定。一方不得对另一方强迫，第三人也不得干涉。二是夫妻双方享有互为对方家庭成员的约定权。登记结婚后，根据男女双方约定，女方可以成为男方家庭的成员，即"女到男家落户"，妻从夫居；男方可以成为女方家庭的成员，即"男到女家落户"，夫从妻居。对于结婚时的约定，婚后也可以通过协商加以变更。当然夫妻婚后也可另组新家庭，不加入任何一方原来的家庭，即从新居。

（4）夫妻双方都有实行计划生育的义务

计划生育是我国的一项基本国策，也是婚姻家庭功能的一项重要内容。婚姻家庭担负人口再生产的重要任务，因此，我国《婚姻法》既通过调整婚姻家庭关系而间接作用于生育关系，也直接调整生育关系。《婚姻法》第16条规定："夫妻双方都有实行计划生育的义务。"育龄夫妇应根据国家的计划生育政策，结合考虑对家庭未来的子女以及社会应负的责任，作出是否生育和何时生育的选择。为了实行计划生育，必须破除重男轻女和只有男子才能传宗接代的旧的传统观念。

夫妻双方同为生育主体，但妻方是更为直接的生育主体，在生育问题上应当更多地考虑妻方的意愿。根据《婚姻法司法解释三》，夫以妻擅自终止妊娠侵犯其生育权为由请求损害赔偿的，人民法院不予支持；夫妻双方因是否生育发生纠纷，致使感情确已破裂，一方请求离婚的，人民法院

经调解无效，应依照《婚姻法》第 32 条第 3 款第 5 项的规定处理。

（5）夫妻之间有相互继承遗产的权利

以夫妻身份关系即婚姻的存续为前提，确认配偶互为法定继承人，相互享有遗产继承权，是现代继承法和亲属法的通例。我国《婚姻法》第 24 条第 1 款明确规定："夫妻有相互继承遗产的权利。"婚姻关系的合法存在，亦即夫妻身份的现实存续，是配偶继承权的先决条件，也是法律确认配偶继承权的依据。配偶互为第一顺序继承人，享有同等的继承权。除了《继承法》所规定的丧失继承权的情形之外，任何人均不得以任何借口剥夺、干涉或妨碍生存配偶对继承权的享有和行使。配偶继承权不受婚姻存续时间长短的影响，也不受生存一方是否再婚的妨碍。

2. 夫妻财产制的种类具有一定的地域性和时代性。在古代，各国立法对夫妻财产基于夫妻一体主义的要求，多采"吸收财产制"，妻的财产因结婚而为夫家或夫所有，否认妻有独立的财产权。到近代、现代，夫妻财产制随社会的发展而变化，出现了多种形式。对其可从不同的角度，作如下分类：

（1）按夫妻财产制的发生根据，可分法定夫妻财产制与约定夫妻财产制。

法定夫妻财产制。它指在夫妻婚前或婚后均未就夫妻财产关系作出约定，或所作约定无效时，依法律规定而直接适用的夫妻财产制。

约定夫妻财产制。它是相对于法定财产制而言的，指由婚姻当事人以约定的方式，选择决定夫妻财产制形式的法律制度。在允许约定财产制的国家，立法内容不尽相同，有详略之分和宽严之别。

（2）按夫妻财产制的适用情况，可分为普通财产制与非常财产制。

普通财产制。它指在通常情况下，依婚姻当事人双方的约定或依法律的直接规定而适用的财产制，包括约定财产制和法定财产制。

非常财产制。它是相对于普通财产制而言的，指在特殊情况下，出现法定事由时，依据法律之规定或经夫妻一方（或夫妻之债权人）的申请由法院宣告，撤销原依法定或约定设立的共同财产制，改设为分别财产制。

（3）按夫妻财产制的内容，可分为共同财产制、分别财产制、剩余共同财产制、管理共同制（即联合财产制）和统一财产制等。在各国有关夫妻财产制的立法中，它们有的被作为法定财产制直接适用；有的被作为约定财产制供当事人选择适用。

（4）按财产制所涉及的夫妻财产的范围，可分为特有财产制与共同财产制。

特有财产制，就是在夫妻婚后实行共同财产制时，基于法律规定或夫妻约定，由有关夫妻各自保留一定个人所有财产的范围，夫妻对该财产的管理、使用、收益和处分，以及相应的财产责任、特有财产的效力等内容组成的法律制度。

分别财产制是夫妻财产（包括婚前财产和婚后所得财产）分别归属夫妻各自所有；特有财产制则是在依法或依约定实行夫妻共同财产制的前提下，夫妻各自保留一定范围的个人财产。因此，特有财产制是与共同财产制同时并存的，是共同财产制的限制和补充。根据特有财产发生的原因，可分为法定的特有财产和约定的特有财产。

3. 现行的《婚姻法》对夫妻财产制的规定，主要集中于以下几个方面：

（1）以列举与概括、明确与模糊的例示性规范技术形式，确立婚后所得有限共同财产制作为法定财产制。

《婚姻法》第 17 条规定，夫妻在婚姻关系存续期间所得的下列财产，归夫妻共同所有：①工资、奖金；②生产、经营的收益；③知识产权的收益；④因继承或赠与所得的财产，但遗嘱或赠与合同中确定只归夫或妻一方的财产除外；⑤其他应当归共同所有的财产。此外，第 19 条规定，夫妻对婚姻关系存续期间所得的财产约定不明确的，应为共同财产。

关于夫妻共同财产的范围，最高人民法院有如下司法解释：第一，关于知识产权的收益。《婚姻法》第 17 条第 1 款第 3 项规定的"知识产权的收益"，是指婚姻关系存续期间，实际取得或者已经明确可以取得的财产性收益。第二，关于父母对婚姻当事人的赠与。当事人结婚后，父母为双方购置房屋出资的，该出资应当认定为对夫妻双方的赠与，但父母明确表示赠与一方的除外。第三，关于法条中未具体列举的其他应当归共同所有的财产，包括一方以个人财产投资取得的收益；男女双方实际取得或者应当取得的住房补贴、住房公积金；男女双方实际取得或者应当取得的养老保险金、破产安置补偿费。第四，关于有配偶的军人的复员费、自主择业费等中的夫妻共同财产。人民法院审理离婚案件，涉及分割发放到军人名下的复员费、自主择业费等一次性费用的，以夫妻婚姻关系存续年限乘以年平均值，所得数额为夫妻共同财产。

（2）与有限共同财产制相对应，明确界定了个人所有财产。

《婚姻法》第18条规定，有下列情形之一的，为夫妻一方的财产：①一方的婚前财产；②一方因身体受到伤害获得的医疗费、残疾人生活补助费等费用；③遗嘱或赠与合同中确定只归夫或妻一方的财产；④一方专用的生活用品；⑤其他应归一方的财产。

《婚姻法司法解释三》中指出：夫妻一方婚前签订不动产买卖合同，以个人财产支付首付款并在银行贷款，婚后用夫妻共同财产还贷，不动产登记于首付款支付方名下的，离婚时该不动产由双方协议处理。双方不能达成协议的，人民法院可以判决该不动产归产权登记一方，尚未归还的贷款为产权登记一方的个人债务。双方婚后共同还贷支付的款项及其相对应财产增值部分，离婚时应根据《婚姻法》第39条第1款规定的原则，由产权登记一方对另一方进行补偿。

（3）与法定财产制相对应，基本建立了约定财产制，规范了财产约定的表意形式、财产制的选择范围、约定的内外法律效力，配设了约定采用分别财产制时的补偿制度。《婚姻法》第19条规定，夫妻可以约定婚姻关系存续期间所得的财产以及婚前财产归各自所有、共同所有或部分各自所有、部分共同所有。约定应当采用书面形式。没有约定或约定不明确的，适用法定夫妻财产制中关于夫妻共同财产和一方个人财产的规定。夫妻对婚姻关系存续期间所得的财产以及婚前财产的约定，对双方具有约束力。

第七章　婚姻的终止

知识逻辑图

- 婚姻的终止
  - 离婚概述
    - 婚姻终止的原因
      - 离婚
      - 配偶一方死亡
    - 离婚制度历史沿革
      - 离婚的立法主义变迁
        - 禁止离婚主义→许可离婚主义
        - 专权离婚主义→平权离婚主义
        - 有责离婚主义→无责离婚主义
        - 限制离婚主义→自由离婚主义
      - 我国古代离婚方式
        - 七出
        - 和离
        - 义绝
        - 呈诉离婚
      - 国民党政府统治时期的离婚制度
      - 解放前革命根据地的离婚立法
      - 新中国离婚制度的发展
    - 我国处理离婚问题的指导思想：保障离婚自由，反对轻率离婚
  - 协议离婚
    - 条件
      - 双方为合法夫妻
      - 双方均为完全行为能力主体
      - 双方具有离婚合意
      - 双方对子女抚养作出合理安排
      - 双方对财产问题作出适当处理
    - 程序
      - 申请
      - 审查
      - 登记
  - 诉讼离婚
    - 一般程序
      - 诉讼外调解——并非诉讼离婚必经程序
      - 诉讼内调解——必经程序
      - 判决
    - 特别程序
      - 对军婚的保护
      - 对女方的特殊保护
        - 怀孕期间
        - 分娩后 1 年内
        - 中止妊娠后 6 个月内
    - 判决离婚的法定标准
      - 一般标准
        - 根据法律规范的表达形式
          - 具体列举主义
          - 概括主义
          - 例示主义
        - 根据判决离婚标准的内容
          - 有责主义（过错原则）
          - 无责主义（干扰原则）
          - 破绽主义（破裂原则）
        - 根据判决离婚标准所隐含的功能
          - 惩罚主义
          - 救济主义
          - 惩罚兼救济主义

- 婚姻的终止
  - 诉讼离婚
    - 判决离婚的法定标准
      - 我国《婚姻法》规定的离婚标准
        - 例示主义——抽象概括与具体列举相结合
        - 完全的破裂原则，兼采干扰原则
        - 积极破裂原则
  - 离婚的法律后果
    - 人身方面
      - 同居权利义务解除
      - 相互扶养的权利义务终止
      - 法定继承人的资格丧失
      - 双方均有再婚自由
    - 财产方面
      - 共同财产分割
      - 离婚时的经济补偿
      - 夫妻对外债务的偿还
      - 离婚时对生活困难一方的帮助
    - 父母子女关系方面
      - 离婚不消除父母子女关系
      - 离婚后子女的抚养归属
      - 离婚后子女抚育费的负担
      - 离婚后不直接抚养子女一方的探望权

名词解释

1. 婚姻终止
2. 离婚
3. 禁止离婚主义
4. 七出
5. 三不去
6. 和离
7. 义绝
8. 呈诉离婚
9. 两愿离婚
10. 协议离婚
11. 诉讼离婚

选择题

（一）单项选择题

1. 以下哪一项不是婚姻终止的原因？（　　）

A. 配偶一方自然死亡

B. 配偶一方被宣告死亡

C. 夫妻双方离婚

D. 夫妻双方分居

2. 禁止离婚主义主要渊源于（　　）。

A. 日耳曼法

B. 罗马法

C. 欧洲中世纪寺院法

D. 伊斯兰法

3. 按照《唐律疏议》的解释，以下不构成“义绝”的情形有（　　）。

A. 殴打妻子的父母

B. 妻子意欲谋害丈夫

C. 丈夫和妻子的父母之间相互残杀

D. 辱骂妻子的父母

4. 根据《婚姻登记管理条例》的规定，内地居民自愿离婚的，男女双方共同到以下哪个地方的婚姻登记机关申请离婚登记？（　　）

A. 一方当事人的户口所在地

B. 一方当事人的工作地

C. 一方当事人的出生地

D. 一方当事人的住所地

5. 根据我国法律规定，夫妻因感情不和分居满几年，调解无效，应准予离婚？（　　）

A. 6 个月　　B. 1 年

C. 2 年　　D. 4 年

6. 以下哪项对诉讼外调解的理解是错误的？（　　）

A. 诉讼外的调解，是指当事人所在单位、群众团体、居民或村民委员会、婚姻登记机关有关部门主持，帮助当事人在自主自愿的基础上，就保持或解除婚姻关系及其连带的法律问题达成协议的一种形式

B. 诉讼外调解应当坚持自愿、合法的原则，不得强制或变相强制当事人达成某项协议，也不得阻止或妨碍当事人就离婚问题向人民法院提出诉讼

C. 诉讼外调解可能出现三种不同的结果：一是调解和好，消除纠纷；二是通过调解双方达成离婚协议；三是调解无效，当事人一方向人民法院提起诉讼

D. 诉讼外调解是离婚诉讼的必经程序，未经诉讼外调解，当事人不得提起离婚诉讼

7. 根据我国法律规定，离婚后，父母有固定收入的，负担两个以上子女抚育费的，一般不得超过月总收入的多少？（　　）

A. 30%　　B. 40%

C. 50%　　D. 60%

8. 根据我国法律规定，离婚后以下哪一主体可以变更抚育费？（　　）

A. 子女

B. 与子女共同生活的一方

C. 不与子女共同生活的一方

D. A、B 项内主体均可

9. 根据婚姻法规定，法院审理离婚案件，准予离婚的情形是（　　）。（考研）

A. 夫妻感情确已破裂

B. 婚姻关系确已破裂

C. 一方有过错

D. 双方已就子女抚养和财产分割协商一致

（二）多项选择题

1. 夫妻共同居住的公房，具有下列哪些情形的，离婚后，双方均可承租？（　　）

A. 一方婚前承租的本单位的房屋，离婚时双方均为本单位职工的

B. 夫妻婚前由一方承租的本单位的房屋，婚姻关系存续 3 年的

C. 婚前一方承租的公房，婚后因该承租房屋拆迁而取得房屋承租权的

D. 夫妻双方单位投资联合建设或联合购置共有房屋的

2. 以下有关夫妻离婚时债务清偿的说法，正确的是（　　）。

A. 夫妻为共同生活或为履行法定抚养、赡养义务等所负的债务，以及共同财产制下一方或双方因治疗疾病所负的债务，应认定为夫妻共同债务，以夫妻共同财产清偿

B. 一方未经对方同意，独自筹资从事经营活动，其收入确未用于共同生活的，应由其个人负责清偿

C. 债权人就一方婚前所负个人债务向债务人的配偶主张权利的，若该债务用于婚后家庭共同生活的，债务人的配偶应当承担责任

D. 婚姻存续期间，夫妻一方死亡的，生存一方应当对婚姻关系存续期间的共同债务承担连带清偿责任

3. 以下哪些是七出的内容？（　　）

A. 淫　　B. 妒

C. 盗　　D. 无子

4. 三不去的内容是（　　）。

A. 曾为公婆守孝三年的

B. 妇女无娘家可回的

C. 生育子女的妇女

D. 娶妻时夫家贫贱，后来富贵的

5. 以下有关解放前革命根据地的离婚立法说法中，正确的是（　　）。

A. 坚持婚姻自由原则，但并没有将离婚自由作为婚姻自由的一部分，体现了封建残余的影响

B. 确立了男女平等原则，赋予夫妻平等的离婚权，破除了男子专权离婚的传统习俗

C. 对革命军人予以特殊保护，抗战军人之妻要求离婚须得其丈夫的同意

D. 严格保护未成年人子女的合法利益

6. 在不同的国家，依照接受和办理协议离婚的机关的不同，协议离婚的程序有（　　）。

A. 户籍申报程序

B. 行政登记程序

C. 行政裁决程序

D. 司法裁决程序

7. 根据我国《婚姻法》的规定，离婚登记在程序上必须经过的三个步骤是（　　）。

A. 申请　　B. 审查

C. 登记　　D. 调解

8. 下列有关离婚诉讼中的调解与判决的说法，正确的是（　　）。

A. 审理离婚案件，必须进行调解

B. 调解既可以在第一审程序中进行，也可以在第二审程序中进行，但不可以在审判监督程序中进行

C. 离婚诉讼中的调解重在发挥人民法院的主导作用

D. 在离婚诉讼中，对于无行为能力人及限制行为能力人的离婚问题一定要有法定代理人或指定代理人代为参加诉讼

（三）不定项选择题

1. 以下原则在分割夫妻共同财产时必须坚持的是(　　)。

A. 男女平等

B. 保护妇女、儿童的合法权益

C. 照顾无过错的一方

D. 有利于生产和方便生活

2. 根据我国法律规定，下列有关分割夫妻共同财产中以一方名义在合伙企业中的出资的说法，正确的是(　　)。

A. 其他合伙人一致同意的，该配偶可依法取得合伙人地位

B. 其他人不同意转让，在同等条件下行使优先受让权的，不可以对转让所得的财产进行分割

C. 其他人不同意转让，也不行使优先受让权，不可以对转让所得财产进行分割

D. 其他人既不同意，也不行使优先受让权，该配偶依法取得合伙人地位

3. 顾某欲与闫某离婚。下列情形中，顾某既可以之作为起诉离婚的理由，同时可请求损害赔偿的有(　　)。(考研)

A. 闫某变卖夫妻共同财产

B. 闫某殴打顾某致其残疾

C. 闫某与婚外异性同居

D. 闫某经常赌博且屡教不改

4. 根据婚姻法规定，离婚时，原为夫妻共同生活所负的债务，应当共同偿还；共同财产不足清偿的，其处理办法是(　　)。(考研)

A. 双方不再负清偿责任

B. 由双方协议清偿；协议不成时，由人民法院判决

C. 由双方协议清偿；协议不成时，依法由双方各清偿一半

D. 由双方协议清偿；协议不成时，依法由经济条件较好的一方清偿

5. 甲婚后通过网聊结识乙，并与之发生婚外情，被甲妻发现。甲妻诉至法院，以甲违反忠实义务为由请求赔偿精神损害 10 万元，但未请求离婚。对于本案，人民法院应该怎么做？(　　)(考研)

A. 应当受理

B. 不予受理

C. 根据精神损害程度，决定是否受理

D. 根据违反忠实义务程度，决定是否受理

简答题

1. 简述婚姻终止和离婚。

2. 简述离婚行为的特点。

3. 简述离婚和别居制的区别。

4. 如何理解诉讼离婚的程序。

5. 如何理解判决离婚的标准。

6. 简述我国《婚姻法》在离婚问题上对现役军人的特殊保护。

7. 简述我国《婚姻法》在离婚问题上对女方的特殊保护。

材料分析题

（一）案例分析题

1. 原告某甲和被告某乙于 2003 年 5 月 19 日登记结婚，双方均系再婚，婚后未生育子女。双方婚后因琐事感情失和，于 2013 年上半年产生矛盾，并于 2014 年 2 月分居。某甲曾于 2014 年 3 月起诉要求与某乙离婚，经法院驳回后，双方感情未见好转。2015 年 1 月，某甲再次诉至法院要求离婚，并依法分割夫妻共同财产。某乙认为夫妻感情并未破裂、不同意离婚。某甲称某乙名下在中国邮政储蓄银行的账户内有共同存款 37 万元，并提交存取款凭单、转账凭单作为证据。某乙称该 37 万元存款来源于婚前房屋拆迁补偿款及养老金，现尚剩余 20 万元（含养老金 15 万元）。某乙称某甲名下有共同存款 25 万元，要求依法分割。某甲对此不予认可，一审庭审中其提交在中国工

商银行的账户，显示至起诉日该账户余额为 0 元。在法院审理期间，应某乙的申请，法院调取了某甲上述中国工商银行账号 2003 年开户后的银行流水明细，显示某甲于 2013 年 4 月 30 日通过 ATM 转账及卡取的方式将该账户内的 20 万元转至案外人某丙的名下，并且某甲不能说明转移用途。实际上该 20 万元是其婚前房屋出租所得。

请问，法院应当如何处理？

（1）法院应当如何处理某甲与某乙的婚姻关系？

（2）法院应当如何分割某甲和某乙的夫妻共同财产。请具体说明，应如何分割某乙账户内的财产？

（3）如何处理某甲转移夫妻共同财产的行为？

2. 某甲与某乙于 2001 年登记结婚，婚后育有一子某丙。因感情不和，双方于 2009 年在法院调解离婚。双方离婚时对于共同共有的房产未作分割，而是通过协议约定该房屋所有权在某乙付清贷款后归双方之子某丙所有。2013 年 1 月，某甲起诉至法院称，该房屋贷款尚未还清，房屋产权亦未变更至丙名下，即还未实际赠与给某丙，目前还处于某甲与某乙共有财产状态，且因计划不再将该房产属于自己的部分赠给丙，因此请求撤销之前的赠与行为，由法院依法分割该房产。

某乙辩称：离婚时双方已经将房屋协议赠与某丙，正是因为某甲同意将房屋赠与某丙，其才同意离婚协议中其他加重自己义务的条款，例如在离婚后单独偿还夫妻共同债务 4.5 万元。

请问，某甲和某乙的理解谁是正确的？

3. 某丁与其丈夫某戊共育有三个子女，即：长子某甲，次子某乙，小女儿某丙。1985 年 4 月 25 日，某戊与长子某甲、次子某乙签订了分家协议，就赡养问题作了如下约定："1. 长子某甲赡养母亲，次子某乙赡养父亲。2. 父母在 60 岁以前，哥俩每人每月给零花钱 5 元，60 岁以后每人每月给 10 元。"某戊于 2010 年去世后，次子某乙对某戊进行了安葬，此后母亲某丁独自生活。后某丁将某甲、某乙、某丙诉至人民法院，要求随次子某乙生活，长子某甲给付赡养费 1 000 元，某乙和某丙给付赡养费各 500 元，而医药费由某甲、某乙和某丙共同承担。

法庭审理过程中，长子某甲称自己一直以来赡养母亲，并承担过高赡养费；次子某乙称分家时约定母亲由长子某甲赡养，父亲由自己赡养，自己已经按照约定赡养了父亲，并对父亲进行了安葬，无法接受再与长子某甲承担同样的责任；小女儿某丙称自己并未在赡养协议里载明有责任。

请问，某甲、某乙和某丙的理由是否能够按照赡养协议免除赡养某丁的义务，法院应当如何处理？

（二）政策分析题

某甲与某乙于 2003 年登记结婚，次年某丙出生。因为学校离某乙娘家近，为了某丙上学方便，某丙常住某乙娘家，某乙帮忙照顾。2013 年初，某甲提出想要二胎，称某乙公婆也有这个想法，某乙口头答应，但为了照顾某丙学习，某乙依然常常住在娘家，拖延生育二胎的时间。为此某甲与某乙经常吵架，感情产生嫌隙。在二孩新政施行之后，某甲将某乙诉至法院，请求解除婚姻关系。

某甲认为二孩新政鼓励生养二胎，而某甲与某乙完全符合生养二胎的条件，某乙不愿意生育二胎，不尊重某甲父母，某甲与其多次商量均无结果，现在已经无法沟通，夫妻感情确已破裂，所以要求与某乙离婚。某乙则认为，自己从某丙上学以来，为照顾某丙倾尽全力，某丙现在正在读初中，为了某丙的前程考虑，并没有精力生养二胎，并不是对公婆的不尊重。但希望维持婚姻关系，因某丙也需要父爱。

就二胎政策以来，为是否生育二胎而发生争执的夫妻乃至导致离婚的并不少见。请问，如何看待二孩政策下夫妻生育权的冲突？

法条分析题

《婚姻法》第三十二条　男女一方要求离婚的，可由有关部门进行调解或直接向人民法院提出离婚诉讼。

人民法院审理离婚案件，应当进行调解；如感情确已破裂，调解无效，应准予离婚。

有下列情形之一，调解无效的，应准予离婚：

（一）重婚或有配偶者与他人同居的；

（二）实施家庭暴力或虐待、遗弃家庭成

员的；

（三）有赌博、吸毒等恶习屡教不改的；

（四）因感情不和分居满二年的；

（五）其他导致夫妻感情破裂的情形。

一方被宣告失踪，另一方提出离婚诉讼的，应准予离婚。

请问：(1) 如何理解有配偶者与他人同居？

(2) 该条所指的家庭暴力是指什么行为？虐待是指什么行为？

(3) 请举出两例导致夫妻感情破裂的情形。

论述题

1. 试述如何理解我国离婚立法的指导思想。

2. 论述登记离婚的条件和程序。

3. 试论我国现行《婚姻法》判决离婚的法定标准。

4. 试述离婚在当事人间产生哪些法律后果。

5. 试论离婚给父母子女关系带来的法律后果。

6. 试述如何处理离婚时的财产分割问题。

7. 试述如何处理离婚后的子女抚养问题。

参考答案

名词解释

1. 婚姻终止是指合法有效的婚姻关系因发生一定的法律事实而归于消灭。婚姻终止必然在婚姻家庭法上，在当事人之间及当事人与第三人之间引起人身关系、财产关系的变化。

2. 离婚是具有合法夫妻身份的男女双方在生存期间依照法定条件和程序，解除婚姻关系的法律行为。

3. 禁止离婚主义是离婚立法的一种，渊源于欧洲中世纪基督教的宗教法规，指夫妻无论出于何种原因，均不得离婚的立法模式。

4. 七出，又称七弃，指封建礼法规定的丈夫“出妻”的七条理由，即男子休妻的合法理由，起源于我国奴隶社会末期，起初为礼制的内容，后由统治阶级以法律的形式加以固定。七出的内容包括：不顺父母、无子、淫、妒、恶疾、口多言、窃盗。

5. 三不去，是指古代礼法对“七出”设定的例外情况。三不去的情况有，曾为公婆守孝三年的，妇女无娘家可回的和娶妻时夫家贫贱而后富贵的。

6. 和离即协议弃妻，类似近现代的两愿离婚即协议离婚。这是我国古代一种通过协议允许夫妻离异的离婚方式。

7. “义绝”是我国封建社会特有的强制离婚方式，是指夫妻之间或夫妻一方与他方的亲属间或双方的亲属间出了一定的事件，经官司处断后，便认为夫妇之义应当断绝，强迫当事人离异的方式，如果当事人不愿离异，则会受到法律的制裁。

8. 呈诉离婚，又称官府判离，是中国古代的离婚方式之一。即夫妻一方基于法定的理由，向官府提出离婚之诉，由官府判离的离婚方式。这种呈诉离婚的法定理由和其他三种离婚方式一样，对于夫妻之间是不平等的。

9. 两愿离婚是国民党政府统治时期的离婚制度，即夫妻双方协商一致可自行离婚，但未成年人应经法定代理人的同意，同时两愿离婚需要以书面形式作出，并且由二人以上证人签名。

10. 协议离婚亦称双方自愿离婚，是指夫妻双方自愿离异，并就离婚的法律后果达成协议，经过有关部门认可即可解除婚姻关系。在我国，双方自愿离婚的可依法登记离婚。主管部门对双方的离婚申请依法审查后，符合法律规定的应准予登记。

11. 诉讼离婚是指夫妻双方对待离婚或离婚后子女抚养或财产清算等问题不能达成协议，由一方向人民法院提起诉讼，经人民法院审理、调解或判决的一种离婚制度。

选择题

（一）单项选择题

1. D。婚姻终止是指合法有效的婚姻关系因发生一定的法律事实而归于消灭。婚姻终止必然在婚姻家庭法上，在当事人之间及当事人与第三人之间引起人身关系、财产关系的变化。婚姻关系终止的原因有二：一是配偶一方的死亡，包括基于一定自然事件（自然死亡）和法定事实（宣告死亡）；二是夫妻双方离婚。配偶关系是一种特殊的人身关系，以配偶双方的生命存在为前提，配偶一方死亡必然引起婚姻关系终止的后果。而离婚是夫妻双方生存期间依照法定的条件和程序解除婚姻关系的法律行为。离婚与分居不同。别居又称分居或分床分食制，是指夫妻双方解除同居义务，而婚姻关系依然存续的法律制度。

2. C。禁止离婚主义是指夫妻无论出于何种原则，均不得离婚。禁止离婚主义渊源于欧洲中世纪基督教的宗教法规，其教义中提倡禁欲主义。寺院法规定，婚姻一旦缔结，就终生维持不得解除。即使夫妻已经丧失感情基础，并不能共同生活，也只能分居而不能离婚。随欧洲中世纪后期文艺复兴和宗教改革运动，寺院法禁止离婚原则受到了强有力的冲击。禁止离婚主义逐渐被淘汰，许可离婚成为主流趋势。

3. D。"义绝"是唐律中首次规定的一种强制离婚，指夫妻间或夫妻双方亲属间或夫妻一方对他方亲属若有一定的事件，经官府处断后，便认为夫妇之义当绝，强迫离异，不论双方是否同意。义绝所指的情况：(1) 殴妻之祖父母、父母，杀妻之外祖父母、叔伯父母、兄弟、姑、姊妹；(2) 夫妻祖父母、父母、外祖父母、叔伯父母、兄弟、姑、姊妹自相杀；(3) 殴詈夫之祖父母、父母，杀伤夫之外祖父母、叔伯父母、兄弟、姑、姊妹；(4) 与夫之缌麻以上亲奸，夫与妻母奸；(5) 欲害夫者。因此，本题选D。

4. A。根据《婚姻登记条例》第10条的规定，内地居民自愿离婚的，男女双方应当共同到一方当事人常住户口所在地的婚姻登记机关办理离婚登记。中国公民同外国人在中国内地自愿离婚的，内地居民同香港居民、澳门居民、台湾居民、华侨在中国内地自愿离婚的，男女双方应当共同到内地居民常住户口所在地的婚姻登记机关办理离婚登记。因此，本题选A。

5. C。根据《婚姻法》第32条，男女一方要求离婚的，可由有关部门进行调解或直接向人民法院提出离婚诉讼。人民法院审理离婚案件，应当进行调解；如感情确已破裂，调解无效，应准予离婚。有下列情形之一，调解无效的，应准予离婚：(1) 重婚或有配偶者与他人同居的；(2) 实施家庭暴力或虐待、遗弃家庭成员的；(3) 有赌博、吸毒等恶习屡教不改的；(4) 因感情不和分居满2年的；(5) 其他导致夫妻感情破裂的情形。一方被宣告失踪，另一方提出离婚诉讼的，应准予离婚。因此，本题选C。

6. D。诉讼外的调解，是指当事人所在单位、群众团体、居民或村民委员会、婚姻登记机关等有关部门主持，帮助当事人在自主自愿的基础上，就保持或解除婚姻关系及其连带的法律问题达成协议的一种形式。诉讼外调解应当坚持自愿、合法的原则，不得强制或变相强制当事人达成某项协议，也不得组织或妨碍当事人就离婚问题向人民法院提出诉讼。诉讼外调解的规定无论是在婚姻法上，还是在民事诉讼法上都是任意性规范，都不是离婚的必经程序，是否采用诉讼外调解方式由双方当事人自己决定。它只是离婚诉讼前解决纠纷的一种措施，诉讼外调解可能出现三种不同的结果：一是调解和好，消除纠纷，继续保持婚姻关系；二是通过调解双方达成离婚协议，并就相关问题达成一致，双方到婚姻登记机关办理离婚登记；三是调解无效，并且也未就相关问题达成一致，一方可向人民法院提起离婚诉讼，由人民法院审理。

7. C。根据最高人民法院《关于人民法院审理离婚案件处理子女抚养问题的若干具体意见》第7条，子女抚育费的数额，可根据子女的实际需要、父母双方的负担能力和当地的实际生活水平确定。有固定收入的，抚育费一般可按其月总收入的20%至30%的比例给付。负担两个以上子女抚育费的，比例可适当提高，但一般不得超过月总收入的50%。无固定收入的，抚育费的数额可依据当年总收入或同行业平均收入，参照上述比例确定。有特殊情况的，可适当提高或降低上述比例。因此，本题选C。

8. A。根据《婚姻法》第37条的规定，离婚后，一方抚养的子女，另一方应负担必要的生活费和教育费的一部或全部，负担费用的多少和期限的长短，由双方协议；协议不成时，由人民法院判决。关于子女生活费和教育费的协议或判决，不妨碍子女在必要时向父母任何一方提出超过协议或判决原定数额的合理要求。本题选A。

9. A。本题考查离婚的法定标准。根据《婚姻法》第32条第2款规定，人民法院审理离婚案件，应当进行调解，如感情确已破裂，调解无效，应准予离婚。据此，本题选A。

（二）多项选择题

1. ACD。本题的考点是离婚时的公房使用、承租问题的处理。最高人民法院《关于审理离婚案件中公房使用、承租若干问题的解答》中规定："有关夫妻共同居住的公房，具有下列情形之一的，离婚后，双方均可承租：（一）婚前由一方承租的公房，婚姻关系存续5年以上的；（二）婚前一方承租的本单位的房屋，离婚时，双方均为本单位职工的；（三）一方婚前借款投资建房取得的公房承租权，婚后夫妻共同偿还借款的；（四）婚后一方或双方申请取得公房承租权的；（五）婚前一方承租的公房，婚后因该承租房屋拆迁而取得房屋承租权的；（六）夫妻双方单位投资联建或联合购置的共有房屋的；（七）一方将其承租的本单位的房屋，交回本单位或交给另一方单位后，另一方单位另给调换房屋的；（八）婚前双方均租有公房，婚后合并调换房屋的；（九）其他应当认定为夫妻双方均可承租的情形。"因此本题中B项错误，夫妻共同居住的公房，离婚后双方均可承租的前提条件之一是婚姻关系存续5年以上。

2. ABCD。本题的考点是离婚时夫妻共同债务清偿问题。根据《婚姻法》第41条的规定，离婚时，原为夫妻共同生活所负的债务，应当共同偿还。共同财产不足清偿的，或财产归各自所有的，由双方协议清偿；协议不成时，由人民法院判决。夫妻共同债务和个人债务认定的规定在司法解释中的分布较为零散，总结起来夫妻共同债务包括：（1）夫妻为家庭共同生活所负的债务。（2）夫妻共同从事生产、经营活动所负的债务。（3）履行法定赡养义务所负的债务。（4）为支付夫妻一方或双方的教育、培训费用所负的债务。（5）为支付正当必要的社会交往所负的债务。（6）夫妻一方或双方为履行法定扶养义务所负的债务。（7）夫妻协议约定为共同债务的债务。而下列债务应当被认定为夫妻个人债务：（1）夫妻双方约定由个人负担的债务，但以逃避债务为目的的除外。（2）一方未经对方同意，擅自资助与其没有扶养义务的亲朋所负的债务。（3）一方未经对方同意，独自筹资从事经营活动，其收入确未用于共同生活所负的债务。（4）夫妻一方在从事赌博、吸毒等违法犯罪活动中所负债务。并且根据《婚姻法司法解释二》第26条的规定，夫或妻一方死亡的，生存一方应当对婚姻关系存续期间的共同债务承担连带清偿责任。因此本题选ABCD。

3. ABCD。七出，又称七弃，指封建礼法规定的丈夫"出妻"的七条理由，即男子休妻的合法理由，起源于我国奴隶社会末期，起初为礼制的内容，后由统治阶级以法律的形式加以固定。七出的内容包括：不顺父母、无子、淫、妒、恶疾、口多言、窃盗。

4. ABD。三不去，是指古代礼法对"七出"设定的例外情况。三不去的情况有，曾为公婆守孝三年的，妇女无娘家可回的和娶妻时夫家贫贱而后富贵的。

5. BCD。在革命根据地时期，先后颁行了许多有关婚姻家庭的规范性文件，对离婚问题作了明确系统的规定，反映了革命政权下的新型夫妻关系，创立了中国历史上全新的离婚模式，其主要内容如下：（1）坚持婚姻自由原则，将离婚自由作为婚姻自由的一个重要内容，破除了"从一而终"等封建残余。因此选项A错误。（2）坚持男女平等原则，赋予夫妻平等的离婚权，破除了数千年来男子专权离婚的传统习俗。（3）规定了离婚的法律程序，将离婚问题纳入行政或司法管理之内。（4）对离婚原因进行或概括、或列举或例示的规定。（5）在离婚问题上，对革命军人予以特殊保护。《中华苏维埃共和国婚姻法》规定，红军战士之妻要求离婚须得其夫同意。（6）离婚时，对妇女权益予以特殊照顾。（7）严格保护未成年子女的合法利益，对离婚后子女的抚养归属和抚养费的负担作了具体的规定。

6. ABD。协议离婚亦称双方自愿离婚，是指夫妻双方自愿离异，并就离婚的法律后果达成协议，经过有关部门认可即可解除婚姻关系。在我国，双方自愿离婚的可依法登记离婚。主管部门对双方的离婚申请依法审查后，符合法律规定的应准予登记。协议离婚在不同的国家有不同的要求，在规定协议离婚制度的国家中，依照接受和办理协议离婚的机关的不同，分为三种程序：（1）户籍申报程序。即协议离婚经由户籍机关办理。（2）行政登记程序。这是指离婚协议须依行政程序获得批准。（3）司法裁决程序。当事人的离婚协议须经法院裁决才发生法律效力。

7. ABC。根据《婚姻登记条例》第 10 条的规定，内地居民自愿离婚的，男女双方应当共同到一方当事人常住户口所在地的婚姻登记机关办理离婚登记。离婚登记在程序上必须经过申请、审查、登记三个步骤。

8. ACD。我国《婚姻法》第 32 条第 2 款规定："人民法院审理离婚案件，应当进行调解；如感情确已破裂，调解无效，应准予离婚。"这一规定表明，在离婚诉讼中，人民法院审理案件过程中，调解是必经的诉讼程序，它是司法机关行使审判职能的重要方式。因此 A 选项正确。就审理程序来说，人民法院调解既可以在第一审程序中进行，也可以在第二审程序中进行，还可以在审判监督程序中进行。因此 B 选项错误。离婚诉讼中的调解重在发挥人民法院的主导作用，审判人员还可以配合有关单位一起做工作，促使当事人达成协议。因此 C 选项正确。但双方达成的离婚协议必须得到人民法院的批准与认可，发给离婚调解书后才能发生法律效力。在离婚诉讼中，对于无行为能力人及限制行为能力人的离婚问题一定要有法定代理人或指定代理人代为参加诉讼。D 选项正确。

（三）不定项选择题

1. ABCD。根据最高人民法院《关于人民法院审理离婚案件处理财产分割问题的若干具体意见》，人民法院审理离婚案件对夫妻共同财产的处理，应当依照《婚姻法》《妇女权益保障法》及有关法律规定，分清个人财产、夫妻共同财产和家庭共同财产，坚持男女平等，保护妇女、儿童的合法权益，照顾无过错方，尊重当事人意愿，有利生产、方便生活的原则，合情合理地予以解决。因此本题选 ABCD。

2. AD。根据《婚姻法司法解释二》第 17 条规定，人民法院审理离婚案件，涉及分割夫妻共同财产中以一方名义在合伙企业中的出资，另一方不是该企业合伙人的，当夫妻双方协商一致，将其合伙企业中的财产份额全部或者部分转让给对方时，按以下情形分别处理：（1）其他合伙人一致同意的，该配偶依法取得合伙人的地位。（2）其他合伙人不同意转让，在同等条件下行使优先受让权的，可以对转让所得的财产进行分割。（3）其他合伙人不同意转让，也不行使优先受让权，但同意该合伙人退伙或者退还部分财产份额的，可以对退还的财产进行分割。（4）其他合伙人既不同意转让，也不行使优先受让权，又不同意该合伙人退伙或者退还部分财产份额的，视为全体合伙人同意转让，该配偶依法取得合伙人地位。因此，本题选 AD。

3. BC。根据《婚姻法》第 32 条第 3 款规定，有下列情形的，经调解无效，应准予离婚：（1）重婚或有配偶者与他人同居的；（2）实施家庭暴力或虐待、遗弃家庭成员的；（3）有赌博或吸毒等恶习屡教不改的；（4）因感情不和分居满 2 年的；（5）其他导致夫妻感情破裂的情形。另外《婚姻法》第 46 条规定，有下列情形导致离婚的，无过错方有权请求损害赔偿：（1）重婚的；（2）有配偶者与他人同居的；（3）实施家庭暴力的；（4）虐待、遗弃家庭成员的。因此，只有 BC 选项同时符合这两条规定中的情形。

4. B。本题考离婚时债务的清偿。根据《婚姻法》第 41 条的规定，离婚时，原为夫妻共同生活所负的债务，应当共同偿还。共同财产不足清偿的，或财产归各自所有的，由双方协议清偿；协议不成时，由人民法院判决。因此，本题选 B。

5. B。根据《婚姻法》第 46 条的规定，仅有下列情形导致离婚的，无过错方有权请求损害赔偿：重婚的，有配偶者与他人同居的，实施家庭暴力的，虐待、遗弃家庭成员的。以甲违反忠实义务为由请求赔偿精神损害 10 万元不属于上述情形。而且，根据《婚姻法司法解释一》第 29 条的规定，承担婚姻法第 46 条规定的损害赔偿责任的主体，为离婚诉讼当事人中无过错方的配偶。人民法院判决不准离婚的案件，对于当事人基于婚姻法第 46 条提出的损害赔偿请求，不予支持。在婚姻关系存续期间，当事人不起诉离婚而单独依据该条规定提起损害赔偿请求的，人民法院不予受理。

简答题

1. 婚姻终止是指合法有效的婚姻关系因发生一定的法律事实而归于消灭。其含义有三：（1）婚姻终止具有严格的法律意义。婚姻终止仅指合法有效的婚姻关系的消灭。合法有效的婚姻关系存在，是婚姻终止的必要前提。婚姻无效或被撤销，与婚姻的终止有严格的区别。(2) 婚姻的终止基于一定的法律事实。引起婚姻终止的法律事实不同，其法律后果也不相同。(3) 婚姻终止必然产生一系列的法律后果。婚姻关系终止的原因有二：一是配偶一方的死亡；二是夫妻双方离婚。

因此离婚只是婚姻终止的一个原因。离婚是夫妻双方生存期间依照法定的条件和程序解除婚姻关系的法律行为。

2. 离婚是夫妻双方生存期间依照法定的条件和程序解除婚姻关系的法律行为。其基本特点有五：

第一，从主体看，离婚是具有合法夫妻身份的男女双方本人所为的法律行为，任何人都无权代替，更不能对他人的婚姻关系提出离婚请求。

第二，从时间看，只有在夫妻双方生存期间才能办理离婚，如一方死亡或被宣告死亡，婚姻关系自然终止，无须依离婚程序解除婚姻关系。

第三，从程序看，离婚和结婚一样，要具备一定的法律要件，履行一定的法律程序，得到国家法律的认可，才能发生法律效力。双方私下协议或群众、干部参加达成的离婚协议，均不发生离婚的法律效力。

第四，从条件看，离婚必须以合法婚姻关系的存在为前提。离婚是对合法有效婚姻关系的解除，凡是违法婚姻，以欺骗等手段取得结婚证的，只能宣告该婚姻关系无效或撤销，收回结婚证，不能按离婚办理。

第五，从内容看，离婚是具有重要法律意义的行为，它导致夫妻关系的解除，从而会引起一系列的法律后果，如夫妻人身关系、财产关系消灭，子女抚养关系的变更，债务的清偿等。所以离婚不仅关系到双方当事人的利益，同时，也会影响到子女的利益及社会的利益。

3. 别居又称分居或分床分食制，是指夫妻双方解除同居义务，而婚姻关系依然存续的法律制度。该法律制度在中世纪欧洲基督教实行禁止离婚背景下产生，当时夫妻间即使关系恶化到不能共同生活的地步也不能离异。只能在有正当理由时，通过别居来免除同居义务。设立别居制度是为了解决一些夫妻不堪共处的实际问题，将其作为禁止离婚的补救手段，是禁止离婚的一种缓解方法。离婚与别居的区别主要表现在：

其一，别居者双方不得再婚，而离婚者双方可以再婚。因为别居只是解除夫妻间的同居义务，而没有解除婚姻关系，当事人双方仍是夫妻身份，所以在别居期间双方都不得再婚。如果一方或双方再婚就构成重婚，如果与第三者发生两性关系就构成通奸。此外，夫妻双方在别居之后如果愿意恢复夫妻生活，只要双方同居共同生活即可；但离婚之后，如果双方要恢复夫妻关系，则必须通过法定程序。

其二，夫妻别居期间，由于仍为夫妻身份，夫妻之间的权利义务除同居义务外，并不完全消失。离婚后夫妻的人身和财产方面的权利义务均已消除。

4. 诉讼离婚是指夫妻双方对待离婚或离婚后子女抚养或财产清算等问题不能达成协议，由一方向人民法院提起诉讼，经人民法院审理、调解或判决的一种离婚制度。诉讼离婚的程序有以下几方面的要求：

(1) 诉讼离婚必须由当事人一方提出离婚请求，任何第三者都不得以诉讼当事人身份提出离婚诉讼，而只能依法作为诉讼代理人，代理夫妻一方参加诉讼活动。

(2) 诉讼离婚的原因是一方提出离婚，另一方不同意离婚或双方都同意离婚，但对子女、财产等问题不能协商一致。当事人对其中一项，对几项有争议的才进入诉讼离婚程序。其中，是否解除婚姻关系是先决条件，只有在解决该问题的前提下，才能处理与此相关的其他问题。

(3) 诉讼离婚的，在判决离婚前，人民法院应当首先进行调解。调解不成的，可依审判职权，对当事人有争议的实体性问题进行判决。

5. 法定判决离婚标准在诉讼离婚中居于多重地位，扮演着各种角色，包含了多个层面的含义：第一，在静态意义上，它是法律所规定的是否准予离婚的规范性标准，具有适用于一切离婚纠纷的普遍效力；第二，在操作适用上，它是法院审理离婚案件据以决定是否准予离婚的法定条件，构成所有离婚判决都必须予以援用的准据；第三，在现实生活中，它是引发离婚纠纷的统一的整合性终局原因事实，可以涵盖离婚纠纷中各种具体的表象化的原因；第四，在当事人方位上，它是婚姻当事人提起离婚诉讼、请求解除婚姻关系的依据和理由，构成举证、质证和认证的焦点。基此，判决离婚标准乃决定婚姻关系的归宿和命运的原则界限，是贯串于诉讼全过程的中枢系统，所有的诉讼活动都围绕这一中心运行。因而，有关判决离婚标准的法律规定是离婚制度中的根本性制度和离婚法指导思想的直接体现，亦是一个国家、一个民族有关离婚的传统性文化积淀之精髓和制度性法文化之最集中、最现实的反映。

6.《婚姻法》第 33 条规定，现役军人的配偶要求离婚，须得军人同意，但军人一方有重大过错的除外。这一条是对非军人一方离婚请求权的一种限制性规定，体现了离婚问题上对现役军人的特殊保护。保护现役军人的婚姻是由军人职务的特殊性决定的。

(1) 现役军人的范围是指参加中国人民解放军具有军籍的干部和战士、人民武装警察部队的干部和战士（包括军队中的文职人员）。退伍、复员、专业的军人以及军事单位中不具有军籍的职工不是现役军人。现役军人的配偶是指非军人的一方。现役军人配偶要求离婚是指非军人一方向军人一方提出的离婚。双方都是现役军人或军人一方向非军人一方提出离婚，不适用本条的规定。

(2) 处理非军人一方向现役军人一方提出的离婚问题，凡婚姻基础、婚后感情比较好，非军人一方提出离婚也没有重要原因的，人民法院应配合当事人的所在单位对其进行说服教育，正确对待自己的婚姻问题，尽量调解和好或判决不准离婚。但如果过错一方，或者过错主要在军人一方，夫妻感情确已破裂，经做调解工作无效，确实不能维持夫妻关系而应该离婚的，人民法院应通知军人所在部队政治机关，做好军人的思想工作，准予离婚。

(3) 对于破坏军人婚姻的违法犯罪行为应予以坚决打击。若非军人一方提出离婚的原因是因为第三人插足而破坏军人婚姻家庭而造成的，例如与军人配偶通奸、同居、重婚等，应当先制止破坏军婚的行为，依法追究犯罪者的刑事责任，再根据夫妻关系处理离婚问题。

7. 根据我国《婚姻法》第 34 条的规定，女方在怀孕期间、分娩后 1 年内或中止妊娠后 6 个月内，男方不得提出离婚。女方提出离婚的，或人民法院认为确有必要受理男方离婚请求的，不在此限。这一规定主要是为了保护妇女和子女的合法权益，在一定条件下对男方离婚请求权的一种限制。女方在怀孕期间和分娩 1 年内，身体上、精神上有一定负担，尤其是为了对胎儿、婴儿特别保护，因此，禁止男方在此期间提出离婚是完全必要的。这仅仅是对男方离婚请求权的推迟，并非对男方离婚请求权的剥夺。而女方在此期间提出离婚，则不受此限制。另外，如果男女双方自愿登记离婚，法律不予禁止。“确有必要”主要是指，在此期间双方确实存在不能继续共同生活的重大而急迫的事由，例如一方对他方有危及生命、人身安全的可能，女方怀孕系与他人通奸所致，女方也不否认的。

案例分析题

（一）案例分析题

1. (1) 法院应当先对某甲与某乙进行调解，如感情确已破裂，调解无效，应准予离婚。

婚姻关系以夫妻感情为基础。某甲与某乙在共同生活过程中因琐事产生矛盾，若不能调解和好，感情确已破裂，则法院应判决准予双方离婚。

(2) 法院应在对某乙账户中的财产进行明确性质的基础上，按照个人财产和夫妻共同财产的区别，个人财产归某乙所有，夫妻共同财产原则上某甲和某乙均分。

某乙婚前房屋拆迁款转化的存款，是某乙的婚前财产，并且婚后也并未混同于夫妻共同财产，因此应归某乙个人所有；某乙婚后所得养老保险金，根据《婚姻法司法解释二》第 11 条的规定，属于婚姻法第 17 条规定的“其他应当归共同所有的财产”。某甲名下中国工商银行账户内的存款为夫妻关系存续期间的收入，属于典型的夫妻共同财产，应作为夫妻共同财产予以分割。

(3) 甲的行为构成典型的转移夫妻共同财产行为，因此根据《婚姻法》第 17 条的规定，应当在分割共同财产时，少分或不分给甲。

根据《婚姻法》第 17 条第 2 款规定：“夫妻对共同所有的财产，有平等的处理权。”第 47 条规定：“离婚时，一方隐藏、转移、变卖、毁损夫妻共同财产，或伪造债务企图侵占另一方财产的，分割夫妻共同财产时，对隐藏、转移、变卖、毁损夫妻共同财产或伪造债务的一方，可以少分或不分。离婚后，另一方发现有上述行为的，可以向人民法院提起诉讼，请求再次分割夫妻共同财产。”这就是说，一方在离婚诉讼期间或离婚诉讼前，隐藏、转移、变卖、毁损夫妻共同财产，或伪造债务企图侵占另一方财产的，侵害了夫妻对共同财产的平等处理权，离婚分割夫妻共同财产时，应当依照《婚姻法》第 47 条的规定少分或不分财产。

本案中，某甲的转移行为是典型的转移夫妻共同财产的行为。因为其不能说明钱款去向，因此可认定某甲存在转移、隐藏夫妻共同财产的情节。根据上述法律规定，对某甲名下中国工商银行账户内的存款，可以少分或不分给某甲。

2. 某乙的理解是正确的，因为某甲的撤销行为有违诚信原则。

本案中双方争议的焦点是在离婚协议中约定将夫妻共同共有的房产赠与未成年子女，离婚后一方在赠与房产变更登记之前是否有权予以撤销。在离婚协议中双方将共同财产赠与未成年子女的约定与解除婚姻关系、子女抚养、共同财产分割、共同债务清偿、离婚损害赔偿等内容互为前提、互为结果，构成了一个整体，是“一揽子”的解决方案。如果允许一方反悔，那么男女双方离婚协议的“整体性”将被破坏。在婚姻关系已经解除且不可逆的情况下如果允许当事人对于财产部分反悔将助长先离婚再恶意占有财产之有违诚实信用的行为，也不利于保护未成年子女的权益。因此，在离婚后一方欲根据《合同法》第 186 条第 1 款之规定单方撤销赠与时亦应取得双方合意，在未征得作为共同共有人的另一方同意的情况下，无权单方撤销赠与。

（见最高人民法院 2015 年 12 月 4 日公布的婚姻家庭纠纷典型案例——于某某诉高某某离婚后财产纠纷案）

3. 某甲、某乙和某丙不能按照赡养协议免除赡养某丁的义务，法院应当判决某丁与某乙生活，某甲、某丙按月支付赡养费，某甲、某乙、某丙共同负担某丁的医药费。

我国《婚姻法》第 21 条第 3 款规定：“子女不履行赡养义务时，无劳动能力的或生活困难的父母，有要求子女给付赡养费的权利。”某丁现已年迈，且体弱多病，丧失了劳动能力，确实需要子女赡养，其子女均有赡养的义务。尽管签订赡养协议分工赡养父母是合理合法的，法律上也是允许的，我国《老年人权益保障法》第 20 条规定：“经老年人同意，赡养人之间可以就履行赡养义务签订协议。赡养协议的内容不得违反法律的规定和老年人的意愿。”但是赡养协议并不免除子女对老人的赡养义务。

因此，尽管某甲和某乙签订了分家协议，某甲和某乙也都按照分家协议履行各自的义务，但这并不能免除某甲、某乙和某丙对某丁的赡养义务。特别要注意到的是，尽管某丙是女儿，从法律上来讲，子女对父母有相同的赡养义务，女儿不论出嫁与否都与父母存在法律上的赡养关系，不因任何原因而免除。而对于赡养协议中免除次子某乙对某丁的赡养义务，属于约定免除了次子某乙对母亲的法定义务，应属无效约定。

就某丁的居住和日常照料问题，某丁表示愿意随次子某乙生活，应尊重当事人的意见。就赡养费的数额和医药费负担比例问题，考虑到次子某乙与某丁共住，承担日常开销较大，因此长子某甲和某丙应多承担。

（二）政策分析题

配偶生育权就是夫妻二人分别拥有的选择是否生育、何时生育、生育子女数量和如何生育的权利。由于生育权由夫妻二人同时享有，因此会发生夫妻一方希望生育而另一方不希望生育的情形，或夫妻一方希望生育一位子女而另一方希望生育两位子女的情况。二孩政策出台后，配偶生育权的冲突愈发频繁。但是要注意到的是，二孩政策在赋予一对夫妻生育两个子女的同时，也保障夫妻不生育子女的自由。因此，不能将二孩政策与必须生育两个子女相等同。

在一方希望生育二孩，而另一方不希望生育二孩之时，正如题中案例所示，极其容易引起夫妻之间的矛盾冲突，进而演化为离婚的结果。此时，须重视，我国《婚姻法》对待离婚问题的基本原则是尊重离婚自由，但是同时也反对轻率离婚。若一方只是因为赌气、或威胁另一方生育或不生育而提出离婚诉讼请求，法院应该驳回其离婚请求，并教育说服其尊重另一方的生育权。若确实是因为生育权冲突，进而导致夫妻感情破裂，则应该准予离婚。

法条分析题

（1）根据《婚姻法司法解释一》的规定，该条规定的“有配偶者与他人同居”的情形，是指有配偶者与婚外异性，不以夫妻名义，持续、稳定地共同居住。

（2）根据《婚姻法司法解释二》的规定，该条规定的“家庭暴力”是指行为人以殴打、捆绑、残害、强行限制人身自由或者其他手段，给其家庭成员的身体、精神等方面造成一定伤害后果的行为。而长久、持续的家庭暴力构成虐待。根据《反家庭暴力法》第2条规定，家庭暴力是指家庭成员之间以殴打、捆绑、残害、限制人身自由以及经常性谩骂、恐吓等方式实施的身体、精神等侵害行为。

（3）例子1：一方在婚姻期间患上精神疾病，久治不愈。另一方在长久地与之共同居住的过程中，感情逐渐淡薄，直至感情破裂。

例子2：一方被依法判处长期徒刑，或其违法、犯罪行为严重伤害夫妻感情的。

例子3：经人民法院判决不准离婚后又分居满1年，互不履行夫妻义务的。

例子4：一方欺骗对方，或者在结婚登记时弄虚作假，骗取结婚证的。

例子5：婚前缺乏了解，草率结婚，婚后未建立起夫妻感情，难以共同生活的。

例子6：一方患有法定禁止结婚疾病的，或一方有生理缺陷，或其他原因不能发生性行为，且难以治愈的。

例子7：包办、买卖婚姻、婚后一方随即提出离婚，或者虽共同生活多年，但确未建立起夫妻感情的。

例子8：受对方亲属虐待，或虐待对方亲属，经教育不改，另一方不谅解的。

论述题

1. 在我国离婚制度史上，无论是新民主主义革命时期革命根据地的婚姻立法，还是新中国的两部婚姻法，抑或修正后的《婚姻法》，都贯穿着保障离婚自由，反对轻率离婚的立法精神。它是我国离婚立法的基本原则，也是婚姻登记和审判实践中处理离婚问题的指导思想。

保障离婚自由，是婚姻关系的本质和内在规定的客观要求。在社会主义社会中，婚姻应当是男女双方基于爱情的结合，夫妻关系的建立和存续都应以爱情为基础。但爱情作为建立在主体的一定客观条件上的精神感情，必然处于发展、变化的动态中，既可能向好的方面发展，使夫妻关系渐趋完善、稳固，又可能向坏的方面发展，导致夫妻关系恶化，使婚姻走向死亡，失去其社会价值和意义。因此，法律上应该提供明确的途径，保证当事人解除感情确已破裂的婚姻关系，使他们有可能重新建立幸福美满的家庭。

保障离婚自由，是马克思主义对待离婚的基本观点，也是社会主义婚姻家庭制度的基本要求。马克思主义婚姻家庭观对待离婚有几个要点：一是承认离婚自由；二是要求在离婚问题上男女平等；三是坚持婚姻以爱情为基础。基于此，我国婚姻法明确规定实行婚姻自由、一夫一妻、男女平等的婚姻制度，并将夫妻感情是否确已破裂作为准予或不准离婚的原则界限，从而使离婚自由成为公民的一项基本权利，受到法律的有效保障。

保障离婚自由，不仅有利于当事人，而且有利于社会的安定团结和社会主义物质文明、精神文明的建设。对那些感情已经破裂、不能和好的夫妻，允许依法解除婚姻关系，这不仅是保护当事人合法权益的需要，而且也是加强人民内部团结，维护社会秩序，促进社会主义现代化建设的要求。实行离婚自由还能在宏观上改善和巩固全社会的婚姻关系。被离婚瓦解的只是那种不堪同居、已经死亡的家庭。

社会主义制度下的离婚自由并不是绝对的、无条件的自由，而是相对的、有条件有限制的自由。因此，在坚持婚姻自由原则，保障离婚自由的同时，必须反对轻率离婚。反对轻率离婚也是法律对离婚问题的基本要求，是离婚立法指导思想的重要的、不可缺少的内容。

轻率离婚，是指不负责任，视婚姻如儿戏，以轻率的态度对待和处理离婚问题，属于滥用离婚自由的行为。保障离婚自由绝不意味着人们在离婚问题上可以为所欲为。离婚必须符合法定条件，履行法定程序。法律上有关离婚的规定既是对离婚自由的保障，又是对轻率离婚的限制。人们在行使离婚自由的权利时，必须受到法律和道德的约束，要自觉地承担应尽的社会责任和法律义务。

2.《婚姻登记条例》所规定的登记离婚的条件：

(1) 登记离婚须男女双方有合法的夫妻身份。离婚行为具有强烈的人身性，只能由具有夫妻身份的当事人本人提出，任何第三人，都不得代替一方或双方去登记离婚。

(2) 双方当事人须为有完全民事行为能力的人。离婚是重要的民事法律行为，只有在双方当事人具有完全的民事行为能力时，才能办理登记离婚。

(3) 当事人双方须有离婚的合意。即要求双方对离婚的意愿必须是自愿、真实、一致的，而不是虚假的。例如，假离婚、骗离婚、受对方和他人胁迫离婚等，这些情形都不属于真实意愿的协议离婚。

(4) 登记离婚时双方当事人必须已对子女的抚养教育作出恰当、合理的安排，并达成一致的协议。因此协议离婚时双方应对子女由何方抚养、抚养费的负担及给付期限、给付方式等达成一致的协议。

(5) 登记离婚必须对财产问题作出适当的处理。登记离婚时对夫妻共同财产的分割、债务的清偿以及一方生活确有困难需要另一方给予适当经济帮助等问题都必须达成一致的协议。

同时，婚姻关系的终止必须符合法律的规定，双方对于解除婚姻关系的协议内容必须符合法律的规定，不能借离婚来规避法律，达到其他个人目的；双方对于子女抚养的协议必须合法，不能因父母离婚而影响子女的健康成长；双方关于财产问题的协议也必须合法，既不能侵犯当事人任何一方的财产权利，也不能损害国家、集体和第三人的财产利益。

《婚姻登记条例》规定的登记离婚的程序有：

(1) 申请。《婚姻登记条例》第 11 条明确规定："办理离婚登记的内地居民应当出具下列证件和证明材料：(一) 本人的户口簿、身份证；(二) 本人的结婚证；(三) 双方当事人共同签署的离婚协议书。"

(2) 审查。婚姻登记机关对于当事人的离婚申请应该根据《婚姻法》及《婚姻登记条例》的规定进行严格的审查。尽管双方是自愿离婚，但也要根据具体情况做思想工作，尽可能挽救那些感情尚未完全破裂的婚姻，促成双方和好。如果双方同意离婚但对子女及财产安排不够合理，应帮助他们遵循婚姻法的精神作必要的调整。另外，在审查过程中还必须对协议的内容作全面的了解，做实质审查，比如当事人是否具有夫妻身份、离婚是否真实自愿、有无欺诈、胁迫等违法现象。如果有违法现象，应予以批评教育，不予登记。

(3) 登记。婚姻登记机关经过审查后，对符合《婚姻法》《婚姻登记条例》规定的离婚申请，应准予离婚。对不符合《婚姻法》和《婚姻登记条例》规定的，婚姻登记机关不予登记，并向当事人说明理由。

3. 根据我国《婚姻法》第 32 条第 2 款"人民法院审理离婚案件，应当进行调解；如感情确已破裂，调解无效，应准予离婚"的规定，离婚的法定标准有两个方面：一是夫妻感情确已破裂，二是调解无效。两者是不可分割的有机统一整体，并存在内在辩证关系。其中，感情确已破裂是实体性理由，是判决准予或不准予离婚的实质性法定条件；调解无效是程序性理由，是感情确已破裂的表现形式，所以不能作为判决离婚的实质要件；感情确已破裂在离婚理由中居于主导的决定地位，调解无效则处于从属辅助性地位。无论是调解离婚，还是判决离婚，关键都在于夫妻感情是否确已破裂。

现行《婚姻法》除感情确已破裂外，还有其他一些确定的标准，在《婚姻法》第 32 条中还有规定："有下列情形之一，调解无效的，应准予离婚：(一) 重婚或有配偶者与他人同居的；(二) 实施家庭暴力或虐待、遗弃家庭成员的；(三) 有赌博、吸毒等恶习屡教不改的；(四) 因感情不和分居满二年的；(五) 其他导致夫妻感情破裂的情形；一方被宣告失踪，另一方提出离婚诉讼的，应准予离婚。"以上所述，共同构成了我国判决离婚的法定标准完整体系。

4. 离婚作为引起婚姻关系终止的法律事实，必然产生一系列的法律后果，导致当事人内部和外部多重法律关系的消灭或变更。

（1）离婚在当事人人身关系方面的后果

离婚解除了当事人之间的夫妻身份关系，因夫妻身份而确定的权利义务关系随之消灭。主要包括，共同生活的权利义务解除；相互扶养的权利义务终止；法定继承人的资格丧失；双方有再婚的自由。

（2）离婚在当事人财产关系方面的后果

离婚不仅解除了夫妻之间的人身关系，也终止了夫妻之间的财产关系，衍生出夫妻共同财产与个人财产的认定和分割、债务的定性和清偿、特定情形下的经济补偿、对生活困难一方的经济帮助等一系列需要解决的问题。

①夫妻共同财产的分割

《婚姻法》第 39 条规定：“离婚时，夫妻的共同财产由双方协议处理；协议不成时，由人民法院根据财产的具体情况，照顾子女和女方权益的原则判决。夫或妻在家庭土地承包经营中享有的权益等，应当依法予以保护。”夫妻共同财产的分割问题比较复杂，对此，最高人民法院有许多相关的司法解释。

②离婚时的经济补偿

《婚姻法》第 40 条规定：“夫妻书面约定婚姻关系存续期间所得的财产归各自所有，一方因抚育子女、照料老人、协助另一方工作等付出较多义务的，离婚时有权向另一方请求补偿，另一方应当予以补偿。”

③离婚时的债务清偿

《婚姻法》第 41 条规定：“离婚时，原为夫妻共同生活所负的债务，应当共同偿还。共同财产不足清偿的，或财产归各自所有的，由双方协议清偿；协议不成时，由人民法院判决。”根据这一规定和有关司法解释，处理夫妻债务问题时要分清债务的性质，落实清偿责任。在婚姻因夫或妻一方死亡而自然终止时，生存一方应当对婚姻关系存续期间的共同债务承担连带清偿责任。这同离婚时夫妻共同债务的清偿问题的立法旨趣是完全一致的。

④离婚时对生活困难一方的帮助

《婚姻法》第 42 条规定：“离婚时，如一方生活困难，另一方应从其住房等个人财产中给予适当帮助。具体办法由双方协议；协议不成时，由人民法院判决。”这一规定一方面体现了我国人与人之间的互助互爱的新型社会关系，另一方面也是对离婚可能引起的消极后果的一种补救。它既是夫妻之间互相扶养的法律义务在离婚后的延伸，也是扶弱济贫的社会主义道德的要求。由于历史的、现实的种种原因，从总体上看，我国妇女的经济能力一般来说不如男子，离婚时生活困难的一方往往是女方。因此，这一规定也有助于消除妇女在离婚问题上的经济顾虑，保障其离婚自由。

5. 离婚解除当事人之间的婚姻身份关系，也在法律上使得父母子女关系产生了变动。主要包括以下几方面的内容：

（1）离婚不消除父母子女关系

《婚姻法》第 36 条第 1 款规定：“父母与子女间的关系，不因父母离婚而消除。离婚后，子女无论由父或母直接抚养，仍是父母双方的子女。”这是离婚后父母子女身份关系在法律上的基本界定。夫妻关系和父母子女关系是两种不同性质的关系。前者是男女基于自愿而结合的婚姻关系；而后者是基于出生事实而形成的自然血亲关系，不能人为地解除。所以，离婚只能消除夫妻关系，而不能消除父母子女关系。

养父母与养子女间的身份关系及其权利义务关系，也不因养父母离婚而消除。养父母离婚后，养子女无论由养父或养母抚养，仍是养父母双方的养子女。已形成事实上的抚养教育关系的继父母和继子女，如继子女未成年并随生父或生母生活的，该继子女与继父母的关系可视为自然解除。在已成年的情况下，继父母与继子女已经形成的身份关系和权利义务关系不因离婚而自然解除，只有在继父母或继子女提出解除父母子女关系并符合法律要求的前提下，方可解除。

（2）离婚后子女的抚养归属

父母离婚虽不能消除父母子女之间的关系，但客观上改变了抚养方式。根据《婚姻法》第 36 条的规定，父母与子女间的关系，不因父母离婚而消除。离婚后，子女无论由父或母直接抚养，仍是父母双方的子女。离婚后，父母对于子女仍有抚养和教育的权利和义务。离婚后，哺乳期内的子女，以随哺乳的母亲抚养为原则。哺乳期后的子女，如双方因抚养问题发生争执不能达成协议时，由人民法院根据子女的权益和双方的具体情况判决。

（3）离婚后子女抚育费的负担

《婚姻法》第37条规定："离婚后，一方抚养的子女，另一方应负担必要的生活费和教育费的一部或全部，负担费用的多少和期限的长短，由双方协议；协议不成时，由人民法院判决。关于子女生活费和教育费的协议或判决，不妨碍子女在必要时向父母任何一方提出超过协议或判决原定数额的合理要求。"

（4）离婚后不直接抚养子女的父或母的探望权

根据《婚姻法》第38条的规定，离婚后，不直接抚养子女的父或母，有探望子女的权利，另一方有协助的义务。行使探望权利的方式、时间由当事人协议；协议不成时，由人民法院判决。父或母探望子女，不利于子女身心健康的，由人民法院依法中止探望的权利；中止的事由消失后，应当恢复探望的权利。

6.《婚姻法》第39条规定："离婚时，夫妻的共同财产由双方协议处理；协议不成时，由人民法院根据财产的具体情况，照顾子女和女方权益的原则判决。夫或妻在家庭土地承包经营中享有的权益等，应当依法予以保护。"夫妻共同财产的分割问题比较复杂，对此，最高人民法院有许多相关的司法解释。

（1）《关于人民法院审理离婚案件处理财产分割问题的若干具体意见》对于夫妻共同财产在离婚时如何分割问题的处理规定

①根据婚姻法的基本精神，分割夫妻共同财产时必须坚持以下原则：一是男女平等；二是保护妇女、儿童的合法权益；三是不损害国家、集体和他人利益；四是照顾无过错一方；五是有利于生产和方便生活；六是尊重当事人意愿，有财产约定的，按约定处理。

②依法认定夫妻共同财产的范围，将夫妻共同财产与一方个人财产、家庭共有财产加以区别，并应注意保护未成年子女个人所有的财产权利。

③分割夫妻共同财产，应当首先进行调解，由当事人双方互谅互让，自愿协商，达成协议；调解不成时，由人民法院根据上述原则，结合具体情况依法处理。

a. 夫妻双方对财产归谁所有以书面形式约定的，或2001年4月28日前以口头形式约定，双方无争议的，离婚时应按约定处理，但规避法律的约定无效。

b. 在婚姻关系存续期间，复员、转业军人所得的复员费、转业费，结婚时间10年以上的，应按夫妻共同财产进行分割。复员军人从部队带回的医药补助费和回乡生产补助费，应归本人所有。

c. 夫妻分居两地分别管理、使用的财产，应认定为夫妻共同财产，在分割财产时，各自分别管理、使用的财产归各自所有。双方所分财产相差悬殊的，差额部分，由多得财产的一方以与差额相当的财产抵偿另一方。

d. 已登记结婚，尚未共同生活，一方或双方受赠的礼金、礼物应认定为夫妻共同财产，具体处理时应考虑财产来源、数量等情况合理分割。各自出资购置、各自使用的财物，原则上归各自所有。

e. 夫妻共同财产，原则上均等分割。根据生产、生活的实际需要和财产的来源等情况，具体处理时也可以有所差别。属于个人专用的物品，一般归个人所有。

f. 一方以夫妻共同财产与他人合伙经营的，入伙的财产可以分给一方所有，分得入伙财产的一方对另一方应给予相当于入伙财产一半价值的补偿。

g. 属于夫妻共同财产的生产资料，可分给有经营条件和能力的一方。分得该生产资料的一方对另一方应给予相当于该财产一半价值的补偿。

h. 对夫妻共同经营的当年无收益的养殖、种植业等，离婚时应从有利于发展生产、有利于经营管理考虑，予以合理分割或折价处理。

i. 离婚时一方尚未取得经济利益的知识产权，归一方所有。在分割夫妻共同财产时，可根据具体情况，对另一方予以适当的照顾。

j. 婚前个人财产在婚后共同生活中自然毁损、消耗、灭失，离婚时一方要求以夫妻共同财产抵偿的，不予支持。

k. 借婚姻关系索取的财物，离婚时，如结婚时间不长，或者因索要财物造成对方生活困难的，可酌情返还。对取得财物的性质是索取还是赠与难于认定的，可按赠与处理。

l. 离婚时夫妻共同财产未从家庭共同财产中

析出，一方要求析产的，可先就离婚和已查清的财产问题进行处理，对一时确实难以查清的财产的分割可告知当事人另案处理；或者中止离婚诉讼，待析产案件审结后再恢复离婚诉讼。

（2）《婚姻法司法解释二》对于夫妻共同财产在离婚时如何分割问题的处理规定

①离婚时，夫妻双方分割共同财产中的股票、债券、投资基金份额等有价证券以及未上市股份有限公司的股份时，协商不成或者按市价分配有困难的，人民法院可以根据数量按比例分配。

②人民法院审理离婚案件，涉及分割夫妻共同财产中以一方名义在有限责任公司的出资额，另一方不是该公司股东的，按以下情形分别处理：

a. 夫妻双方协商一致将出资额部分或者全部转让给该股东的配偶，过半数股东同意，其他股东明确表示放弃优先购买权的，该股东的配偶可以成为该公司股东。

b. 夫妻双方就出资额转让份额和转让价格等事项协商一致后，过半数股东不同意转让，但愿意以同等价格购买该出资额的，人民法院可以对转让出资所得财产进行分割。过半数股东不同意转让，也不愿意以同等价格购买该出资额的，视为其同意转让，该股东的配偶可以成为该公司股东。

③人民法院审理离婚案件，涉及分割夫妻共同财产中以一方名义在合伙企业中的出资，另一方不是该企业合伙人的，当夫妻双方协商一致，将其合伙企业中的财产份额全部或者部分转让给对方时，按以下情形分别处理：

a. 其他合伙人一致同意的，该配偶依法取得合伙人地位。

b. 其他合伙人不同意转让，在同等条件下行使优先受让权的，可以对转让所得的财产进行分割。

c. 其他合伙人不同意转让，也不行使优先受让权，但同意该合伙人退伙或者退还部分财产份额的，可以对退还的财产进行分割。

d. 其他合伙人既不同意转让，也不行使优先受让权，又不同意该合伙人退伙或者退还部分财产份额的，视为全体合伙人同意转让，该配偶依法取得合伙人地位。

④夫妻以一方名义投资设立独资企业的，人民法院分割夫妻在该独资企业中的共同财产时，应当按照以下情形分别处理：

a. 一方主张经营该企业的，对企业资产进行评估后，由取得企业一方给予另一方相应的补偿。

b. 双方均主张经营该企业的，在双方竞价基础上，由取得企业的一方给予另一方相应的补偿。

c. 双方均不愿意经营该企业的，按照《个人独资企业法》等有关规定办理。

⑤由一方婚前承租、婚后用共同财产购买的房屋，房屋权属证书登记在一方名下的，应当认定为夫妻共同财产。

⑥双方对夫妻共同财产中的房屋价值及归属无法达成协议时，人民法院按以下情形分别处理：

a. 双方均主张房屋所有权并且同意竞价取得的，应当准许。

b. 一方主张房屋所有权的，由评估机构按市场价格对房屋作出评估，取得房屋所有权的一方应当给予另一方相应的补偿。

c. 双方均不主张房屋所有权的，根据当事人的申请拍卖房屋，就取得的价款进行分割。

⑦离婚时双方对尚未取得所有权或者尚未取得完全所有权的房屋有争议且协商不成的，人民法院不宜判决房屋所有权的归属，应当根据实际情况判决由当事人使用。当事人对上述房屋取得完全所有权后，有争议的，可以另行向人民法院提起诉讼。

农村土地承包经营权是多种权利和利益的集合，也是农民的经济利益的支撑和生存、生活的社会保障的基础。离婚时，对夫妻任何一方尤其是女方在家庭土地承包经营中享有的权益等，必须合情、合理、合法地予以确认和保护。

（3）《婚姻法司法解释三》对于夫妻共同财产在离婚时如何分割问题的处理规定

①婚姻关系存续期间，双方用夫妻共同财产出资购买以一方父母名义参加房改的房屋，产权登记在一方父母名下，离婚时另一方主张按照夫妻共同财产对该房屋进行分割的，人民法院不予支持。购买该房屋时的出资，可以作为债权处理。

②离婚时夫妻一方尚未退休，不符合领取养老保险金条件，另一方请求按照夫妻共同财产分割养老保险金的，人民法院不予支持；婚后以夫妻共同财产缴付养老保险费，离婚时一方主张将

养老金账户中婚姻关系存续期间个人实际缴付部分作为夫妻共同财产分割的，人民法院应予支持。

③婚姻关系存续期间，夫妻一方作为继承人依法可以继承的遗产，在继承人之间尚未实际分割，起诉离婚时另一方请求分割的，人民法院应当告知当事人在继承人之间实际分割遗产后另行起诉。

④当事人达成的以登记离婚或者到人民法院协议离婚为条件的财产分割协议，如果双方协议离婚未成，一方在离婚诉讼中反悔的，人民法院应当认定该财产分割协议没有生效，并根据实际情况依法对夫妻共同财产进行分割。按照《婚姻法》第39条的规定，离婚时分割夫妻共同财产，协议处理是优先采用的方式，协议不成时才由人民法院依法判决。但是，这里所说的财产分割协议是以协议离婚（包括依登记程序办理的协议离婚和依诉讼程序办理的协议离婚）为必要前提的，如果协议离婚未成，当事人在离婚诉讼中反悔，自应否认该财产分割协议的效力，否则是有违双方当事人达成协议时的初衷的。

⑤离婚后，一方以尚有夫妻共同财产未处理为由向人民法院起诉请求分割的，经审查该财产确属离婚时未涉及的夫妻共同财产，人民法院应当依法予以分割。

7.《婚姻法》第36条第2、3款明确规定："离婚后，父母对于子女仍有抚养和教育的权利和义务。离婚后，哺乳期内的子女，以随哺乳的母亲抚养为原则。哺乳期后的子女，如双方因抚养问题发生争执不能达成协议时，由人民法院根据子女的权益和双方的具体情况判决。"

（1）离婚后子女的抚养归属的规定

首先，以有利于子女身心健康，保障子女的合法权益，结合父母双方的抚养能力和抚养条件等具体情况确定离婚后子女的抚养归属。

两周岁以下的子女，一般应随母方生活。母方有下列情形之一的，可随父方生活：一是母方患有久治不愈的传染性疾病或其他严重疾病，子女不宜与其共同生活；二是母方有抚养条件不尽抚养义务，而父方要求子女随其生活；三是因其他原因，子女确无法随母方生活，如母方的经济能力、生活环境明显对抚养子女不利，母方品行欠佳或违法犯罪不宜抚养子女等。父母双方协议两周岁以下子女随父方生活，并对子女健康成长无不利影响的，可予准许。

两周岁以上未成年子女抚养问题，应以维护子女利益为前提，处理具体问题时应当综合考虑父母双方的思想品质、生活作风、文化素质、经济条件、家庭环境等因素。

父母双方都要求两周岁以上的子女随其生活的，如其中一方有如下情形之一，可优先考虑子女随该方生活：

①已做绝育手术或因其他原因丧失生育能力的。《妇女权益保障法》第50条规定："离婚时，女方因实施绝育手术或者其他原因丧失生育能力的，处理子女抚养问题，应在有利子女权益的条件下，照顾女方的合理要求。"

②子女随其生活时间较长，改变生活环境对子女健康成长明显不利的。

③无其他子女，而另一方有其他子女的。

④子女随其生活，对子女成长有利，而另一方患有久治不愈的传染性疾病或其他严重疾病，或者有其他不利于子女身心健康的情形，不宜与子女共同生活的。

⑤父方与母方抚养子女的条件基本相同，双方均要求子女与其共同生活，但子女单独与祖父母或外祖父母共同生活多年，且祖父母或外祖父母要求并且有能力帮助子女照顾孙子女或外孙子女的，可作为子女随父或母生活的优先条件予以考虑。

⑥父母双方对10周岁以上的未成年子女随父或随母生活发生争执的，应考虑该子女的意见。10周岁以上的未成年人已有部分民事行为能力，在处理有关其切身利益的问题时，理应尊重本人的意愿。

此外，在有利于保护子女利益的前提下，父母双方协议轮流抚养子女的，可予准许。

关于继子女、养子女的抚养归属问题上，一是生父与继母或生母与继父离婚时，对曾受其抚养教育的继子女，继父或继母不同意继续抚养的，仍应由生父母抚养。二是《收养法》施行前，夫或妻一方收养的子女，对方未表示反对，并与该子女形成事实收养关系的，离婚后，应由双方负担子女的抚育费；夫或妻一方收养的子女，对方始终反对的，离婚后，应由收养方抚养该子女。

离婚后子女的抚养归属问题，涉及双方当事人和子女利益，在处理时切莫草率从事，导致矛盾激化，一定要深入细致地查明情况，通过调解或判决依法处理。

（2）离婚后子女抚养费的规定

《婚姻法》第37条规定："离婚后，一方抚养的子女，另一方应负担必要的生活费和教育费的一部或全部，负担费用的多少和期限的长短，由双方协议；协议不成时，由人民法院判决。关于子女生活费和教育费的协议或判决，不妨碍子女在必要时向父母任何一方提出超过协议或判决原定数额的合理要求。"这一规定在操作适用上包含以下三个方面的内容。

①父母双方离婚后仍有共同负担子女抚育费的义务。抚育费是生活费、教育费、医疗费等的总称。父母对未成年子女抚育费的负担是强制性的法定义务。父母离婚后，子女由母方抚养时，父方应负担必要的抚育费；子女由父方抚养时，母方也应负担必要的抚育费。只有在个别情况下，抚养子女的一方既有负担能力，又愿独自负担全部抚育费的，方可免除另一方的负担。

②子女抚育费的数额、给付的期限和办法，首先应由父母双方协议，协议不成时，由人民法院判决，无论是协议还是判决，都应以下列情形为依据：一是子女对抚育费的实际需要；二是父母双方的负担能力；三是当地的实际生活水平。

③子女抚育费可依法变更。子女的抚育费是在父母离婚时确定的。在一定条件下，可以根据实际情况的变化，依法予以变更。

（3）离婚后不直接抚养子女的父或母的探望权的规定

《婚姻法》第38条规定："离婚后，不直接抚养子女的父或母，有探望子女的权利，另一方有协助的义务。行使探望权利的方式、时间由当事人协议；协议不成时，由人民法院判决。父或母探望子女，不利于子女身心健康的，由人民法院依法中止探望的权利；中止的事由消失后，应当恢复探望的权利。"理解和适用这一规定，应把握三个基本点：第一，探望权是男女双方离婚后，不直接抚养子女的一方依法享有的权利。这种权利既是父母子女之间身份权的一种特殊表现，又是一方对另一方的请求权，直接抚养子女的一方有积极协助的义务，因而属于法定的强制性的权利和义务。第二，为便于探望权的实际运行，在操作上应尽量做到协议一致、调解解决。第三，探望权的行使必须有利于未成年子女的身心健康。

第八章　亲权与亲子关系

知识逻辑图

- 亲子关系
  - 亲权
    - 概念与特征
    - 历史沿革：以亲为本位→以子为本位
    - 种类
      - 自然血亲的亲子关系
      - 拟制血亲的亲子关系
    - 法律效力
      - 基本原则：共同亲权原则
      - 内容
        - 人身方面
          - 子女姓名决定权
          - 居住所指定权
          - 惩戒权
          - 身份行为的代理权和同意权
          - 子女返还请求权
        - 财产方面
          - 财产行为的代理权与同意权
          - 管理权
          - 使用收益权
          - 处分权
      - 丧失
        - 因剥夺而丧失
        - 因中止而丧失
        - 因转移而丧失
      - 恢复
      - 消灭
        - 绝对消灭
        - 相对消灭
  - 婚生子女
    - 婚生子女的推定
    - 婚生子女的否认
    - 父母子女间的权利与义务
  - 非婚生子女
    - 非婚生子女的准正
    - 非婚生子女的认领
    - 法律地位
  - 继父母继子女
    - 继父母继子女概念
    - 继父母继子女法律地位
    - 继父母继子女关系的解除

名词解释

1. 亲权
2. 家父权
3. 婚生子女
4. 继子女

选择题

（一）单项选择题

1. 亲权是父母对（　　）的权利和义务的总和。

A. 婚生子女　　B. 未成年子女

C. 未成年婚生子女　　D. 子女

2. 利用人工生育技术受胎而出生的子女被称为（　　）。

A. 非婚生子女　　B. 代孕子女

C. 人工生育子女　　D. 非常规生育子女

3. 中国古代的父母子女关系，完全从属于宗法家族制度，强调的是“父为子纲”、孝道为本的（　　）思想。

A. 父权　　B. 母权

C. 亲权　　D. 家权

4. 父母对子女有（　　）的义务。

A. 抚养　　B. 扶养

C. 抚养教育　　D. 扶养教育

5. 亲权中人身照护权的总体概括性权利是（　　）。

A. 住所制定权　　B. 保护和教育权

C. 身份行为的同意权　　D. 交还子女请求权

6. 无抚养关系的继父母、继子女关系，从性质上说属于（　　）。

A. 旁系血亲　　B. 直系血亲

C. 姻亲　　D. 拟制血亲

7. 张某（男）与王某（女）婚后一直不育，经查为张某无生育能力，两人思考再三后决定进行人工授精生育子女。后来他们选择了某名校在校研究生刘某的精子进行了体外授精。依我国现行法律，王某所生子女为（　　）。

A. 王某自己的子女

B. 张某自己的子女

C. 王某和张某共同的子女

D. 刘某自己的子女

8. 非婚生子女的准正制度始于（　　）。

A. 日耳曼法　　B. 罗马法

C. 寺院法　　D. 大陆法

9. 强制认领是指非婚生子女的（　　）不愿认领时，有关当事人得诉请法院予以强制认领。

A. 生父　　B. 养父

C. 生母　　D. 养母

10. 因生父母结婚使非婚生子女取得婚生子女资格的制度，称为（　　）。

A. 非婚生子女的认领

B. 非婚生子女的准正

C. 非婚生子女的收养

D. 非婚生子女的获得

（二）多项选择题

1. 下列关于我国对非婚生子女法律地位的说法，正确的有（　　）。

A. 非婚生子女与婚生子女享有对等的权利

B. 非婚生子女与婚生子女享有同等的权利

C. 任何人不得加以危害和歧视

D. 不直接抚养非婚生子女的生父或生母对子女不享有权利也不承担义务

2. 亲权是父母对未成年子女的权利和义务的统一，具有以下法律特征（　　）。

A. 亲权是一种亲属身份权

B. 亲权以管教和保护未成年子女为目的

C. 亲权是父母对未成年子女专有的权利和义务

D. 亲权是权利和义务的统一，亲权不能任意抛弃或滥用

3. 非婚生子女的认领形式分为（　　）。

A. 自愿认领　　B. 强迫认领

C. 协议认领　　D. 强制认领

4. 以下各项能够成为亲权消灭原因的有（　　）。

A. 父母或子女死亡　　B. 子女成年

C. 收养关系终止　　D. 父母离婚

5. 我国《婚姻法》关于父母子女间权利和义务的规定，不仅适用于父母与婚生子女之间，同时也适用于父母与非婚生子女之间、养父母与养子女之间以及有扶养关系的继父母与继子女之间。父母子女间有以下哪些权利义务？（　　）

A. 父母对子女有抚养教育的权利和义务

B. 父母对子女有保护和教育的权利和义务

C. 子女对父母有赡养扶助的义务

D. 父母子女之间有相互继承遗产的权利

6. 亲权的丧失，是指亲权人因法定的事由而失去行使亲权的资格。亲权丧失的原因可能有（　　）。

A. 亲权人被宣告为无民事行为能力或限制民事行为能力人

B. 亲权人因长期外出、重病等原因存在亲权障碍

C. 父母将其未成年子女送养他人致使亲权转移

D. 父母一方或双方对未成年子女有重大的犯罪行为导致亲权被剥夺

7. 亲权的消灭，是指基于法定的事由致使亲权无须履行或无法履行，从而使亲权归于消灭。亲权的消灭包括(　　)。

A. 绝对消灭　　B. 相对消灭

C. 拟制消灭　　D. 法定消灭

8. 为了保护非婚生子女的利益，现代大陆法系国家和英美法系国家多制定了非婚生子女准正制度，准正的形式有(　　)。

A. 生父母结婚　　B. 办理登记

C. 法院宣告　　D. 子女成年

9. 关于婚生子女的否认，各国法律规定不尽相同，以下说法中符合我国法律规定的有(　　)。

A. 夫妻任何一方均可以向法院起诉确认亲子关系不存在

B. 只有丈夫可以向法院起诉确认亲子关系不存在

C. 提起确认亲子关系不存在的一方必须提供相关证据

D. 提起确认亲子关系不存在的一方必须提供亲子鉴定

10. 亲权的内容是亲权制度的核心，是亲权的法律效力的具体表现，亲权人身上的照护权包括(　　)。

A. 子女的姓名设定权　　B. 居、住所指定权

C. 惩戒权　　D. 处分权

(三) 不定项选择题

1. 继父母子女间具有法律上的拟制血亲关系，产生父母子女间的权利和义务的条件是(　　)。

A. 相互认可

B. 形成抚养教育关系

C. 继父母无重大过失

D. 继父母夫妻关系良好

2. 婚生子女，是指在婚姻关系存续期间受胎或出生的子女。从大多数国家的立法上看，婚生子女应当符合以下哪些条件？(　　)

A. 该子女应为具有合法配偶身份的男女所生

B. 该子女的血缘来自具有合法配偶身份的男女双方

C. 该子女出生于合法的婚姻关系存续期间或婚姻关系消灭后的法定期限内

D. 以上都不对

简答题

1. 简述共同亲权原则。

2. 简述强制认领的概念。

3. 简述非婚生子女准正的形式。

4. 继父母子女关系解除时应当遵循哪几项原则？

5. 简述继父母继子女的法律地位。

案例分析题

王宇与刘芳结婚后一直未能生育，于是夫妻俩收养了一名8岁男孩，取名王乐。王乐成年后娶妻生子王云。刘芳去世后，王宇与刘娟登记结婚。刘娟的独生女张茜时年24岁已参加工作有经济收入。2015年，王宇重病，巨额医药费花费了其全部积蓄。出院后，王、刘二人生活困难，王宇遂向晚辈提出给付赡养费要求。此时晚辈的家庭状况是：王乐已因车祸死亡，其子王云大学毕业后顺利工作，尚未结婚，月收入4 000元；张茜未婚，月收入3 000元。王云认为自己的父亲是王宇的养子，且已经去世，自己与王宇没有任何血缘关系，不愿承担赡养义务。张茜未明确表态。

试分析：

(1) 张茜是否有赡养王宇的义务？

(2) 王云是否有赡养王宇的义务？

论述题

1. 论述亲权的法律特征。

2. 论述人工生育子女的法律地位。

3. 论述父母子女间的权利义务关系。

参考答案

名词解释

1. 亲权是指父母对未成年子女在人身和财产上具有管教和保护的权利和义务。在传统民法，亲权是一种身份权，是基于身份关系而产生的一种专属于父母的权利和义务。亲权制度是调整父母与未成年子女关系的法律规范的总称。在亲属法上，亲兼指父母，子兼指子女。亲权是父母对未成年子女的权利和义务的统一。

2. 在早期的罗马法中，家父权是以家父的利益为核心的，强调的是作为亲权人的家父的权利。在罗马亲属法中，家父由家庭成员中的曾祖父、祖父或父亲充当。家父在私法上享有各种特权，不仅子女的财产权为家父控制，而且子女的人格也被家父的人格所吸收，家父对家子具有绝对的支配权和惩罚权。

3. 婚生子女是指在婚姻关系存续期间受胎或出生的子女。人类社会进入一夫一妻的婚姻制度后，生育行为就开始由法律来调整。早期法律区分婚生子女和非婚生子女的目的，一是为了传宗接代，避免血缘上的混乱；二是为了家庭财产继承时确认继承人的需要。近现代以来，立法的意义更多的是保障婚姻当事人及其子女的权益。

4. 继子女是指夫与前妻或妻与前夫所生的子女。继父母，是指母之后夫或父之后妻。继父母与继子女关系产生的原因，一是由于父母一方死亡，他方再行结婚；二是由于父母离婚，父或母再行结婚。子女对父母的再婚配偶称为继父或继母。夫或妻对其再婚配偶的子女称为继子女。继父母子女关系是由于父或母再婚而形成的姻亲关系。

选择题

（一）单项选择题

1. B。亲权是指父母对未成年子女在人身和财产上具有管教和保护的权利和义务。亲权制度是调整父母与未成年子女关系的法律规范的总称。

2. C。人工生育子女，是指利用人工生育技术受胎而出生的子女。人工生育不同于人类传统的自然生育，是根据生物遗传工程理论，采用人工方法取出精子或卵子，再经人工将精子或受精卵注入妇女子宫，使其受孕的一种新的生育技术。

3. A。中国古代的父母子女关系，完全从属于宗法家族制度，强调的是“父为子纲”、孝道为本的父权思想。父母的权利由父集中行使，对子女不仅在人身上享有教令、惩戒、主婚等权力，而且父母在财产上对子女也有种种为礼、法肯定的特权。

4. C。我国《婚姻法》第 21 条规定，父母对子女有抚养教育的义务。抚养，是指父母在经济上对子女的供养和在生活上对子女的照料。教育，是指父母在思想品德上对子女的关怀和培养。

5. B。保护和教育权是人身照护权的总体概括性权利，其他人身照护权，如住所指定权、交还子女请求权，身份行为的同意权及代理权等都是保护和教育权的具体表现。

6. C。没有形成抚养教育关系的继父母子女间仅产生姻亲关系，不发生法律上的权利和义务。

7. C。最高人民法院《关于夫妻关系存续期间以人工授精所生子女的法律地位的复函》规定，在夫妻关系存续期间，双方一致同意进行人工授精，所生子女应视为夫妻双方的婚生子女，父母子女关系适用《婚姻法》的有关规定。

8. B。非婚生子女的准正，是指已出生的非婚生子女因生父母结婚或司法宣告而取得婚生子女资格的法律制度。准正制度始于罗马法，为了保护非婚生子女的利益，现代大陆法系国家和英美法系国家多设有准正制度。

9. A。强制认领，是指非婚生子女的生父不愿认领时，有关当事人得诉请法院予以强制认领。亦称生父的搜索。强制认领的原因，一是未婚所生子女，经生母指认的生父不承认该子女与其具有血缘关系；二是已婚所生子女，经生母指认该子女的生父为其丈夫以外的第三人而遭否认时，生母可向法院提起确认生父之诉。

10. B。非婚生子女的准正，是指已出生的非婚生子女因生父母结婚或司法宣告而取得婚生子女资格的法律制度。准正制度始于罗马法，为了保护非婚生子女的利益，现代大陆法系国家和英美法系国家多设有准正制度。

（二）多项选择题

1. BC。我国《婚姻法》第 25 条强调了对非婚生子女的保护，我国的非婚生子女享有与婚生子女同等的权利，任何人不得加以危害和歧视。不直接抚养非婚生子女的生父或生母，应当负担子女的生活费和教育费，直至子女能独立生活为止。

2. ABCD。在亲属法上，亲兼指父母，子兼指子女。亲权是父母对未成年子女的权利和义务的统一，具有以下法律特征：(1) 亲权是一种亲属身份权，是父母基于其身份而发生的对未成年子女的权利和义务。父母作为亲权人依法行使亲权，任何人不得侵害。(2) 亲权以管教和保护未成年子女为目的。(3) 亲权是父母对未成年子女专有的权利和义务，父母对成年子女不享有亲权。(4) 亲权是权利和义务的统一，亲权不能任意抛弃或滥用。

3. AD。非婚生子女的认领，是指非婚生子女的生父母承认非婚生子女是自己的子女。认领分为两种形式：一是自愿认领；二是强制认领。

4. ABC。亲权主要因以下原因消灭：(1) 父母或子女死亡，因法律关系的主体消灭而消灭；(2) 子女成年，因法定要件的消失而消灭；(3) 收养关系终止。此时，养父母的亲权消灭，生父母的亲权恢复。

5. ABCD。我国《婚姻法》第 21 条规定，父母对子女有抚养教育的义务；我国《婚姻法》第 23 条规定，父母有保护和教育未成年子女的权利和义务。在未成年子女对国家、集体或他人造成损害时，父母有承担民事责任的义务；我国《婚姻法》第 21 条规定，子女对父母有赡养扶助的义务；我国《婚姻法》第 24 条第 2 款规定，父母和子女有相互继承遗产的权利。

6. ABCD。亲权的丧失，是指亲权人因法定的事由而失去行使亲权的资格。亲权丧失的原因有：(1) 亲权因剥夺而丧失。亲权被剥夺的主要原因是：父母一方或双方对未成年子女有重大的犯罪行为，严重伤害了未成年子女利益的；或者滥用亲权对未成年子女的身心健康或财产利益造成损害的。(2) 亲权因中止而丧失，亲权人有以下情形之一的，中止其亲权：①被宣告为无民事行为能力或限制民事行为能力人。②离婚后不与未成年子女共同生活的父母一方，除部分亲权仍在行使外，其他已处于中止状态。③因长期外出、重病等原因存在亲权障碍。(3) 亲权因移转而丧失。亲权移转是指亲权因协议或法院的宣告，由亲权人移转给他人或救济机构行使。

7. AB。亲权的消灭，是指基于法定的事由致使亲权无须履行或无法履行，从而使亲权归于消灭。包括绝对消灭和相对消灭两种：一是绝对消灭，因子女死亡或子女成年而自然消灭。二是相对消灭，如父母一方死亡，死亡一方的亲权虽已消灭，但另一方的亲权仍在；父母双方死亡，尚可为未成年子女另行设置监护，以监护为亲权之延伸等。

8. AC。为了保护非婚生子女的利益，现代大陆法系国家和英美法系国家多设有准正制度。准正的形式是：(1) 因生父母结婚而准正。这里又可分为两种：一是以父母结婚为准正要件，不另设其他条件。二是以结婚和认领为准正要件，只结婚而不办理认领手续的，不发生准效力。(2) 因法院宣告而准正。法院宣告的准正，是指生父或生母死亡，或有婚姻障碍，致使婚姻准正不能时，得依一方或子女的请求，依法宣告子女为婚生子女。

9. AC。《婚姻法司法解释三》指出：夫妻一方向人民法院起诉请求确认亲子关系不存在，并已提供必要证据予以证明，另一方没有相反证据又拒绝做亲子鉴定的，人民法院可以推定请求确认亲子关系不存在一方的主张成立。当事人一方起诉请求确认亲子关系，并提供必要证据予以证明，另一方没有相反证据又拒绝做亲子鉴定的，人民法院可以推定请求确认亲子关系一方的主张成立。

10. ABC。亲权人身上的照护权包括子女的姓名设定权；居、住所指定权；惩戒权；身份行为的代理权和同意权；子女返还请求权。

（三）不定项选择题

1. B。继父母子女关系是由于父或母再婚而形成的姻亲关系。根据我国婚姻家庭法的规定，只有在一起共同生活形成了抚养教育关系的继父母子女间，才具有法律上的拟制血亲关系，产生父母子女间的权利义务。

2. ABC。婚生子女，是指在婚姻关系存续期间受胎或出生的子女。从大多数国家的立法上看，婚生子女应当符合三个条件：（1）该子女应为具有合法配偶身份的男女所生；（2）该子女的血缘来自具有合法配偶身份的男女双方；（3）该子女出生于合法的婚姻关系存续期间或婚姻关系消灭后的法定期限内。由此可见，其生父母之间是否存在婚姻关系，是婚生子女和非婚生子女的根本区别。

简答题

1. 共同亲权原则是指父母双方共同行使亲权的现代亲权制度的基本原则。亲权的主体，由父方优先或父有最后决定权发展为现代的由父母双方共同行使，是男女平等精神在亲权制度中的体现。父母共同行使亲权，不仅表现在亲权由父母双方平等地享有，而且强调的是亲权应由父母双方共同行使。即父和母是共同亲权人，在通常情形下，行使亲权应当以父母的共同意思表示为依据；作为一个整体的权利，亲权不能分割，不能由父或母独自享有。但在日常生活中，共同亲权原则并不排斥父或母一方行使亲权，但如遇重大问题，法律则要求亲权必须由父母双方共同行使。

2. 非婚生子女的认领是指在非婚生子女尚未准正的情况下，由生父承认该非婚生子女为其所生的一项法律制度。非婚生子女的认领有两种形式，自愿认领和强制认领。强制认领，是指非婚生子女的生父不愿认领时，有关当事人得诉请法院予以强制认领。亦称生父的搜索。强制认领的原因，一是未婚所生子女，经生母指认的生父不承认该子女与其具有血缘关系；二是已婚所生子女，经生母指认该子女的生父为其丈夫以外的第三人而遭否认时，生母可向法院提起确认生父之诉。

3. 非婚生子女的准正，是指已出生的非婚生子女因生父母结婚或司法宣告而取得婚生子女资格的法律制度。非婚生准正的形式是：（1）因生父母结婚而准正。这里又可分为两种：一是以父母结婚为准正要件，不另设其他条件。二是以结婚和认领为准正要件，只结婚而不办理认领手续的，不发生准正的效力。（2）因法院宣告而准正。法院宣告的准正，是指生父或生母死亡，或有婚姻障碍，致使婚姻准正不能时，得依一方或子女的请求，依法宣告子女为婚生子女。

4. 继父母子女关系可基于一定的原因解除，其原则为：

（1）未形成抚养教育关系的继父母子女关系，因生父或生母与继母或继父婚姻终止而解除。

（2）已形成抚养教育关系的继父母子女关系，可以分为两种情况：第一，在再婚关系存续期间，继父或继母与继子女之间的扶养关系，可根据任何一方的请求及停止扶养的事实而解除。第二，在再婚关系终止时，无论是因离婚而终止或因生父（或生母）死亡而终止，继父或继母与继子女之间的扶养关系均不当然解除。根据婚姻法和有关司法解释的规定，继父或继母与继子女已形成的扶养关系是一种独立的权利义务关系，不因生母或生父与继父或继母婚姻关系的终结而自然消除。

5. 继子女，是指夫与前妻或妻与前夫所生的子女。继父母，是指母之后夫或父之后妻。我国《婚姻法》第27条规定："继父母与继子女间，不得虐待或歧视。继父或继母和受其抚养教育的继子女间的权利和义务，适用本法对父母子女关系的有关规定。"这一规定说明，形成了抚养教育关系的继父母子女间的权利和义务，与亲生父母子女间的权利和义务是相同的。基于血缘的原因，父母子女关系不因父母的离婚而消除。离婚后的子女仍是父母双方的子女，与不和其共同生活的父母间仍存在权利义务关系，生父母仍对子女有抚养教育的权利和义务。因此，继子女和与其有扶养关系的继父母间，与其生父母间是双重的权利义务关系。

案例分析题

（1）张茜没有赡养王宇的义务。张茜是王宇的继女，其母与王宇结婚时，张茜已成年，未受到王宇的抚养教育，没有形成抚养教育关系，故不具有婚姻法规定的父母子女间的权利义务关系。

（2）王云有赡养王宇的义务。王云的父亲王乐是王宇的养子，依照《收养法》的规定，自收养关系成立之日起，养子女与养父母间的权利义务关系，适用法律关于父母子女关系的规定。故王宇与王云形成法律拟制的祖孙关系。按照我国

《婚姻法》的规定，有负担能力的孙子女，对于子女已经死亡的祖父母，有赡养的义务。本案中，王乐已经死亡，其子王云已成年且有足够的负担能力，因此应对王宇履行赡养义务。

论述题

1. 亲权是指父母对未成年子女在人身和财产上具有管教和保护的权利和义务。在传统民法中，亲权是一种身份权，是基于身份关系而产生的一种专属于父母的权利和义务。亲权制度是调整父母与未成年子女关系的法律规范的总称。在亲属法上，亲兼指父母，子兼指子女。亲权是父母对未成年子女的权利和义务的统一，具有以下法律特征：

(1) 亲权是一种亲属身份权，是父母基于其身份而发生的对未成年子女的权利和义务。父母作为亲权人依法行使亲权，任何人不得侵害。

(2) 亲权以管教和保护未成年子女为目的。

(3) 亲权是父母对未成年子女专有的权利和义务，父母对成年子女不享有亲权。

(4) 亲权是权利和义务的统一，亲权不能任意抛弃或滥用。

2. 人工生育子女是指根据生物遗传工程理论，采用人工方法取出精子或卵子，然后用人工方法将精子或受精卵胚胎注入妇女子宫内，使其受孕所生育的子女。人工生育子女在现代科学技术条件下，主要有同质人工授精、异质人工授精和代孕母亲三类。我国法律明确了人工生育技术的实施范围，禁止任何形式的代孕母亲。

根据我国法律规定：在夫妻关系存续期间，双方一致同意进行人工授精，所生子女应视为夫妻双方的婚生子女，父母子女关系适用《婚姻法》的有关规定。因此，只要夫妻双方协议一致同意进行人工授精的，不论所生子女是否与父母具有血缘关系，均应视为夫妻双方的婚生子女。这里需要明确的有三个方面：

(1) 实施人工生育技术的目的，是利用医学技术为不孕的夫妇提供生育的协助。因此，精子和卵子的提供者以及代孕者旨在帮助不孕的夫妇生育子女，其本身并不承担法律上有关亲权的权利和义务。

(2) 接受人工生育的主体，应当是已婚的不孕夫妇。现各国都倾向于保护同质人工授精，有限制地允许使用异质人工授精，尽量防止和避免人工生育技术的滥用。

(3) 凡夫妻就实施人工生育达成协议的，所生子女即为婚生子女，其间的亲子关系适用亲权的法律规定。如妻子未经丈夫同意而进行人工生育，则夫对该人工生育子女的婚生性享有否认权。

3. 我国《婚姻法》关于父母子女间权利和义务的规定，适用于父母与婚生子女之间、父母与非婚生子女之间、养父母与养子女之间以及有扶养关系的继父母与继子女之间。

(1) 父母对子女有抚养教育的权利和义务

我国《婚姻法》第 21 条规定，父母对子女有抚养教育的义务。

父母对子女有抚养的义务。抚养，是指父母在经济上对子女的供养和在生活上对子女的照料。包括负担子女的生活费、教育费、医疗费等等。抚养义务是父母对子女所负的最主要的义务，目的是保障子女的生存和健康成长。

父母对未成年子女的抚养是无条件的。除法律另有规定外，任何情况下父母都必须履行抚养义务。离婚后的父母，无论子女由哪方抚养，另一方都不因此而免除其对子女的抚养义务。在一般情况下，父母的抚养义务到子女成年为止。父母对成年子女的抚养是有条件的，父母仅对不能独立生活的成年子女，根据需要和负担能力承担必要的抚养义务。

《婚姻法》第 21 条还规定，父母不履行抚养义务时，未成年的或不能独立生活的子女，有要求父母付给抚养费的权利。《婚姻法司法解释一》中指出：《婚姻法》第 21 条规定的“不能独立生活的子女”，是指尚在校接受高中及其以下学历教育，或者丧失或未完全丧失劳动能力等非因主观原因而无法维持正常生活的成年子女。同条所称的“抚养费”，包括子女生活费、教育费、医疗费等费用。未成年子女或不能独立生活的成年子女的受抚养的权利受到侵害时，有向父母追索抚养费的权利。关于追索抚养费的纠纷，可由抚养义务人的所在单位或有关部门进行调解，也可直接经由诉讼程序处理。《婚姻法司法解释三》指出：婚姻关系存续期间，父母双方或者一方拒不履行抚养子女义务，未成年或者不能独立生活的子女请求支付抚养费的，人民法院应予支持。人民法院应当根据子女的需要和父母的抚养能力，通过调解或判决的方式，确定抚养费的数额、给付的期限和方法。对于追索抚养费的请求，必要时可以依法裁定先予执行。对于拒不履行抚养义务，情节恶劣，构成遗弃罪的，应当依法追究其刑事责任。

（2）父母对子女有保护和教育的权利和义务

我国《婚姻法》第23条规定：“父母有保护和教育未成年子女的权利和义务。在未成年子女对国家、集体或他人造成损害时，父母有承担民事责任的义务。”

保护，是指父母应保护未成年子女的人身安全和合法权益，防止和排除来自自然界的损害以及他人的非法侵害。教育，是指父母按照法律和道德规范的要求对未成年子女进行家庭教育。未成年子女是无民事行为能力人或限制民事行为能力人，他们缺乏对事物的理解能力和处理能力。法律要求父母对未成年子女进行保护和教育，一方面是为了保障子女的健康和安全；另一方面则是为了防止未成年子女损害他人和社会的利益，防止未成年子女沾染恶习或从事违反社会公共生活规则和违法犯罪的行为。

本条的规定是有效地保障子女身心健康和财产安全的法律依据。父母是未成年子女的法定监护人和法定代理人，当未成年子女的人身或财产权益遭受他人侵害时，父母有以法定代理人的身份提起诉讼，请求停止侵害、排除妨碍、赔偿损失等权利。当未成年子女在他人诱使下脱离家庭时，父母有要求归还子女的权利。发生拐骗子女行为时，父母有请求司法机关追究拐骗者刑事责任的权利。在未成年子女对国家、集体或他人造成损害时，父母有承担民事责任的义务。《侵权责任法》第32条规定，无民事行为能力人、限制民事行为能力人造成他人损害的，由监护人承担侵权责任。监护人尽到监护责任的，可以减轻其侵权责任。有财产的无民事行为能力人、限制民事行为能力人造成他人损害的，从本人财产中支付赔偿费用。不足部分，由监护人赔偿。《民通意见》中规定，夫妻离婚后，未成年子女侵害他人权益的，同该子女共同生活的一方应当承担民事责任；如果独立承担民事责任确有困难的，可以责令未与该子女共同生活的一方共同承担民事责任。侵权行为发生时行为人不满18周岁，在诉讼时已满18周岁，并有经济能力的，应当承担民事责任；行为人没有经济能力的，应当由原监护人承担民事责任。行为人致人损害时年满18周岁的，应当由本人承担民事责任；没有经济收入的，由扶养人垫付；垫付有困难的，也可以判决或者调解延期给付。需要指出的是，父母的责任以民事责任为限，当未成年子女的行为触犯刑律时，父母不代其承担刑事责任。

（3）子女对父母有赡养扶助的义务

我国《婚姻法》第21条规定，子女对父母有赡养扶助的义务。子女不履行赡养义务时，无劳动能力的或生活困难的父母，有要求子女付给赡养费的权利。《老年人权益保障法》中明确规定，赡养人是指老年人的子女以及其他依法负有赡养义务的人。

赡养，是指子女对父母的供养，即在物质上和经济上为父母提供必要的生活条件。扶助，是指子女对父母在精神上和生活上的关心、帮助和照料。老年人在其一生中对社会和家庭都作出了贡献，尽到了责任，他们理应得到社会和家庭的尊敬和照顾。公民年老、患病或者丧失劳动能力时，有从国家和社会获得物质帮助的权利。但由于我国目前社会福利事业相对不足，国家和社会对老年人的物质帮助，还不能取代家庭的赡养老人功能，我国现阶段赡养老人仍然主要依靠家庭。父母抚养了子女，当父母年老体弱时，子女理应对父母尽赡养扶助的义务，这是子女对家庭和社会应当承担的责任。现代的养老育幼是建立在亲子关系平等的基础上的，尊老、敬老历来是中华民族的传统美德，应当在社会主义的新时代发扬光大。

赡养扶助的义务主体是有独立生活能力的成年子女。未成年子女不是父母的赡养义务人。赡养和扶助义务的具体内容是，子女应对无劳动能力或生活困难的父母提供必要的生活保障。依据《老年人权益保障法》的规定：①赡养人应当履行对老年人经济上供养、生活上照顾和精神上慰藉的义务，照顾老年人的特殊需要。②赡养人对患病的老年人应当提供医疗费用和护理。③赡养人应当妥善安排老年人住房，不得强迫老年人迁居条件低劣的房屋。老年人自有的或者承租的住房，子女或者其他亲属不得擅自侵占，不得擅自改变产权关系或者租赁关系。老年人自有的住房，赡养人有维修的义务。④赡养人有义务耕种老年人承包的田地，照管老年人的林木和牲畜等，收益归老年人所有。

子女对父母的赡养是法定的义务，不得附加任何条件，赡养人不得以放弃继承权或者其他理由，拒绝履行赡养义务。无论子女是否与父母居住在一起，都应根据父母的实际需要履行赡养义务。赡养的方式既可以是与父母共同生活直接履行赡养义务，也可采用提供生活费用的方式承担经济责任。如有多个子女，则应根据每个子女的经济状况，共同承担对父母的经济责任。赡养人之间可以就履行赡养义务签订协议，并征得老年人的同意。这种协议，可由居民委员会、村民委员会或者赡养人所在组织监督其履行。赡养费的数额，既要根据赡养人的经济负担能力，又要满足父母的实际生活需要。一般应不低于当地的平均生活水平。

(4) 父母子女之间有相互继承遗产的权利

我国《婚姻法》第 24 条第 2 款规定："父母和子女有相互继承遗产的权利。"依据我国《继承法》，子女和父母均为第一顺序的法定继承人，相互享有继承权。

继承权，是指继承人依法享有的继承被继承人遗产的权利。父母和子女是最近的直系血亲，因此，父母子女间的继承权是基于双方的特殊身份而产生的。法律所指的父母包括：生父母、养父母和有扶养关系的继父母；子女包括：婚生子女、非婚生子女、养子女和有扶养关系的继子女。父与母对子女遗产的继承权是平等的。子与女对父母遗产的继承权也是平等的，不受性别、年龄、已婚或未婚的影响。需要指出的是：①父母与非婚生子女有相互继承遗产的权利。②养父母与养子女有相互继承遗产的权利；但养子女无权继承生父母的遗产，生父母也无权继承养子女的遗产。③有扶养关系的继父母与继子女有相互继承遗产的权利；继父母继承了继子女遗产的，不影响其继承生子女的遗产；继子女继承了继父母遗产的，不影响其继承生父母的遗产。父母和子女的继承权是平等的，父母子女都是独立的继承主体，享有独立的继承份额。与此相关，法律还规定：①对被继承人死亡时尚未出生的胎儿，也应依法保留其继承的份额。胎儿出生时是死体的，保留的份额由被继承人的继承人继承；胎儿出生后死亡的，则由其继承人继承。②子女先于父母死亡的，其晚辈直系血亲依法享有代位继承权。③丧偶儿媳对公婆、丧偶女婿对岳父母尽了主要赡养义务的，也作为第一顺序继承人继承遗产。

(5) 子女应当尊重父母的婚姻权利，不得干涉父母的再婚自由

婚姻自由是我国婚姻家庭法的基本原则。父母应当尊重子女的婚姻权利，不得干涉子女的婚姻自由。子女也应当尊重父母的婚姻权利，不得干涉父母的再婚自由。

随着平均预期寿命的延长，物质和文化生活水平的提高，人们婚姻观念的改变，老年人在丧偶、离婚后再婚的越来越多，对于父母的婚姻权利，《婚姻法》第 30 条明确规定："子女应当尊重父母的婚姻权利，不得干涉父母再婚以及婚后的生活。子女对父母的赡养义务，不因父母的婚姻关系变化而终止。"凡干涉父母再婚自由情节恶劣、后果严重的，应当按照有关规定追究其法律责任。

第九章　收　养

知识逻辑图

- 收养
  - 概述
    - 概念与特征
    - 历史沿革：以宗族为本位→以个人为本位
  - 基本原则
    - 有利于未成年人的抚养与成长
    - 保障收养人与被收养人合法权益
    - 平等自愿
    - 不得违背社会公德
    - 不得违背计划生育法律法规
  - 法定条件
    - 普通收养成立的条件
      - 被收养人：须为得不到生父母抚养的不满 14 周岁的未成年人
      - 送养人：须为法律所认可的特定公民或社会福利机构
      - 收养人：必须具有抚养教育被收养人的条件
      - 合意：必须成立收养关系的合意
    - 特殊收养成立的条件
      - 收养三代以内同辈旁系血亲的子女
      - 收养孤儿、残疾儿童或弃婴和儿童
      - 继父母收养子女
  - 收养登记
    - 申请
    - 审查
    - 登记
  - 法律效力
    - 拟制效力
      - 养子女姓名决定权
      - 养父母对养子女的抚养教育义务
      - 养父母对未成年养子女的保护和教育的权利和义务
      - 养子女对养父母的赡养义务
      - 养父母子女之间相互继承的权利
      - 养子女与养父母的近亲属之间的权利、义务关系
    - 解消效力
    - 收养关系的解除
      - 协议解除收养关系
      - 诉讼解除收养关系

名词解释

1. 收养
2. 收养协议
3. 收养登记
4. 收养公证

选择题

（一）单项选择题

1. 我国《收养法》规定，办理收养登记的法定机关是(　　)。

A. 乡镇人民政府
B. 村民委员会或居民委员会
C. 乡镇人民政府的民政部门
D. 县级以上人民政府的民政部门

2. 根据我国法律规定，收养关系自(　　)起成立。
A. 当事人达成收养合意之日
B. 签订收养协议之日
C. 办理收养公证之日
D. 收养登记之日

3. 根据我国《收养法》的规定，收养关系成立的必要程序是(　　)。
A. 办理收养公证
B. 订立收养协议
C. 订立收养协议并办理收养公证
D. 收养登记

4. 我国法律规定，收养三代以内同辈旁系血亲的子女不受下列哪个条件限制？(　　)
A. 父母无特殊困难且有抚养能力的子女
B. 收养人患有医学上认为不应当收养子女的疾病
C. 收养人不满 30 周岁
D. 收养人已有子女

5. 我国现行《收养法》规定的收养人收养与送养人送养应征求被收养人同意的是(　　)。
A. 收养人与送养人意见不一的
B. 收养人满 10 周岁的
C. 收养人是限制民事行为能力人
D. 被收养人有判断能力的

6. 我国现行《收养法》规定，收养关系当事人各方或者一方要求办理收养公证的(　　)。
A. 可以办理收养公证
B. 应当办理收养公证
C. 应该办理收养公证
D. 准予办理收养公证

7. 收养行为在人民法院确认无效后，从(　　)起没有法律效力。
A. 行为开始时起
B. 行为被确认无效时起
C. 收养人停止收养时起
D. 收养关系解除时起

8. 依我国收养法律法规的规定，涉外夫妻人身关系的准据法适用(　　)。
A. 中华人民共和国法律
B. 国际惯例
C. 被告经常居住地法律
D. 夫妻共同经常居所地法律

9. 收养查找不到生父母的弃婴和儿童的，办理登记的民政部门应当在登记前完成什么程序？(　　)
A. 通知　　　　B. 通报
C. 公示　　　　D. 公告

10. 解除收养关系后，未成年养子女同生父母以及其他近亲属的权利义务关系(　　)。
A. 自行恢复
B. 由双方协商处理
C. 由法院判决是否恢复
D. 由未成年子女户籍所在地派出所决定是否恢复

11. 收养须征得被收养人同意的收养人条件是(　　)。
A. 8 周岁以上的未成年人
B. 12 周岁以上的未成年人
C. 10 周岁以上的未成年人
D. 6 周岁以上的未成年人

(二) 多项选择题

1. 根据我国《收养法》的规定，可以作为送养人的是(　　)。
A. 孤儿的监护人
B. 社会福利机构
C. 被收养人所在地民政部门
D. 有特殊困难无力抚养子女的生父母

2. 根据我国法律规定，收养人应当同时具备下列哪些条件？(　　)
A. 无子女
B. 有房
C. 有抚养教育被收养人的能力
D. 未患有医学上认为不应当收养子女的疾病

3. 根据我国法律规定，依一方当事人的要求解除收养关系的情形有(　　)。
A. 收养人不履行收养义务
B. 收养人虐待、遗弃未成年养子女
C. 收养人与未成年子女关系恶化，无法共同生活

D. 收养人与成年子女关系恶化，无法共同生活

4. 下面关于收养说法正确的是(　　)。

A. 我国现行收养制度属于单一的完全收养

B. 收养成立的后果包括直接后果和间接后果

C. 收养仅具有拟制效力

D. 被收养人可以是查找不到父母的弃婴

5. 王某准备收养孤儿陈某，可以不受下列哪些条件限制？(　　)

A. 王某没有子女

B. 王某年满 30 周岁

C. 只能收养陈某一名孤儿

D. 王某如果有配偶，要经过配偶同意

6. 作为一种民事法律行为的收养行为不同于其他民事法律行为的特征有(　　)。

A. 收养行为的协商性

B. 收养行为的身份性

C. 收养关系主体的限定性

D. 收养关系的可变性

7. 普通公民收养三代以内同辈旁系血亲可以不受的限制包括(　　)。

A. 收养人无子女

B. 只能收养 1 名子女

C. 被收养人不满 14 周岁

D. 无配偶男性收养女性的被收养人，双方须有 40 周岁以上年龄差

8. 根据我国法律规定，收养关系(　　)。

A. 是一种民事法律关系

B. 其当事人是收养人和被收养人

C. 不可以发生在任何自然人之间

D. 可以依法解除

9. 根据我国法律规定，继父母收养继子女可以不受哪些条件的限制？(　　)

A. 继子女的生父母无特殊困难、有抚养能力

B. 继父母患有医学上认为不应当收养子女的疾病

C. 继父母已经有一名子女

D. 继父母不满 30 周岁

简答题

1. 简述收养的法律特征。

2. 收养关系成立必须履行什么法定程序？

3. 简述收养的拟制效力。

4. 简述收养与寄养的不同。

5. 简述解除收养关系的法律后果。

6. 简述协议解除收养关系的条件。

7. 简述收养关系解除引起的法律后果。

案例分析题

1. 张生、王梅夫妇经常外出做生意，2007 年 3 月，张生夫妇外出打工，失去联系。无奈之下，张生的父母于 2011 年 8 月向人民法院请求宣告张生、王梅死亡。人民法院于 2011 年 10 月依法作出宣告张生、王梅的死亡判决。随后，张生夫妇 5 岁的儿子张俊开始随其祖父母生活。2012 年，张俊的祖父母因年老无力照顾张俊，决定将其送养。2013 年底，张俊的祖父母与收养人刘晓旭夫妇签订了收养协议，并办理了公证手续。2015 年初，张生夫妇回到村里并以送养人不合格、张俊不符合被收养人的条件为由，请求法院确认刘晓旭夫妇与张俊之间的收养关系无效。

试分析：

(1) 张俊是否符合被收养人条件？

(2) 张俊祖父母是否符合送养人条件？

2. 1992 年杨强 8 岁时其父去世，其母无力抚养，杨强经合法登记程序被张雄收养。2005 年杨强与养父张雄关系恶化无法共同生活，经双方协商，协议解除收养关系。2007 年杨强结婚并开始做个体经营，生活逐渐走向富裕。杨强的亲生母亲在杨强解除收养关系后多次要求恢复与杨强的母子关系，杨强不同意。2012 年杨强发生车祸死亡，其母要求继承杨强的遗产遭到杨强妻子拒绝。

试分析：

(1) 杨强与生母的母子关系因杨强的不同意能否恢复？

(2) 其母可否继承杨强的遗产？

论述题

1. 论述我国《收养法》的基本原则。

2. 论述收养关系的成立应当具备哪些法定条件。

参考答案

名词解释

1. 收养，是指公民依照法律规定的条件和程序，将他人的子女作为自己的子女领养，从而使原无父母子女关系的当事人产生法律拟制的父母子女关系的民事法律行为。

2. 收养协议，是收养关系当事人出于自愿而订立的包括收养人、送养人和被收养人，收养的目的，收养人不虐待、不遗弃被收养人和抚育被收养人健康成长等内容的保证书面协议。

3. 收养登记是我国《收养法》规定的成立收养关系的法定程序，收养应当向县级以上人民政府民政部门登记。

4. 收养公证，是根据收养关系当事人各方或者一方要求去公证机关办理的在于证明收养关系合法性的行为。

选择题

（一）单项选择题

1. D。我国《收养法》第 15 条第 1 款规定："收养应当向县级以上人民政府民政部门登记。收养关系自登记之日起成立。"

2. D。我国法律规定，收养关系自登记发证之日起正式成立。

3. D。我国《收养法》第 15 条规定："收养应当向县级以上人民政府民政部门登记。收养关系自登记之日起成立。……收养关系当事人愿意订立收养协议的，可以订立收养协议。收养关系当事人各方或者一方要求办理收养公证的，应当办理收养公证。"从条文规定看，收养登记是成立收养关系的法定程序，而收养协议与收养公证却非必经程序。

4. A。我国《收养法》第 7 条第 1 款规定，收养三代以内同辈旁系血亲的子女，可以不受本法第 4 条第 3 项、第 5 条第 3 项、第 9 条和被收养人不满 14 周岁的限制。因此，国内公民在收养其兄弟姐妹、堂兄弟姐妹或者表兄弟姐妹的子女时，收养条件将被放宽，具体而言，主要有：(1) 被收养人的生父母纵然无特殊困难并且有抚养能力，亦可作为送养人；(2) 生父母无特殊困难且有抚养能力的子女亦可为被收养人；(3) 无配偶的男性收养三代以内同辈旁系血亲之女，不受收养人与被收养人之间须有 40 周岁以上法定年龄差的限制；(4) 被收养人无须受年龄不满 14 周岁的限制。

5. B。根据我国《收养法》的规定，收养人收养与送养人送养，须双方自愿；收养年满 10 周岁以上未成年人的，应当征求被收养人的同意。

6. B。我国《收养法》第 15 规定，收养关系当事人各方或者一方要求办理收养公证的，应当办理收养公证。

7. A。我国《收养法》第 25 条第 2 款规定，收养行为被人民法院确认无效的，从行为开始时起就没有法律效力。

8. D。《涉外民事关系法律适用法》第 23 条规定，夫妻人身关系，适用共同经常居所地法律；没有共同经常居所地的，适用共同国籍国法律。

9. D。根据我国《收养法》第 15 条的规定，收养查找不到生父母的弃婴和儿童的，办理登记的民政部门应当在登记前予以公告。

10. A。根据《收养法》第 29 条的规定，收养关系解除后，养子女与生父母及其他近亲属间的权利义务关系自行恢复，但成年养子女与生父母及其他近亲属间的权利义务关系是否恢复，可以协商确定。

11. C。我国《收养法》第 26 条规定，收养人在被收养人成年以前，不得解除收养关系，但收养人、送养人双方协议解除的除外，养子女年满 10 周岁以上的，应当征得本人同意。

（二）多项选择题

1. ABD。我国《收养法》第 5 条规定："下列公民、组织可以作送养人：（一）孤儿的监护人；（二）社会福利机构；（三）有特殊困难无力抚养子女的生父母。"

2. ACD。我国《收养法》第 6 条规定："收养人应当同时具备下列条件：（一）无子女；（二）有抚养教育被收养人的能力；（三）未患有在医学上认为不应当收养子女的疾病；（四）年满三十周岁。"

3. ABD。我国《收养法》第 26 条第 2 款规定："收养人不履行抚养义务，有虐待、遗弃等侵害未成年养子女合法权益行为的，送养人有权要求解除养父母与养子女间的收养关系。送养人、收养人不能达成解除收养关系协议的，可以向人民法院起诉。"第 27 条规定："养父母与成年养子女关系恶化、无法共同生活的，可以协议解除收养关系。不能达成协议的，可以向人民法院起诉。"

4. ABD。我国现行的收养制度，在性质上属于单一的完全收养。收养关系一经成立，便引起一系列的法律后果，包括直接后果和间接后果。

5. AC。《收养法》第 8 条第 2 款指出，收养孤儿、残疾儿童或者社会福利机构抚养的查找不到生父母的弃婴和儿童，可以不受收养人无子女和收养 1 名的限制。按此规定，有子女的公民亦可收养孤儿、残疾儿童或者社会福利机构抚养的查找不到生父母的弃婴和儿童，收养 1 名或数名均可。

6. BCD。收养既是一种民事法律行为，同时，收养还具有自身的、不同于其他民事法律行为的特征：(1) 收养行为的身份性；(2) 收养关系主体的限定性；(3) 收养关系的可变性。

7. CD。《收养法》第 7 条第 1 款规定，收养三代以内同辈旁系血亲的子女，可以不受本法第 4 条第 3 项、第 5 条第 3 项、第 9 条和被收养人不满 14 周岁的限制。按此规定，收养三代以内同辈旁系血亲的子女条件放宽之处有四点：(1) 其生父母无特殊困难、有抚养能力的子女，亦可为被收养人；(2) 无特殊困难、有抚养能力的生父母，亦可为送养人；(3) 无配偶的男性收养女性，不受收养人与被收养人间须有 40 周岁以上年龄差的限制；(4) 可以收养年满 14 周岁的未成年人。

8. ABCD。选项 A，收养关系是发生在平等主体的自然人之间的法律关系，因此属于民事法律关系。选项 B，收养关系确定的是收养人与被收养人之间的权利义务关系，其当事人当然为收养人与被收养人。选项 C，我国《收养法》对收养人、被收养人以及送养人的条件作了严格规定，收养关系并非可以发生在任意自然人之间。选项 D，收养关系作为一种拟制的民事法律关系既可以通过法律行为依法设立，自然也可以经由一定的法律程序予以解除。

9. ABCD。我国《收养法》第 14 条规定："继父或者继母经继子女的生父母同意，可以收养继子女，并可以不受本法第四条第三项、第五条第三项、第六条和被收养人不满十四周岁以及收养一名的限制。"具体而言，收养条件的放宽之处有：(1) 继子女的生父母即使无特殊困难且有抚养能力，也可以由其继父或者继母收养；(2) 继父母即使不符合《收养法》第 6 条对收养人的要求，也可以收养继子女；(3) 作为被收养人的继子女，年龄不受不满 14 周岁限制。

简答题

1. 收养具有如下法律特征：

(1) 收养的条件和程序由法律加以规定。收养关系的成立必须符合法定条件和法定程序。不符合法定条件和程序进行收养的，法律不承认该行为发生收养的效力。

(2) 收养属于民事法律行为。公民依照民事法律规范进行收养行为，从而在收养人和被收养人之间确立与父母子女关系相同的民事权利义务关系，该行为在性质上应属于民事法律行为。

(3) 收养行为导致亲属身份和权利义务关系的变更。收养关系一经成立，一方面使收养人与被收养人之间具有法律拟制的父母子女身份，进而产生了父母与子女间的权利和义务；另一方面，又使被收养人与生父母之间原有的权利和义务关系消除。

(4) 收养只能发生在非直系血亲之间。法律上设立收养制度的目的，是使原本没有父母子女关系的当事人发生法律拟制的父母子女关系，由此决定了收养只能发生在非直系血亲之间。

2. 我国《收养法》规定，成立收养关系的法定程序是办理收养登记，同时以收养协议及收养公证为补充。

关于收养登记，中国公民在中国境内收养子女，应当按照《中国公民收养子女登记办法》的具体规定办理登记。收养登记的具体程序可分为申请、审查和登记三个步骤。申请程序，收养关系当事人应当亲自到收养登记机关办理收养登记。审查程序，收养登记机关接受当事人提出的收养申请后，应当依法对收养申请进行严格审查。审查的主要内容包括：第一，收养人是否符合法律所规定的收养人条件以及其收养的目的是否正当。第二，被收养人是否符合法律所规定的被收养人条件。第三，送养人是否符合法律所规定的送养人条件。第四，当事人成立收养关系的意思表示是否真实。登记程序，经过审查后，收养登记机关对申请人证件齐全有效、符合《收养法》规定的收养条件的，应为其办理收养登记，发给收养登记证。

收养协议，是收养关系当事人出于自愿而订立的。收养公证，是根据收养关系当事人各方或者一方的要求而办理的。

3. 收养的拟制效力，是指收养关系的成立导致收养人与被收养人之间发生父母子女的权利义务关系，以及被收养人与收养人的近亲属发生相应的亲属关系等法律后果。收养关系成立的拟制效力主要包括如下几个方面的内容：

（1）养子女的称姓问题；

（2）养父母对养子女的抚养教育义务；

（3）养父母对未成年养子女保护和教育的权利和义务；

（4）养子女对养父母的赡养扶助义务；

（5）养父母与养子女之间的遗产继承权；

（6）养子女与养父母的近亲属之间发生法定的权利和义务关系。

4. 收养关系一经成立，一方面使收养人与被收养人之间具有法律拟制的父母子女身份，进而产生了父母与子女间的权利和义务；另一方面，又使被收养人与生父母之间原有的权利和义务关系消除。这是收养行为同寄养行为的根本区别。寄养，是指父母在某种特殊情况下不能直接抚养子女时，委托他人代为抚养子女的行为。在寄养关系中，被寄养的儿童与受托人之间并不发生父母子女身份和父母子女的权利义务。

5. 收养关系作为一种法律拟制的亲属关系，既可以通过法律行为依法设立，也可以经由一定的法律程序予以解除。解除收养关系有以下法律后果：

（1）解除收养关系后权利义务的变化

根据我国《收养法》第 29 条的规定，收养关系解除后，养子女与养父母之间的身份和权利义务即行消除，彼此不再具有抚养教育、保护、赡养扶助和继承遗产等关系。与此同时，养子女与养父母的其他近亲属间的权利义务关系也随之消除。收养关系解除后，未成年的养子女与生父母及其他近亲属的权利义务关系自行恢复。但成年养子女与生父母及其他近亲属间的权利义务关系是否恢复，可以由成年养子女与生父母协商确定。

（2）解除收养关系后成年养子女的生活费给付义务和养父母的补偿请求权

依照我国《收养法》第 30 条的规定，解除收养关系后，在法定的情形下，成年养子女对养父母负有给付生活费的义务，养父母享有一定的补偿请求权。第一，收养关系解除后，经养父母抚养的成年养子女，对缺乏劳动能力又缺乏生活来源的养父母，应当给付生活费。该生活费的数额，应不低于当地居民的一般生活费用标准。第二，因养子女成年后虐待、遗弃养父母而解除收养关系的，养父母有权要求养子女补偿收养期间支出的生活费和教育费。第三，生父母要求解除收养关系的，养父母有权要求生父母适当补偿收养期间支出的生活费和教育费。但因养父母虐待、遗弃养子女而导致收养关系解除的，养父母无权要求生父母补偿收养期间养子女的生活费和教育费。

6.《收养法》第 26 条第 1 款规定，收养人在被收养人成年以前，不得解除收养关系，但收养人、送养人双方协议解除的除外。养子女年满 10 周岁以上的，应当征得本人同意。按照《收养法》第 27 条的规定，养父母与成年养子女也是可以协议解除收养关系的。协议解除收养关系必须符合下列要求：

第一，在养子女成年前，协议解除收养须得收养人、送养人同意。年满 10 周岁以上的养子女已有部分民事行为能力，法律规定解除收养应征得本人同意是完全必要的。

第二，在养子女成年后，协议解除收养须得收养人、被收养人同意。成年人具有完全民事行为能力，送养人的同意不是协议解除的必要条件。

此外，当事人还应根据具体情况就与解除收养有关的财产和生活等问题达成协议。

7.（1）解除收养关系后权利义务的变化

根据我国《收养法》第 29 条的规定，收养关系解除后，养子女与养父母之间的身份和权利义务即行消除，彼此不再具有抚养教育、保护、赡养扶助和继承遗产等关系。与此同时，养子女与养父母的其他近亲属间的权利义务关系也随之消除。

收养关系解除后，未成年的养子女与生父母及其他近亲属的权利义务关系自行恢复。但成年养子女与生父母及其他近亲属间的权利义务关系是否恢复，可以由成年养子女与生父母协商确定。

（2）解除收养关系后成年养子女的生活费给付义务和养父母的补偿请求权

依照我国《收养法》第 30 条的规定，解除收养关系后，在法定的情形下，成年养子女对养父母负有给付生活费的义务，养父母享有一定的补偿请求权。第一，收养关系解除后，经养父母抚养的成年养子女，对缺乏劳动能力又缺乏生活来源的养父母，应当给付生活费。该生活费的数额，应不低于当地居民的一般生活费用标准。第二，因养子女成年后虐待、遗弃养父母而解除收养关系的，养父母有权要求养子女补偿收养期间支出的生活费和教育费。第三，生父母要求解除收养关系的，养父母有权要求生父母适当补偿收养期间支出的生活费和教育费。但因养父母虐待、遗弃养子女而导致收养关系解除的，养父母无权要求生父母补偿收养期间养子女的生活费和教育费。

案例分析题

1. （1）符合。《收养法》第 4 条规定，以下不满 14 周岁的未成年人可以被收养：①丧失父母的孤儿；②查找不到生父母的弃婴和儿童；③生父母有特殊困难无力抚养的子女。本案中，张俊被收养时，其父母已被人民法院依法宣告死亡。人民法院宣告死亡，发生与公民自然死亡同样的法律后果。送养时，张俊已成为丧失父母的孤儿，因此是符合被收养人条件的。

（2）符合。《收养法》第 5 条规定，下列公民、组织可以作为送养人：①孤儿的监护人；②社会福利机构；③有特殊困难无力抚养子女的生父母。《收养法》第 13 条规定，监护人送养未成年孤儿应受到一定限制——须征得有抚养义务的人的同意。本案中，张生夫妇在被依法宣告死亡后，张俊的祖父母即成为其监护人。在不存在其他抚养义务人的情况下，张俊的祖父母无须征得他人同意，可直接送养张俊，他们符合《收养法》规定的送养人条件。

2. （1）不能恢复。我国《收养法》规定，解除收养关系后成年养子女与生父母及其他近亲属间的权利义务关系是否恢复，可以协商确定，不能自行恢复。本案中，杨强解除收养关系时已成年，且经多次协商，杨强一直不同意与其生母恢复母子关系，故杨强与生母的母子关系不能恢复。

（2）我国《收养法》实行的是完全收养制度。杨强与生母的母子关系既然未恢复，故无母子间的权利义务关系，杨强生母无权继承杨强的遗产。

论述题

1. 我国的《收养法》是以《宪法》为立法根据的。《民法通则》和《婚姻法》中的有关规定等，是《收养法》的重要的法律渊源。作为中国收养法律主要法律渊源的《收养法》，于 1991 年 12 月 29 日经七届全国人大常委会第二十三次会议通过，并于 1992 年 4 月 1 日起施行。1998 年 11 月 4 日九届全国人大常委会第五次会议通过了《关于修改〈中华人民共和国收养法〉的决定》，对该法进行了修正，修正后的《收养法》自 1999 年 4 月 1 日起施行。该法共 6 章，计 34 条，分别规定了总则、收养关系的成立、收养的效力、收养关系的解除、法律责任和附则。

我国《收养法》的基本原则可以概括为五项，即有利于未成年人的抚养和成长的原则，保障被收养人和收养人合法权益的原则，平等自愿的原则，不得违背社会公德的原则，不得违背计划生育的法律和法规的原则。《收养法》第 2 条和第 3 条对上述原则作了明确规定。这些原则性规定体现了我国收养法的指导思想，是立法和执法的基本依据。

（1）有利于未成年人的抚养和成长的原则

保障未成年人的健康成长是实行收养制度的首要目的。由于未成年人的身心发育尚不成熟，缺乏独立的生活能力和辨认自己行为的社会后果的能力，属于无民事行为能力人或限制民事行为能力人，他们需要家庭和社会的悉心抚养、关怀爱护、培养教育和监督保护。尤其是对那些丧失父母的孤儿、查找不到生父母的弃婴和儿童以及生父母有特殊困难而无力抚养的未成年人，通过收养的成立，可以使他们在温暖的家庭中生活，得到养父母的抚养教育，健康成长。《收养法》中有关收养条件特别是被收养人的条件和收养人的能力的规定，以及有关解除收养关系的某些规定等，都是以这一原则为依据的。

（2）保障被收养人和收养人合法权益的原则

收养关系涉及收养人和被收养人双方的切身利益，因此，《收养法》必须同时保障被收养人和收养人双方合法权益的平等实现。我国《收养法》中的各种具体制度，如收养的成立，收养的效力，收养的解除及违反收养法的法律责任等，都反映了这一原则的要求。收养是对常态的亲子关系的必要补充，在立法上应当兼顾养父母和养子女双方的权益。

（3）平等自愿的原则

民事法律关系的基本准则之一是当事人在民事活动中地位平等，自由表达其真实意思，即平等自愿原则。收养关系属于民事法律关系的范畴，收养关系也必须遵循平等自愿原则。我国收养中关于成立收养关系须经当事人各方同意的规定，有配偶者须共同送养、共同收养的规定，以及关于协议解除收养的规定等，都是以这一原则为依据的。

（4）不得违背社会公德的原则

收养行为是重要的身份法律行为，不仅关系到当事人的权益，而且直接涉及社会公共利益，所以，有必要从维护社会公德的立场，对收养子女的行为加以必要的约束，其目的在于保护公序良俗。我国《收养法》中有关无配偶的男性收养女性须有法定年龄差的规定，以虐待、遗弃为解除收养关系的法定理由的规定等，都是以这一原则为依据的。

（5）不得违背计划生育的法律和法规的原则

计划生育是我国的基本国策，推行计划生育有利于我国社会的可持续发展，对促进国家的繁荣富强，提高人民的物质和文化生活水平都具有十分重要的意义。这一国策已被明确载入《宪法》《婚姻法》《人口与计划生育法》等法律，成为重要的法律原则。《收养法》同样必须贯彻计划生育原则；该法中有关不得以送养为理由违反计划生育的规定，有关无子女者始得收养一名子女的规定，年满30周岁始得为收养人的规定等，都是以这一原则为依据的。

2. 收养关系成立的法定条件，是指法律规定成立收养关系必须具备的实质要件。各国对收养关系成立的法定条件的要求不尽相同。我国《收养法》关于收养关系成立的法定条件的规定有两类：一类是普通收养关系成立的条件，另一类是特殊收养关系成立的条件。

（1）普通收养关系成立的条件

普通收养关系成立的条件是指法律所规定的对一般情形下成立收养关系必须具备的实质性法律要求。我国《收养法》规定，普通收养关系的成立必须符合以下四个方面的条件：

①被收养人须为得不到生父母抚养的不满14周岁的未成年人

我国《收养法》第4条规定："下列不满十四周岁的未成年人可以被收养：（一）丧失父母的孤儿；（二）查找不到生父母的弃婴和儿童；（三）生父母有特殊困难无力抚养的子女。"

②送养人须为法律所认可的特定公民或社会福利机构

我国《收养法》第5条规定："下列公民、组织可以作送养人：（一）孤儿的监护人；（二）社会福利机构；（三）有特殊困难无力抚养子女的生父母。"

③收养人必须具有抚养教育被收养人的条件

《收养法》第6条规定："收养人应当同时具备下列条件：（一）无子女；（二）有抚养教育被收养人的能力；（三）未患有在医学上认为不应当收养子女的疾病；（四）年满三十周岁。"

④必须有成立收养关系的合意

根据我国《收养法》的规定，收养关系的成立，必须有当事人的一致合意。收养合意应当遵循下列要求：第一，收养人收养与送养人送养，必须双方自愿。第二，收养年满10周岁以上的未成年人的，应当征得被收养人的同意。第三，成立收养的合意应符合法定的方式。

（2）特殊收养关系成立的条件

我国《收养法》针对某些特殊的收养关系，作了适当放宽收养条件的规定。这里所说的特殊，主要与收养关系主体的身份状况有关。现将对几种特殊收养关系放宽收养条件的规定分述于下。

规定中未指明放宽的，仍应适用普通收养关系成立的条件。

①收养三代以内同辈旁系血亲的子女

《收养法》第 7 条第 1 款规定："收养三代以内同辈旁系血亲的子女，可以不受本法第四条第三项、第五条第三项、第九条和被收养人不满十四周岁的限制。"

②收养孤儿、残疾儿童或者弃婴和儿童

《收养法》第 8 条第 2 款规定："收养孤儿、残疾儿童或者社会福利机构抚养的查找不到生父母的弃婴和儿童，可以不受收养人无子女和收养一名的限制。"按此规定，有子女的收养人亦可收养本款中所列举的被收养人，收养一名或数名均可。孤儿、残疾儿童、弃婴和儿童被他人收养，有利于其在养父母的抚育下健康成长。

③继父母收养继子女

《收养法》第 14 条规定："继父或者继母经继子女的生父母同意，可以收养继子女，并可以不受本法第四条第三项、第五条第三项、第六条和被收养人不满十四周岁以及收养一名的限制。"

第十章　扶　养

知识逻辑图

- 扶养
  - 概念和特征
  - 历史沿革
  - 扶养关系的层次结构
    - 生活保持义务
    - 生活扶助义务
  - 我国现行扶养制度
    - 夫妻间的扶养
    - 父母子女间的扶养
    - 祖孙间的扶养
    - 兄弟姐妹间的扶养

名词解释

1. 扶养
2. 赡养
3. 抚养

选择题

（一）单项选择题

1. 根据我国《婚姻法》的规定，不属于弟、妹对兄、姐有扶养义务的条件是（　　）。

A. 兄、姐缺乏劳动能力又缺乏生活来源

B. 弟、妹已成年

C. 兄、姐与弟、妹住在一起

D. 弟、妹有负担能力

2. 根据我国法律规定，祖孙之间、兄弟姐妹之间的扶养义务是（　　）。

A. 无条件的

B. 补充性的

C. 只承担部分义务的

D. 因祖孙、兄弟姐妹之间的经济状况不同而异的

3. 离婚后，一方抚养的子女，另一方应负担必要生活费和教育费的（　　）。

A. 部分

B. 全部

C. 大部分

D. 部分或全部

4. 王猛与顾丽协议离婚，二人有一子王清已经18周岁，现在高中学习，准备明年参加高考，王猛和顾丽对王清（　　）。

A. 有继续抚养的义务

B. 没有抚养义务

C. 经王清提出要求才抚养

D. 经王猛、顾丽和王清协商一致才抚养

5. 子女对父母有赡养扶助的义务，子女不履行赡养义务时，无劳动能力的父母有权要求子女给付赡养费的条件是子女（　　）。

A. 成年且有赡养能力

B. 成年或有赡养能力

C. 已成年

D. 有固定的工作收入或经营收入

（二）多项选择题

1. 根据我国法律规定，兄、姐对弟、妹负担抚养义务的条件包括（　　）。

A. 兄、姐已成年

B. 兄、姐有负担能力

C. 父母已经死亡
D. 弟、妹未成年
2. 有权向人民法院提出中止探望权请求的人包括（　　）。
A. 未成年子女
B. 直接抚养子女的父或母
C. 直接抚养子女的父或母的父母
D. 其他对未成年子女负担抚养、教育义务的法定监护人
3. 据我国现行《婚姻法》，孙子女、外孙子女在下列哪些条件下对祖父母、外祖父母负有赡养义务（　　）。
A. 子女已死亡
B. 子女确实无力赡养
C. 孙子女、外孙子女有负担能力
D. 祖父母、外祖父母曾照顾孙子女、外孙子女

简答题

1. 简述扶养的标准。
2. 简述夫妻间的扶养。
3. 简述兄弟姐妹间的扶养。
4. 简述我国法律对扶养顺序的规定。
5. 简述扶养的变更。
6. 简述扶养的消灭原因。

案例分析题

1999年，李阳带7岁儿子李萌并与刘静再婚。因职业关系，李阳经常不在家，每月给刘静寄回生活费500元作为儿子李萌的抚养费。李萌和刘静共同生活。2014年李萌参加工作，同年李阳病故。2015年刘静退休，因为体弱多病，医药费开支较大，就向李萌要求每月支付赡养费。但是李萌认为，自己虽然从小和刘静共同生活，但是抚养费却是由自己的父亲负担，因此自己和刘静没有形成抚养教育关系，因此不同意给刘静赡养费。

试分析：
(1) 继父母和继子女权利义务关系如何确定？
(2) 李阳承担抚养费用，刘静照看李萌，他们之间的抚养关系是否成立？
(3) 法院应当如何判决？

论述题

1. 论述我国现行的扶养法律制度。
2. 论述扶养关系的法律特点。

参考答案

名词解释

1. 广义上的扶养是泛指特定亲属之间根据法律的明确规定而存在的经济上相互供养、生活上相互扶助的权利义务关系。狭义上的扶养则专指平辈亲属之间尤其是夫妻之间依法发生的经济供养和生活扶助权利义务关系。

2. 赡养指子女或晚辈依法对父母或长辈提供物质上和生活上的帮助，是一种依法产生的经济供养和生活帮助权利义务关系。

3. 抚养是指长辈亲属依法对晚辈亲属提供物质上和生活上的帮助，是一种依法产生的经济供养和生活帮助权利义务关系。

选择题

(一) 单项选择题

1. C。我国《婚姻法》第29条规定："有负担能力的兄、姐，对于父母已经死亡或父母无力抚养的未成年的弟、妹，有扶养的义务。由兄、姐扶养长大的有负担能力的弟、妹，对于缺乏劳动能力又缺乏生活来源的兄、姐，有扶养的义务。"有负担能力的弟、妹对确需扶养的兄、姐的扶养义务限于一般生活扶助义务，因此，选项C不属于弟、妹对兄姐有扶养义务的条件。

2. B。我国《婚姻法》分别在第21条、第28条、第29条规定了成年子女与父母，祖父母、外祖父母与未成年的孙子女、外孙子女，成年孙子女、外孙子女对祖父母、外祖父母，兄弟姐妹相互之间的扶养义务。《婚姻法》第21条第3款规定："子女不履行赡养义务时，无劳动能力的或生活困难的父母，有

要求子女付给赡养费的权利。”第28条规定：“有负担能力的祖父母、外祖父母，对于父母已经死亡或父母无力抚养的未成年的孙子女、外孙子女，有抚养的义务。有负担能力的孙子女、外孙子女，对于子女已经死亡或子女无力赡养的祖父母、外祖父母，有赡养的义务。”第29条规定：“有负担能力的兄、姐，对于父母已经死亡或父母无力抚养的未成年的弟、妹，有扶养的义务。由兄、姐扶养长大的有负担能力的弟、妹，对于缺乏劳动能力又缺乏生活来源的兄、姐，有扶养的义务。”

3. D。《婚姻法》第37条规定，离婚后，一方抚养的子女，另一方应负担必要的生活费和教育费的一部或全部，负担费用的多少和期限的长短，由双方协议；协议不成时，由人民法院判决。

4. A。《婚姻法》第36条规定父母与子女间的关系，不因父母离婚而消除。离婚后，子女无论由父或母直接抚养，仍是父母双方的子女。

5. A。我国《婚姻法》第21条规定，子女对父母有赡养扶助的义务。子女不履行赡养义务时，无劳动能力的或生活有困难的父母，有要求子女付给赡养费的权利。

（二）多项选择题

1. BCD。我国《婚姻法》第29条规定：“有负担能力的兄、姐，对于父母已经死亡或父母无力抚养的未成年的弟、妹，有扶养的义务。由兄、姐扶养长大的有负担能力的弟、妹，对于缺乏劳动能力又缺乏生活来源的兄、姐，有扶养的义务。”有负担能力的兄、姐对确需扶养的弟、妹的扶养义务限于一般生活扶助义务，因此，选项A不属于兄、姐对弟、妹有扶养义务的条件。

2. ABD。根据《婚姻法司法解释一》第26条的规定，未成年子女、直接抚养子女的父或母及其他对未成年子女负担抚养、教育义务的法定监护人，有权向人民法院提出中止探望权的请求。

3. ABC。我国《婚姻法》第28条规定，有负担能力的孙子女、外孙子女，对于子女已经死亡或子女无力赡养的祖父母、外祖父母，有赡养的义务。

简答题

1. 按照当代各国的立法例，大致有如下几种不同的扶养标准：

（1）扶养包括供给全部生活的必需费用，还包括学会某项职业所必需的培训费用，以及需要受教育者的教育费用，医疗、护理费用等，如《德国民法典》第1610条第2款（1979年修正）的规定。

（2）无具体内容的概括性规定。如《德国民法典》第1610条第1款规定，应给予的扶养标准，按贫困者的生活地位确定之，即适当的扶养；《瑞士民法典》第329条规定，以扶养权利人的生活需要及义务人的财产给付；《法国民法典》第208条规定，扶养义务应斟酌扶养需求人的需要与扶养人的资力适当履行。

（3）依协议确定扶养的程度，必要时由法院最后裁决。如现行《日本民法典》第879条规定，关于扶养的程度，依当事人协议，协议不成或不能协议时，由家庭法院考虑扶养权利人的需要、扶养义务人的资力及其他有关情事予以确定。

2. 夫妻之间的扶养权利和义务是配偶身份权的重要内容，也是配偶身份关系和婚姻共同体的物化表现。我国《婚姻法》第20条规定：“夫妻有互相扶养的义务。一方不履行扶养义务时，需要扶养的一方，有要求对方付给扶养费的权利。”认定夫妻扶养权利和义务，应把握以下四点：

（1）夫妻间的扶养权利义务以经济上相互供养、生活上相互扶助为内容，是婚姻内在属性和法律效力对主体的必然要求。就其性质来看，夫妻扶养属于生活保持义务范畴，既是双方当事人从缔结婚姻开始就共生的义务，也是婚姻或家庭共同体得以维系和存在的基本保障，这是人类个体婚制形成以来婚姻一直负载的基本功能。尽管现代社会人格自由平等、经济独立淡化了夫妻人身上的客观约束，但夫妻扶养仍是各国法律普遍确认的规则。

（2）夫妻间的扶养在历史意义上，因男女两性的社会地位和经济条件的差异而经历着由单向扶养向互动平等扶养的转化。详言之，近代社会以前，男性在经济上、社会上和家庭生活中的主宰地位，决定了丈夫既有经济供养的权利，同时也有经济供养的责任和义务，而妻子的非职业化和经济依附性决定其只能经营操持家庭生活，应当而且必须承担对丈夫的服侍、照料义务。这种扶养关系是一种分离的、非对等的单向运行模式。现代社会的扶养在价值上讲求男女平等、夫妻对等互动，在内容上追求供养与扶助的整合同构，在功利上则基于女性的特殊自然条件和社会历史原因强调对妻子的保障，从而逐步实现将夫妻扶养关系推向一种平权、对等、统一的互动运行模式。

(3) 夫妻扶养从婚姻合法成立之时起产生，至婚姻合法终止时消灭，在婚姻关系有效存续的整个过程中一直存在且具有法律拘束力，因而是一种常态性的、持续性的法律关系。无论婚姻的实际情势如何，也不论当事人双方的感情状况怎样，夫妻扶养既是双方的权利，也是双方的义务，因而不履行义务的行为，必然是一种侵权行为。

(4) 夫妻扶养作为法定义务，具有法律强制性。但在实际运作上，基于夫妻关系的特殊性，应以当事人自我调节为主导，以自觉履行为普遍，并以公力干预为辅助，以司法救济为保障。

当夫妻一方没有固定收入和缺乏生活来源，无独立生活能力，或因患病、年老等原因需要扶养，另一方不履行扶养义务时，需要扶养的一方有权要求对方承担扶养责任。如果夫妻双方因扶养问题发生纠纷，可以经有关部门进行调解，或直接向人民法院提起诉讼。人民法院在审理扶养纠纷时，应首先进行调解，如调解无效，应当及时依法判决，强制义务人履行义务。

3. 兄弟姐妹是最近的旁系血亲。《婚姻法》第29条规定："有负担能力的兄、姐，对于父母已经死亡或父母无力抚养的未成年的弟、妹，有扶养的义务。由兄、姐扶养长大的有负担能力的弟、妹，对于缺乏劳动能力又缺乏生活来源的兄、姐，有扶养的义务。"这一简明规定揭示了兄、姐扶养弟、妹的三项条件：(1) 弟、妹未成年或没有独立生活能力，客观上需要扶养；(2) 他们的父母已经死亡，或虽没有死亡，但没有能力承担和履行扶养义务；(3) 兄、姐有实际的履行扶养义务的承受能力。

由于1980年《婚姻法》的规定只是反映兄弟姐妹之间的一种单向权利义务关系，忽视了对双向互动的把握，所以最高人民法院1984年在《关于贯彻执行民事政策法律若干问题的意见》中补充解释："由兄、姐扶养长大的有负担能力的弟、妹，对丧失劳动能力、孤独无依的兄、姐，有扶养的义务。"这一解释揭示出弟、妹承担扶养义务的条件有四：一是弟、妹曾由兄、姐扶养长大；二是弟、妹有负担能力；三是兄、姐丧失劳动能力；四是兄、姐孤独无依。鉴于这一解释的科学性和合理性，修正后的《婚姻法》予以吸收，增加规定了"由兄、姐扶养长大的有负担能力的弟、妹，对于缺乏劳动能力又缺乏生活来源的兄、姐，有扶养的义务"。

4. 一个人的亲属身份角色是多重的，因此法定的扶养主体范围总是一个混合的复数结构，一个扶养义务人不得不面对多个权利人，而一个扶养权利人也会面对多个扶养义务人，或者是多个扶养权利人面对多个扶养义务人。针对这种客观存在的主体复合结构，法律上必须明确界定出扶养顺序。扶养顺序，就是扶养义务人或扶养权利人为数人时，法律所确定的履行扶养义务或行使扶养权利的先后顺位。

各国关于扶养顺序的规定，主要有三种模式：

一是概括主义模式。即法律上对扶养权利人、扶养义务人的顺序只作原则性概括反映，而不给予具体明示。如日本民法规定扶养顺序由当事人自行协议，协议不成或不能协议时由家庭法院确定。

二是列举主义模式。即法律上对扶养权利人、扶养义务人的顺序分别给予具体明确的规定。如《德国民法典》规定扶养义务人的顺序为：(1) 配偶；(2) 直系卑亲属；(3) 直系尊亲属；(4) 近亲先于远亲承担义务。同亲等的扶养义务人有数人时，依收入和财产状况分担义务。其对扶养权利人的顺序规定为：(1) 配偶与未成年的未婚子女；(2) 未成年的未婚子女先于其他子女；(3) 子女先于其他直系卑亲属；(4) 直系卑亲属先于直系尊亲属。

三是法律上无明文规定。如原苏联、法国等在亲属法上采取回避态度，对扶养权利人、扶养义务人的顺序不作直接反映，在操作上则主要依据财力及其具体情况，由当事人自行协商，或由法院决定。

5. 扶养的变更是指扶养义务人、扶养权利人以及扶养程度和方法的变更。即扶养当事人一方或双方在经济和生活状况发生变化时，当事人双方有请求变更原扶养协议或判决的权利。提出变更要求，必须以原有扶养情况发生新的变化为条件，否则不得提出。变更请求的内容包括增加、减少或免除协议或判决中原定的扶养费等要求。关于扶养的变更，除离婚后子女的抚育费用外，我国《婚姻法》未作具体规定，今后进一步完善婚姻家庭立法时应明确规定：扶养当事人一方或双方在经济和生活状况发生变化时，当事人双方均享有请求变更原扶养义务人、扶养协议或判决的权利。原为双方协议的，仍可以协议方式变更，协议不成的，可诉请法院处理。至于经济和生活状况发生变化的具体解释，可由法律的实施细则加以具体规定，其变更依据，可列举如下几点：

(1) 社会经济变化，生活必需品费用提高，原定扶养费数额明显不足；

(2) 扶养权利人重病，医疗费用增加，临时需增加扶养费；

(3) 扶养方式因特殊情况需要改变；

(4) 扶养义务人因重大理由无法继续承担扶养义务，客观上需要免除或减轻其扶养负担；

(5) 因其他重大事由，需要变更扶养义务人、扶养的程度和方法的。

6. 扶养的消灭是指在出现一定法定原因或一定事实的情况下，终止当事人间的扶养权利义务关系。根据各国法律规定，扶养消灭有以下三个原因：

(1) 当事人死亡。不论是扶养权利人还是扶养义务人，一方死亡，扶养即告终止。

(2) 当事人身份关系解除。扶养义务是依一定身份关系而产生的，当此种关系消灭时，扶养关系也随之消灭，如夫妻离婚，子女为他人收养等。在法国、瑞士、保加利亚等许多国家的法律中均有此类规定。

(3) 扶养要件消灭。扶养权利方不再需要扶养，或者扶养义务方扶养能力完全丧失，或者子女已成年独立生活，扶养关系随之消灭。关于父母对子女扶养的期限，各国规定不一，有的规定须扶养至子女能独立生活为止，多数规定以扶养至成年为限。各国对成年年龄的规定一般在 18 岁—21 岁，但也有个别国家将成年年龄规定为 14 岁。

案例分析题

(1) 继父母子女关系可以分为两种情况：一种是未形成抚养教育关系的继父母子女关系，即继父与生母或继母与生父结婚时，继子女已经成年并独立生活，或者继子女虽未成年，但没有受过继父或继母的抚养教育，他们之间没有抚养教育关系，没有法定的父母子女的权利义务关系。第二种是形成了抚养教育关系的继父母子女关系。其未成年子女或者没有独立生活的继子女受继父或者继母的抚养教育，他们之间已经形成抚养教育关系，成为一种拟制血亲关系，有法定的父母子女的权利义务关系。

(2) 成立。抚养教育关系的成立并不能简单地以谁提供了生活费和教育费判断。本案中，李萌从 7 岁开始就和继母刘静共同生活，刘静对李萌长期照料，承担教育责任，形成了事实上的抚养关系。因此，两人抚养关系成立，依法具有父母子女的权利义务关系。

(3) 我国《婚姻法》第 21 条规定，子女对父母有赡养扶助的义务。子女不履行赡养义务，无劳动能力或者生活困难的父母，有要求子女给付赡养费的权利。因此法院应当判决李萌承担对刘静的赡养义务，并根据李萌的经济能力和当地生活水平以及刘静的实际情况决定给付赡养费的数额。

论述题

1. 在扶养制度领域，形成了以《婚姻法》为主干、以司法解释为补充、以其他相关规范为配套的规则体系。由这一规则体系反映的扶养制度内容，概括起来主要有如下几个方面：

第一，夫妻间的扶养。夫妻之间的扶养权利和义务是配偶身份权的重要内容，也是配偶身份关系和婚姻共同体的物化表现。我国《婚姻法》第 20 条规定："夫妻有互相扶养的义务。一方不履行扶养义务时，需要扶养的一方，有要求对方付给扶养费的权利。"认定夫妻扶养权利和义务，应把握以下四点：(1) 夫妻间的扶养权利义务以经济上相互供养、生活上相互扶助为内容，是婚姻内在属性和法律效力对主体的必然要求。

(2) 夫妻间的扶养在历史意义上，因男女两性的社会地位和经济条件的差异而经历着由单向扶养向互动平等扶养的转化。(3) 夫妻扶养从婚姻合法成立之时起产生，至婚姻合法终止时消灭，在婚姻关系有效存续的整个过程中一直存在且具有法律拘束力，因而是一种常态性的、持续性的法律关系。(4) 夫妻扶养作为法定义务，具有法律强制性。但在实际运作上，基于夫妻关系的特殊性，应以当事人自我调节为主导，以自觉履行为普遍，并以公力干预为辅助，以司法救济为保障。

第二，父母子女间的扶养。我国《婚姻法》第21条规定："父母对子女有抚养教育的义务；子女对父母有赡养扶助的义务。父母不履行抚养义务时，未成年的或不能独立生活的子女，有要求父母付给抚养费的权利。子女不履行赡养义务时，无劳动能力的或生活困难的父母，有要求子女付给赡养费的权利。禁止溺婴、弃婴和其他残害婴儿的行为。"对此条规定。应结合其他法律规范的相关内容，把握以下几点：(1) 父母子女间的扶养义务，既反映了人类个体的生命成长和延续的规律要求，也来源于社会保障不可能替代或包容扶养之全部内涵和外延的必然，因而一直是人类扶养体系中的核心内容和家庭的最基本功能。(2) 父母对未成年子女的扶养是强制性的生活保持义务。(3) 父母对成年子女的扶养是特定条件下的义务。(4) 成年子女对父母的扶养义务以前者有扶养能力，后者有受扶养的需要为条件。(5) 成年子女对父母的扶养义务不受父母婚姻状况的影响。

第三，祖孙间的扶养。祖父母、外祖父母与孙子女、外孙子女是隔代直系血亲，也是除亲子关系之外的最近的直系血亲。基于对历史传统、亲属感情、民间习惯及部分"缺损家庭"的现实和社会保障水平等多种因素的考虑，我国《婚姻法》第28条明确规定："有负担能力的祖父母、外祖父母，对于父母已经死亡或父母无力抚养的未成年的孙子女、外孙子女，有抚养的义务。有负担能力的孙子女、外孙子女，对于子女已经死亡或子女无力赡养的祖父母、外祖父母，有赡养的义务。"

第四，兄弟姐妹间的扶养。兄弟姐妹是最近的旁系血亲。《婚姻法》第29条规定："有负担能力的兄、姐，对于父母已经死亡或父母无力抚养的未成年的弟、妹，有扶养的义务。由兄、姐扶养长大的有负担能力的弟、妹，对于缺乏劳动能力又缺乏生活来源的兄、姐，有扶养的义务。"这一简明规定揭示了兄、姐扶养弟、妹的三项条件：(1) 弟、妹未成年或没有独立生活能力，客观上需要扶养；(2) 他们的父母已经死亡，或虽没有死亡，但没有能力承担和履行扶养义务；(3) 兄、姐有实际的履行扶养义务的承受能力。

2. 法律意义上的扶养，无论是其形式或者内容，都构成特定亲属之间的权利义务关系，即扶养关系，或称扶养法律关系。其特点集中表现为：

第一，扶养关系具有法定性。扶养关系的范围、种类、具体内容以及扶养权利人、扶养义务人的顺序等都是由法律明确加以规定的，凡与法律规定的情形相符合者，则必然地、强制性地产生扶养权利义务关系，不允许凭借当事人的意志进行自由选择和变更。这就是扶养关系的法定性。

第二，扶养关系是一种法定之债，具有债的属性。首先，扶养关系具备债的主体要素。无论是接受扶养的权利人，还是履行扶养责任的义务人，都是互动的具体的人，符合债之主体的特定性、对立性和互动性。其次，扶养关系具备债的客体要素。债的客体就是债权债务所共同指向的对象。综合各种各样的债的关系，其客体无不集中表现为债务人履行特定的行为，以满足权利人的请求和利益。最后，扶养关系具备债的内容要素。法律上规定的扶养权直接表现为权利人请求义务人积极地为一定行为，这是一种请求权、相对权和受领权，而扶养义务则为义务人依法按权利人的请求积极为特定行为，当义务人消极地不履行其义务时，权利人可请求强制其履行。扶养权利义务的这一内容属性及其运行规则正是债权债务的内容特征。

第三，扶养关系具有鲜明的身份性。扶养关系的身份性集中表现在四个方面：其一，扶养关系的主体双方必须是具有特定亲属身份的人；亲属身份是扶养的前提，也是发生扶养的法律事实，扶养关系则是亲属身份的法律后果或法律效力。

其二，扶养权利义务具有人身属性，附从于主体的亲属身份，只能由本人亲自享有和承受，非依法律特别规定，不得发生转移、让与、继承和替代。其三，由于亲属身份关系一旦产生，不仅伴生着长期的共同生活关系，而且身份维系时间长，乃至毕其一生，显示出长期性、持续性、稳定性特点。其四，依附于身份关系的扶养关系，其权利义务的配置和运行具有对等中的非对等性。

第十一章 监 护

知识逻辑图

- 监护
  - 概念
  - 历史沿革
  - 监护的种类
    - 法定监护
    - 遗嘱监护
    - 指定监护
    - 意定监护
  - 监护的法律特征
    - 目的性
    - 主体特定性
    - 内容法定性
  - 监护的设立
    - 监护人的法定设立
    - 监护人的指定设立
  - 监护人的权利、义务与责任
  - 监护的终止与撤销

名词解释

1. 法定监护
2. 指定监护
3. 委托监护
4. 监护的设立
5. 监护的撤销
6. 监护的终止

选择题

（一）单项选择题

1. 刘某夫妇因为需要外出开会，遂将自己 8 岁的孩子小华委托给好友张某照看。在此期间，淘气的小华将邻居一小孩打伤，花去医药费近万元。这一损失应由（　　）。

A. 刘某夫妇承担，如果张某有过错，张某负连带责任

B. 刘某夫妇承担，如果刘某夫妇无力承担，由张某承担

C. 刘某夫妇承担，张某概不承担，因为刘某夫妇是小华的监护人

D. 张某承担，刘某夫妇负连带责任

2. 未成年的父母死亡或者没有监护能力的，作为第一序列的法定监护人是（　　）。

A. 兄、姐

B. 关系密切的其他亲属

C. 祖父母、外祖父母

D. 未成年人住所地的居民委员会、村民委员会

3. 无民事行为能力或者限制民事行为能力的成年人，作为第二序列的法定监护人是（　　）。

A. 配偶

B. 父母、子女

C. 其他近亲属

D. 其他愿意担任监护人的个人或者组织

4. 被监护人的（　　）担任监护人的，可以通过遗嘱指定监护人。

A. 配偶　　B. 父母

C. 祖父母、外祖父母　　D. 以上都可以

5. (　　)之间可以协议确定监护人。协议确定监护人应当尊重被监护人的真实意愿。

A. 被监护人的父母

B. 被监护人的祖父母、外祖父母

C. 被监护人所在地政府

D. 具有监护资格的人

6. 未成年人的监护人履行监护职责，在作出与被监护人利益有关的决定时，应当根据被监护人的(　　)，尊重被监护人的真实意愿。

A. 年龄

B. 智力状况

C. 年龄和智力状况

D. 年龄或智力状况

7. 没有依法具有监护资格的人的，监护人由(　　)担任，也可以由具备履行监护职责条件的被监护人住所地的居民委员会、村民委员会担任。

A. 民政部门

B. 法院

C. 检察院

D. 公安机关

(二) 多项选择题

1. 有下列情形之一的，监护关系终止(　　)。

A. 被监护人取得或者恢复完全民事行为能力

B. 监护人丧失监护能力

C. 被监护人或者监护人死亡

D. 人民法院认定监护关系终止的其他情形

2. 根据我国法律规定，人民法院可以根据有关个人或者组织的申请，撤销监护人资格。法律规定的个人或者组织包括(　　)。

A. 居民委员会、村民委员会

B. 学校、医疗机构

C. 妇女联合会、残疾人联合会

D. 未成年人保护组织、依法设立的老年人组织、民政部门

简答题

1. 简述监护的概念。

2. 简述监护的种类。

3. 简述其他人担任未成年人的法定监护人的条件。

4. 简述监护人的责任。

5. 简述监护的终止。

6. 简述监护撤销与监护终止的异同。

案例分析题

2005 年周某在丈夫去世后经人介绍与丧偶的刘某结婚，但他们的婚事一直遭到刘某儿子小刘的反对。2008 年，刘某患上精神病，并久治无效，生病期间一直由周某悉心照料。2009 年 5 月，小刘提出要担任父亲的监护人，保管父亲的所有财产，并要以其父的名义向法院提起诉讼，要求与周某离婚。

试分析：

(1) 刘某的财产应该由谁来保管?

(2) 小刘提起的诉讼，法院是否应予以受理?

论述题

1. 论述监护人权利义务的法律要求。

2. 论述监护的法律特征。

参考答案

名词解释

1. 法定监护，是指按照法律的直接规定而设置的监护。法定监护主要是亲属监护；没有亲属担任监护人的，法律规定其他个人或社会组织也可依法担任监护人。

2. 指定监护，是指按照法定的社会组织或者法院的指定而设置的监护。对担任监护人有争议的，由未成年人的父、母的所在单位或精神病人的所在单位，未成年人住所地或精神病人住所地的居民委员会、村民委员会在需要被监护者的近亲属中指定。对指定不服提起诉讼的，由人民法院裁决。

3. 委托监护指监护人将监护职责部分或全部委托给他人。委托监护人的设立可划分为两种情

况：(1) 由父母委托他人做其子女的监护人。(2) 由法定监护人把自己的监护职责委托他人实施。委托监护可以是全权委任，也可以是专门委托。前者如父母把子女委托给祖父母、外祖父母全权照料，或者配偶把精神病人委托精神病医院或者福利院全权照料；后者如委托给保姆、托儿所、幼儿园、学校、医院等。

4. 监护的设立，又称监护人的确定，是指依照法定或者指定，为无民事行为能力人或者限制民事行为能力人设定监护人的程序。

5. 监护的撤销，是指因监护人未尽到监护的义务或者对被监护人的人身权利和财产权利实施不法侵害，继续保持监护关系显然对被监护人不利，被监护人的其他利害关系人或有关社会组织可依法向法院提起诉讼，申请撤销原监护人的资格。

6. 监护的终止，是指依法设定监护的客观情况已经消失，监护关系没有继续存在的必要，从而导致监护关系的消灭。

选择题

(一) 单项选择题

1. A。《民法通则意见》第 22 条规定："监护人可以将监护职责部分或者全部委托给他人。因被监护人的侵权行为需要承担民事责任的，应当由监护人承担，但另有约定的除外；被委托人确有过错的，负连带责任。"

2. C。《民法总则》第 27 条规定："未成年人的父母已经死亡或者没有监护能力的，由下列有监护能力的人按顺序担任监护人：(一) 祖父母、外祖父母；(二) 兄、姐；(三) 其他愿意担任监护人的个人或者组织，但是须经未成年人住所地的居民委员会、村民委员会或者民政部门同意。"

3. B。《民法总则》第 28 条规定："无民事行为能力或者限制民事行为能力的成年人，由下列有监护能力的人按顺序担任监护人：(一) 配偶；(二) 父母、子女；(三) 其他近亲属；(四) 其他愿意担任监护人的个人或者组织，但是须经被监护人住所地的居民委员会、村民委员会或者民政部门同意。"故本题选 B。

4. B。本题考查《民法总则》新设的遗嘱监护制度。我国《民法总则》第 29 条规定："被监护人的父母担任监护人的，可以通过遗嘱指定监护人。"

5. D。我国《民法总则》第 30 条规定："依法具有监护资格的人之间可以协议确定监护人。协议确定监护人应当尊重被监护人的真实意愿。"

6. C。我国《民法总则》第 35 条规定，未成年人的监护人履行监护职责，在作出与被监护人利益有关的决定时，应当根据被监护人的年龄和智力状况，尊重被监护人的真实意愿。

7. A。我国《民法总则》第 32 条规定："没有依法具有监护资格的人的，监护人由民政部门担任，也可以由具备履行监护职责条件的被监护人住所地的居民委员会、村民委员会担任。"

(二) 多项选择题

1. ABCD。我国《民法总则》第 39 条第 1 款规定："有下列情形之一的，监护关系终止：(一) 被监护人取得或者恢复完全民事行为能力；(二) 监护人丧失监护能力；(三) 被监护人或者监护人死亡；(四) 人民法院认定监护关系终止的其他情形。"

2. ABCD。我国《民法总则》第 36 条规定，本条规定的有关个人和组织包括：其他依法具有监护资格的人，居民委员会、村民委员会、学校、医疗机构、妇女联合会、残疾人联合会、未成年人保护组织、依法设立的老年人组织、民政部门等。

简答题

1. 监护一词，从不同的角度来考察，有不同含义。从法律制度的角度来看，监护制度是指为保护无民事行为能力人、限制民事行为能力人的人身和财产权利而由法定或者指定的公民或者社会组织依法对其加以监督和保护的民事法律制度。

从法律关系的角度而言，监护关系是指在监护人和被监护人之间发生的由监护人对被监护人予以监督和保护的权利义务关系。在该关系中，依法监督、保护无民事行为能力人、限制民事行为能力人的公民或者社会组织是监护人，受监护人监督、保护的无民事行为能力人、限制民事行为能力人是被监护人。

2. 按照中国现行法律规定，以产生监护关系的途径和方法为标准，将监护分为：法定监护和指定监护。法定监护，是指按照法律的直接规定而设置的监护。关于法定监护，我国《民法总则》第27、28条作出相关规定。法定监护主要是亲属监护；没有亲属担任监护人的，法律规定其他个人或社会组织也可依法担任监护人。指定监护，是指按照法定的社会组织或者法院的指定而设置的监护。对担任监护人有争议的，由未成年人的父、母的所在单位或精神病人的所在单位，未成年人住所地或精神病人住所地的居民委员会、村民委员会在需要被监护者的近亲属中指定。对指定不服提起诉讼的，由人民法院裁决。

3. 我国《民法总则》第27条规定："父母是未成年子女的监护人。未成年人的父母已经死亡或者没有监护能力的，由下列有监护能力的人按顺序担任监护人：（一）祖父母、外祖父母；（二）兄、姐；（三）其他愿意担任监护人的个人或者组织，但是须经未成年人住所地的居民委员会、村民委员会或者民政部门同意。"按此规定，其他人担任未成年人的法定监护人，既应依照法定的先后顺序，又须符合法定的必要条件。

其他人担任未成年人的法定监护人的法定顺序：第一顺序是未成年人的祖父母、外祖父母；第二顺序是未成年人的兄、姐；第三顺序是其他愿意担任监护人的个人或者组织（以其愿意担任未成年人监护人并经未成年人住所地的居民委员会、村民委员会或者民政部门同意为必要前提）。如果在同一顺序中有数人符合法定监护人条件，则应当由与未成年人共同生活并照料未成年人的法定监护人履行监护职责。

其他人担任未成年人的法定监护人的法定条件：第一，未成年人的父母已经死亡，或者没有监护能力如部分丧失行为能力或者全部丧失行为能力。第二，未成年人的祖父母、外祖父母、兄、姐和关系密切又愿意担任监护人的亲属、朋友必须具有监护能力。第三，其他愿意担任监护人的个人或者组织，愿意担任监护人的，还必须经过未成年人住所地的居民委员会、村民委员会或者民政部门同意。

4. 监护人应当在法律规定的范围内履行其监护职责，维护被监护人的合法权益，并且不得损害被监护人的利益，否则，监护人应承担相应的法律责任。我国《民法总则》第34条规定，监护人的职责是代理被监护人实施民事法律行为，保护被监护人的人身权利、财产权利以及其他合法权益等。监护人依法履行监护职责产生的权利，受法律保护。监护人不履行监护职责或者侵害被监护人合法权益的，应当承担法律责任。可见，监护人不法侵害被监护人的人身权利和财产权利，应当承担停止侵害、返还财产、赔偿损失等民事责任或者相应的刑事责任与行政责任。

5. 监护的终止，指监护关系因其法定要件的消灭而不复存在。监护可因一定原因而产生，因此，也可因一定原因而终止。这种终止有绝对终止和相对终止之别。实际上，相对终止并非终止监护，而只是现有监护人因出现特定原因不能继续履行监护时，发生的权利义务转移。

关于监护的终止，各国立法均作了明确的规定。德国民法规定了监护终止的条件；绝对终止和相对终止的要件（包括青少年事务局、社团监护的解职、公职监护人的解职）；监护终止时和以后的法律义务（包括清算财产、提出账目等工作）；监护监督人职务的终止等内容，很全面，很系统。日本、法国民法规定了监护人被解任、监护人的辞任；并着重规定了监护人于监护委任终止后的妥善处理义务；规定了监护人应进行的财产清算等事务，清算时监护监督人应参加等内容。

6. 监护的终止与撤销，均是引起监护关系消灭的两种法律事实。但是两者之间也有很大的差异：

监护的终止，是指依法设定监护的客观情况已经消失，监护关系没有继续存在的必要，从而导致监护关系的消灭。例如，未成年人伴随年龄的增长已成为成年人，无民事行为能力或者限制行为能力的精神病人因病情好转已经恢复了完全民事行为能力，已无继续监护关系的必要，应终止监护。

监护的撤销，是指因监护人未尽到监护的义务或者对被监护人的人身权利和财产权利实施不法侵害，继续保持监护关系显然对被监护人不利，被监护人的其他利害关系人或有关社会组织可依法向法院提起诉讼，申请撤销原监护人的资格。依照我国《民法通则》第18条第3款的规定，在发生监护人不履行监护职责或者侵害被监护人合法权益的情况下，人民法院可以根据有关人员或者有关单位的申请，撤销监护人的资格。人民法院撤销原监护人的资格时，应当为被监护人另行指定监护人。

案例分析题

（1）我国《民法总则》第28条规定："无民事行为能力或者限制民事行为能力的成年人，由下列有监护能力的人按顺序担任监护人：（一）配偶；（二）父母、子女；（三）其他近亲属；（四）其他愿意担任监护人的个人或者组织，但是须经被监护人住所地的居民委员会、村民委员会或者民政部门同意。"因此应由其配偶周某担任监护人并管理其财产。

（2）法院不应受理。离婚不应由他人代理，只能本人行使。

论述题

1.（1）监护人的权利

监护人依法享有下列权利：

①对被监护人的人身和财产等方面进行全面的保护和监督；②对未成年的被监护人进行思想品德和文化素质的教育培养；③依法对被监护人的财产进行必要的管理，并可以为被监护人的利益而处分被监护人的财产；④代理被监护人进行民事活动和诉讼活动。对以被监护人为一方的民事法律行为，有法定代理权或同意权；⑤当其监护权受到不法侵害时，诉请人民法院依法予以保护。

（2）监护人的义务

监护人必须履行的对被监护人的法定义务是：

①照顾被监护人的日常生活、身体发育和人身安全；②引导和约束被监护人的行为；③不得在有损于被监护人利益的情形下处分被监护人的财产；④不得代理被监护人与自己为法律行为；⑤监护人如为对被监护人有扶养义务的亲属，须依法承担扶养义务。被监护人如为精神病人，还须妥善处理治疗、康复等事宜。

对于监护人的权利和义务，我国现行法中尚无更为具体的规定，以上只是一般性的列举，仅供参考。需要说明的是，监护人的权利和义务是紧密地结合在一起的，两者往往是相互混同的。权利和义务在同一个过程中实现，指向共同的目标，即依法履行监护职责。

2. 监护具有如下法律特征：（1）设立监护制度有明确的目的性，即为了保护无民事行为能力人和限制民事行为能力人的人身和财产权利。无民事行为能力人和限制民事行为能力人虽然具有与其他民事主体平等的民事权利能力，但因其民事行为能力方面的缺陷，未成年人或者精神病人难以自行实现其人身和财产方面的民事权利，为此，需要为其设立监护人，从而保护其各种权益，以利于未成年的被监护人健康成长，以利于处在精神病状态下的被监护人正常生活。（2）监护关系的主体具有特定性，即作为监护人的特定公民或者社会组织与作为被监护人的无民事行为能力人和限制民事行为能力人之间具有特定性。监护人的产生是依照法律的直接规定或者由法定的社会组织、法院依法指定，而被监护人则与监护人有着特定的亲属关系或者行政管理关系。（3）监护关系的内容具有法定性，即监护人对被监护人进行监督、保护的权利与义务来自法律的直接规定。监护行为不仅直接关系到无民事行为能力人和限制民事行为能力人的人身和财产权利的实现，同时还涉及第三人的权益，并产生相应的社会后果，对社会秩序有一定影响，因此，监护关系的内容只能由法律直接加以规定，而不允许当事人自行约定或者对法律规定有所变动。

第十二章　救助措施与法律责任

知识逻辑图

- 救助措施与法律责任
  - 救助措施
    - 救助措施与法律责任的关系
    - 基层组织的救助措施
  - 妨害婚姻家庭的民事责任
    - 给付扶养费、抚养费、赡养费
    - 离婚损害赔偿
    - 妨害夫妻共同财产分割的责任
    - 其他法律规定的妨害婚姻家庭的民事责任
      - 丧失继承权
      - 监护人责任
  - 妨害婚姻家庭的行政责任
    - 实施家庭暴力或虐待家庭成员
    - 干涉婚姻自由
    - 妨害子女受义务教育的权利
  - 妨害婚姻家庭的刑事责任
    - 重婚罪
    - 虐待罪
    - 遗弃罪
    - 暴力干涉婚姻自由罪
    - 破坏军婚罪
    - 拐骗儿童罪
    - 拐卖妇女、儿童罪
    - 收买被拐卖妇女、儿童罪

名词解释

离婚损害赔偿制度

选择题

（一）单项选择题

1. 根据我国法律规定，虐待家庭成员，情节恶劣的，处(　　)、拘役或管制。

A. 2年以上有期徒刑

B. 7年以上有期徒刑

C. 3年以上有期徒刑

D. 5年以下有期徒刑

2. 我国法律规定，凡年满6周岁的儿童，(　　)应送其入学接受并完成义务教育。

A. 父母

B. 父母或祖父母、外祖父母

C. 任意法定监护人

D. 父母或其他法定监护人

3. 根据我国《婚姻法》的规定，面对正在实施的家庭暴力，受害人有权向(　　)提出请求，此机关应当予以制止。

A. 住所地民政部门　　B. 检察院

C. 公安机关　　D. 街道办

4. 甲男与乙女经人介绍相识，二人相处一段时间，甲对乙较为满意，向乙提出结婚。乙则提出，甲必须为乙购买钻石项链、戒指，并给乙20

万元，方能与甲登记，乙的行为属于(　　)。

A. 买卖婚姻

B. 包办婚姻

C. 借婚姻索取财物

D. 借婚姻骗取财物

5. 张某与王某有不正当关系而弃身患重病的妻子于家中不顾，其妻因无人照看从床上摔下而成二级残废，张某的行为构成(　　)。

A. 虐待　　B. 遗弃

C. 故意伤害　　D. 重婚

6. 家庭暴力、虐待和遗弃行为的受害人，可以向居民委员会、村民委员会提出请求，该基层群众性自治组织应予以(　　)。

A. 警告、调解　　B. 调解、处罚

C. 劝阻、调解　　D. 劝阻、强制

7. 父母不顾其女王梅的反对强行将其送与杨强结了婚，王梅的父母从杨强处索得人民币50 000元。王梅父母的行为已构成(　　)。

A. 包办婚姻

B. 买卖婚姻

C. 借婚姻骗取财物

D. 借婚姻索取财物

（二）多项选择题

1. 婚姻法所指的诉讼外的调解部门有(　　)。

A. 当事人所在单位　　B. 群众团体

C. 人民调解委员会　　D. 村民委员会

2. 有权向人民法院提出中止探望权请求的人包括(　　)。

A. 未成年子女

B. 直接抚养子女的父或母

C. 直接抚养子女的父或母的父母

D. 其他对未成年子女负担抚养、教育义务的法定监护人

3. 虐待家庭成员而被虐待人要求处理的，处以行为人(　　)。

A. 3 个月以下劳动教养

B. 5 日以下拘留

C. 200 元以下罚款

D. 警告

4. 根据我国《婚姻法》的规定，在何种情形下，导致离婚，无过错方有权请求损害赔偿？(　　)

A. 重婚

B. 有配偶者与他人同居

C. 实施家庭暴力

D. 虐待、遗弃家庭成员

5. 根据我国法律规定，以下情形中，构成重婚罪的是(　　)。

A. 有配偶的人在婚姻关系存续期间与他人结婚

B. 无配偶者明知他人有配偶而与之结婚

C. 有配偶者在配偶宣告失踪后与他人结婚

D. 有配偶者在配偶宣告死亡后与他人结婚

6. 虐待罪的主体只能是(　　)。

A. 具有责任能力的家庭成员

B. 年满 18 周岁的家庭成员

C. 年满 16 周岁的家庭成员

D. 与受害人在同一家庭中共同生活的家庭成员

简答题

1. 简述妨害夫妻共同财产分割的责任。

2. 简述探望权案件的强制执行问题。

3. 应妨害婚姻家庭行为受害人的请求，基层群众性自治组织应当采取哪些救助措施？

4. 简述妨害子女受教育的权利。

5. 简述救助措施与法律责任的关系。

案例分析题

2007 年，高某和王某经人介绍认识并于同年10 月份到当地婚姻登记机关领取了结婚证。由于婚前相互了解较少，婚后双方很快口角不断，关系甚是紧张。某日，王某听朋友说，高某与一名女子刘某在外同居并以夫妻之名参加朋友的聚会。王某遂与高某当面对质，高某坦然承认并称自己与刘某是真爱，已经同居一年多，王某怒不可遏，次日就向法院提起诉讼，要求与丈夫离婚。

请结合材料分析：

(1) 高某行为是否构成重婚？

(2) 如果刘某知道高某有妻子，是否构成重婚？

论述题

1. 试述妨害婚姻家庭的行政责任内容及种类。
2. 试述离婚损害赔偿的构成、范围及形式。

参考答案

名词解释

离婚损害赔偿是指夫妻一方有过错致使婚姻家庭关系破裂，离婚时对无过错的一方所受的损失，有过错的一方应承担的民事赔偿责任。

选择题

（一）单项选择题

1. A。《刑法》第260条规定，虐待家庭成员，情节恶劣的，处2年以下有期徒刑、拘役或者管制。

2. D。《义务教育法》第11条第1款规定："凡年满6周岁的儿童，其父母或者其他法定监护人应当送其入学接受并完成义务教育；条件不具备的地区的儿童，可以推迟到7周岁。"

3. C。《婚姻法》第43条规定："实施家庭暴力或虐待家庭成员，受害人有权提出请求，居民委员会、村民委员会以及所在单位应当予以劝阻、调解。对正在实施的家庭暴力，受害人有权提出请求，居民委员会、村民委员会应当予以劝阻；公安机关应当予以制止。实施家庭暴力或虐待家庭成员，受害人提出请求的，公安机关应当依照治安管理处罚的法律规定予以行政处罚。"

4. C。借婚姻索取财物是指除买卖婚姻以外的其他借婚姻问题索取财物的行为。在这种情况下，男女双方结婚基本上是自主自愿的，而买卖婚姻则是包办强迫的。

5. B。遗弃罪，在主观方面表现为故意，即行为人明知自己应当承担扶养义务而拒不履行；在客观方面表现为扶养义务人拒绝扶养没有独立生活能力的扶养权利人并且情节恶劣的行为。遗弃是一种不作为，即行为人有扶养义务，并且有能力履行这一义务而拒不履行。张某的行为已构成遗弃。

6. C。根据《婚姻法》第43条及第44条的规定，家庭暴力、虐待和遗弃行为的受害人，可以向居民委员会、村民委员会提出请求，该基层群众性自治组织应当予以劝阻、调解。

7. B。买卖婚姻是指婚姻关系以外的第三人（包括父母）以索取大量财物为目的，包办、强迫他人缔结的婚姻。其表现为以获取大量财物为主要目的、将婚姻当事人等同于商品致其不能在婚姻问题上自主。

（二）多项选择题

1. ABCD。诉讼外调解，是指由婚姻当事人所在单位、群众团体、居民或村民委员会、人民调解委员会等部门主持，在自愿合法的基础上，当事人就保持或解除婚姻关系及其连带的法律问题协议的纠纷解决方式。

2. ABD。根据《婚姻法司法解释一》第26条的规定，未成年子女、直接抚养子女的父或母及其他对未成年子女负担抚养、教育义务的法定监护人，有权向人民法院提出中止探望权的请求。

3. BD。根据法律规定，虐待家庭成员而被虐待人要求处理的，处以行为人5日以下拘留或者警告。

4. ABCD。《婚姻法》第46条规定："有下列情形之一，导致离婚的，无过错方有权请求损害赔偿：（一）重婚的；（二）有配偶者与他人同居；（三）实施家庭暴力的；（四）虐待、遗弃家庭成员的。"

5. ABC。重婚，是指有配偶的人又与他人结婚或以夫妻名义共同生活的行为，或明知他人有配偶而与之结婚或者与之以夫妻名义共同生活的行为。重婚包括法律上的重婚和事实上的重婚两种情况。法律上的重婚指前婚尚未解除又与他人登记结婚的，事实上的重婚指前婚尚未解除又与他人形成事实婚姻的。根据有关司法解释，有配偶的人与他人以夫妻名义同居生活的，或者明知他人有配偶而与之以夫妻名义同居生活的，仍应按重婚定罪处罚。

6. ACD。根据我国法律规定，虐待罪的主体是年满16周岁有责任能力的家庭成员，家庭成员意味着是与受害人在同一家庭中共同生活的家庭成员。

简答题

1. 违反《婚姻法》给当事人造成损害的违法行为，行为人应依法承担民事责任。根据《婚姻法》以及其他法律的相关规定，妨害夫妻共同财产分割是一种严重的妨害行为。离婚过程中，妨害公平分割夫妻共同财产的行为如隐藏、转移、变卖、毁损等较为常见，为了保护双方当事人的合法权益，《婚姻法》第 47 条规定了此类问题的法律对策。

（1）离婚时，一方隐藏、转移、变卖、毁损夫妻共同财产，或伪造债务企图侵占另一方财产的，分割夫妻共同财产时可以少分或者不分。

一般而言，离婚时夫妻共同财产应当均等分割。如果一方当事人从事上述违法行为，根据情节的轻重，人民法院可以决定对其少分或者不分。这一规定，对于违法行为人而言是一种惩罚，是其对另一方当事人承担的一种特殊的民事责任。

（2）离婚后，一方发现另一方隐藏、转移、变卖、毁损夫妻共同财产，或者伪造债务的，可以向人民法院提起诉讼，请求再次分割夫妻共同财产。按照最高人民法院的有关司法解释，请求再次分割夫妻共同财产的诉讼时效为 2 年，从当事人发现之次日起计算。

2. 探望权纠纷作为一种特殊类型的婚姻家庭案件，在执行上有不同于一般婚姻家庭案件执行的特点。第一，其他婚姻家庭案件的执行标的多为金钱或者财物等；有关探望权的执行标的则是法定的协助义务的履行。第二，执行的长期性。其他民事案件的执行，除某些必须分期分次执行的案件外，往往是一次执行完毕，当事人之间的权利义务即行消灭；有关探望权的执行具有长期性，不直接抚养子女的一方探望子女的权利长期存续，这就决定了此种执行事项具有长期性和反复性的特点。第三，探望权案件的执行，是不直接抚养子女一方对子女的亲权得以实现的法律保障。离婚后，父母对子女依然享有亲权。如果不直接抚养子女一方不能定期探望子女，其亲权就不可能实现。探望权案件的执行是不直接抚养子女一方亲权得以实现的重要形式，也是保护未成年子女身心健康成长，使其能够得到双亲关爱的重要条件。

《婚姻法司法解释一》第 32 条指出，《婚姻法》第 48 条关于对拒不执行有关探望子女等判决或裁定的，由人民法院依法强制执行的规定，是指对拒不履行协助另一方行使探望权的有关个人和单位采取拘留、罚款等强制措施，不能对子女的人身、探望行为进行强制执行。

3. 对于任何妨害婚姻家庭的行为，社会各界都应当予以制止，对于受害人，任何人都应当给予适当的救助。但从法律角度而言，这种救助是有关组织的法定职责。

《婚姻法》第 43 条、第 44 条规定，对于实施家庭暴力、虐待或遗弃家庭成员的，受害人有权提出请求，居民委员会、村民委员会以及所在单位应当予以劝阻、调解。

劝阻，包括两层含义：一是劝说行为人停止侵害家庭成员合法权益的违法行为；二是对于劝说无效的情形可以采取适当的手段阻止行为人的侵害行为，及时解救受害人。

调解，是指要针对侵害行为发生的原因，引导和帮助加害人和受害人化解矛盾、解决纠纷，以防止此类违法行为继续发生。根据《人民调解委员会组织条例》的规定，居民委员会和村民委员会设有人民调解委员会，在基层人民政府和基层人民法院的指导下调解民间纠纷。基于我国的历史传统，特别是在广大农村，人民调解委员会是解决家庭纠纷不可缺少的力量。我国的基层群众性自治组织以其传统和独特的工作方式，对调处婚姻家庭纠纷起着重要的、不可替代的作用。这种调解虽然不同于法院调解，但也必须遵循合法和自愿的原则。对于当事人一方或者双方拒绝调解的，无法达成调解协议的，甚至达成协议后反悔的，基层群众性自治组织不应当强制调解，而应当告知受害人及时向公安机关或者司法机关提出请求。在调解婚姻家庭纠纷过程中，重点在于查明事实和分清是非，然后依据法律法规、社会道德对于违法行为人进行严肃的批评教育，促使双方当事人相互谅解、平等协商，从而自愿达成协议，消除纷争。在调解过程中，切忌无原则地“和稀泥”。

对正在实施的家庭暴力，《婚姻法》第 43 条还规定，公安机关应当予以制止。这是保护家庭暴力受害人的必要措施，但它不同于基层组织的劝阻，是具有一定的强制性的。

4.《婚姻法》将教育子女作为父母的法定义务。根据《义务教育法》第11条的规定，凡年满6周岁的儿童，其父母或者其他法定监护人应当送其入学接受并完成义务教育；条件不具备的地区的儿童，可以推迟到7周岁。

父母或者其他监护人必须使适龄的子女或者被监护人按时入学，接受规定年限的义务教育。适龄儿童、少年的父母或者其他监护人未按规定送子女或者被监护人就学接受义务教育的，城市由市、市辖区人民政府或者其指定机构，农村由乡级人民政府，对其进行批评教育；经教育仍拒不送其子女或者被监护人就学的，可视具体情况处以罚款，并采取必要的措施使其子女或者被监护人就学。

5.现行《婚姻法》以专章规定了妨害婚姻家庭的救助措施和法律责任，这在世界各国亲属立法上是罕见的。一般而言，对于妨害婚姻家庭的违法行为的制裁，其他法律已有明确具体的规定，《婚姻法》可以不设专章对此进行规范。但是增设此章，可以加强法律的可操作性，有利于贯彻执行婚姻家庭立法，保护婚姻家庭当事人的合法权益。因此，现行《婚姻法》新增一章“救助措施与法律责任”。

为了正确理解这一概念，必须注意以下几点：第一，有关组织的范围。这里的有关组织，包括居民委员会、村民委员会、当事人所在单位以及有关的国家机关。第二，救助措施通常是在受害人提出请求的条件下采取的。由于婚姻家庭属于私人领域，涉及个人隐私，有关组织一般不宜未经受害人提出请求而自行介入，否则有可能造成适得其反的不良后果。第三，对妨害婚姻家庭行为应作广义理解，不应仅仅局限于《婚姻法》在“救助措施与法律责任”一章所作的规定。为此，《婚姻法》第49条特别指出，其他法律对有关婚姻家庭的违法行为和法律责任另有规定的，依照其规定。第四，广义上的救助措施包括各种法律责任，追究法律责任应由有关的国家机关依法进行。居民委员会、村民委员会、当事人所在单位均不能自行决定违法行为人应承担的法律责任。

在广义上来说，救助措施的范围远远大于法律责任。除了法律责任，其他救助措施也可以给受害人适当的救济，但是如果行为人采取不合作态度，采取这些措施的组织就无能为力了。这时受害人可以向公安机关或者司法机关求助。由于法律责任是一种具有国家强制力保障的救助措施，从而可以为受害人提供有效救济，保障其合法权益。当然，我们绝不能因此而忽视其他救助措施，特别是基层组织为受害人提供的救助措施的作用。

案例分析题

（1）构成。重婚行为其中一类就是有配偶的人在婚姻关系存续期间又与他人结婚。在司法实践中，对于有配偶的人与他人虽然没有登记结婚，但双方的确以夫妻名义共同生活的，也认定为重婚行为。所以高某的行为已经构成重婚，根据我国《刑法》第258条的规定，犯重婚罪的，处2年以下有期徒刑或者拘役。

（2）构成。重婚行为中的一类是无配偶者明知他人有配偶而与之结婚。刘某若知道高某有妻子，而与之以夫妻之名共同生活，也构成重婚。

论述题

1.对于那些违反《婚姻法》，但情节较轻，尚未构成犯罪的行为，可以依法给予行政处罚。根据《婚姻法》和相关法律规定，这类行为主要包括：

（1）实施家庭暴力或者虐待家庭成员

现行《婚姻法》第43条第3款明确规定，实施家庭暴力或虐待家庭成员，受害人提出请求的，公安机关应当依照治安管理处罚的法律规定予以行政处罚。这方面的具体问题，按《治安管理处罚法》的有关规定处理。

（2）干涉婚姻自由

对于包办、买卖或者其他干涉婚姻自由的行为，尚未使用暴力的，应当对行为人进行严肃的批评教育，必要时可以依据有关规定予以行政处罚。

（3）妨害子女受义务教育的权利

《婚姻法》将教育子女作为父母的法定义务。根据《义务教育法》第11条的规定，凡年满6周岁的儿童，其父母或者其他法定监护人应当送其入学接受并完成义务教育；条件不具备的地区的儿童，可以推迟到7周岁。

父母或者其他监护人必须使适龄的子女或者被监护人按时入学，接受规定年限的义务教育。适龄儿童、少年的父母或者其他监护人未按规定送子女或者被监护人就学接受义务教育的，城市由市、市辖区人民政府或者其指定机构，农村由乡级人民政府，对其进行批评教育；经教育仍拒不送其子女或者被监护人就学的，可视具体情况处以罚款，并采取必要的措施使其子女或者被监护人就学。

（4）违反计划生育规定

计划生育是我国的一项基本国策，夫妻双方都有实行计划生育的义务。我国《人口与计划生育法》规定，鼓励公民晚婚晚育，提倡一对夫妇生育一个子女，符合法律、法规规定条件的，可以要求安排生育第二个子女。具体办法由省、自治区、直辖市人民代表大会或者其常务委员会规定。对于某些妨害计划生育的违法行为，应当按照有关规定予以行政处罚。

2. 现实生活中，因配偶一方的重大过错导致离婚的现象比较常见，无过错一方不仅遭受精神痛苦，有时还受到财产损失。因此，世界上不少国家和地区的婚姻家庭立法都设立了离婚损害赔偿制度。以我国台湾地区“民法”为例，其第1056条规定：“夫妻之一方，因判决离婚而受有损害者，得向有过失之他方，请求赔偿。前项情形，虽非财产上之损害，受害人亦得请求赔偿相当之金额，但以受害人无过失为限。前项请求权不得让与或继承，但已依契约承诺或已起诉者，不在此限。”针对现实的需要，我国在借鉴其他国家和地区立法经验的基础上，确立了离婚损害赔偿制度。现行《婚姻法》第46条规定，因一方重婚、与他人同居、实施家庭暴力或者虐待、遗弃家庭成员导致离婚的，无过错的另一方有权请求损害赔偿。

（1）离婚损害赔偿的构成要件

①配偶一方有重婚、与他人同居、实施家庭暴力或者虐待、遗弃等违法行为。

②离婚是上述违法行为导致的，两者之间具有必然的因果关系。

③离婚出于有上述违法行为一方的过错，另一方对此是无过错的。但是，对于无过错一语，不应作机械的、绝对化的理解。另一方在或长或短的婚姻生活中可能也有某些过错，只要不是导致离婚的主要原因，仍可视其为无过错方。

（2）赔偿的范围和形式

对人身和财产损害，应当全部赔偿。最高人民法院在有关司法解释中指出，《婚姻法》第46条规定的损害赔偿，包括物质损害赔偿和精神损害赔偿。物质损害赔偿可按损害结果如实计算。至于精神损害，根据最高人民法院《关于确定民事侵权精神损害赔偿责任若干问题的解释》的规定，离婚精神损害的赔偿数额可以参照以下因素确定：①侵权行为人的过错程度；②侵害的手段、场合、行为方式等具体情节；③侵权行为所造成的后果，这主要是指给无过错方造成精神痛苦的大小，赔偿金数额应当与之成正比，同时还应当考虑当地的风俗、社会舆论等因素；④侵权行为人承担责任的经济能力；⑤当地平均生活水平。只有充分考虑上述因素，才能合理地确定赔偿金的数额，做到既保护受害人的合法权益，又不至于使行为人无法负担。

第十三章　民族、涉外、涉侨及中国区际婚姻家庭法律问题

知识逻辑图

- 民族、涉外、涉侨及中国区际婚姻家庭法律问题
  - 民族婚姻家庭及其立法
    - 民族婚姻家庭的特征
      - 主体为少数民族
      - 内容具有民族特色
    - 对处理民族婚姻家庭问题的一般要求
      - 不同民族间的通婚应遵循的一般原则
      - 民族婚姻家庭纠纷的处理原则
      - 不同民族通婚所生子女或收养子女的民族从属问题
    - 民族自治地方对《婚姻法》的变通规定
      - 基本原则方面的规定
      - 结婚和离婚方面的规定
      - 其他方面的规定
  - 涉外婚姻家庭法律问题
    - 涉外婚姻家庭关系的法律适用
      - 涉外婚姻家庭关系法律适用的一般原则
      - 涉外婚姻家庭关系的准据法
    - 我国内地的涉外婚姻家庭法律问题
      - 涉外结婚
      - 涉外离婚
      - 涉外收养
  - 涉侨、涉港澳台的婚姻家庭法律问题
    - 婚姻家庭领域的区际法律冲突和对策
      - 中国区际婚姻家庭法律冲突的现状
      - 中国区际婚姻家庭法律冲突的特点
      - 区际婚姻家庭法律冲突的对策
    - 我国内地的涉侨、涉港澳台的婚姻家庭法律问题
      - 涉侨、涉港澳台的结婚登记
      - 涉侨、涉港澳台的离婚登记和离婚诉讼
      - 涉侨、涉港澳台的收养登记
    - 关于涉台婚姻家庭若干具体问题的处理
      - 去台人员与其在大陆的配偶之间婚姻关系的处理问题
      - 涉台夫妻共同财产问题
      - 去台人员与其留在大陆子女之间的抚养、赡养和收养问题
      - 大陆法院对台湾地区有关两岸公民婚姻家庭案件判决的认可问题

名词解释

1. 民族婚姻家庭
2. 区际法律冲突

选择题

（一）单项选择题

1. 以下哪类公民可以同外国人结婚？（　　）

A. 外交人员

B. 现役军人

C. 公安人员

D. 一般国家机关工作人员

2. 下列有关涉外离婚诉讼中说法错误的是（　　）。

A. 涉外离婚当事人应按我国法律的有关规定，向中国公民一方户口所在地或常驻地的人民法院起诉

B. 就涉外离婚诉讼，人民法院无须调解，可

以直接依法判决

C. 不在我国居住的外国人，可以委托本国驻华领馆官员（以个人名义）担任诉讼代理人

D. 不在我国居住的外国人，在没有委托的情况下，该国领事官员可以直接以领事名义担任其代表人，参与离婚诉讼

3. 以下哪一项纠纷不属于婚姻家庭领域的区际法律冲突？(　　)

A. 中国大陆与香港地区的法律冲突

B. 香港地区与台湾地区的法律冲突

C. 中国大陆与台湾地区的法律冲突

D. 中国大陆与美国特拉华州的法律冲突

（二）多项选择题

1. 以下情况中，内地法院对台湾地区不可裁定认可有关两岸公民婚姻家庭案件判决效力的是(　　)。

A. 申请认可的民事判决，是在被告缺席又未经合法传唤或者在被告无诉讼能力又未得到适当代理的情况下作出的

B. 案件的双方当事人订有仲裁协议的

C. 申请认可的民事判决中有违反一个中国原则内容的

D. 案件系人民法院专属管辖的

2. 下列哪些是外国人在我国收养子女时所必须出具的证明材料？(　　)

A. 收养人的出生证明

B. 收养人的婚姻状况证明

C. 收养人的经济收入和财产证明

D. 收养人的职业证明

3. 甲国公民玛丽与中国公民王某经常居住地均在中国，二人在乙国结婚，关于双方婚姻关系的法律适用，下列哪些选项是正确的？(　　)（司考）

A. 结婚手续只能适用中国法

B. 结婚手续符合甲国法、乙国法和中国法中的任何一个，即为有效

C. 结婚条件应适用乙国法

D. 结婚条件应适用中国法

简答题

1. 简述民族婚姻家庭的特征。

2. 简述处理民族婚姻家庭法律问题的一般要求。

3. 我国现行法对涉外婚姻家庭关系的法律适用有哪些规定？

论述题

1. 试述各民族自治地方关于《婚姻法》的变通规定主要有哪些内容。

2. 试述如何处理民族婚姻家庭问题。

3. 试述如何处理我国的区际婚姻家庭法律冲突。

4. 试述如何处理基于历史原因而发生的涉台婚姻家庭法律问题。

参考答案

名词解释

1. 民族婚姻家庭，是指少数民族在民族内、少数民族之间、少数民族与汉族之间的婚姻和各种不同类型的家庭关系。

2. 区际法律冲突，是在一个主权国家的范围内不同地区法律制度之间在同一层面上的冲突。区际法律冲突发生在“复合法域（多法域）国家”，对于那些跨法域的、即涉及不同法域的婚姻家庭关系问题，必须正确处理客观存在的法律冲突。

选择题

（一）单项选择题

1. D。我国法律规定某些中国公民不准同外国人结婚。根据《中国公民同外国人办理婚姻登记的几项规定》第 4 条之规定，以下两类中国公民不准同外国人结婚：第一类是某些担任特定职务的人员。其范围是：(1) 现役军人：指正在中国人民解放军和人民武装警察部队中服役，具有军籍的干部和战士。(2) 外交人员：指直接从事外交工作的人员，主要指外交部和我国驻外使领馆的外交官员。(3) 公安人员：指在编的各级公安机关、国家安全机关的干警。(4) 机要人员和其他掌握重大机密的人员：指在国家党政机关、科

研机构和企事业单位从事机要工作，掌握党和国家重大机密包括科技尖端机密的人员。第二类是正在接受劳动教养和服刑的人。因此，本题选D。

2. B。涉外离婚当事人应按我国法律的有关规定，向中国公民一方户口所在地或常住地的人民法院起诉。人民法院应当依法调解，调解无效的，依法判决。此外，不在我国居住的外国人，不能来我国法院亲自参加起诉、应诉的，可以委托我国公民、律师或居住在我国境内的本国公民、本国驻华使、领馆官员（以个人名义）担任诉讼代理人。根据《维也纳领事关系公约》规定的原则，外国人一方不在我国境内，或由于其他原因不能适时到我国法院出庭时，在没有委托的情况下，该国驻华使、领馆领事官员（包括经我国外交部确认的外国驻华使馆的外交官同时兼有领事衔者），可以直接以领事名义担任其代表人，或为其安排代表人在我国法院出庭，参与离婚诉讼。

3. D。区际法律冲突，是在一个主权国家的范围内不同地区法律制度之间在同一层面上的冲突。区际法律冲突发生在“复合法域（多法域）国家”，对于那些跨法域的、即涉及不同法域的婚姻家庭关系问题，必须正确处理客观存在的法律冲突。中国区际婚姻家庭法律冲突是单一制国家中特别行政区享有高度自治权情况下的法律冲突。因此，中国大陆与香港地区的法律冲突、中国大陆与台湾地区的法律冲突、香港地区与台湾地区的法律冲突均是中国区际法律冲突。而中国大陆与美国特拉华州的法律冲突是两个主权国家之间的法律冲突。

（二）多项选择题

1. ABCD。根据最高人民法院2015年6月2日通过的《关于认可和执行台湾地区法院民事判决的规定》，对台湾地区涉及两岸公民婚姻家庭案件的判决，当事人可以向内地中级人民法院申请认可。人民法院审查申请后，对于台湾地区有关法院的民事判决，只要不具有下列情形的，人民法院裁定认可其效力：(1) 申请认可的民事判决，是在被申请人缺席又未经合法传唤或者在被申请人无诉讼行为能力又未得到适当代理的情况下作出的；(2) 案件系人民法院专属管辖的；(3) 案件双方当事人订有有效仲裁协议，且无放弃仲裁管辖情形的；(4) 案件系人民法院已作出判决或者中国大陆的仲裁庭已作出仲裁裁决的；(5) 香港特别行政区、澳门特别行政区或者外国的法院已就同一争议作出判决且已为人民法院所认可或者承认的；(6) 台湾地区、香港特别行政区、澳门特别行政区或者外国的仲裁庭已就同一争议作出仲裁裁决且已为人民法院所认可或者承认的。另外，认可该民事判决将违反一个中国原则等国家法律的基本原则或者损害社会公共利益的，人民法院应当裁定不予认可。因此，本题的答案是ABCD。

2. ABCD。《外国人在华收养子女办法》第4条的规定：“外国人在华收养子女，须由该国政府或者其委托的收养组织向中国政府委托的收养组织转交收养申请并提交收养人的家庭情况报告和证明。前款规定的收养人的申请、家庭情况报告和证明，是指经其经常居住地国公证机构或者公证人公证，并经其经常居住地国外交部或者外交部授权的机构及我国驻该国使馆或者领馆认证的下列文件：（一）收养申请书；（二）出生证明；（三）婚姻状况证明；（四）职业、经济收入和财产状况证明；（五）身体健康检查证明；（六）有无受过刑事处罚的证明；（七）收养人经常居住地国主管机关同意其收养子女的证明；（八）家庭情况报告，包括收养申请人身份、收养的合格性和适当性、家庭状况和病史、收养动机以及适合于照顾儿童的特点。在华工作或者学习连续居住一年以上的外国人在华收养子女，除应当提交前款规定的申请书、家庭情况报告和证明（第五项除外）外，并应当提交在华所在单位出具的婚姻状况证明，职业、经济收入或者财产状况证明，有无受过刑事处罚证明以及中国县级以上医疗单位出具的身体健康证明。”

3. BD。《涉外民事关系法律适用法》第21条规定：“结婚条件，适用当事人共同经常居所地法律；没有共同经常居所地的，适用共同国籍国法律；没有共同国籍，在一方当事人经常居所地或者国籍国缔结婚姻的，适用婚姻缔结地法律。”第22条规定：“结婚手续，符合婚姻缔结地法律、一方当事人经常居所地法律或者国籍国法律的，均为有效。”题干中，婚姻缔结地为乙国，经常居住地为中国，两人没有共同国籍。因此，本题选BD。

简答题

1. 民族婚姻家庭的特征有：

（1）在民族婚姻家庭的主体中，双方或一方为少数民族。

（2）民族婚姻家庭关系的内容具有明显的民族特色。我国目前共有 56 个民族。各少数民族都有不同的生产环境、传统文化、生活方式、宗教和风俗习惯。这些独特的、有别于其他民族的社会生活决定了其婚姻家庭生活的差异。

（3）民族婚姻家庭各方面具有很强的地方特色。我国少数民族分布在全国各地，具有散居多、聚居少的特点，主要是在边疆地区较为集中。由于各民族人民生活的社会条件不同，民族婚姻家庭具有各自的特点。在同一民族的不同支系之间、居住在不同区域的同一少数民族间，婚姻家庭生活的内容和形式也不尽相同。

（4）民族婚姻家庭具有很强的传统特色。民族婚姻家庭从内容到形式，各方面都受制于各自民族特有的历史传统、婚姻家庭习俗和伦理道德。

2. 根据国家的民族政策，处理民族婚姻家庭法律问题应从总体上把握以下三个方面：

（1）不同民族间的通婚应遵循的一般原则

我国各少数民族对不同民族通婚的态度不尽相同。各民族之间有的有通婚的习惯，有的是宗教教规不允许与外族通婚，有的则因民族间的隔阂而不许与某民族通婚。我国法律并不限制不同民族通婚。根据宪法和婚姻法规定的精神，对不同民族间的通婚问题，应以尊重民族习惯、维护民族团结为基本原则。

（2）民族婚姻家庭纠纷的处理原则

对不同民族的家庭成员之间因不尊重对方习俗而引起的纠纷，应劝导汉族一方为了和睦相处，要遵守对方的习俗。对于其他不同民族间的婚姻家庭纠纷，应从民族团结的原则出发，既要依照婚姻法以及民族自治地方的变通或补充规定办事，又要尊重和照顾少数民族的风俗习惯，妥善处理。对故意利用婚姻家庭纠纷，影响民族团结的，应予以批评教育。

（3）不同民族通婚所生子女或收养子女的民族从属问题

依照国家民族事务委员会和公安部等有关部委制定的《关于中国公民确定民族成分的规定》，个人的民族成分，只能依据父或母的民族成分确定。不同民族的公民结婚所生子女，或收养其他民族的幼儿，其民族成分在年满 18 周岁以前由父母或养父母商定，满 18 周岁者由本人确定。

3. 涉外婚姻家庭关系，在适用法律时需要解决不同国家的法律冲突问题。1987 年 1 月 1 日施行的我国《民法通则》设有专章规定“涉外民事法律关系的法律适用”，其中既规定了法律适用的一般原则，又对有关准据法作了明确规定，其中也包括有关涉外婚姻家庭关系法律适用的若干规定。2010 年通过的《涉外民事关系法律适用法》明确了涉外民事关系的法律适用，成为了涉外婚姻家庭关系法律适用的准据法。

（1）涉外婚姻家庭关系法律适用的一般原则

《涉外民事关系法律适用法》第 2 条，涉外民事关系适用的法律，依照本法确定。其他法律对涉外民事关系法律适用另有特别规定的，依照其规定。本法和其他法律对涉外民事关系法律适用没有规定的，适用与该涉外民事关系有最密切联系的法律。第 4 条，中华人民共和国法律对涉外民事关系有强制性规定的，直接适用该强制性规定。第 5 条，外国法律的适用将损害中华人民共和国社会公共利益的，适用中华人民共和国法律。第 6 条，涉外民事关系适用外国法律，该国不同区域实施不同法律的，适用与该涉外民事关系有最密切联系区域的法律。上述规定是我国的涉外民事关系法律适用的一般原则，是处理各种涉外婚姻家庭关系的法律依据。

（2）涉外婚姻家庭关系的准据法

依照《涉外民事关系法律适用法》第 21 条至第 27 条规定，涉外婚姻家庭关系的准据法主要有：

第 21 条，结婚条件，适用当事人共同经常居所地法律；没有共同经常居所地的，适用共同国籍国法律；没有共同国籍，在一方当事人经常居所地或者国籍国缔结婚姻的，适用婚姻缔结地法律。

第 22 条，结婚手续，符合婚姻缔结地法律、一方当事人经常居所地法律或者国籍国法律的，均为有效。

第23条，夫妻人身关系，适用共同经常居所地法律；没有共同经常居所地的，适用共同国籍国法律。

第24条，夫妻财产关系，当事人可以协议选择适用一方当事人经常居所地法律、国籍国法律或者主要财产所在地法律。当事人没有选择的，适用共同经常居所地法律；没有共同经常居所地的，适用共同国籍国法律。

第25条，父母子女人身、财产关系，适用共同经常居所地法律；没有共同经常居所地的，适用一方当事人经常居所地法律或者国籍国法律中有利于保护弱者权益的法律。

第26条，协议离婚，当事人可以协议选择适用一方当事人经常居所地法律或者国籍国法律。当事人没有选择的，适用共同经常居所地法律；没有共同经常居所地的，适用共同国籍国法律；没有共同国籍的，适用办理离婚手续机构所在地法律。

第27条，诉讼离婚，适用法院地法律。

论述题

1.（1）基本原则方面的规定

1）关于婚姻自由。各民族自治地方在变通或补充规定中都明确规定实行婚姻自由，并针对本地区的具体情况作了更为具体的补充规定。

2）关于一夫一妻制。由于民族习惯和历史原因，在有的少数民族聚居地区还残存着一夫多妻、一妻多夫的婚姻关系。对此，必须加以改革和从实际出发区别处理。不少自治区地方规定，废除一夫多妻、一妻多夫等封建婚姻，但对自治地方变通条例实施前形成的多重婚姻关系，凡不主动提出解除婚姻关系者，予以维持。

3）关于计划生育。由于各少数民族聚居地区自然条件、经济和文化发展程度，以及人口状况不同，国家允许民族自治地方在实行计划生育方面可以作一些灵活性规定。

（2）结婚和离婚方面的规定

1）适当降低法定婚龄。我国许多少数民族都有早恋早婚的习俗，过去许多青年男女一般在16周岁至18周岁就结婚。《婚姻法》规定的法定婚龄在少数民族聚居地区难以执行。因此，从当地实际情况出发，许多民族自治地方的变通规定都把《婚姻法》规定的法定婚龄降低了2岁。即结婚年龄变通为男不得早于20周岁，女不得早于18周岁。少数民族男女自愿晚婚晚育的，应予鼓励。

2）禁止近亲结婚的变通规定。有些少数民族长期以来盛行只在本民族内通婚的习俗，通婚的范围比较狭小，近亲结婚较为普遍，表兄弟姐妹结婚更是许多民族的习惯。因此，有的民族自治地方作出了某些变通规定。内蒙古自治区变通为“大力提倡三代以内的旁系血亲不结婚”。宁夏回族自治区变通为推迟到1983年1月1日起执行禁止三代以内旁系血亲结婚的规定。

3）坚持结婚、离婚必须履行法律手续。由于传统婚俗和宗教的影响，许多少数民族男女结婚、离婚一般都只按传统习惯举行一定的世俗仪式或宗教仪式，很少履行法律手续。为对婚姻的成立进行指导和监督，以保护合法婚姻，防止违反婚姻法行为的发生，各民族自治地方都明确规定，结婚、离婚必须履行登记手续，禁止用宗教仪式代替婚姻登记。但对各少数民族传统的婚嫁仪式，在不妨碍婚姻自由的前提下，予以尊重。

（3）其他方面的规定

一些少数民族自治地方还结合当地实际，对订婚、非婚生子女等问题作了补充规定。如新疆维吾尔自治区规定：“禁止未达结婚年龄的男女预先订婚。”西藏自治区规定：“对非婚生子女生活费和教育费的负担，应按中华人民共和国婚姻法第19条（此处系指2001年修正前的《婚姻法》）的规定执行。改变全由生母负担的习惯。”

2. 根据国家的民族政策，处理民族婚姻家庭法律问题应从总体上把握以下三个方面：

（1）不同民族间的通婚应遵循的一般原则

我国各少数民族对不同民族通婚的态度不尽相同。各民族之间有的有通婚的习惯，有的是宗教教规不允许与外族通婚，有的则因民族间的隔阂而不许与某民族通婚。我国法律并不限制不同民族通婚。根据宪法和婚姻法规定的精神，对不同民族间的通婚问题，应以尊重民族习惯、维护民族团结为基本原则。

许多民族自治地方在关于《婚姻法》的变通或补充规定中，允许不同民族间通婚，应按照规定执行。有些民族自治地方在此类规定中对不同民族通婚问题未作明示，而当地的民族习惯或宗教教规又不允许与外族通婚的，则应尽可能说服要求结婚的男女双方，尊重民族习惯，不要结婚，以免引起群众反感和民族纠纷。

若经过工作，双方当事人仍坚持结婚的，则应向有关人员宣传婚姻法，使他们能依法办事，尊重男女双方婚姻自由的权利。但是，如果该民族习惯要求与本族人结婚者须加入该民族的，我们认为原则上应当接受。当然，是否因结婚而改变民族从属应由当事人自行决定。

(2) 民族婚姻家庭纠纷的处理原则

对不同民族的家庭成员之间因不尊重对方习俗而引起的纠纷，应劝导汉族一方为了和睦相处，要遵守对方的习俗。对于其他不同民族间的婚姻家庭纠纷，应从民族团结的原则出发，既要依照婚姻法以及民族自治地方的变通或补充规定办事，又要尊重和照顾少数民族的风俗习惯，妥善处理。对故意利用婚姻家庭纠纷，影响民族团结的，应予以批评教育。

(3) 不同民族通婚所生子女或收养子女的民族从属问题

依照国家民族事务委员会和公安部等有关部委制定的《关于中国公民确定民族成分的规定》，个人的民族成分，只能依据父或母的民族成分确定。不同民族的公民结婚所生子女，或收养其他民族的幼儿，其民族成分在年满18周岁以前由父母或养父母商定，满18周岁者由本人确定。

3. 正视客观存在的区际法律冲突，寻求和把握解决冲突的积极有效的途径，首先必须坚持五项原则：一是“一国两制”和促进国家统一的原则；二是在民商法领域保障法域平权和有序的原则；三是在不违背国家的根本利益前提下，互利协作的原则；四是促进和保障正常的民事交流、交往的原则；五是对各法域法律关系主体的合法权益平等保护的原则。基于这些原则，本章作者认为：从长远来看，解决中国区际婚姻家庭法律冲突，可循序渐进地分阶段进行。

面对婚姻家庭领域的区际法律冲突，亟待解决的是法律适用问题。方案之一是在各法域立法机关交换意见的基础上，各自在有关法律中制定区际婚姻家庭关系法律适用的规则。这些规则应当是相互协调，互不抵触的。为此，似可先由各法域的法学团体、有关部门共同研讨，将研究成果提供给各法域的立法机关参考。方案之二是在各法域之间签订有关区际婚姻家庭关系法律适用的协定。这种协定可以是多边的，也可以是双边的。方案之三是将来在条件成熟的时候，可以根据各法域立法机关的共同要求，在国家一级制定统一的区际婚姻家庭关系法律适用法。只要各法域的立法机关都有此愿望，协商一致，这一方案并不违背我国宪法和特别行政区基本法的规定。目前，还可考虑采取重叠适用的规则，例如：内地居民和香港居民在内地结婚，或者在香港结婚，既要符合我国《婚姻法》的规定，又要符合香港《婚姻条例》的规定。这可能过于苛求，但是，作为一种过渡性的措施，还是有其可取之处的，是有利于保障不同法域的中国公民的婚姻家庭权益的。至于区际婚姻家庭关系法律适用规则的内容，有关婚姻家庭法律关系的发生、变更和终止，如结婚、离婚、出生、收养等，似以适用法律事实发生地法律为宜。有关婚姻家庭主体的权利义务，似以适用权利人的住所地或惯常居所地法律为宜。

4. (1) 去台人员与其在内地的配偶之间婚姻关系的处理问题

1) 已办离婚手续，双方均未再婚的，应分别不同情况处理

①双方分离后，留在内地的一方要求离婚，已经人民法院判决离婚，不论对方是否接到判决书，人民法院的判决都是有效的。如果双方要求恢复婚姻关系，原审法院可按申诉案件处理，经过审查，双方均未再婚，则可用裁定注销原来的判决，宣告婚姻关系恢复。

②双方分离后，去台一方已依照台湾有关法律与留在内地的一方解除了婚姻关系，但双方均未再婚，现双方自愿恢复婚姻关系的，可承认其婚姻关系存续。

2) 未办离婚手续，一方或双方分别在内地和台湾再婚的问题

①对于双方分离后未办理离婚手续，一方或者双方分别在内地和台湾再婚的，对这种由于特殊原因形成的婚姻关系，不以重婚对待，当事人不告诉，人民法院不主动干预。如果其中一方当事人提出与其配偶离婚的，人民法院应当按照离婚案件受理，依法准予离婚。

②对双方分离后未办理离婚手续，内地一方又与他人结婚或者长期与他人以夫妻关系同居生活的，原则上承认这种婚姻关系。现去台一方回来，内地一方如要求与原配偶恢复关系，提出与再婚配偶离婚的，是否准予离婚，人民法院应当按照《婚姻法》第32条第2款关于“人民法院审理离婚案件，应当进行调解；如感情确已破裂，调解无效，应准予离婚”的规定处理。

③双方分离后，一方或双方分别在内地或台湾再婚，且其再婚配偶健在的，如双方自愿恢复与原配偶的婚姻关系，应按照一夫一妻制的原则，先与再婚配偶解除婚姻关系后，方可与原配偶重新办理结婚登记。如再婚配偶已经离异或死亡，现双方自愿恢复婚姻关系的，亦应重新办理结婚登记。

(2) 涉台夫妻共同财产问题

涉台的夫妻共同财产，主要是指去台一方在去台前与其配偶共同生活期间形成的、并遗留在内地的财产。对于新形成的涉台婚姻财产关系，依照双方约定处理。无约定的，以夫妻共有财产对待。

去台一方请求原配偶返还婚前财产，或者要求分割夫妻共有财产的，如果这些财产在几十年中已被没收、改造、灭失或原配偶用于抚养子女，或用于赡养父母，或用于家庭其他生活消费的，人民法院应说服其撤诉或者驳回诉讼请求。如果财产尚在，且数额较大，在考虑其原配偶、子女等生活需要的情况下，可以酌情分割部分给去台人员。

(3) 去台人员与其留在内地子女之间的抚养、赡养和收养问题

1) 抚养。两岸分离的特殊历史原因，致使去台人员不能对其留在内地的子女履行抚养义务。现在，去台一方回内地时，内地一方向其索要已成年子女过去的抚养费用的，人民法院原则上不予支持。现在子女已经成年，没有实际给付的必要。同时，抚养子女是夫妻双方的义务，夫妻双方都在，由夫妻双方共同承担此项义务。一方由于特殊原因未与子女共同生活或者无法尽抚养义务，应由另一方独立承担这个义务。去台一方在台湾未对子女尽抚养之责是由于两岸长期隔离的客观原因造成的，并非其主观上不愿意抚养子女。因此，内地一方已经尽了全部抚养义务的，不能向对方主张追索抚养费。至于其他没有抚养、赡养义务的人代替去台一方抚养子女或者赡养了去台人员父母的，去台人员则应酌情补偿。

2) 赡养。去台人员返回内地，由于年老、体弱多病、生活确实困难，从而要求子女承担赡养义务的，人民法院应当根据法律规定和子女的家庭经济状况尽可能地给予满足。子女故意不尽赡养义务，或以去台人员过去未尽抚养之责而推诿自己的赡养责任的，应予以批评教育，促使其承担赡养义务。如果去台人员留在内地的子女已被他人合法收养的，在收养关系解除之前，可以不承担对生父或生母的赡养义务。即使解除了收养关系，生父母要求恢复与成年子女的亲子关系，也应双方协商达成一致意见。

3) 收养。去台人员留在内地的子女已被他人合法收养的，被收养的子女因其生父或生母回内地，而要求解除收养关系；或者去台的生父母一方要求解除收养关系的，应根据养父母、养子女、生父母三方面关系的实际情况，本着老有所养、幼有所育的原则，予以解决。

第十四章　继承法概述

知识逻辑图

- 继承法概述
  - 继承的概念与特征
  - 我国继承制度的基本原则
    - 保护公民私有财产继承权原则
    - 继承权男女平等原则
    - 权利义务相一致原则
    - 养老育幼原则
    - 互谅互让、协商处理遗产的原则
  - 继承权
    - 概念
      - 主观意义上的继承权
      - 客观意义上的继承权
    - 取得
      - 法律的直接规定
        - 因婚姻关系而取得法定继承权
        - 因血缘关系而取得法定继承权
        - 因扶养关系而取得法定继承权
      - 合法有效遗嘱指定
    - 行使
    - 丧失
      - 《继承法》第 7 条规定的事由
      - 丧失的形式
        - 当然丧失
        - 宣告丧失
      - 效力：溯及继承开始
    - 保护：继承回复请求权，或称遗产诉权
  - 遗产
    - 概念及特征
    - 范围：《继承法》第 3 条

名词解释

1. 继承
2. 继承法
3. 继承法律关系
4. 继承人
5. 继承能力
6. 继承权
7. 客观意义上的继承权
8. 主观意义上的继承权
9. 遗产
10. 继承回复请求权

选择题

（一）单项选择题

1. 按照我国民事权利的分类，继承权在性质上属于（　　）。

A. 人身权　　B. 绝对权
C. 既得权　　D. 财产权

2. 主观意义上的继承权具有以下哪些特征？（　　）

A. 既得权　　B. 期待权
C. 相对权　　D. 人身权

3. 下列选项中谁是许某的第一顺序法定继承人?(　　)

A. 许某的姑姑
B. 许某的外甥女
C. 许某的妹妹
D. 丧偶后对许某尽了主要赡养义务的许某的儿媳

4. 某甲死后留有遗产若干，法定继承人为其子某乙，某甲生前立有遗嘱，将其中一处房产赠予侄女某丙。某乙和某丙被告知四个月后参加甲的遗产分割。但是，直到遗产分割时，某乙、某丙均未作出是否接受遗产的表示。据此，以下说法中正确的是(　　)。

A. 某乙视为接受继承，某丙视为放弃接受遗产
B. 某乙、某丙视为放弃接受遗产
C. 某乙、某丙均视为接受遗产
D. 某乙视为放弃继承，某丙视为接受遗产

5. 牛某的父母离婚后，其父再婚，未成年的牛某和继母共同生活了15年，后牛某的继母和生母相继去世，牛某(　　)。

A. 只能继承继母的遗产
B. 只能选择一人的遗产予以继承
C. 只能继承生母的遗产
D. 既可以继承继母的遗产又可以继承生母的遗产

6. 甲以夫妻感情破裂为由诉至人民法院，请求与其妻乙离婚，人民法院经审理后判决离婚。乙不服，提起上诉，在二审法院审理过程中甲在去法院参加庭审的途中因车祸意外身亡，乙有无权利继承甲的财产?(　　)

A. 有继承权。因为双方的婚姻关系并未解除
B. 没有继承权。因为人民法院作出准予离婚的判决后甲与乙之间的婚姻关系已经解除
C. 没有继承权。因为甲起诉到人民法院要求离婚且被人民法院支持
D. 有继承权。因为婚姻关系非经人民法院判决不得解除

7. 古代社会的继承主要是指(　　)。

A. 身份继承　　B. 财产继承
C. 权利继承　　D. 义务继承

8. 关于丧失继承权，下列说法正确的是(　　)。

A. 经法院确认是继承人丧失继承权的必经程序
B. 继承人丧失继承权的，不影响其晚辈直系血亲代位继承的权利
C. 继承人对某一被继承人丧失继承权后，其他被继承人的继承权一律丧失
D. 继承权丧失的法律效力溯及至继承开始之时

9. 某甲与某乙终生相交莫逆。甲生前立有遗嘱，死后将自己珍藏的某艺术家的一幅油画赠送给乙。甲去世时，乙正在国外访学，一年半以后乙回国，才知道甲已经去世，又过了半年，才得知甲曾立有遗嘱将油画赠予自己。乙能否向甲的继承人请求交付该油画?(　　)

A. 能，因为乙直到甲去世后两年才得知甲曾赠其油画
B. 能，因为受遗赠人优先于法定继承人参与遗产分配
C. 不能，因为乙没有在甲死亡后两个月内表示接受遗赠，被视为放弃接受
D. 不能，乙于甲去世后两年才向甲的继承人请求交付该油画，已过两年诉讼时效

(二) 多项选择题

1. 被继承人李四死亡，下列财产中，不属于其遗产的是(　　)。

A. 李四因车祸去世，保险公司赔付的保险金5万元(保险合同未指明受益人)
B. 李四生前房屋所占有的宅基地
C. 李四的土地承包经营权
D. 李四因公殉职后，其生前所在单位给予其家属7万元抚恤金

2. 下列选项中，继承人未被剥夺继承权的是(　　)。

A. 某甲与其父某乙上山打猎，在打猎过程中，猎枪不慎走火将其父某乙打死
B. 甲育有二子，乙、丙。乙因生活琐事，与丙常年积怨，后投毒将丙杀害
C. 甲为了尽快继承遗产，决定杀害其父亲乙，不料被父亲识破，故未能得逞
D. 某甲的父亲乙经常酗酒后无端打骂某甲。

某日，某乙醉酒后又辱骂某甲，某甲不堪其辱，将某乙杀害

3. 甲某娶妻乙某，育有一子一女，女儿丙已经出嫁，儿子娶妻丁，生有一子戊。儿子于五年前不幸遇车祸死亡。甲、乙均年老多病，丧失劳动能力且无固定生活来源。丙出嫁后，拒不赡养老人，对甲、乙弃之不顾，甲、乙主要靠儿媳丁供养。甲于2005年死亡，留下房屋四间。按照我国《继承法》的规定，下列哪些人可以作为第一顺序继承人参加继承？（　　）

A. 乙　　B. 丙

C. 丁　　D. 戊

4. 何某死后留下一间价值6万元的房屋和4万元的现金。何某立有遗嘱，4万元现金由4个子女平分，房屋的归属未作处理。何某女儿主动提出放弃对房屋的继承权，于是3个儿子将房屋变卖，每人分得2万元。现债权人主张何某生前曾向其借款12万元，并有借据为证。下列哪些说法是错误的？（　　）（司考）

A. 何某已死，债权债务关系消灭

B. 4个子女平均分担，每人偿还3万元

C. 4个子女各自以继承所得用于清偿债务，剩下2万元由4人平均分担

D. 4个子女各自以继承所得用于清偿债务，剩下2万元4人可不予清偿

（三）不定项选择题

1. 按照我国民事权利的分类，继承权在性质上属于(　　)。

A. 专属性权利　　B. 绝对权

C. 既得权　　D. 期待权

2. 孙某夫妇去世后，长子甲以自己尽赡养义务最多为由欲独占全部遗产，幼子丁起诉要求分割遗产。次子乙、三子丙既不参加诉讼又不表示放弃继承权利，法院受理案件后应当(　　)。

A. 视为乙、丙放弃继承权

B. 推定乙、丙放弃继承权

C. 追加乙、丙为原告

D. 追加乙、丙为被告

3. 甲在上班途中遭遇车祸意外死亡。经查明，甲生前立有遗嘱，将自己在A公司的股权赠与弟弟乙；将自己的房产赠与女儿丙；将自己的宝马汽车赠与侄子丁。该遗嘱于甲死后的第三天公布，乙、丙、丁当场均未作出是否接受遗产的意思表示。下列选项中正确的是(　　)。

A. 乙视为不接受遗产

B. 丙视为接受遗产

C. 丁视为不接受遗产

D. 乙视为接受

4. 下列继承人中丧失继承权的是(　　)。

A. 某甲趁中秋节假期，从老家来北京探望自己的女儿乙，并居住在女儿家中，在此期间，与女儿因生活琐事发生争吵，女儿激动之下掌掴其父

B. 某乙的父亲甲有吸毒的习惯，吸毒后经常神志不清。某日，某甲吸毒后产生幻觉，欲杀害某乙，某乙正当防卫将其父亲某甲杀害

C. 甲育有不满10周岁的儿子乙，在一次争吵中，乙故意将甲杀害

D. 甲有两子乙、丙，乙硕士毕业后在知名外企工作，丙在家待业。甲去世后，丙意欲独吞遗产便伪造了遗嘱

5. 下列哪些放弃继承权的行为不能产生放弃继承权的后果？（　　）

A. 甲在遗产分割后放弃继承权

B. 乙口头放弃继承权，且本人承认

C. 丙放弃继承权，但不再赡养父母

D. 遗产处理后，丁对放弃继承权表示后悔

简答题

1. 简述继承法的基本特征。
2. 简述继承法的调整对象。
3. 简述继承法律关系的特征。
4. 简述继承法律关系的产生、变更和消灭。
5. 简述继承人的特点。
6. 简述继承人的分类。
7. 简述胎儿的继承能力。
8. 简述继承权的概念及法律特征。
9. 简述继承权的放弃。
10. 简述继承权丧失的法定情形。
11. 简述继承制度的起源和发展历史。
12. 简述继承制度的本质。

13. 简述期待权与既得权的区分及意义。

14. 简述继承权的行使。

15. 简述继承回复请求权的基本内容及成立要件。

16. 简述遗产的法律特征。

17. 简述遗产的概念和范围。

案例分析题

甲与乙2010年缔结婚姻，生育一子丙。次年二人协议离婚。甲与丁再婚，双方口头约定婚后所得的80%归甲所有，而20%归丁。在与丁婚姻关系存续期间，甲经营餐饮生意，丁为家庭主妇。甲在此期间收入颇丰，购买了三套房产，市值共计900万元。除此之外，还有近100万元的存款。不料，甲在一次自驾游的途中因车祸意外死亡，且无遗嘱。假设甲的父母已经去世，甲与丁无子。对于甲的近1 000万元的财产如何在乙、丙、丁之间分配。

法条分析题

《继承法》第七条　继承人有下列行为之一的，丧失继承权

（一）故意杀害被继承人的；

（二）为争夺遗产而杀害其他继承人的；

（三）遗弃被继承人的，或者虐待被继承人情节严重的；

（四）伪造、篡改或者销毁遗嘱情节严重的。

本条文的第3项和第4项都出现了“情节严重”的表述，请简要回答应如何理解此处的“情节严重”？

论述题

1. 论述我国继承法的基本原则。
2. 试述继承法律关系的三要素。
3. 试述继承权丧失的法律效力。
4. 试述继承权的行使与放弃。
5. 试述继承权的放弃与丧失的区别。

参考答案

名词解释

1. 继承是指将死者生前遗留的财产权利和义务依照法律的规定或者死者的指定转移给他人享有或承担的法律制度。在继承法律关系中，死亡后遗留财产的人称为被继承人，被继承人死亡后遗留的个人合法财产称为遗产。依据法律或者死者遗嘱指定继承遗产的人称为继承人，继承人依照法律或者遗嘱取得遗产的权利称为继承权。

2. 继承法，是调整因人的死亡而发生的财产继承关系，确定遗产归属的法律规范的总和。继承法分形式意义上的继承法和实质意义上的继承法。形式意义上的继承法，专指《继承法》。实质意义上的继承法，是指有关继承关系的法律规范的总和，不仅包括形式意义上的继承法，而且包括有关继承的规范性文件和最高人民法院的司法解释等。在继承法学中，继承法是以实质意义上的继承法为研究对象的。

3. 继承法律关系，是指由继承法律规范所调整的，民事主体之间因公民死亡后，对其个人财产进行继承而发生的民事权利义务关系。

4. 继承人，是指依照继承法的规定或被继承人所立遗嘱的指定，在法定继承人的范围内享有继承权，并能够取得被继承人遗产的人。换句话说，继承人是依法享有继承权，能够承受被继承人遗产的人。

5. 继承能力，又称继承权利能力，是指能够作为继承人取得继承权的权利能力，即能够作为继承人取得继承权的法律资格。

6. 继承权，是指公民依照法律的规定或被继承人所立遗嘱的指定，享有的继承被继承人遗产的权利。继承权是继承法律关系主体所享有的权利，也是继承法律关系中的核心内容，没有继承权，就没有继承法律关系的存在。

7. 客观意义上的继承权，是指在继承开始前，公民依照法律的规定或者被继承人所立遗嘱的指定承受被继承人遗产的资格，即继承人继承遗产的权利能力。客观意义上的继承权包括以下两个含义，其一，它是一种期待权，源于法律的直接

规定或遗嘱的指定。该期待权是客观的、不以继承人意识为转移的、具有实现可能性的权利。其二，继承期待权具有人身专属性，享有继承期待权的主体是为法律规定的与被继承人有着婚姻、血缘和扶养关系的法定继承人。

8. 主观意义上的继承权，是指继承人因一定法律事实的发生而在继承法律关系中实际已经享有的继承被继承人遗产的权利，这种继承权与继承人的主观意志相联系，继承人可以接受或放弃继承权。主观意义上的继承权包括以下两个含义：第一，这是一种继承既得权。第二，这种既得权是具有财产性质的权利，且有排除他人妨害的性质。

9. 遗产，是指公民死亡时遗留的个人合法财产。在继承法律关系中，权利和义务所指向的对象，即被继承人死亡时遗留下来的财产。遗产作为继承法律关系的客体，是继承法律关系发生的要素之一，如果被继承人死亡时没有留下遗产，则不会有继承法律关系的发生。

10. 继承回复请求权，是指继承人的继承权受到侵害时，有请求人民法院给予保护，恢复其继承遗产的权利。

选择题

（一）单项选择题

1. B。依据不同的分类标准，可以将民事权利作不同类型的划分。

第一，根据权利的内容和性质，民事权利可以分为财产权、人身权和综合性权利。这也是民事权利最为基本的分类。财产权，是指以财产利益为直接内容的权利，其主体限于现实地享有或可以取得财产的人，而不像人格权那样，可以为一切人普遍地享有。人身权，是指以人身所体现的利益为内容的、与权利人的人身不可分的民事权利，包括人格权和身份权。人格权是指以生命、健康、名誉等人格利益为内容，并排斥他人侵害的权利。它主要包括生命健康权、姓名权、名誉权、肖像权、荣誉权、隐私权、性自主权等。身份权是指基于权利人的特定身份产生的权利，包括亲属权、抚养权等。身份权须有一定的行为或资格等才能产生，如具有夫妻资格，才能享有配偶权。综合性权利，是指由财产权和人身权结合所产生的一类权利。这些权利的特点表现在，其内容既包括人身利益，又包括财产利益，其专属性并非十分强烈。典型的综合性权利包括如下几类：知识产权、社员权和继承权。故选项 A、D 错误。

第二，根据权利的作用，民事权利可分为支配权、请求权、形成权和抗辩权。支配权是指直接支配客体，并享受一定利益的权利。物权是典型的支配权，并且以支配作为其主要的功能。除物权以外，知识产权、人格权、身份权在性质上也可以称为支配权，但是身份权只是对身份利益的支配，而不是对他人人身的直接支配。请求权是指，请求他人为一定行为或不为一定行为的权利。请求权人自己不能直接取得作为该权利的内容的利益，必须通过他人的特定行为间接取得。请求权包括债权请求权、物权请求权、侵权请求权、继承法上的请求权、亲属法上的请求权等。抗辩权又称异议权，是指对抗对方的请求或否认对方的权利主张的权利。抗辩权是和请求权相对应的概念，如果将请求权比作矛，抗辩权就是盾。抗辩权的功能就是对抗或延缓请求权的行使，或使请求权归于消灭。所以，抗辩和请求是相辅相成的。形成权，是指当事人一方可以以自己单方的意思表示，使法律关系发生变动的权利。换言之，是指不需要他方相应地作出某种行为，即可以使法律关系产生、变更和消灭。学理上也称之为能为权、变动权等。

第三，根据义务主体是否特定以及权利的特点，可以将权利分为绝对权和相对权。绝对权，是指权利人的权利无须通过义务人实施一定的行为，即可以实现，并能对抗不特定人的权利。绝对权主要包括所有权、人身权、知识产权以及继承权。因为绝对权的权利人对抗的是除他以外的任何人，所以绝对权又称为对世权。相对权，是指权利人的权利必须通过义务人实施一定的行为才能实现，权利人的权利只能对抗特定的义务人。最为典型的相对权就是债权。相对权的权利人对抗的是具体确定的义务人，因此也被称为对人权。故选项 B 正确。

第四，根据权利成立要件是否全部实现，民事权利可以分为既得权与期待权。既得权是指成立要件已全部实现的权利，一般权利都是既得权。期待权是指成立要件尚未全部实现、将来有实现可能的权利，如附条件民事法律行为设定的权利，在条件成就前就是期待权。继承开始前，继承人享有的继承权也属于期待权。期待权的权利人依据法律、合同或遗嘱的规定依法对未来的某种权利享有一种期望或期待。不过，期待权尽管体现为一种未来的利益，但这种利益仍然是可以实际取得的，而不是一种臆想的不可能实现的利益。如上下文中没有明确指出为主观意义上的继承权，通常在客观意义上理解。故选项C错误。

2. A。选项A、B，客观意义上的继承权，是指在继承开始前，公民依照法律的规定或者被继承人所立遗嘱的指定承受被继承人遗产的资格，即继承人继承遗产的权利能力。客观意义上的继承权包括以下两个含义，其一，它是一种期待权，源于法律的直接规定或遗嘱的指定。该期待权是客观的、不以继承人意识为转移的、具有实现可能性的权利。其二，继承期待权具有人身专属性，享有继承期待权的主体是为法律规定的与被继承人有着婚姻、血缘和扶养关系的法定继承人。主观意义上的继承权，是指继承人因一定法律事实的发生而在继承法律关系中实际已经享有的继承被继承人遗产的权利，这种继承权与继承人的主观意志相联系，继承人可以接受或放弃继承权。主观意义上的继承权包括以下两个含义：第一，这是一种继承既得权。第二，这种既得权是具有财产性质的权利，且有排除他人妨害的性质。故选项A正确，B错误。

选项C，根据义务主体是否特定以及权利的特点，可以将权利分为绝对权和相对权。绝对权，是指权利人的权利无须通过义务人实施一定的行为，即可以实现，并能对抗不特定人的权利。绝对权主要包括所有权、人身权、知识产权以及继承权。因为绝对权的权利人对抗的是除他以外的任何人，所以绝对权又称为对世权。相对权，是指权利人的权利必须通过义务人实施一定的行为才能实现，权利人的权利只能对抗特定的义务人。最为典型的相对权就是债权。相对权的权利人对抗的是具体确定的义务人，因此也被称为对人权。故选项C错误。

选项D，根据权利的内容和性质，民事权利可以分为财产权、人身权和综合性权利。这也是民事权利最为基本的分类。财产权，是指以财产利益为直接内容的权利，其主体限于现实地享有或可以取得财产的人，而不像人格权那样，可以为一切人普遍地享有。人身权，是指以人身所体现的利益为内容的、与权利人的人身不可分的民事权利，包括人格权和身份权。人格权是指以生命、健康、名誉等人格利益为内容，并排斥他人侵害的权利。它主要包括生命健康权、姓名权、名誉权、肖像权、荣誉权、隐私权、性自主权等。身份权是指基于权利人的特定身份产生的权利，包括亲属权、抚养权等。身份权须有一定的行为或资格等才能产生，如具有夫妻资格，才能享有配偶权。综合性权利，是指由财产权和人身权结合所产生的一类权利。这些权利的特点表现在，其内容既包括人身利益，又包括财产利益，其专属性并非十分强烈。典型的综合性权利包括如下几类：知识产权、社员权和继承权。故选项D错误。

3. D。我国《继承法》第10条规定：“遗产按照下列顺序继承：第一顺序：配偶、子女、父母。第二顺序：兄弟姐妹、祖父母、外祖父母。继承开始后，由第一顺序继承人继承，第二顺序继承人不继承。没有第一顺序继承人继承的，由第二顺序继承人继承。本法所说的子女，包括婚生子女、非婚生子女、养子女和有扶养关系的继子女。本法所说的父母，包括生父母、养父母和有扶养关系的继父母。本法所说的兄弟姐妹，包括同父母的兄弟姐妹、同父异母或者同母异父的兄弟姐妹、养兄弟姐妹、有扶养关系的继兄弟姐妹。”故选项A、B、C均属错误选项。另外，根据《继承法》第12条规定，“丧偶儿媳对公、婆，丧偶女婿对岳父、岳母，尽了主要赡养义务的，作为第一顺序继承人”。故选项D正确。

4. A。继承权的放弃，是指继承人作出不接受被继承人遗产的意思表示。自继承开始，客观意义的继承权就转化为主观意义的继承权，继承人可自主决定是行使继承权、接受继承，还是放弃继承权、不接受遗产。我国《继承法》第25条规定：“继承开始后，继承人放弃继承的，应当在遗产处理前，作出放弃继承的表示。没有表示的，视为接受继承。受遗赠人应当在知道受遗赠后两个月内，作出接受或者放弃受遗赠的表示，到期没有表示的，视为放弃受遗赠。”本案中，某乙作为法定继承人在继承开始后遗产分割前没有作出放弃继承的意思表示，因此，根据《继承法》第25条的规定视为接受继承。相反，某丙作为受遗赠人在知道自己被指定为受遗赠人后四个月内没有作出意思表示，已超出两个月的期限，因此根据《继承法》第25条的规定视为放弃受遗赠。

5. D。我国《继承法》第10条规定，“遗产按照下列顺序继承：第一顺序：配偶、子女、父母。第二顺序：兄弟姐妹、祖父母、外祖父母。继承开始后，由第一顺序继承人继承，第二顺序继承人不继承。没有第一顺序继承人继承的，由第二顺序继承人继承。本法所说的子女，包括婚生子女、非婚生子女、养子女和有扶养关系的继子女。本法所说的父母，包括生父母、养父母和有扶养关系的继父母。本法所说的兄弟姐妹，包括同父母的兄弟姐妹、同父异母或者同母异父的兄弟姐妹、养兄弟姐妹、有扶养关系的继兄弟姐妹。”本题中，甲和其继母共同生活长达15年，据此可以认定在他们之间形成了一定的扶养关系。因此牛某是其继母的法定继承人。另根据最高人民法院《关于贯彻执行〈中华人民共和国继承法〉若干问题的意见》（以下简称《继承法意见》）第21条规定，“继子女继承了继父母遗产的，不影响其继承生父母的遗产。继父母继承了继子女遗产的，不影响其继承生子女的遗产。”牛某既可以继承其生母的遗产又可以继承其继母的遗产。

6. A。夫妻双方经诉讼程序解除婚姻关系的，婚姻关系须待人民法院作出生效判决后方才解除。本案中，一审人民法院虽然作出准予离婚的判决，但该判决在乙上诉后并未生效，甲在二审期间意外死亡时其与乙之婚姻关系并未解除，因此，乙依然有权继承甲的遗产，故选项A正确。

7. A。继承这一概念的含义有广义与狭义之分。广义的继承，是指生者对死者生前所享有的权利和承担的义务的概括继受。广义的继承包括财产继承和身份继承。狭义的继承专指财产继承，是指生者对死者财产权利和义务的承受。身份继承是指生者承袭死者的身份地位，如继承爵位或家长地位等。在古代宗法家族社会中，继承是以身份继承为主，继承人以继承被继承人的身份地位为主，财产继承附属于身份继承。近代社会经历了从身份到契约的历史演变后，身份继承逐渐消弭，财产继承成为近现代社会的主流。因此，选项A为正确选项。

8. D。关于继承权丧失的方式或者程序，从比较法上看，主要有两种模式：一是当然丧失，即一旦发生法律规定的事由，继承人当然丧失继承权，无须经其他继承人或者利害关系人请求以及诉讼程序宣告；二是宣告丧失，即纵使发生了法律规定的继承权丧失的事由，并不意味着继承人自然丧失继承权，须由其他继承人或者利害关系人请求并经诉讼程序宣告，该继承人方丧失继承权。从我国《继承法》第7条规定的趣旨来看，我国立法采取当然丧失说，即法律规定的导致继承权丧失的事由一旦发生，实施该行为的继承人即当然丧失继承权，无须经由诉讼程序宣告。然而，我国虽采纳当然丧失说，并不影响法院在涉及继承权纠纷的案件中对继承人丧失继承权与否作出确认判决，但必须注意的是，确认丧失继承权并非丧失继承权的法定必经程序。故选项A错误。

继承权丧失的法律效力涉及时间效力以及对人效力。关于时间效力，根据我国《继承法》的立法精神，继承权丧失的法律效力始于继承人实施了符合前述法律规定的致使丧失继承权的行为之时，即继承人实施了上述行为时，其继承权当然丧失。代位继承人的继承权系以被代位人依然享有继承权为前提，继承人如果丧失继承权，则其晚辈直系亲属自然无权代位继承。《继承法意见》第28条规定：“继承人丧失继承权的，其晚辈直系血亲不得代位继承。如该代位继承人缺乏劳动能力又没有生活来源，或对被继承人尽赡养义务较多的，可适当分给遗产。”故选项B错误。

但是继承权剥夺并非对继承人一般资格的总括剥夺，即针对某一被继承人丧失了继承权的继承人对其他被继承人如果没有实施致使丧失继承权的行为仍将享有继承权。此外，如果丧失继承权的被代位人（继承人），系被继承人唯一的法定继承人，则其代位继承人得就自身之继承地位直接继承被继承人的遗产，而非基于代位继承权来继承被继承人之遗产。孙子女或外孙子女因法定事由丧失对其父、母的继承权时，并不丧失其对（外）祖父母的继承权。

因此，选项D为正确选项。

9. A。我国《继承法》第25条规定：“继承开始后，继承人放弃继承的，应当在遗产处理前，作出放弃继承的表示。没有表示的，视为接受继承。受遗赠人应当在知道受遗赠后两个月内，作出接受或者放弃受遗赠的表示，到期没有表示的，视为放弃受遗赠。”本案中，乙作为受遗赠人在甲去世后两年才知道甲对自己的遗赠，因而两个月的期限从此刻才开始计算，甲仍有权接受遗赠。故选项A正确。

（二）多项选择题

1. BCD。遗产，是指公民死亡时遗留的个人合法财产。在继承法律关系中，权利和义务所指向的对象，即被继承人死亡时遗留下来的财产。《继承法》第3条规定遗产的范围包括：（1）公民的收入；（2）公民的房屋、储蓄和生活用品；（3）公民的木林、牲畜和家禽；（4）公民的文物、图书资料；（5）法律允许公民所有的生产资料；（6）公民的著作权、专利权中的财产权利；（7）公民的其他合法财产。

选项A中，保险公司赔付保险金，是基于被继承人与保险公司之间的保险法律关系而产生。是完全符合法律规定的合法财产，因此当然属于遗产的范畴。另根据我国《保险法》第42条的规定，“被保险人死亡后，有下列情形之一的，保险金作为被保险人的遗产，由保险人依照《中华人民共和国继承法》的规定履行给付保险金的义务：（一）没有指定受益人，或者受益人指定不明无法确定的；（二）受益人先于被保险人死亡，没有其他受益人的；（三）受益人依法丧失受益权或者放弃受益权，没有其他受益人的。受益人与被保险人在同一事件中死亡，且不能确定死亡先后顺序的，推定受益人死亡在先”。因此，若保险合同中指定了具体的保险受益人，则该笔保险金属于遗产范围。

选项B中，李四对于宅基地上的房屋享有所有权，因此房屋是其遗产。但是，房屋所占的宅基地的所有权归属于集体经济组织。继承人不能继承李四房屋所占的宅基地，仅能于继承房屋后申请变更宅基地权属，其变更程序是：继承人持本人居民身份证、原宅基地的土地使用权证书、相关产权证明材料向当地县级人民政府国土资源局的地籍管理部门申请，经现场踏勘和核实有关情况属实后，由土地管理部门代表同级人民政府向继承人颁发《中华人民共和国集体土地使用权证》。因此，根据本选项的表述，其显然不属于被继承人的遗产。

选项C，李四对集体所有土地的承包经营权，我国法律并未规定土地承包经营权可以继承。我国《继承法》也仅仅规定承包经营所得的孳息可以作为遗产被继承，但承包经营权本身却非遗产范围。因为土地承包经营权源自集体成员和集体组织的承包合同，虽然在某种程度上被赋予了物权属性，但终究与其他财产性权利迥异。根据我国法律法规的相关规定，在承包期内，李四的继承人可以继续承包该土地。

选项D，抚恤金是职工因公殉职或军人牺牲或公民因意外事故死亡时，国家或死者生前所在单位给予死者家属的抚慰金，并非李四生前的个人财产，因此不能作为其遗产。

综上所述，B、C、D选项均不属于李四的遗产。

2. AB。继承权的丧失，又称继承权的被剥夺，是指继承人对被继承人或其他继承人实施了犯罪行为或者其他违法行为，而依法取消其继承被继承人遗产的资格。我国《继承法》第7条明确列举了4种继承人被剥夺继承权的情形，包括：（1）故意杀害被继承人的；（2）为争夺遗产而杀害其他继承人的；（3）遗弃被继承人的，或者虐待被继承人情节严重的；（4）伪造、篡改或者销毁遗嘱情节严重的。本题重点考查的知识点是第一类情形，即如何理解和把握“故意杀害被继承人”。

故意杀害被继承人，是指继承人故意实施的非法剥夺被继承人生命的犯罪行为。按照《继承法》的上述规定，杀害被继承人的丧失继承权。我国《刑法》中明确了故意杀人罪是指故意非法剥夺他人生命的行为，其犯罪构成要件是：第一，犯罪的主体是年满14周岁并且具有辨认和控制自己行为能力的自然人；第二，犯罪的主观方面要求行为人必须具有非法剥夺他人生命的故意，包括直接故意和间接故意；第三，犯罪的客观方面表现为非法剥夺他人生命的行为；第四，犯罪的客体是他人的生命权。

在法律适用层面，需要注意以下几个问题：第一，继承人必须有实施杀害被继承人的行为。这里所称的行为，既包括亲自实施的行为，也包括教唆他人杀人的行为。第二，继承人必须有杀害被继承人的故意。继承人实施杀害被继承人的行为必须有主观上的故意，即明知自己的行为会发生被继承人死亡的结果，并且希望或放任这种结果发生的主观态度。反之，过失杀人或者故意伤害致死的不丧失继承权，此外，当继承人在主观上没有希望或者放任被继承人死亡的故意，而是由于疏忽大意，或者过于自信而实施的某种行为，致使被继承人死亡的，继承人应承担相应的法律责任，但并不丧失对被继承人的继承权。第三，继承人故意杀害被继承人的，不论既遂或未遂，均应确认其丧失继承权。第四，继承人故意杀害被继承人，而被继承人以遗嘱将遗产指定由该继承人继承的可确认该遗嘱中指定的部分无效，无效部分按法定继承处理。

选项 A，继承人甲与被继承人乙上山打猎，乙的死亡并非是由于甲的故意，因此不符合《继承法》第 7 条所规定的情形。甲并不因此而丧失继承权。故选项 A 正确。

选项 B，继承人乙杀害同为继承人的丙，但目的是为了泄愤，而非为了争夺遗产。B 项所述的行为不符合《继承法》第 7 条所规定的主观要件。因此，乙并不因此而丧失继承权。故选项 B 正确。

选项 C、D，根据《继承法》第 7 条的规定，无论出于何种动机和目的，只要故意杀害被继承人的，都将被剥夺继承权。值得注意的是，如果杀害的对象是其他继承人，则需考察行为人的主观心态，只有当主观上是为了争夺遗产时，其继承权才被剥夺。综上，选项 C、D 均错误。

3. ACD。我国《继承法》第 7 条规定，继承人有下列行为之一的，丧失继承权：(1) 故意杀害被继承人的；(2) 为争夺遗产而杀害其他继承人的；(3) 遗弃被继承人的，或者虐待被继承人情节严重的；(4) 伪造、篡改或者销毁遗嘱情节严重的。第 10 条规定，遗产按照下列顺序继承：第一顺序：配偶、子女、父母。第二顺序：兄弟姐妹、祖父母、外祖父母。继承开始后，由第一顺序继承人继承，第二顺序继承人不继承。没有第一顺序继承人继承的，由第二顺序继承人继承。本法所说的子女，包括婚生子女、非婚生子女、养子女和有扶养关系的继子女。本法所说的父母，包括生父母、养父母和有扶养关系的继父母。本法所说的兄弟姐妹，包括同父母的兄弟姐妹、同父异母或者同母异父的兄弟姐妹、养兄弟姐妹、有扶养关系的继兄弟姐妹。本题中乙是被继承人的配偶，当然属于第一顺序法定继承人。丙出嫁后，拒不赡养老人的行为已经构成了《继承法》第 7 条规定的遗弃被继承人，因此丧失继承权。《继承法》第 12 条规定："丧偶儿媳对公、婆，丧偶女婿对岳父、岳母，尽了主要赡养义务的，作为第一顺序继承人。"故儿媳丁作为第一顺序继承人。此外，根据《继承法》第 11 条的规定，"被继承人的子女先于被继承人死亡的，由被继承人的子女的晚辈直系血亲代位继承。代位继承人一般只能继承他的父亲或者母亲有权继承的遗产份额"。故戊代位继承遗产。综上所述，本题 A、C、D 为正确选项。

4. ABC。《继承法》第 33 条第 1 款规定："继承遗产应当清偿被继承人依法应当缴纳的税款和债务，缴纳税款和清偿债务以他的遗产实际价值为限。超过遗产实际价值部分，继承人自愿偿还的不在此限。"根据题目的描述，被继承人遗产的实际价值共计 10 万元，而其生前所欠债务共 12 万元，故应当以其遗产的实际价值为限对债务进行清偿。对于剩余的 2 万元欠款，继承人可以选择不清偿。因此，选项 D 的说法是正确的。本题要求选出错误选项，故应选 ABC。

（三）不定项选择题

1. ABD。选项 A，根据权利是否专属于特定主体所享有或行使，可以将民事权利区分为专属权和非专属权。专属权是指专属于特定权利主体所享有或行使、不得让与或继承的权利。反之，在享有和行使上不受专属条件限制的权利则为非专属权。继承权只能由特定范围内的继承人所享有和行使，不得让与，因此，继承权属于专属权。故选项 A 正确。

选项 B，根据义务主体是否特定以及权利的特点，可以将权利分为绝对权和相对权。绝对权，是指权利人的权利无须通过义务人实施一定的行为，即可以实现，并能对抗不特定人的权利。绝对权主要包括所有权、人身权、知识产权以及继承权。因为绝对权的权利人对抗的是除他以外的任何人，所以绝对权又称为对世权。相对权，是指权利人的权利必须通过义务人实施一定的行为才能实现，权利人的权利只能对抗特定的义务人。最为典型的相对权就是债权。相对权的权利人对抗的是具体确定的义务人，因此也被称为对人权。故选项B正确。

选项C、D，根据权利成立要件是否全部实现，民事权利可以分为既得权与期待权。既得权是指成立要件已全部实现的权利，一般权利都是既得权。期待权是指成立要件尚未全部实现、将来有实现可能的权利，如附条件民事法律行为设定的权利，在条件成就前就是期待权。继承开始前，继承人享有的继承权也属于期待权。期待权的权利人依据法律、合同或遗嘱的规定依法对未来的某种权利享有一种期望或期待。不过，期待权尽管体现为一种未来的利益，但这种利益仍然是可以实际取得的，而不是一种臆想的不可能实现的利益。故选项C错误，选项D正确。

2. C。《继承法意见》第60条以及《民事诉讼法》等相关法律、司法解释规定，继承诉讼开始后，继承人、受遗赠人中有既不愿参加诉讼又不表示放弃实体权利的，应当追加为共同原告；已明确表示放弃继承权的，不再列为当事人。本案中乙、丙既不参加诉讼又不表示放弃继承权利，应当被追加为共同原告，因此选项C为正确选项。

3. BD。本题考查对《继承法》第10条及第25条的理解。

《继承法》第10条规定："遗产按照下列顺序继承：第一顺序：配偶、子女、父母。第二顺序：兄弟姐妹、祖父母、外祖父母。继承开始后，由第一顺序继承人继承，第二顺序继承人不继承。没有第一顺序继承人继承的，由第二顺序继承人继承。本法所说的子女，包括婚生子女、非婚生子女、养子女和有扶养关系的继子女。本法所说的父母，包括生父母、养父母和有扶养关系的继父母。本法所说的兄弟姐妹，包括同父母的兄弟姐妹、同父异母或者同母异父的兄弟姐妹、养兄弟姐妹、有扶养关系的继兄弟姐妹。"由此可知，甲的弟弟乙与女儿丙均为法定继承人，而甲的侄子丁不属于甲的法定继承人。因此甲对乙、丙的赠与在本质上是遗嘱行为，而对丁的赠与则属于遗赠行为。

另根据《继承法》第25条的规定，"继承开始后，继承人放弃继承的，应当在遗产处理前，作出放弃继承的表示。没有表示的，视为接受继承。受遗赠人应当在知道受遗赠后两个月内，作出接受或者放弃受遗赠的表示，到期没有表示的，视为放弃受遗赠"。乙、丙作为甲的法定继承人在继承开始后没有作出放弃继承的意思表示，因此视为接受继承。故选项A错误，B、D正确。丁作为受遗赠人，应当在两个月内作出是否接受遗赠的意思表示，本题中尚未届满两个月的期限，因此无从判断丁是否放弃接受遗产。故选项C的表述不准确。

4. C。我国《继承法》第7条规定，继承人有下列行为之一的，丧失继承权：(1) 故意杀害被继承人的；(2) 为争夺遗产而杀害其他继承人的；(3) 遗弃被继承人的，或者虐待被继承人情节严重的；(4) 伪造、篡改或者销毁遗嘱情节严重的。

选项A，《继承法》第7条规定虐待被继承人情节严重的，才丧失继承权，虐待被继承人，是指对被继承人进行精神上的折磨或身体上的摧残，如殴打、体罚、冻饿、强制过度劳动、限制人身自由。对于"情节严重"，是指虐待行为具有经常性、连续性或长期性的特点，而如果只是偶尔打骂的行为，司法实践一般不作虐待处理。从选项A的表述来看，甲平日并不和乙长期居住，仅是在中秋节假期期间与女儿进行短暂居住，且一次掌掴行为并不具有连续性，因此该虐待行为不具有长期性，故乙不因此而丧失继承权。

选项B，因正当防卫而杀害被继承人的不丧失继承权。《刑法》第20条规定，为了使国家、公共利益、本人或者他人的人身、财产和其他权利免受正在进行的不法侵害，而采取的制止不法侵害的行为，对不法侵害人造成损害的，属于正当防卫，不负刑事责任。同时，该条第3款又进一步规定："对正在进行行凶、杀人、抢劫、强奸、绑架以及其他严重危及人身安全的暴力犯罪，采取防卫行为，造成不法侵害人死亡的，不属于防卫过当，不负刑事责任。"由于正当防卫不具有违法性，而且是国家鼓励的行为，所以，如果继承人因正当防卫而杀害了被继承人的，并不丧失继承权。但如果继承人在防卫过程中因防卫过当而杀害了被继承人的，则丧失继承权。防卫过当，是指防卫超过必要的限度造成了不应有的重大损害，按照法律的规定，防卫过当的应负刑事责任。

选项C，未成年人或精神病人故意杀害被继承人，人民法院未追究其刑事责任的，是否丧失继承权的问题一直是理论界的争议问题。不满14周岁的未成年人或精神病人，因不具备辨认和控制自己行为的能力，因此不具有杀人的故意，不追究其刑事责任，但如果也不剥夺其继承权，进而还能得到经济上的利益，这与继承法的立法精神相悖。在解释论上，《继承法》第7条中规定“故意杀害被继承人”，其并未强调行为人的行为须符合《刑法》中故意杀人罪的构成要件，而是强调行为人的行为模式，即只要有杀害被继承人行为的，无论主体的年龄状态、精神状态为何，都应剥夺其继承权。这种解释结论也是具有正当性的。

选项D，遗嘱是公民生前对自己死后的财产所作的处分，只能由被继承人亲自订立，任何人都不得代替他人订立遗嘱，更不能擅自伪造、篡改他人的遗嘱，或者故意销毁他人的遗嘱。根据《继承法》第7条的规定，只有当伪造、篡改或者销毁遗嘱的行为达到情节严重时才丧失继承权。情节严重，是指侵害了缺乏劳动能力又没有生活来源的继承人的利益，并造成其生活困难的。从选项D中可以看出，丙虽然有伪造遗嘱的行为，但是由于乙具备劳动能力且在知名外企工作，因而有稳定的收入，因此丙的伪造行为并未达到情节严重。故丙不因此丧失继承权，选项D错误。

5. A。继承权的放弃，是指继承人作出不接受被继承人遗产的意思表示。我国《继承法》第25条规定：“继承开始后，继承人放弃继承的，应当在遗产处理前，作出放弃继承的表示。没有表示的，视为接受继承。受遗赠人应当在知道受遗赠后两个月内，作出接受或者放弃受遗赠的表示，到期没有表示的，视为放弃受遗赠。”

选项A，遗产分割后无放弃继承权的余地，甲此时如果后悔取得该财产，放弃的是个人财产的所有权或其他财产权利，属于物权法上的抛弃。

选项B，《继承法意见》第47、48条规定，继承人放弃继承应当以书面形式向其他继承人表示。用口头方式表示放弃继承，本人承认，或有其他充分证据证明的，也应当认定其有效。在诉讼中，继承人向人民法院以口头方式表示放弃继承的，要制作笔录，由放弃继承的人签名。因此，乙放弃继承的行为具有法律效力。

选项C，赡养父母为法定责任，任何民事主体不得以自己的单方意思加以排除。相反，放弃继承权的行为可以由单方意思表示完成。因此，本选项中，丙可以放弃其继承权，但不得以此为由而不赡养父母。应当注意，《继承法意见》第46条规定：“继承人因放弃继承权，致其不能履行法定义务的，放弃继承权的行为无效。”本规则强调的是因放弃继承权而导致继承人不能履行赡养义务，但选项中并没有强调这种因果关系，故本规则不能适用于此。

选项D，《继承法意见》第50条规定：“遗产处理前或在诉讼进行中，继承人对放弃继承翻悔的，由人民法院根据其提出的具体理由，决定是否承认。遗产处理后，继承人对放弃继承翻悔的，不予承认。”因此，丁放弃继承的行为具有法律效力。

综上所述，本题A、C为正确选项，B、D错误。

简答题

1. 继承法，是调整因人的死亡而发生的财产继承关系，确定遗产归属的法律规范的总和。继承法具有以下几个基本特征：

第一，继承法是私法而不是公法。继承法规定因公民的死亡而发生的财产继承关系，因而属于私法的范畴，不属于公法。

第二，继承法是与身份法密切相关的财产法而不是身份法。继承法的实质是财产的继承，其性质属于财产所有权转移的范畴，并不调整人的身份关系，因而属于财产法。但是，由于继承时财产的转移在多数情况下是与特定的亲属身份相联系的，身份关系是继承权取得的前提和依据，是继承制度的基础，所以，继承法包括身份法属性，具有强烈的身份法的色彩，继承法律规范与婚姻法律规范是协调一致的。

第三，继承法是普通法而不是特别法。在现行的民事法律体系中，《民法总则》为普通法、基本法，相对于《民法总则》，《继承法》为特别法。但继承法所调整的是一种普遍存在的社会关系，适用于所有公民，继承的主体涵盖一切自然人，凡我国公民，不论其性别、年龄、出身、职业、文化程度、社会地位等，都适用继承法，因此，继承法应是适用于一切公民的普通法和基本法，而不是只适用于特定主体的特别法。

第四，继承法是实体法而不是程序法。继承法调整的对象是财产继承法律关系，其核心的内容是确认遗产的归属等实质性问题，因此，继承法是实体法而不是程序法。

第五，继承法多为强制性的法律规范而不是任意性规范。由于继承法具有身份法的属性，与婚姻家庭关系存在着密不可分的联系，为维护婚姻家庭的伦理作用和社会职能，在继承法律规范中，多以强制性的规定进行规范。继承法的强制性，不仅涉及继承当事人的利益，也关系到家庭关系和社会利益，与社会、经济和道德密切相关。

2. 继承法调整的是以转移遗产、确定遗产权利归属为主要内容的特定的社会关系，即将被继承人的遗产转归他人承受的一种特殊的民事法律关系，继承法的调整对象为：

第一，继承关系与亲属身份关系相联系。这种身份关系主要体现在以下两方面：一方面，继承人与被继承人之间存在着特定的亲属身份关系，这是继承人取得继承权并参与继承法律关系的前提；另一方面，继承人为多人时，继承人相互之间一般也存在着一定的亲属身份关系。以上这两种身份关系主要表现在婚姻、血缘或扶养关系上，可以说，继承权与身份权密切相连。

第二，继承关系以财产所有关系为基础，以确定新的财产所有关系的归属为目的。在法定继承中，继承法律关系是由财产所有关系衍生出的所有权主体的变更；在遗嘱继承中，是被继承人用遗嘱的方式转移遗产行使财产所有权。没有公民个人的财产所有关系的存在，则没有继承法律关系的产生，继承人因继承取得财产所有权，建立新的财产所有关系，从这个意义上讲，继承权是所有权的延伸和补充，是法律对公民财产所有权在生前和死后给予彻底保护的法律制度。

第三，继承法调整的对象，不仅有法定继承关系和遗嘱继承关系，还有遗赠、遗赠扶养协议、酌情分得遗产、遗产无人继承又无人受遗赠时的处理等各种遗产移转方式，以上各种法律关系均由继承法调整。

3. 继承法律关系，是指由继承法律规范所调整的，民事主体之间因公民死亡后，对其个人财产进行继承而发生的民事权利义务关系。继承法律关系具有以下几个特征：

第一，继承法律关系是一种特殊的民事法律关系。与其他的民事法律关系相比，继承法律关系的特殊性主要表现在：其一，继承法律关系不适用民法中等价有偿的原则；其二，继承法律关系中的权利主体是特定的；其三，继承法律关系的客体仅限定于遗产。

第二，继承法律关系是因被继承人死亡而发生的民事法律关系。继承法所要调整的是因被继承人的死亡而发生的财产转移问题，因此，继承法律关系必须以被继承人死亡为前提，没有被继承人死亡的法律事实存在，就没有继承法律关系的发生。尽管遗嘱继承和遗赠都需要有遗嘱存在，但被继承人生前所立的遗嘱，只有在被继承人死亡时才具有法律效力。因被继承人死亡而发生的继承法律关系，是继承法律关系与其他民事法律关系最显著的区别。

第三，继承法律关系是财产继承上的民事权利义务关系。继承法律制度的实质内容，是将死者的财产权利和义务进行概括转移，继承法律关系的客体只是被继承人遗留的财产和财产权利，继承法不以身份法上的权利义务的转移为内容。

4. 继承法律关系的产生、变更和消灭，均由特定的法律事实引起。法律事实是指能够引起法律关系发生、变更和消灭的客观现象。但是，并非所有的客观现象都具有法律意义，只有按照法律的规定能够引起法律关系的发生、变更和消灭的客观现象才是法律事实。

继承法律关系的产生，是指继承法所规定的一定法律事实的出现，而使民事主体取得权利和承担义务。《继承法》第 2 条规定："继承从被继承人死亡时开始。"这是法律规定的唯一能够引起继承法律关系产生的法律事实。公民的死亡包括自然死亡和宣告死亡，两者均为导致继承法律关系产生的法律事实。

继承法律关系的变更，是指因某种法律事实的出现，使已经存在的继承法律关系的三个要素中的某一要素或全部要素发生了变化。继承法律关系不是固定不变的，当法律规定的某种法律事实发生时，构成继承法律关系的要素也会随之改变，而任何一个要素的变动，都可能引起继承法律关系的变更，包括主体的变更、内容的变更、客体的变更。

继承法律关系的消灭，是指因某种法律事实的发生而使现存的财产继承权利和义务不再存在。能够引起继承法律关系消灭的法律事实主要有：(1) 遗产分割完毕。(2) 遗产分割前因遇不可抗力而使遗产全部意外灭失。(3) 全体继承人死亡或放弃继承，受遗赠人表示不接受遗赠，遗产按无主财产收归国家或集体所有。

5. 继承人是继承法律关系中最重要的权利主体，各种继承法律关系都是以继承人的权利义务为核心内容的。继承人有以下几个特点：第一，继承人是由继承法直接规定的。第二，继承人是在法定继承或遗嘱继承中对被继承人遗产享有继承权的人。第三，继承人仅限于自然人。第四，继承人取得继承权时必须有继承能力。第五，继承人行使继承权时不受有无行为能力的限制。第六，继承人的继承权可以放弃和丧失。

6. 第一，可以将继承人分为法定继承人和遗嘱继承人。法定继承人，是指依照继承法规定的范围和顺序承受被继承人遗产的继承人。法定继承是相对于遗嘱继承而言的一种继承方式，在法定继承中，能够作为法定继承人的，以及法定继承人的继承顺序和继承份额等，都是由法律直接加以规定的。遗嘱继承人，是指按照被继承人所立的合法有效的遗嘱而直接承受被继承人遗产的继承人。

第二，可以将继承人分为配偶继承人和血亲继承人。配偶继承人，是指因与被继承人有婚姻关系而享有继承权的人。婚姻关系是家庭关系中的核心，在家庭生活中，配偶间在情感和经济上的依赖程度极为紧密，因此，各国通常在继承立法上，都极为重视配偶的继承地位，配偶身份是继承权取得的重要根据。血亲继承人，是指因与被继承人有血缘关系而享有继承权的人。如子女、父母、祖父母、外祖父母、兄弟姐妹等。人类社会自有继承法律制度后，血缘关系就一直是继承权取得的重要根据。

第三，可以将继承人分为本位继承人、代位继承人和转继承人。本位继承人是指基于自己的继承顺序和继承地位而享有继承权的人。本位继承人是相对于代位继承而言的，如子女继承父母的遗产时，子女是父母的本位继承人。代位继承人，是指法定血亲继承人在继承开始前死亡，依法由其直系血亲卑亲属代位继承其应继承的份额而成为继承人的人。在代位继承中，代位继承人只能取得被代位继承人应继承的遗产份额。转继承人，是指继承开始后，被继承人的继承人在遗产分割前死亡，其应继承的遗产份额转由其继承人承受而成为继承人的人。

第四，可以将继承人分为推定继承人和应召继承人。推定继承人是指在继承开始前依法享有继承期待权的继承人。推定继承人在继承开始前，只具有继承人的法律地位，不得实际支配被继承人的财产，也不能限制被继承人的财产处分权。应召继承人，是指继承开始后享有继承既得权，并处于优先继承顺序，可实际取得遗产的继承人。

第五，可以将继承人分为前位继承人、后位继承人和补充继承人。前位继承人和后位继承人是后位继承制度中的两个相互对应的概念。后位继承，是指被继承人在遗嘱中指定遗产由一人或数人继承，同时又指定在某一时间到来时，继承遗产的人须将其所得的遗产转交另一或数位继承人继承的制度。在后位继承制度中，被继承人指定先继承遗产的继承人称为前位继承人，通过前位继承人移交而取得被继承人遗产的继承人称为后位继承人。补充继承人，又称替补继承人，是指被继承人在遗嘱中指定，如果被指定的继承人不能继承遗产，则由其他人替补继承，被指定替补继承的人称为补充继承人。在补充继承制度中，被继承人可以在遗嘱中指定一个补充继承人，也可以指定几个补充继承人。

7.《民法总则》第 16 条规定：涉及遗产继承、接受赠与等胎儿利益保护的，胎儿视为具有民事权利能力。《继承法》第 28 条规定：“遗产分割时，应当保留胎儿的继承份额。胎儿出生时是死体的，保留的份额按照法定继承办理。”《继承法意见》第45条规定：“应当为胎儿保留的遗产份额没有保留的，应从继承人所继承的遗产中扣回。为胎儿保留的遗产份额，如胎儿出生后死亡的，由其继承人继承。如胎儿出生时就是死体的由被继承人的继承人继承。”

8. 继承权是指公民依照法律的规定或者被继承人所立遗嘱的指定，享有的继承被继承人遗产的权利。继承权是继承法律关系主体所享有的权利，也是继承法律关系中的核心内容，没有继承权，就谈不上继承法律关系的存在。继承权具有如下的法律特征：

第一，继承权的实现以一定的法律事实出现为前提。我国《继承法》第2条规定，继承从被继承人死亡时开始。在被继承人死亡前，依照法律规定或者遗嘱指定而享有继承权的自然人仅具有将来于被继承人死亡时继承其遗产的法律地位。因此继承权是期待权而非既得权。继承开始时，享有继承权的自然人除明确表示放弃继承权外，当然地取得被继承人的遗产，继承权至此方得实现。

第二，继承权发生的根据是法律的直接规定或合法有效的遗嘱指定。前者为法定继承，即享有继承权的继承人是由法律直接规定的。后者为遗嘱继承，即被继承人在遗嘱中指定其继承人，在合法有效的遗嘱中如未被指定为继承人，尽管其为法定继承人，也不享有遗嘱继承权。

第三，继承权的主体是与被继承人有一定身份关系自然人。其中包含两层含义。其一，继承权的主体只能为自然人。法人、其他组织或者国家均不享有继承权。法人、其他组织以及国家虽然可以承受被继承人的遗产，但并非基于继承权，而是作为受遗赠人而接受遗产。此外，依《继承法》第32条的规定，无人继承又无人受遗赠的遗产归集体组织或国家所有。此时集体组织和国家接受遗产也不是基于继承权。其二，继承权的主体须与被继承人存有法律所认可的身份关系。依照我国《继承法》的规定，继承权的享有以自然人与被继承人之间存在特定的身份关系为前提，包括：婚姻、血缘以及扶养关系。

第四，继承权的标的是财产和财产权利。继承权的标的是被继承人的遗产，即自然人死亡时留下的个人合法财产，包括财产和财产性权利。但专属于死者的某些财产以及财产权利，不能称为继承权的客体。

第五，继承权的接受和放弃取决于继承人的意志。我国《继承法》第25条第1款规定，继承开始后，继承人放弃继承的，应当在遗产处理前，作出放弃继承的表示。没有表示的视为接受继承。

9. 继承权的放弃，是指继承开始后，继承人所作的放弃继承的意思表示。放弃继承是单方的意思表示，只要继承人以明示的方式作出，即发生法律效力。放弃继承权意味着继承人丧失继承人的资格，既不享有继承人的权利，也不承担继承人的义务。但继承人因放弃继承权而导致其不能履行法定义务的，放弃继承权的行为无效。从继承制度的发展过程看，进入近代后，继承逐渐由身份继承发展为财产继承，继承已不再是家、家族、家产、祭祀的继承，而成为单纯的财产继承，因而，法律不再强制任何人必须承受遗产。继承权与其他的民事权利一样属于私权的范围，私权的享有者对自己的民事权利，在不损害他人合法权益和公序良俗的前提下，具有自行处分的权利。因此，继承人放弃继承权是对自己所享有的继承权行使处分权，依法受法律保护，任何机关、单位和个人都不得加以干涉。

10. 继承权丧失，又称继承权的被剥夺，是指继承人对被继承人或其他继承人实施了犯罪行为或者其他违法行为，而依法取消其继承被继承人遗产的资格。我国《继承法》第7条规定，继承人有下列行为之一的，丧失继承权：(1) 故意杀害被继承人的；(2) 为争夺遗产而杀害其他继承人的；(3) 遗弃被继承人的，或者虐待被继承人情节严重的；(4) 伪造、篡改或者销毁遗嘱情节严重的。

故意杀害被继承人，是指继承人故意实施的非法剥夺被继承人生命的犯罪行为。按照继承法的规定，故意杀害被继承人的，丧失继承权。故意杀人是严重的犯罪行为。需要强调的是，继承人故意杀害被继承人的，不论动机和目的，不论既遂或是未遂，不论是否追究刑事责任，都丧失继承权。反之，过失杀人或者伤害致死的不丧失继承权。当继承人在主观上没有希望或者放任被继承人死亡的故意，而是由于疏忽大意，或者过于自信而实施的某种行为，致使被继承人死亡的，继承人应承担相应的法律责任，但并不丧失对被继承人的继承权。

继承人为争夺遗产而杀害其他继承人，是指继承人出于谋取被继承人遗产的目的，而实施杀害其他继承人的行为。按照继承法的规定，为争夺遗产而杀害其他继承人的，丧失继承权。这一规定，不仅使行为人不能多分或独占遗产，而且将其应继承的份额也予以剥夺，昭示了法律对这种行为的否定态度。在司法实践中，对于为争夺遗产而杀害其他继承人而丧失继承权的确认，要注意以下几个问题：第一，继承人必须有杀害其他继承人的行为。第二，继承人必须有争夺遗产的主观故意。第三，继承人为争夺遗产而杀害其他继承人，而被继承人以遗嘱将遗产指定由该继承人继承的，可确认该遗嘱无效，并按法定继承处理，该继承人丧失继承权。

遗弃被继承人，是指继承人对丧失劳动能力又没有生活来源的被继承人，负有扶养义务而拒不履行扶养义务的行为。按照继承法的规定，遗弃被继承人的，丧失继承权。在现实生活中，被遗弃的主要是老年人、未成年人或残疾人等，由于他们在生活中大多都是缺乏劳动能力又没有生活来源，或者不能完全独立生活的人。婚姻法在继承人和被继承人等一定亲属间，都设有法定的赡养、抚养和扶助义务。如果被继承人虽然是老人、未成年人或残疾人，但他们有生活来源或独立生活的能力，那么，即使继承人不尽扶养义务，也不构成遗弃。虐待被继承人，是指对被继承人进行精神上的折磨或者身体上的摧残，如殴打、体罚、冻饿、强制过度劳动、限制人身自由等。按照继承法的规定，虐待被继承人情节严重的，丧失继承权。虐待行为具有经常性、连续性和长期性的特点，如果只是偶尔的打骂行为，一般不作虐待处理。

遗嘱是公民生前对自己死后的财产所作的处分，只能由被继承人亲自订立，任何人都不得代替他人订立遗嘱，更不能擅自伪造、篡改他人的遗嘱，或者故意销毁他人的遗嘱。伪造遗嘱，是指继承人以被继承人的名义制作的虚假遗嘱。因伪造的遗嘱不是被继承人的真实意思表示，所以伪造的遗嘱不具有法律效力。篡改遗嘱，又叫变造遗嘱，是指继承人擅自改变被继承人遗嘱的内容。因篡改遗嘱同样违背了被继承人的真实意愿，所以被篡改的遗嘱不具有法律效力。销毁遗嘱，是指继承人将被继承人所立的遗嘱完全销毁。销毁遗嘱的行为使被继承人的意思表示被破坏，所以，被销毁的遗嘱仍然具有法律效力。按照继承法的规定，伪造、篡改或者销毁遗嘱，情节严重的，丧失继承权。

11. 继承制度在人类社会的发展过程中，不是自古就有，也不是恒久不变的，它是人类社会发展到一定阶段的产物，是随着财产私有的产生而产生，并随着社会的发展而发展变化的。

在原始社会的氏族制度中，继承作为一种财产转移的方式已经存在，当劳动产品除维持人们的生存外有了少量的剩余时，财产在财产占有人死亡后应如何转移的规则就产生了。但这与后来的与个人财产所有权相关的继承制度有着本质的区别。继承是以财产私有为前提的，因此，在原始社会公有制的情况下，不可能存在真正意义上的继承。原始社会继承制度的特点是：（1）继承是由氏族习惯调整的，没有法律规范，不具有强制性。（2）继承死者财产的人是氏族成员，继承不以血缘、配偶的身份为依据。（3）氏族成员可以继承死者遗留的财产，但并不具有所有权，财产的所有权归全体氏族成员共有。

公元前 21 世纪，夏朝初期，中国从原始社会进入奴隶制社会，私有制确立，继承制度成为保护奴隶主私有财产的工具。奴隶社会以家族为社会基本单位，家族以男性为中心，实行父权家长制，家长对家庭成员和家庭财产有管理和支配的权利。奴隶社会的继承制度是以统治阶级的“礼”加以规范的，没有成文法，继承的原则是“嫡长子继承制”。继承均为身份上的继承，继承的主体是奴隶主，奴隶不是权利主体，而是继承的客体。继承只发生在自由人之间，庶民的身份、地位也按嫡长子继承的原则世代相袭。奴隶社会继承制度的特点是：（1）在宗法制度下，继承主要是在奴隶主内部进行的。奴隶主是继承关系的主体，他们在继承中的地位是与其所处的地位、等级相一致的。（2）继承制度是以嫡长子继承为原则的。嫡长子继承是宗法制度的核心，只有嫡长子才具有承受父亲的身份、地位和土地的权利。（3）继承实行的是宗祧继承。宗祧继承，是根据血缘和辈分关系而继承宗庙世系的制度。即把身份继承、祭祀继承和主要财产继承融为一体的继承制度。

春秋战国以后，中国进入封建社会，但继承制度与奴隶社会一脉相承，我国从西周到民国初年，一直实行的都是宗祧继承制度。按照古代礼制的规定，祖父母在，子孙不得别籍异财，家族的财产均归祖父母所有，由父祖统管，因此，遗产只能是卑亲属对尊亲属的单向继承。封建社会继承制度的特点是：(1) 继承仍然是身份与财产相结合的继承制度。(2) 继承仍然是嫡长子继承、男女不平等，但诸子均分财产的继承制度逐步确立。(3) 农民可以作为权利主体参与继承。(4) 土地是继承的主要客体。在商品经济不发达的农业社会，土地是最主要的财产和生产资料，绝大部分为封建地主所有，并实行嫡长子世袭制，而农民只占有少量的土地，主要靠租种地主的土地为生。作为赏赐和俸禄的对象，土地的占有量与人在社会中的地位成正比，遗产是以土地制度为基础的。

资产阶级革命后，继承制度发生了一系列的重大变化，逐步实现了由古代型的继承制度向近现代资本主义社会的继承制度的转变。主要是废除了封建的人身依附关系和等级制度，私有财产神圣不可侵犯、法律面前人人平等成为继承的重要原则。资本主义社会继承制度的特点是：(1) 废除了身份继承，实行财产继承。“自由、平等、博爱、天赋人权”是资产阶级革命的精神，在继承制度的改变上，直接体现的是取消了等级色彩浓厚的身份继承，除少数国家外，近代以来，各国都实行了财产继承制度。(2) 废除了长子继承，财产由子女依法均分。(3) 继承人的继承权正逐渐趋于平等。资本主义国家强调法律面前人人平等，但在继承立法上，平等的确立却经历了一个十分漫长的过程，至今仍有许多国家的继承立法保留着封建的不平等残余。主要表现为非婚生子女与婚生子女的继承权、配偶间的继承权上仍存在着不平等的条款。取消不平等的歧视性条款，已成为世界各国继承立法的趋势。(4) 遗嘱的普遍适用和法律对遗嘱自由的限制。遗嘱继承是财产所有者生前对自己死后财产所作的处分，遗嘱继承是财产所有者意志自由的体现，其与资产阶级的“自由”价值理念相符，因此，遗嘱自由是继承制度的一项基本原则。但遗嘱自由的适用，不仅会使财产在分配上出现贫富悬殊，而且有可能造成被继承人的法定继承人生活陷入困境，因此，各国对遗嘱自由都给予了不同程度的限制，以确保法定继承人的利益。

社会主义继承制度是以家庭制度为基础，以财产私有为前提的。一方面，我国社会主义公有制的建立并没有消灭私有制，社会主义社会的经济基础是生产资料的社会主义公有制，即全民所有制和劳动群众集体所有制，但公有制并不是唯一的所有制形式，我国现阶段多种经济成分共存，在法律范围内的个体经济、私营经济的合法权利和利益受法律保护。私有财产存在，私有财产的继承权就必然存在。另一方面，社会主义社会实行的是“各尽所能，按劳分配”原则，国家为鼓励人民创造和积累财富，就必须在法律上保护公民个人财产的继承权。此外，社会主义社会的家庭承担着生产和消费职能，为维护家庭关系的稳定，必须在法律上保障家庭成员之间相互享有继承权。我国的继承制度对于保护公民个人财产的所有权，实现家庭职能和巩固家庭关系起着极为重要的作用。我国社会主义社会继承制度的特点是：(1) 坚持保护公民私有财产继承权原则。在我国，公民合法的私有财产不受侵犯，国家依法保护公民私有财产的继承权，是继承法的根本目的和任务。这对调动公民参加社会主义建设的积极性，对鼓励公民为社会、家庭和个人进行财富积累，以及充分发挥家庭职能的作用等，都具有十分重要的积极意义。(2) 坚持男女平等原则。我国是一个有着几千年封建历史的国家，男尊女卑的思想根深蒂固。新中国成立后，我国在法律上彻底废除了封建的继承制度，继承权男女平等是继承法坚持的一项基本原则。(3) 坚持养老育幼原则。养老育幼是我国社会道德规范的要求，尊敬老人，关爱未成年人，照顾扶助病残者，不仅是我国人民的传统美德，也是国家、社会和家庭的共同责任。由于我国目前尚不能为需要帮助的老年人、未成年人或残疾人提供足够的物质保障和社会福利，因而，养老育幼、照顾残疾人仍是家庭应当承担的重要职能，也是家庭成员间应尽的法定义务，我国的继承制度担负着养老育幼的重要职责。(4) 坚持互谅互让、团结和睦原则。继承法要求处理继承纠纷时，必须遵循互谅互让、团结和睦的原则。我国的家庭关系是建立在平等的基础上的，家庭成员之间既不存在人身依附关系，也不应是赤裸裸的金钱关系。因而，继承法要求继承人协商处理遗产，不仅是为了弘扬社会主义道德风尚，同时也是为了正确处理继承问题，稳定家庭关系。(5) 坚持限定继承原则。我国继承法在处理遗产与遗产债务关系时，采取的是限定继承原则，彻底废除了旧中国一直延续的“父债子还”“夫债妻还”的传统习俗，《继承法》第33条第1款规定：“继承遗产应当清偿被继承人依法应当缴纳的税款和债务，缴纳税款和清偿债务以他的遗产实际价值为限。超过遗产实际价值部分，继承人自愿偿还的不在此限。”

12. 根据马克思主义的辩证唯物主义和历史唯物主义的基本原理，继承制度的本质是：(1) 继承制度作为一项法律制度，决定于一定社会的经济基础。但与此同时，继承制度对经济基础又起着一定的反作用，起着维护和巩固经济制度的作用。(2) 继承制度产生和存在的根源是财产的私有制。财产私有是继承的前提和原因，继承是财产私有的结果和手段。(3) 继承制度受宪法和法律的保护。同时，在社会主义社会，继承制度在维护按劳分配原则、保障家庭职能的实现、促进经济的发展和社会财富的增加等方面都有积极的作用和影响。(4) 继承制度受政治、经济、文化、法律、道德、宗教、风俗习惯等上层建筑和意识形态的影响，特别是受婚姻制度和宗教制度的制约。

13. 根据权利成立要件是否全部实现，民事权利可以分为既得权与期待权。既得权是指成立要件已经全部实现的权利，一般权利均为此类。期待权是指成立要件尚未全部实现、将来有实现可能的权利，如附条件民事法律行为设定的权利在条件成就前就是期待权。享有期待权的民事主体依法对未来的某种权利享有一种期望或期待的利益。其尽管体现为一种未来的利益，但其仍然是可能实际取得的，而非一种臆想的不可能实现的利益。

以继承权为例，有两种情况涉及期待权：一是在遗嘱成立后、生效前，遗嘱继承人对遗嘱继承的财产享有的期待权，该期待权只有当遗嘱人死亡这一法律事实发生后才可能使该期待权转变为既得权。二是在继承开始前，法定继承人所享有的继承权。

区分既得权和期待权的意义主要表现在：第一，区别权利人是否实际取得某种权利。对既得权来说，权利人已经现实地取得了某种权利；但对期待权而言，权利人不能够现实地取得某种权利，而只是期待将要取得某种权利。第二，在某种法律事实是否实际发生上不同。既得权无须某种法律事实的实际发生就已经存在了，而期待权人必须在某种特定的法律事实发生之后才能实际地取得权利，从期待权向既得权的转化必须要求法定事实的发生才能完成。第三，关于权利的可侵害性以及救济方法上的区别。既得权，具有可侵害性。但是对于期待权是否可侵害的问题，理论上存在着争论。但即便认为期待权具有可侵害性，由于其权利人所享有的是一种未来的利益，具有不确定性，所以在确定救济方法时与既得权也存在差别。

14. 继承权的行使，是指继承人行使继承被继承人遗产的权利。在继承开始前，继承人所享有的只是继承期待权，并没有实际意义上的权利，只有行使继承权后，方能发生被继承人遗产转移的法律后果。我国《继承法》第25条第1款规定：“继承开始后，继承人放弃继承的，应当在遗产处理前，作出放弃继承的表示。没有表示的，视为接受继承。”根据该规定，继承开始后继承人即可行使继承权，只要不表示放弃的，就当然取得了遗产的财产权利。也就是说，继承人取得遗产的财产权利的过程，就是行使继承权的过程。行使继承权应注意以下几点：第一，行使继承权是单方的意思表示，意思表示的生效不取决于其他主体所作出的意思表示，也无须征得其他继承人的同意。第二，行使继承权的意思表示可以是默示的，只要继承人在遗产分割前不明确表示放弃继承，即视为接受继承。第三，接受继承权应当是无条件的，继承人如对接受继承附条件，则视为继承人不接受继承。第四，继承人行使继承权须具有完全的民事行为能力。根据《继承法》第6条的规定：“无行为能力人的继承权、受遗赠权，由他的法定代理人代为行使。限制行为能力人的继承权、受遗赠权，由他的法定代理人代为行使，或者征得法定代理人同意后行使。”

15. 继承回复请求权，是指继承人的继承权受到侵害时，有请求人民法院给予保护，恢复其继承遗产的权利。继承回复请求权是一项独立的请求权。在现实生活中，继承标的的范围十分广泛，遗产不仅可能包括物权、债权，还可能包含其他综合性的民事权利。为了避免继承人就各项财产或财产权利一一列举，减轻继承人的诉讼负担和举证责任，法律将遗产作为一个整体为请求标的，特别规定了继承回复请求权。

其基本内容包含两个方面。一是确认继承人资格的请求权，二是对遗产返还的请求权。也就是说，继承回复请求权是以确认继承人资格以及请求被继承人遗产的给付为主要内容的请求权。确认继承人资格的目的，在于责令被告人履行给付，而被告的履行给付义务是以确认原告依法享有继承权为前提条件的。从这个意义上讲，确认之诉是给付之诉的前提和基础，给付之诉是确认之诉的目的，两者相互依赖。

一般而言，提起继承回复请求权之诉，必须具备以下几个要件。第一，非真正继承人已经实际占有、控制或者处分遗产。如果仅仅是否认他人的继承权或主张自己是继承人，而没有实际占有、控制或处分遗产，则真正的继承人不能提起诉讼。第二，占有人对占有没有合法根据。如其具有合法占有遗产的理由，继承人不能对其提起继承权回复之诉，而应对其提起返还之诉。第三，遗产占有人否认真正继承人的继承权。继承回复请求权必须以否认合法继承人的继承权为前提。如果遗产占有人不否认继承人的继承权，而主张占有物是属于自己所有的财产，或主张占有物是从被继承人处合法取得的，继承人不得提起继承的诉讼，而应提起确认之诉。第四，继承回复请求权人须是受到侵害的真正继承人。继承回复请求权的基础是继承人依法享有的继承权，如果请求权人不享有继承权就不能提起继承的诉讼。

16. 遗产，是指公民死亡时遗留的个人合法财产，具有以下几个法律特征：(1) 时间的特定性，即遗产必须是被继承人死亡时遗留下来的财产。继承从被继承人死亡时开始，被继承人死亡的时间，是划分公民生前财产和死后遗产的界限。(2) 内容的财产性，即遗产必须是被继承人死亡时遗留的财产、财产权利和义务。在民法上，财产的含义较为广泛，包括公民的收入、生活资料、生产资料、股票、债券等，也包括具有财产性质的权利，如抵押权、典权、债权以及知识产权中的财产权等。被继承人生前享有的人身权以及相关的义务，因不具有财产性而不能作为遗产继承。(3) 范围的限定性，即遗产必须是被继承人依法能够转移给他人继承的财产。被继承人生前占有，但不为其所有的财产，不属于遗产。以人身关系为基础的专属于被继承人所有的财产和财产权利，不得作为遗产继承。例如，基于劳动合同产生的劳动权，基于演出合同产生的演出等，都专属于被继承人本人，不能作为遗产继承。(4) 性质的合法性，即遗产必须是被继承人个人的合法财产。公民生前所有的财产，应以合法手段取得，凡贪污、受贿、抢劫、盗窃或走私贩私等获得的财产，均不得作为遗产继承。此外，法律、法规禁止公民持有的枪支、弹药、毒品等也不能作为遗产继承。

17. 遗产，是指公民死亡时遗留的个人合法财产。在继承法律关系中，权利和义务所指向的对象，即被继承人死亡时遗留下来的财产。《继承法》第3条规定遗产的范围包括：(1) 公民的收入；(2) 公民的房屋、储蓄和生活用品；(3) 公民的林木、牲畜和家禽；(4) 公民的文物、图书资料；(5) 法律允许公民所有的生产资料；(6) 公民的著作权、专利权中的财产权利；(7) 公民的其他合法财产。

案例分析题

《婚姻法》第19条规定：“夫妻可以约定婚姻关系存续期间所得的财产以及婚前财产归各自所有、共同所有或部分各自所有、部分共同所有。约定应当采用书面形式。没有约定或约定不明确的，适用本法第17条、第18条的规定。”根据本案案情，甲与丁之间关于婚后所得的约定仅以口头形式作出，故并不产生效力，进而应适用《婚姻法》第17条的规定。

《婚姻法》第17条规定：“夫妻在婚姻关系存续期间所得的下列财产，归夫妻共同所有：(一) 工资、奖金；(二) 生产、经营的收益；

（三）知识产权的收益；（四）继承或赠与所得的财产，但本法第十八条第三项规定的除外；（五）其他应当归共同所有的财产。夫妻对共同所有的财产，有平等的处理权。”根据本条规定，经营所得收入归夫妻共同所有。因此，甲在婚姻存续期间积累的1 000万元中的一半，即 500 万元，为其配偶丁的个人财产，在遗产分割前应当预先扣除。因此甲的遗产实际上仅有 500 万元。

《继承法》第 10 条、第 13 条规定，遗产按照下列顺序继承：第一顺序：配偶、子女、父母。第二顺序：兄弟姐妹、祖父母、外祖父母。继承开始后，由第一顺序继承人继承，第二顺序继承人不继承。没有第一顺序继承人继承的，由第二顺序继承人继承。同一顺序继承人继承遗产的份额，一般应当均等。甲与乙的婚姻关系已经解除，故乙不是甲的法定继承人。在本继承法律关系中，甲第一顺序的法定继承人是其儿子丙，以及现任配偶丁。二人均分甲的遗产，各获得 250 万元。

综上所述，丙获得 1 000 万元中的 250 万元；丁获得 1 000 万元中的 750（500＋250）万元；乙无法获得任何财产。

法条分析题

根据《继承法》第 7 条第 3 项的规定，“遗弃被继承人的，或者虐待被继承人情节严重的”，丧失继承权。遗弃被继承人，是指继承人对丧失劳动能力又没有生活来源的被继承人，负有扶养义务而拒不履行扶养义务的行为。按照文义解释，只要有遗弃被继承人行为的，无论情节是否严重，都将被剥夺继承权。虐待被继承人是指对被继承人进行精神上的折磨或者身体上的摧残，如殴打、体罚、冻饿、强制过度劳动、限制人身自由等等。根据本条的规定，虐待行为只有达到情节严重的才丧失继承权。情节严重的虐待行为是具有经常性、连续性和长期性的特点，如果只是偶尔的打骂行为，一般不作虐待处理。这一规定没有统一标准，具有一定的弹性，在司法实践中不易达成统一认识，虽然这给人民法院处理案件带来了一定的灵活性，但同时也给案件性质的认定带来不确定的因素，当事人的行为是生活中的一般争吵还是经常打骂，是照顾不周还是精神折磨，是有病不给治疗还是因生活困难治不起病等，人民法院在确认继承人是否丧失继承权时，应根据其行为是否已经达到道德和法律所不能容忍的程度而作出判断。

《继承法》第 7 条第 4 项规定，“伪造、篡改或者销毁遗嘱，情节严重的”，丧失继承权。遗嘱是公民生前对自己死后的财产所作的处分，只能由被继承人亲自订立，任何人都不得代替他人订立遗嘱，更不能伪造、篡改他人遗嘱，或者故意销毁他人的遗嘱。然而，继承人伪造、篡改或者销毁遗嘱，必须达到情节严重才丧失继承权。情节严重，根据《继承法意见》第 14 条的规定，是指侵害了缺乏劳动能力又没有生活来源的继承人的利益，并造成其生活困难的。换句话说，如果继承人实施了伪造、篡改或者销毁遗嘱的行为，但没有侵犯到缺乏劳动能力又没有生活来源的继承人的利益，或者说虽然侵犯到缺乏劳动能力又没有生活来源的继承人的利益，但没有造成其生活困难的，则不能认定为情节严重，进而不能被认定为丧失继承权。

论述题

1.《继承法》的基本原则，是指贯穿、渗透于继承法体系之中，对整个继承法律制度起指导作用的法律准则，其表达了我国立法者在继承问题上的基本价值取向。关于继承法的基本原则，继承法文本中并未设有专章进行表述，因此学界对基本原则的认识并不完全一致。我们认为，我国继承法的基本原则有以下几点。

（1）保护公民私有财产继承权不受非法侵害。我国《宪法》第 13 条规定，国家依照法律规定保护公民的私有财产权和继承权。《民法总则》第 124 条规定，自然人依法享有继承权。《继承法》第 1 条讲到立法宗旨时指出，“为保护公民的私有财产的继承权，制定本法”。可见，保护公民私有财产的继承权，既是继承法的目的和任务，也是继承法的首要原则。保护公民的私有财产的继承权包括两方面的含义。一方面，法律确认公民的私有财产继承权，保护其不受非法侵害。另一方面，在公民的继承权受到侵害时，法律给予救济，国家以其强制力予以保护。

（2）继承权平等原则。关于平等原则，多数学者一般只谈到男女继承权平等是继承法的一项基本原则，而极少提到继承权平等是继承法的原则。但我们认为，继承权平等应为继承法的原则。继承权男女平等仅是继承权平等的表现之一，而不能完全替代或包含继承权平等；相反，继承权平等原则可以包含继承权男女平等原则。

继承权平等原则，是社会主义平等观念在继承法中的反映，是民法的平等原则，在继承法上的具体体现，其表现是多方面的，主要包括以下几点：第一，继承权男女平等。我国《继承法》第9条对此设有明文规定。第二，非婚生子女与婚生子女继承权平等。在继承法上，子女的继承权不因其为婚生或非婚生而有所不同。第三，养子女与亲生子女继承权平等。《继承法》第10条规定，本法所说的子女包括婚生子女、非婚生子女、养子女和有扶养关系的继子女。第四，儿媳与女婿在继承上权利平等。现行《婚姻法》第9条中规定，登记结婚后，根据男女双方约定，女方可以成为男方家庭成员，男方成为女方家庭成员。男女双方都不因到对方家庭生活而丧失继承其父母遗产的权利。《继承法》不仅规定子女不论是否结婚或到何方落户都有平等的继承权，而且在第12条还规定："丧偶儿媳对公、婆，丧偶女婿对岳父、岳母，尽了主要赡养义务的，作为第一顺序继承人。"第五，同一顺序的继承人，继承遗产的权利平等。依我国《继承法》规定，凡为同一顺序的继承人，不分尊卑、男女、长幼，也不论职业、政治状况，继承被继承人遗产的权利一律平等。

(3) 互谅互让、团结和睦的原则。该原则原本是社会主义道德所要求的，继承法将其上升为法律原则。这既是发扬社会主义道德风尚，建设社会主义精神文明的要求，也是正确处理继承问题，巩固社会主义新型家庭关系的要求。因为，社会主义人与人之间，包括亲属之间的关系，既不是严格的人身依附关系和等级关系，也不是赤裸裸的纯粹金钱关系，而是一种团结、友爱、平等、互助的新型关系。巩固和发展这种关系，是包括继承法在内的各种法律规范的应有目的。

继承人应当本着互谅互让、团结和睦的精神，协商处理继承问题。遗产分割的时间、办法和份额，由继承人协商确定。协商不成的，可以由人民调解委员会调解或者向人民法院提起诉讼。此外，在法定继承时，同一顺序继承人继承遗产的份额，一般应当均等。继承人协商同意的也可以不均等，该规则就是此原则的具体表现。

(4) 养老育幼、照顾病残原则。养老育幼，既是社会主义的道德规范，也是社会主义精神文明建设的要求。尊重、赡养老人，关心、爱护儿童，长幼有序，互帮互助，是我国劳动人民的传统美德。继承法上确认养老育幼、特别照顾无劳动能力又无生活来源的人的利益的原则，也是由社会主义的经济条件和家庭职能所决定的。作为《继承法》的一项基本原则，贯穿于《继承法》的始终，主要体现在以下几个方面：

第一，在继承人范围和继承顺序的确定上，以继承人与被继承人之间相互扶助的法律义务为出发点。按照《婚姻法》的规定，对被继承人有赡养、抚养、扶养义务的人，在《继承法》上规定为第一顺序的继承人；按照《婚姻法》规定，对被继承人在一定情形下有抚养、扶养义务的人，在《继承法》上则规定为第二顺序继承人。为了鼓励赡养老人和有利于抚育下一代，《继承法》规定，丧偶儿媳或女婿对公、婆或岳父、岳母尽了主要赡养义务的，作为第一顺序继承人参加继承；被继承人的子女先于被继承人死亡的，由被继承人子女的晚辈直系血亲代位继承。

第二，在分配遗产时，对生活有特殊困难的、缺乏劳动能力的继承人，应当予以照顾；对被继承人尽了主要扶养义务或者与被继承人共同生活的继承人，可以多分遗产；有扶养能力和有扶养条件的继承人，不尽扶养义务的应当不分或者少分遗产；对继承人以外的依靠被继承人扶养的缺乏劳动能力又没有生活来源的人，或者继承人以外的对被继承人扶养较多的人，可以分给他们适当的遗产，适当的份额甚至可以多于继承人分得的份额。

第三，被继承人以遗嘱处分其财产时，遗嘱应当为缺乏劳动能力又无生活来源的继承人保留必要的遗产份额，以保障他们的基本生活需要。

第四，保护被继承人死亡后出生的子女的利益。在遗产分割时，应当保留胎儿的继承份额，以免因遗产分割完毕而不利于胎儿出生后的养育成长。

第五，需要扶养的人可以与扶养人或者集体所有制组织签订遗赠扶养协议。按照协议，扶养人或者集体所有制组织承担对该公民的生养死葬的义务，享有受遗赠的权利。这样，以协议的形式确定对需要扶养的人的扶养关系，使受扶养人的生活可以有切实可靠的保障。

第六，对无继承人又无人受遗赠的财产，死者生前是集体所有制组织成员的，归其所在的集体所有制组织所有。这有利于鼓励集体所有制组织对一些“五保户”更好地履行五保的职责。

2. 继承法律关系与其他的民事法律关系一样，包括主体、客体和内容三个要素。

继承法律关系的主体，是指依照法律的规定或遗嘱的指定而对被继承人的遗产享有权利和承担义务的民事主体。其中享有权利的主体称为权利主体，履行义务的主体称为义务主体，继承的权利主体和义务主体有时集于一身，即主体在享有权利的同时也要承担一定的义务。继承法律关系的主体主要包括：（1）继承人。继承人是严格意义上的继承法律关系主体，包括法定继承人和遗嘱继承人。由于继承的性质，决定了作为严格意义上的继承法律关系主体的继承人只能是自然人，国家、社会组织或法人不能成为继承人。（2）受遗赠人。受遗赠人是指继承人之外的，按照遗嘱的指定而取得遗产的人。（3）酌情分得遗产的人。酌情分得遗产的人是指继承人之外的，依法在一定条件下可以分得被继承人遗产的人。按照继承法的规定，可酌情分得遗产的人主要有两种：一是继承人以外的依靠被继承人扶养的缺乏劳动能力又没有生活来源的人；二是继承人以外的对被继承人扶养较多的人。此外，继承法律关系的主体，还包括利害关系人和继承参与人。利害关系人，是指被继承人生前的债权、债务关系人，共同经营的合伙人等。继承参与人，是指参与继承法律关系的诉讼活动或遗产转移，但并不承受实体权利义务的人，主要包括继承人之外的遗产管理人、遗嘱执行人、遗嘱见证人，以及继承人、受遗赠人、酌情分得遗产人的法定代理人。

继承法律关系的内容，是指继承法律关系的权利主体所享有的权利以及义务主体所承担的义务。继承法律关系主体所享有的权利有广义和狭义之分。狭义上的继承权，是指严格意义上的继承权，专指法定继承人和遗嘱继承人享有的权利。广义上的继承权，是指除法定继承人和遗嘱继承人之外，还包括受遗赠人的受遗赠权、酌情分得遗产人的酌情分得遗产权，以及国家、集体对无主财产的取得权。这里需要指出的是，债权人、税务机关虽然也能从遗产中得到清偿的债务或税款，但他们是基于与被继承人生前存在的债权债务关系或者税务关系而取得的，因此，债权人、税务机关只是作为一般的权利人对遗产享有请求权。继承人所享有的权利主要有：（1）继承遗产的权利。继承遗产的权利是指将被继承人的遗产依法转归继承人所有。如果是单独继承，该继承人取得全部遗产。如果是共同继承，则按各继承人的应继份取得遗产。（2）保管遗产的权利。遗产的保管是指在继承开始后至遗产分割前，存有遗产的人对遗产的妥善保护和管理。继承人有权禁止他人对遗产进行侵吞和争抢。（3）参与遗产分割的权利。遗产分割是指在继承开始后，共同继承人对被继承人遗留的财产和财产权利进行分配，确定各继承人应继承的份额。有权参与遗产管理和遗产分割，是继承人与受遗赠人、酌情分得遗产人的重要区别。继承人所承担的义务主要有：（1）清偿遗产债务的义务。遗产债务包括被继承人生前应缴纳的税款和所欠的债务。按照继承法的规定，继承人对遗产债务负有限清偿责任，清偿债务仅以其继承遗产的实际价值为限。（2）向受遗赠人、酌情分得遗产人交付遗赠、酌给遗产的义务。继承人有义务按照被继承人遗嘱的指定，将遗赠财产移交给受遗赠人，或向酌情分得遗产人交付酌给遗产。除此之外，如果被继承人在遗嘱中附有义务的，继承人、受遗赠人应执行被继承人在遗嘱中附加的义务，包括具有财产性质的义务和不具有财产性质的义务。

继承法律关系的客体，是指继承法律关系主体的权利和义务共同指向的对象——遗产。关于遗产的概念、法律特征以及其范围在前文中已作解答，在此不加赘述。

3. 继承权丧失的法律效力，是指因继承权丧失而产生的法律后果。继承权丧失的法律效力包括以下三个方面：

第一，继承人只丧失对特定被继承人的继承权。继承权是一个相对的概念，当继承人丧失继承权时，其只丧失对特定被继承人的继承权，丧失继承权的法律效力并不及于其他被继承人。例如，甲杀害了妻子，依法被剥夺了对其妻子的继承权，但甲并不丧失对其父母的继承权。

第二，继承人丧失继承权，其晚辈直系血亲则丧失代位继承权。对于继承人丧失继承权是否影响其晚辈直系血亲代位继承的问题，各国法律规定不一。在我国，丧失继承权对晚辈直系血亲的效力问题，最高人民法院在《继承法意见》第28条中作出了明确的规定："继承人丧失继承权的，其晚辈直系血亲不得代位继承。如果代位继承人缺乏劳动能力又没有生活来源，或对被继承人尽赡养义务较多的，可适当分给遗产。"

第三，丧失继承权既适用于法定继承，也适用于遗嘱继承。丧失继承权的法律效力不仅适用于法定继承，而且，当继承人丧失继承权时，即使被继承人已用遗嘱指定了其遗产由该继承人继承的，遗嘱指定的部分也属无效，应按法定继承处理。

继承人丧失继承权的时间效力问题，对遗产的归属以及维护继承人的合法权益都具有十分重要的意义。我国《继承法》对继承权丧失的时间效力，没有作明确的规定，继承权丧失的法定情形，既可发生在被继承人死亡之前，也可发生在被继承人死亡之后，如继承人实施杀害被继承人，虐待、遗弃被继承人的行为，都发生在继承开始之前；为争夺遗产而杀害其他继承人，或者伪造、篡改、销毁遗嘱则既可能发生在继承开始之前，也可能发生在继承开始之后。但无论继承人实施的丧失继承权的行为，是发生在继承开始之前或是之后，从继承法的立法精神上看，剥夺继承人的继承权是为了从根本上剥夺其继承被继承人遗产的权利，因此，继承权的丧失应追溯到继承开始之时。也就是说，凡在继承开始后已经实际占有的被继承人的遗产，必须返还给其他继承人。需要指出的是，继承人丧失继承权的时间效力，只追溯到继承开始之时，对于该继承人在被继承人生前已经取得的利益并不溯及，例如，被继承人生前赠送给继承人的财物，其他继承人不能因该继承人丧失了继承权而主张被继承人生前的赠与行为无效。

4. 继承权的行使，是指继承人行使继承被继承人遗产的权利。在继承开始前，继承人所享有的只是继承期待权，并没有实际意义上的权利。继承开始后，继承人的继承期待权转化为继承既得权，这是一种主观意义上的权利，继承人可通过对继承权的行使而取得实际意义上的利益。

继承权的行使，即继承人取得应继承财产的所有权，发生被继承人遗产转移的法律后果。《继承法》第25条第1款规定："继承开始后，继承人放弃继承的，应当在遗产处理前，作出放弃继承的表示。没有表示的，视为接受继承。"这一规定是指继承开始后，继承人即可行使继承权，只要不表示放弃继承，就当然取得了应继承财产的所有权；如有多个继承人共同继承时，遗产未分割的，共同继承人为共同共有关系。也就是说，继承人取得遗产所有权的过程，就是行使继承权的过程。上述规定表明我国立法采取了接受继承的推定。接受继承的推定，是指继承人在继承开始后的一定期间内，既未表示接受继承，也未表示放弃继承的，法律推定其为接受继承。继承人依法享有继承权，但并不意味着其一定要接受继承，法律尊重继承人接受继承或者放弃继承的意愿和选择，但采用接受继承的推定，不仅可以稳定继承关系，同时也符合我国传统的继承习惯，有利于避免和减少继承纠纷。从另一个角度讲，接受继承的推定也符合继承法的基本规则，继承从被继承人死亡时开始，继承开始后，继承人当然地享有继承权，除专属于被继承人本人的权利外，继承人即继承了被继承人财产上的权利和义务。如果继承人需要通过表示接受才能成为遗产的所有权人，那么，自继承开始到继承人表示接受继承的期间，遗产将处于无主财产状态。而且，不将接受继承作为继承人取得继承权的必经程序，也有利于继承人对继承回复请求权的行使。由于我国实行的是限定继承，因此，作接受继承的推定，对继承人不会产生不利影响。

继承权的放弃，是指继承开始后，继承人所作的放弃继承的意思表示。放弃继承是单方的意思表示，只要继承人以明示的方式作出，即发生法律效力。放弃继承权意味着继承人丧失继承人的资格，既不享有继承人的权利，也不承担继承人的义务。但继承人因放弃继承权而导致其不能履行法定义务的，放弃继承权的行为无效。对于继承权的放弃，有以下几点需要特别注意。第一，放弃继承的时间。继承权的行使，是在继承开始之后，遗产分割之前。《继承法》第 25 条规定："继承开始后，继承人放弃继承的，应当在遗产处理前，作出放弃继承的表示。没有表示的，视为接受继承。受遗赠人应当在知道受遗赠后两个月内，作出接受或者放弃受遗赠的表示。到期没有表示的，视为放弃受遗赠。"《继承法意见》第 49 条规定："继承人放弃继承的意思表示，应当在继承开始后、遗产分割前作出。遗产分割后表示放弃的不再是继承权，而是所有权。"被继承人死亡前，继承人只享有继承期待权，不具有实际取得遗产的能力，如果继承人在继承开始前表示放弃继承权，但在被继承人死亡后没有再作表示的，应视为该继承人接受继承。继承开始前，继承人放弃继承期待权的意思表示并不具有法律效力，也不发生放弃继承的法律后果。遗产分割后，继承人已经取得了财产的所有权，因此，放弃的是所有权而不是继承权。第二，放弃继承的方式。放弃继承权是继承人对继承遗产行使支配权，法律要求放弃继承的意思表示应当是明示的方式。明示是指继承人应以明确的语言、文字表达行为人的意思，《继承法意见》第 47 条规定："继承人放弃继承应当以书面的形式向其他继承人表示。用口头方式表示放弃继承，本人承认，或有其他充分证据证明的，也应当认定其有效。"如果继承人没有明确表示其放弃继承权，但其在实际行动上拒不接受遗产的，也可视为放弃继承权。《继承法意见》第 48 条规定："在诉讼中，继承人向人民法院以口头方式表示放弃继承的，要制作笔录，由放弃继承的人签名。"第三，放弃继承的效力。《继承法意见》第 51 条规定："放弃继承的效力，追溯到继承开始的时间。"依此规定，放弃继承的效力应溯及到继承开始之时，继承人放弃继承后，被继承人遗留在财产上的一切权利和义务均与该继承人无关，且该继承人从继承开始时就不享有遗产上的权利和承担遗产上的义务。

5. 继承权的放弃，是指继承人作出的放弃其继承被继承人遗产的权利的意思表示。而继承权的丧失，是指依照法律规定在发生法定事由时，继承人被剥夺继承被继承人遗产的权利。继承权的放弃和丧失，其最终的法律后果都是不发生遗产财产权利的转移，但尽管如此，二者仍有诸多区别。

第一，发生事由不同。放弃继承权，是继承人自愿放弃无偿取得被继承人的合法遗产的权利，这种行为是出自继承人自身内心意思的真实表示。继承权的丧失，是继承人实施了《继承法》第 7 条所列举的背俗行为，从而导致其继承权不以其意志为转移地丧失。

第二，发生的时间点不同。放弃继承权必须在继承开始之后、遗产处理之前以口头或者书面形式向其他继承人表示。而继承权的丧失则可以发生于继承开始之前，也可以发生于继承开始之后、遗产处理之前。

第三，放弃继承权是继承人放弃自己的权利，不受任何条件的限制，只要基于其真实意思表示即可。而丧失继承权是依法剥夺继承人的继承权，剥夺的事由是由法律直接规定的，不考虑继承人的主观意愿，更谈不上是被继承人的权利。

第十五章　法定继承

知识逻辑图

- 法定继承
  - 概述
    - 概念与特征
    - 适用范围：《继承法》第 27 条
  - 法定继承人的范围与顺序
    - 范围
      - 配偶
      - 父母
      - 子女
      - 同胞兄弟姐妹
      - 祖父母、外祖父母
      - 作为代位继承人的孙子女、外孙子女及其晚辈直系血亲
      - 对公婆或岳父尽了主要抚养义务的丧偶儿媳或丧偶女婿
    - 顺序
      - 第一顺序：配偶、子女、父母
      - 第二顺序：兄弟姐妹、祖父母、外祖父母
  - 法定继承人以外的酌分遗产人
    - 主体
      - 继承人以外的依靠被继承人抚养的缺乏劳动能力又无生活来源的人
      - 继承人以外的对被继承人抚养较多的人
    - 适用范围：仅限于法定继承
  - 代位继承与转继承
    - 代位继承
      - 概念
      - 条件
    - 转继承
    - 二者之区别
      - 发生根据不同
      - 二者死亡的继承人范围不同
      - 继承遗产的主体范围不同
      - 适用范围不同

名词解释

1. 法定继承
2. 代位继承
3. 转继承

选择题

（一）单项选择题

1. 下列选项中所列人员哪些不属于我国《继承法》规定的法定继承人范围？（　　）

A. 被继承人的配偶

B. 被继承人的非婚生子女

C. 被继承人的外祖父母

D. 被继承人的孙子女

2. 某甲（26 岁）与某乙（19 岁）未办理结婚登记即于 2006 年开始以夫妻名义同居生活。2007 年 5 月，某乙的叔叔赠与其价值 15 万元的房产。同年 10 月，某乙外出时不幸因车祸身亡。问：某乙的房产如何处理？（　　）

A. 某甲、某乙已经形成事实婚姻关系，该房产应当由某甲与某乙的其他法定继承人共同继承

B. 该房产应由某乙的法定继承人继承，某甲不享有继承权

C. 某甲、某乙已形成事实婚姻关系，该房产由某甲继承

D. 该房产由某乙的法定继承人继承，但是某甲作为与其共同生活的一方有权保留必要份额

3. 某甲尚在襁褓中时即被某乙收养并一直共同生活直至成年。2000 年，某甲将身患重病的生父母接来照顾。2002 年，某甲的生父母、某乙相继去世，各留下遗产若干。下列说法哪个是正确的？（　　）

A. 某甲有权作为第一顺序法定继承人继承其生父母的遗产

B. 某甲有权作为第二顺序法定继承人继承其生父母的遗产

C. 某甲无权继承其生父母的遗产，但有权继承某乙的遗产

D. 某甲既有权继承其生父母的遗产，又有权继承某乙的遗产

4. 张某与李某系夫妻，生有一子某甲。某日，一家三口赴东南亚旅游，在海上不幸遇到海啸全部遇难。三人死亡时间无法确定。张某夫妇生前均未订立遗嘱。张某无其他法定继承人，李某自幼与其妹妹某乙相依为命，别无其他近亲属。张某夫妇遗有财产若干，总价值 50 万元。下列说法哪个是正确的？（　　）

A. 由某乙继承张某夫妇的全部遗产

B. 张某夫妇的全部遗产均应收归国有

C. 张某夫妇的全部遗产均应归其生前所在单位所有

D. 张某夫妇的遗产应由某乙继承一半，另一半收归国有

5. 甲与乙系夫妻，生有一子丙。某日，甲与其父丁、其子丙同赴非洲旅游，中途飞机失事，不幸全部遇难。乙闻讯痛不欲生，旋即服毒自尽。甲母戊与乙父庚为争夺遗产而发生纠纷。经查，甲与乙的共同财产有 6 万元，丁与戊的共同财产亦为 6 万元。丙曾获得其外祖父庚赠与 4 000 元。甲、乙、丁生前均未订立遗嘱，亦无其他近亲属。问：庚能够继承多少遗产？（　　）

A. 3 万元　　　　B. 7.4 万元

C. 6.4 万元　　　D. 5 万元

6. 王某生三子甲、乙、丙，一女丁。丁幼年时被送与王某好友李某作养女。丁成年后，李某因意外事故不幸去世。王某怜悯丁生活无着，遂容留丁与其共居。然而，人有旦夕祸福，某日，王某突发心肌梗死去世，生前亦未订立遗嘱。甲、乙、丙三人要求收回王某的房屋，丁则认为有权继承生父的房产。按照我国继承法的相关规定，王某的遗产应由谁继承？（　　）

A. 甲、乙、丙　　　　B. 甲、乙、丙、丁

C. 乙、丙、丁　　　　D. 丁

7. 某甲与某乙为竹马之交。某年月日，某乙在海外执行维和任务时不幸因公殉职，其妻骤闻噩耗悲痛欲绝不久即追随某乙于九泉，仅留一孤幼丙。甲不忍卒睹丙孤苦无依，遂自愿承担抚养丙之责任，誓将继承乙之遗愿育丙为栋梁。然天不遂人愿，甲因积劳成疾不久即撒手而去。根据我国继承法的相关规定，丁有无权利参与甲之遗产分配？（　　）

A. 能够参与遗产分配，但只能少于其他继承人的平均份额

B. 不能参与遗产分配，因丁非为甲之法定继承人

C. 能够参与遗产分配，其所得份额可以多于或者少于其他继承人的平均份额

D. 不能参与遗产分配，因丁非为受遗赠人

8. 某甲与某乙结为夫妻。婚后某日，某甲在追捕逃犯时不幸以身殉职。某乙当时身怀六甲。某甲牺牲后，遗产由其父丙、母丁以及乙继承，分割遗产时为遗腹子保留继承份额 10 万元。但胎儿出生几小时后即夭亡。丙、丁趁机要求重新分割当初为胎儿保留的继承份额。根据我国相关法律，上述 10 万元胎儿预留继承份额应当如何处理？（　　）

A. 由乙全部继承

B. 由乙、丙、丁继承

C. 由丙、丁继承

D. 一半由乙继承，一半收归国有

（二）多项选择题

1. 张某生有一子一女，子女均已成家。子甲生女乙，女丙生子丁、戊。张某一直对两外孙格外偏爱，曾多次私下表示身后把遗产赠与丁、戊。某年月日，丙为抢救落水学生不幸遇难。白发人送黑发人，张某痛不欲生，在料理完女儿的丧事后亦撒手人寰。经查，张某留有房产两处，股票、债券若干，总价值 30 万元。甲、乙、丁、戊就遗

产分割发生纠纷。下列说法错误的是（　　）。

A. 丙先于被继承人张某死亡，应由其二子丁、戊代位继承张某的遗产

B. 甲是唯一的第一顺序法定继承人，因此应继承全部遗产

C. 因继承开始时乙已去世，故应由甲、乙继承全部遗产

D. 由于张某曾表示死亡将遗产赠与丁、戊，因而应由丁、戊继承全部遗产

2. 甲、乙系夫妻，生子丙。丙成家后生女丁。某日，甲与丙驱车外出，在高速公路上遭遇车祸，二人均身负重伤。被送往医院后，甲、丙因失血过多相继辞世。遗产分割时，丁继承其祖父甲的遗产的行为属于（　　）。

A. 代位继承　　B. 转继承

C. 法定继承　　D. 酌分遗产

3. 甲、乙结婚时均为再婚。甲与前妻生女丙，乙与前夫生子丁，丙、丁均年幼。甲、乙婚后将丙、丁抚养成人。丙成家后生子戊。某日，乙因公出差途中遭遇飞机失事，不幸遇难。甲继而一病不起，生活无法自理。丙主动承担起照顾甲的重任。嗣后，丙因工作调整无法分身遂派已成年的戊与甲一起生活，对其贴身悉心照料。自乙去世后，丁便与甲、丙往来稀少，仅于甲病重时给予少量钱财。乙辞世后数载，甲亦死亡。丧事悉由戊料理。关于遗产分割，下列说法不正确的是（　　）。

A. 戊无权分得甲之遗产，因其并非甲之法定继承人，仅仅代丙照料甲而已

B. 丁虽然在乙去世后，与甲、丙往来甚少，且未承担主要赡养义务，但其仍然享有继承权

C. 丁本非甲之法定继承人，然而其母乙早于甲死亡，因此丁代位乙继承甲之遗产

D. 仅有乙为甲之法定继承人

4. 甲、乙均自幼父母双亡，二人婚后亦无子女。乙从小与其姐姐丙相依为命，甲则与其弟丁手足情深。某日，甲、乙外出旅游时不幸突遇泥石流而亡。根据我国相关法律规定，其遗产应如何分割？（　　）

A. 甲之遗产由丙、丁共同继承

B. 甲之遗产由丁继承

C. 乙之遗产由丙继承

D. 甲、乙之遗产均收归国有

5. 甲、乙系夫妻。婚后不久，甲父突发心肌梗死去世，甲与其弟丙均分遗产，甲分得20万元。翌年，甲在外出时遭遇车祸，性命垂危，弥留之际叮嘱乙务将腹中胎儿抚养成人。乙强忍悲痛，半年后诞子丁。然天意无常，丁出生后旬月夭亡。乙迭遭不幸泣不可抑，深感有负甲之遗命，顿觉生趣了无，遂寻短见。乙死后，其母戊与甲弟丙就甲继承其父之遗产所得20万元的分割产生纠纷。根据我国相关法律规定，对该20万元遗产的分割，下列说法错误的是（　　）。

A. 甲之20万元遗产应由其弟丙与戊均分

B. 对甲之20万元遗产，应由丙全部继承，因为乙、丁死亡后，甲无第一顺序法定继承人，应由第二顺序继承人丙全部继承

C. 对甲之20万元遗产，应由戊全部继承

D. 丙、戊均无权继承，应当收归国有

6. 张某、李某系夫妻，生子甲、乙、丙，女丁。夫妇二人早年经商，家境殷实。二人先后去世，留有遗产价值200万元。甲酷爱登山，早年随登山队探险时遭遇雪崩不幸遇难，留一子戊一女庚。乙、丙、丁料理完丧事后，分割遗产前，丙因抢救落水儿童不幸牺牲，仅留幼子辛。根据我国相关法律规定，下列关于张某夫妇第一顺序继承人的说法哪些是正确的？（　　）

A. 丙　　B. 辛

C. 戊和庚　　D. 乙和丁

7. 某甲自幼父母双亡，被某乙收养。某甲成家后，与某乙关系逐渐失和。双方不久即协议解除收养关系。某乙年老多病，常年卧床，丧失生活来源。某甲忆及某乙昔年抚育之恩，不忍卒睹其凄凉晚景，遂每年给付某乙一定生活费，并定期探望。某乙老怀欣慰，溘然而逝，丧事悉由某甲料理。经查，某乙身后仅留房产一处。根据我国相关法律，下列说法正确的是（　　）。

A. 某甲对某乙的房产享有继承权

B. 某甲无权分得某乙的任何遗产

C. 某甲对某乙的房产不享有继承权

D. 某甲可以适当分得部分某乙的遗产

（三）不定项选择题

1. 甲、乙系夫妻，均无父母子女。甲仅有一

兄丙，乙仅有一妹丁。丙、丁均独自生活，平日与甲、乙甚少往来。某年春节期间，甲、乙驱车入城置办年货，不幸于途中突遭山体滑坡与车辆坠落山崖。戊路过时发现甲已死亡，乙一息尚存，遂将乙送往医院。途中，乙因失血过多死亡。经查，甲、乙共有财产价值 20 万元。丙、丁对遗产的分割发生争议。根据我国相关法律的规定，上述遗产该如何处理？（　　）

A. 由丙全部继承　　B. 由丁全部继承

C. 由丙、丁均分　　D. 收归国家所有

2. 张某与李某系密友。李某 2004 年遭遇车祸不幸去世后，其幼子某甲由张某收养，但未办理收养登记。张某生有二子乙、丙，一女丁。长子乙常年经商，收入颇丰但却不孝顺，对张某不闻不问。次子丙先天残疾，丧失劳动能力，没有其他生活来源。丁虽然并不宽裕却承担了照顾张某的责任，长期与张某共同生活。2006 年，张某病故，留下遗产若干。关于遗产分割，下列说法正确的是（　　）。

A. 甲可以适当分得部分遗产

B. 乙应当少分或者不分遗产

C. 丙应当多分遗产

D. 丁可以多分遗产

3. 王某与赵某系战友。早年，赵某在探家途中见义勇为搏斗歹徒不幸壮烈牺牲，死后留一幼子甲。王某遂将甲收为养子并抚养成人。王某与前妻生有一女乙，再婚后又将继女丙抚养长大，乙、丙皆先后去世。乙遗有一子丁，丙离婚再嫁后将其继女戊抚养长大，并收养一地震孤儿庚。某年清明，甲在驱车祭扫其父途中突遇泥石流，坠入山崖，仅遗一女辛。王某闻讯后因悲伤过度，不久后也去世。王某生前未订立任何遗嘱。根据我国法律规定，下列哪些人享有继承权？（　　）

A. 辛　　B. 丁

C. 戊　　D. 庚

4. 钱某生有三女甲、乙、丙，并收养一子丁。甲早年因公殉职，遗有一子戊。丁成年后常年经商，家境殷实，却与钱某关系趋于恶化，拒绝赡养钱某。钱某去世后，留下遗产若干。丧事悉由乙、丙料理，期间，丙因伤心过度突发脑出血去世，遗有一女庚。根据我国相关法律规定，下列哪些说法是正确的？（　　）

A. 戊得代位甲继承钱某之遗产

B. 戊与庚均为第一顺序法定继承人

C. 庚属于转继承人，得继承丙之应继份额

D. 丁因拒绝赡养钱某，因此应当不分或者少分遗产

5. 钱某与胡某婚后生有子女甲和乙，后钱某与胡某离婚，甲、乙归胡某抚养。胡某与吴某结婚，当时甲已参加工作而乙尚未成年，乙跟随胡某与吴某居住，后胡某与吴某生下一子丙，吴某与前妻生下一子丁。钱某与吴某先后去世，下列哪些说法是正确的？（　　）

A. 胡某、甲、乙可以继承钱某的遗产

B. 甲和乙可以继承吴某的遗产

C. 胡某和丙可以继承吴某的遗产

D. 乙和丁可以继承吴某的遗产

简答题

1. 简述代位继承的法律特征。
2. 简述代位继承人的继承份额。
3. 简述转继承的法律特征。
4. 简述我国法定继承的基本特征 。
5. 简述法定继承人的范围及顺序。
6. 简述酌分遗产权及其法律特征。

案例分析题

王某与张某育有二子，长子王甲，次子王乙。王甲娶妻李某，并于 1995 年生有一子王小甲。王甲于 1999 年 5 月遇车祸身亡。王某于 2000 年 10 月病故，留有与张某婚后修建的面积相同的房屋 6 间。王某过世后张某随儿媳李某生活，该 6 间房屋暂时由次子王乙使用。

问题：王某过世后留下的 6 间房屋应由哪些人分割？各自应分得多少？为什么？

法条分析题

请结合我国《继承法》的相关法条或规则，试论“遗嘱在先原则”。

论述题

1. 试述代位继承的条件。
2. 试述转继承与代位继承的区别。
3. 试述酌情分得遗产及其法律特征。
4. 试述法定继承的遗产分配原则。

参考答案

名词解释

1. 法定继承，是指由法律直接规定继承人的范围、继承的先后顺序以及遗产分配原则的一种继承方式。

2. 代位继承，是指被继承人的子女先于被继承人死亡时，由被继承人的晚辈直系血亲代为取得被继承人遗产的一项法律制度。在代位继承中，先于被继承人死亡的子女称为被代位继承人，代替被代位继承人取得遗产的晚辈直系血亲称为代位继承人。

3. 转继承，又称转归继承或再继承，是指继承人或受遗赠人在继承开始后、遗产分割前死亡，其所应继承的遗产份额或接受遗赠的权利转由其继承人承受的一项法律制度。本应继承遗产，但在遗产分割前死亡的继承人称为被转继承人，实际接受遗产的人称为转继承人。

选择题

（一）单项选择题

1. D。法定继承人的范围，是指适用法定继承方式时，有权继承死者的遗产的自然人的范围。确定法定继承人的范围的依据是自然人与被继承人之间是否存在婚姻关系、血缘关系以及扶养关系。根据我国《继承法》第 10 条的规定，遗产按照下列顺序继承：第一顺序：配偶、子女、父母。第二顺序：兄弟姐妹、祖父母、外祖父母。继承开始后，由第一顺序继承人继承，第二顺序继承人不继承。没有第一顺序继承人继承的，由第二顺序继承人继承。本法所说的子女，包括婚生子女、非婚生子女、养子女和有扶养关系的继子女。本法所说的父母，包括生父母、养父母和有扶养关系的继父母。本法所说的兄弟姐妹，包括同父母的兄弟姐妹、同父异母或者同母异父的兄弟姐妹、养兄弟姐妹、有扶养关系的继兄弟姐妹。因此，本题的 A、B、C 均为错误选项。除此之外，根据《继承法》第 12 条的规定，对公婆或者岳父母尽了主要赡养义务的丧偶儿媳或丧偶女婿，作为第一顺序继承人。至于被继承人的孙子女，只能在代位继承发生的情形下参与遗产分割，其并非必然之法定继承人。故选项 D 为正确选项。

2. B。我国《继承法》第 10 条规定：“遗产按照下列顺序继承：第一顺序：配偶、子女、父母。第二顺序：兄弟姐妹、祖父母、外祖父母。继承开始后，由第一顺序继承人继承，第二顺序继承人不继承。没有第一顺序继承人继承的，由第二顺序继承人继承。本法所说的子女，包括婚生子女、非婚生子女、养子女和有扶养关系的继子女。本法所说的父母，包括生父母、养父母和有扶养关系的继父母。本法所说的兄弟姐妹，包括同父母的兄弟姐妹、同父异母或者同母异父的兄弟姐妹、养兄弟姐妹、有扶养关系的继兄弟姐妹。”其中的配偶系以具有合法夫妻关系为前提。乙因不符合法定结婚年龄，无法与甲登记结婚。二人虽以夫妻名义共同生活却相互不具有配偶身份，并非继承法上规定之配偶。因此，甲、乙互不享有继承权，该房产应由某乙的法定继承人继承。选项 B 为正确选项。

3. C。收养具有解销效力。收养的解销效力，是指收养依法终止原有的亲属关系及其权利义务的效力，故亦被称为收养的消极效力。具体而言系指：第一，对养子女与生父母的解销效力。养子女与生父母间的权利义务关系，因收养关系的成立而消除。需要注意的是，收养的解销效力所消除的，仅为法律意义上的父母子女关系，而非自然意义上的父母子女关系。养子女与生父母间基于出生而具有的直接血缘联系，是客观存在的，不能通过法律手段加以改变。因此，我国《婚姻法》中有关禁止直系血亲结婚的规定，对养子女与生父母是仍然适用的。第二，对养子女与生父母方其他近亲属的解销效力。养子女与生父母以外的其他近亲属间的权利义务关系，亦因收养关系的成立而消除。基于前文中已说明的理由，我国《婚姻法》中有关禁止直系血亲和三代以内旁系血亲结婚的规定，对养子女与生父母以外的其他近亲属也是仍然适用的。我国《收养法》第23条规定了收养的解销效力，自收养关系成立之日起，养父母与养子女之间的权利义务关系，适用法律关于父母子女关系的规定；养子女与养父母的近亲属间的权利义务关系，适用法律关于子女与父母的近亲属关系的规定。养子女与生父母及其他近亲属间的权利义务关系，因收养关系的成立而消除。所以本题中，由于某甲已被某乙收养，其与生父母之间的关系已被阻断，因此无权继承生父母之遗产，但有权继承某乙的遗产。选项C为正确选项。

4.A。《继承法意见》第2条规定："相互有继承关系的几个人在同一事件中死亡，如不能确定死亡先后时间的，推定没有继承人的人先死亡。死亡人各自都有继承人的，如几个死亡人辈分不同，推定长辈先死亡；几个死亡人辈分相同，推定同时死亡，彼此不发生继承，由他们各自的继承人分别继承。"本题中，张某、李某、某甲相互间有继承关系，并在同一事件中死亡且无法确定死亡先后时间。张某、某甲除李某外别无其他法定继承人，因此推定张某、某甲较李某先死。张某、某甲之遗产由李某继承。李某死亡后，其遗产由其法定继承人某乙继承。因此。张某夫妇全部遗产均由某乙继承。选项A为正确选项。

5.C。《继承法意见》第2条规定："相互有继承关系的几个人在同一事件中死亡，如不能确定死亡先后时间的，推定没有继承人的人先死亡。死亡人各自都有继承人的，如几个死亡人辈分不同，推定长辈先死亡；几个死亡人辈分相同，推定同时死亡，彼此不发生继承，由他们各自的继承人分别继承。"本题中，甲、丙、丁相互间有继承关系，并在同一事件中死亡且无法确定死亡先后时间。三人均有继承人，甲有继承人乙、戊，丙有继承人乙，丁有继承人戊。因此，应当推定三人中长辈先死亡，即三人的死亡顺序被推定为丁、甲、丙。丁死亡后，其与戊之共同财产6万元应分割一半作为遗产由甲、戊继承，另一半为戊之个人财产，即甲、戊各得3/2=1.5万元。甲与乙之共同财产分割后，甲之个人财产为3万元，与其继承丁之遗产1.5万元合计得3+1.5=4.5万元，由甲之法定继承人乙、丙、戊均分，各得1.5万元。丙死后，其个人财产4 000元加上继承甲之遗产1.5万元共计0.4+1.5=1.9万元。丙死后，其遗产悉由乙继承，因此，乙的遗产总额为其个人财产3万元加上继承甲、丙之遗产，即3+1.5+1.9=6.4万元。乙之遗产应由其父庚继承。因此，庚能够继承的遗产总额为6.4万元。选项C为正确选项。

6.A。收养具有解销效力，具有终止原有的亲属关系及其权利义务的效力，养子女与生父母间的权利义务关系，因收养关系的成立而消除。需要注意的是，收养的解销效力所消除的，仅为法律意义上的父母子女关系，而非自然意义上的父母子女关系。养子女与生父母间基于出生而具有的直接血缘联系，是客观存在的，不能通过法律手段加以改变。养子女与生父母以外的其他近亲属间的权利义务关系，亦因收养关系的成立而消除。我国《收养法》第23条规定了收养的解销效力：自收养关系成立之日起，养父母与养子女之间的权利义务关系，适用法律关于父母子女关系的规定；养子女与养父母的近亲属间的权利义务关系，适用法律关于子女与父母的近亲属关系的规定。养子女与生父母及其他近亲属间的权利义务关系，因收养关系的成立而消除。所以本题中，由于某丁已被李某收养，其与生父母之间的权利义务关系已被消除，因此无权继承生父母之遗产，王某的遗产应由其法定继承人甲、乙、丙继承，选项A为正确选项。

7.C。我国《继承法》第14条规定了酌分遗产人的酌分遗产权："对继承人以外的依靠被继承人扶养的缺乏劳动能力又没有生活来源的人，或者继承人以外的对被继承人扶养较多的人，可以分给他们适当的遗产。"为保护酌分遗产人的正当权益，《继承法意见》第32条规定："依继承法第14条规定可以分给适当遗产的人，在其依法取得被继承人遗产的权利受到侵犯时，本人有权以独立的诉讼主体的资格向人民法院提起诉讼。但在遗产分割时，明知而未提出请求的，一般不予受理；不知而未提出请求，在2年以内起诉的，应予受理。"因此，酌分遗产人享有独立的请求权，在其权益受到不法侵害时有权诉至人民法院请求保护其权利。本题中，丁系依靠被继承人某甲扶养之人，缺乏劳动能力又没有生活来源，因此，在分割某甲之遗产时，可以分给其适当的遗产。选项 C 为正确选项。

8. A。《继承法意见》第 45 条规定："应当为胎儿保留的遗产份额没有保留的应从继承人所继承的遗产中扣回。为胎儿保留的遗产份额，如胎儿出生后死亡的，由其继承人继承；如胎儿出生时就是死体的，由被继承人的继承人继承。"本题中，分割遗产时已为胎儿保留其应继份额 10 万元。胎儿系出生后方才夭亡，因此其应继份额应由其继承人继承，即应由其母乙继承。因此，选项 A 为正确选项。

（二）多项选择题

1. BCD。我国《继承法》第 11 条规定："被继承人的子女先于被继承人死亡的，由被继承人的子女的晚辈直系血亲代位继承。代位继承人一般只能继承他的父亲或者母亲有权继承的遗产份额。"代位继承是指继承人的子女先于被继承人死亡的，继承开始后由被继承人子女的晚辈直系血亲代替已亡父母继承被继承人的遗产。在代位继承中，先于被继承人死亡的继承人，称为被代位人；代替先于被继承人死亡的继承人继承遗产的人称为代位人。因此，本题中，丙先于被继承人张某死亡，应由其二子丁、戊代位继承张某的遗产。丁、戊代位丙继承张某之遗产时系第一顺序继承人，因此，选项 B 错误。张某生前虽十分偏爱丁、戊，并私下表示赠与其遗产，却未订立有效遗嘱，因此，本题不适用遗嘱继承，选项 D 错误。综合而言，选项 BCD 为正确选项。

2. BC。本题中甲、丙相继辞世，死亡先后时间确定，并无适用死亡先后时间推定规则之余地。继承人丙后于被继承人死亡，符合转继承制度。转继承，是指继承人在被继承人死亡之后，遗产分割前死亡，其应继承的遗产份额由他的继承人继承。《继承法意见》第 52 条规定："继承开始后，继承人没有表示放弃继承，并于遗产分割前死亡的，其继承遗产的权利转移给他的合法继承人。"在转继承中，死亡的继承人称为原继承人，原继承人的继承人称为转继承人。转继承权的标的是原继承人享有的遗产份额。可见，转继承是原继承人继承遗产权利的转移，所以又被称为再继承或者第二次继承。转继承制度既适用于法定继承又适用于遗嘱继承。因此，选项 BC 为正确选项。

3. ACD。本题考查的知识点是法定继承人的范围、与继父母之间存在扶养关系的继子女的继承权、继承权丧失、酌分遗产人以及遗产分割问题。我国《继承法》第 10 条规定："遗产按照下列顺序继承：第一顺序：配偶、子女、父母。第二顺序：兄弟姐妹、祖父母、外祖父母。继承开始后，由第一顺序继承人继承，第二顺序继承人不继承。没有第一顺序继承人继承的，由第二顺序继承人继承。本法所说的子女，包括婚生子女、非婚生子女、养子女和有扶养关系的继子女。本法所说的父母，包括生父母、养父母和有扶养关系的继父母。本法所说的兄弟姐妹，包括同父母的兄弟姐妹、同父异母或者同母异父的兄弟姐妹、养兄弟姐妹、有扶养关系的继兄弟姐妹。"父母健在的外孙子女并非其外祖父母之法定继承人，因此，丙之子戊并非甲之法定继承人，但是由于戊常年与甲共同生活对其扶养较多，因而作为酌分遗产人可以适当分得部分遗产。酌分遗产人是指除法定继承人以外，与被继承人生前形成过一定扶养关系，依法可以分得适当遗产的人。酌分遗产权是指酌分遗产人依法享有的可以酌情分得适当遗产的权利。我国《继承法》第 14 条规定："对继承人以外的依靠被继承人扶养的缺乏劳动能力又没有生活来源的人，或者继承人以外的对被继承人扶养较多的人，可以分给他们适当的遗产。"

根据我国继承法规定的法定继承人的范围，与继父母间存在扶养关系的继子女系继父母之第一顺序法定继承人。本题中，丁由其生母与继父共同抚养长大，与其继父甲之间形成了扶养关系。因此，丁系甲之第一顺序法定继承人，并非代位继承人。尽管丁在其生母乙死亡后对甲扶养较少，但其行为并不符合我国《继承法》第 7 条规定的继承权丧失的法定事由："继承人有下列行为之一的，丧失继承权：（一）故意杀害被继承人的；（二）为争夺遗产而杀害其他继承人的；（三）遗弃被继承人的，或者虐待被继承人情节严重的；（四）伪造、篡改或者销毁遗嘱，情节严重的。"丁仍然享有对甲遗产的继承权，但由于其具有扶养条件却对甲扶养较少，因而根据《继承法》第 13 条之规定，"同一顺序继承人继承遗产的份额，一般应当均等。对生活有特殊困难的缺乏劳动能力的继承人，分配遗产时，应当予以照顾。对被继承人尽了主要扶养义务或者与被继承人共同生活的继承人，分配遗产时，可以多分。有扶养能力和有扶养条件的继承人，不尽扶养义务的，分配遗产时，应当不分或者少分。继承人协商同意的，也可以不均等”。丁在分配遗产时应当不分或者少分。综合言之，选项ACD为正确选项。

4. BC。《继承法意见》第2条规定：“相互有继承关系的几个人在同一事件中死亡，如不能确定死亡先后时间的，推定没有继承人的人先死亡。死亡人各自都有继承人的，如几个死亡人辈分不同，推定长辈先死亡；几个死亡人辈分相同，推定同时死亡，彼此不发生继承，由他们各自的继承人分别继承。”本题中，甲、乙间相互具有继承关系，又在同一事件中死亡，死亡先后时间无法确定，因此应当适用上述推定规则。甲有继承人丁，乙有继承人丙，甲、乙夫妻辈分相同，因此其遗产应由各自法定继承人继承，彼此不发生继承关系。选项BC为正确选项。

5. ABD。《继承法》第10条规定了法定继承人的范围以及顺序：“遗产按照下列顺序继承：第一顺序：配偶、子女、父母。第二顺序：兄弟姐妹、祖父母、外祖父母。继承开始后，由第一顺序继承人继承，第二顺序继承人不继承。没有第一顺序继承人继承的，由第二顺序继承人继承。本法所说的子女，包括婚生子女、非婚生子女、养子女和有扶养关系的继子女。本法所说的父母，包括生父母、养父母和有扶养关系的继父母。本法所说的兄弟姐妹，包括同父母的兄弟姐妹、同父异母或者同母异父的兄弟姐妹、养兄弟姐妹、有扶养关系的继兄弟姐妹。”本题中，甲继承其父之遗产所得20万元作为甲之遗产应由其第一顺序法定继承人乙继承，同时根据《继承法意见》第45条“应当为胎儿保留的遗产份额没有保留的应从继承人所继承的遗产中扣回。为胎儿保留的遗产份额，如胎儿出生后死亡的，由其继承人继承；如胎儿出生时就是死体的，由被继承人的继承人继承”的规定应当为乙腹中胎儿保留应继份额。胎儿出生后夭亡，根据上述规定，为其保留的遗产份额应作为其遗产由其继承人乙继承。乙死亡后，其继承甲之遗产以及继承丁之遗产应由其法定继承人戊继承。因此，选项ABD为正确选项。

6. ACD。本题主要考查代位继承与转继承之区别。代位继承是指继承人的子女先于被继承人死亡的，继承开始后由被继承人子女的晚辈直系血亲代替原继承人继承被继承人的遗产。在代位继承中，先于被继承人死亡的继承人，称为被代位人；代替先于被继承人死亡的继承人继承遗产的人称为代位人。我国《继承法》第11条规定：“被继承人的子女先于被继承人死亡的，由被继承人的子女的晚辈直系血亲代位继承。代位继承人一般只能继承他的父亲或者母亲有权继承的遗产份额。”

转继承，继承开始后，继承人在遗产分割前死亡的，其应继承的遗产份额由他的继承人继承。《继承法意见》第52条规定：“继承开始后，继承人没有表示放弃继承，并于遗产分割前死亡的，其继承遗产的权利转移给他的合法继承人。”

代位继承与转继承的区别主要有以下几点：

（1）发生前提不同。代位继承发生的前提是被继承人的子女先于其死亡。转继承发生前提是继承人后于被继承人死亡且未表示放弃继承权。

（2）代位继承中死亡的继承人仅限于被继承人的子女。转继承中死亡的继承人既可以是被继承人的子女，也可以是被继承人的其他继承人。

（3）代位继承中实际继承遗产的代位继承人仅限于被继承人子女的晚辈直系血亲。转继承中实际继承遗产的转继承人既可以是原继承人的晚辈直系血亲，也可以是原继承人的其他继承人。

（4）适用范围不同。代位继承仅适用于法定继承。转继承则既可以适用于法定继承，又可以适用于遗嘱继承，即无论是法定继承抑或是遗嘱继承，只要在继承开始后，继承人于遗产分割前死亡的，原继承人的应继份额均可转由其继承人继承。

本题中，甲先于被继承人死亡，因此应由其晚辈直系血亲戊、庚代位继承张某夫妇之遗产，因甲系张某夫妇的第一顺序法定继承人，故戊、庚亦为张某夫妇之第一顺序法定继承人。乙与丁系张某夫妇之子女，自然为第一顺序法定继承人。本题的难点在于判断丙与辛的继承地位。丙在料理完张某夫妇之丧事后遗产分割前死亡，因此应当适用转继承制度。转继承制度中，转继承人辛继承的是经丙继承而来的被继承人张某夫妇之遗产，此时其本人并非张某夫妇之第一顺序法定继承人。因此，选项 ACD 为正确选项。

7. CD。收养关系作为一种法律拟制的民事法律关系，既可以通过法律行为依法设立，也可以经由一定的法律程序予以解除。《收养法》第 26、27 条规定了收养关系解除的两种不同的方式，即协议解除和诉讼解除。《收养法》第 26 条第 1 款规定，收养人在被收养人成年以前，不得解除收养关系，但收养人、送养人双方协议解除的除外，养子女年满 10 周岁以上的，应当征得本人同意。按照《收养法》第 27 条的规定，养父母与成年养子女也是可以协议解除收养关系的。根据我国《收养法》第 29 条的规定，收养关系解除后，养子女与养父母之间的身份和权利义务即行消除，彼此不再具有抚养教育、保护、赡养扶助和继承遗产等关系。与此同时，养子女与养父母的其他近亲属间的权利义务关系也随之消除。收养关系解除后，未成年的养子女与生父母及其他近亲属的权利义务关系自行恢复。但成年养子女与生父母及其他近亲属间的权利义务关系是否恢复，可以由成年养子女与生父母协商确定。依照我国《收养法》第 30 条的规定，解除收养关系后，在法定的情形下，成年养子女对养父母负有给付生活费的义务，养父母享有一定的补偿请求权。第一，收养关系解除后，经养父母抚养的成年养子女，对缺乏劳动能力又缺乏生活来源的养父母，应当给付生活费。该生活费的数额，应不低于当地居民的一般生活费用标准。第二，因养子女成年后虐待、遗弃养父母而解除收养关系的，养父母有权要求养子女补偿收养期间支出的生活费和教育费。第三，生父母要求解除收养关系的，养父母有权要求生父母适当补偿收养期间支出的生活费和教育费。但因养父母虐待、遗弃养子女而导致收养关系解除的，养父母无权要求生父母补偿收养期间养子女的生活费和教育费。

本题中，某甲与某乙协议解除收养关系后，双方养父母子女权利义务关系即告消灭。因此，某甲此后并非某乙之法定继承人，无权继承某乙遗产。但是，某甲在某乙年老时对其扶养较多，符合我国继承法关于酌分遗产人的规定。酌分遗产人是指除法定继承人以外，与被继承人生前形成过一定扶养关系，依法可以分得适当遗产的人。酌分遗产权是指酌分遗产人依法享有的可以酌情分得适当遗产的权利。我国《继承法》第 14 条规定："对继承人以外的依靠被继承人扶养的缺乏劳动能力又没有生活来源的人，或者继承人以外的对被继承人扶养较多的人，可以分给他们适当的遗产。"因此，本题中，某甲虽无继承某乙房产之权利，却有权分得部分遗产。选项 CD 为正确选项。

（三）不定项选择题

1. B。本题中，甲、乙系夫妻，甲先死亡，因此夫妻共同财产中甲的个人财产应由乙继承。乙后于甲死亡，其遗产包括其个人财产以及继承甲之遗产，应由其第二顺序法定继承人丁继承。因此，选项 B 为正确选项。本题之关键在于甲、乙的死亡先后时间确定，因此并无适用死亡先后时间推定规则之余地。

2. ABCD。在法定继承中，如果处于同一继承顺序的继承人有数人，那么就存在同一继承顺序的数个继承人之间如何确定各自继承份额的问题。我国《继承法》第 13 条规定："同一顺序继承人继承遗产的份额，一般应当均等。对生活有特殊困难的缺乏劳动能力的继承人，分配遗产时，应当予以照顾。对被继承人尽了主要扶养义务或者与被继承人共同生活的继承人，分配遗产时，可以多分。有扶养能力和有扶养条件的继承人，不尽扶养义务的，分配遗产时，应当不分或者少分。继承人协商同意的，也可以不均等。"《继承法意见》第 33 条规定："继承人有扶养能力和扶养条件，愿意尽扶养义务，但被继承人因有固定收入和劳动能力，明确表示不要求扶养的，分配遗产时，一般不应因此而影响其继承份额。"第 34 条规定："有扶养能力和扶养条件的继承人虽然与被继承人共同生活，但对需要扶养的被继承人不尽扶养义务，分配遗产时，可以少分或者不分。"

本题中，甲与张某并未形成收养关系，但由张某扶养属于酌分遗产人，可以适当分得部分遗产。乙有扶养条件却拒不扶养被继承人，因此应当少分或者不分。丙先天残疾，丧失劳动能力，没有其他生活来源，应当多分遗产。丁虽然并不宽裕却承担了照顾张某的责任，长期与张某共同生活，尽了较多扶养义务，可以适当多分遗产。

因此，选项 ABCD 为正确选项。

3. ABD。本题涉及代位继承人的范围问题，较为复杂。我国《继承法》第 11 条规定："被继承人的子女先于被继承人死亡的，由被继承人的子女的晚辈直系血亲代位继承。代位继承人一般只能继承他的父亲或者母亲有权继承的遗产份额。"据此，结合前述多项选择题第 6 题关于代位继承权行使条件的分析，本题中，丁系被继承人王某之外孙，其母乙先于王某死亡，因此，丁有权代位继承王某之遗产。甲系被继承人之养子，早于王某死亡，因此其女辛享有代位继承权。继女丙的问题比较复杂。继女丙被王某抚养长大，与其存在扶养关系，系王某第一顺序法定继承人。丙早于王某死亡，因此其晚辈直系血亲有权代位继承王某遗产。但是，丙之继女戊与养子庚的继承地位却不尽相同。按照《继承法意见》第 26 条之规定，戊无权代位丙继承王某之遗产，庚却有权代位继承王某的遗产。因此，选项 ABD 为正确选项。

4. ACD。本题涉及各继承人之间遗产分割规则、养子女继承权、继承权丧失以及转继承问题。

关于同一继承顺序的数个继承人之间如何确定各自继承份额的问题，我国《继承法》第 13 条规定："同一顺序继承人继承遗产的份额，一般应当均等。对生活有特殊困难的缺乏劳动能力的继承人，分配遗产时，应当予以照顾。对被继承人尽了主要扶养义务或者与被继承人共同生活的继承人，分配遗产时，可以多分。有扶养能力和有扶养条件的继承人，不尽扶养义务的，分配遗产时，应当不分或者少分。继承人协商同意的，也可以不均等。"《继承法意见》第 33 条规定："继承人有扶养能力和扶养条件，愿意尽扶养义务，但被继承人因有固定收入和劳动能力，明确表示不要求扶养的，分配遗产时，一般不应因此而影响其继承份额。"第 34 条规定："有扶养能力和扶养条件的继承人虽然与被继承人共同生活，但对需要扶养的被继承人不尽扶养义务，分配遗产时，可以少分或者不分。"《继承法》第 10 条规定："遗产按照下列顺序继承：第一顺序：配偶、子女、父母。第二顺序：兄弟姐妹、祖父母、外祖父母。继承开始后，由第一顺序继承人继承，第二顺序继承人不继承。没有第一顺序继承人继承的，由第二顺序继承人继承。本法所说的子女，包括婚生子女、非婚生子女、养子女和有扶养关系的继子女。本法所说的父母，包括生父母、养父母和有扶养关系的继父母。本法所说的兄弟姐妹，包括同父母的兄弟姐妹、同父异母或者同母异父的兄弟姐妹、养兄弟姐妹、有扶养关系的继兄弟姐妹。"本题中，丁作为钱某养子，系第一顺序法定继承人，虽然其有扶养条件而对钱某扶养较少，但并不符合《继承法》第 7 条规定的丧失继承权的情形，仍然享有继承权，只是在分割遗产时可以少分或者不分。

甲先于被继承人钱某死亡，符合代位继承的规定，因此应由其晚辈直系血亲戊作为第一顺序继承人继承钱某之遗产。

丙在钱某死后遗产分割前死亡，符合转继承的规定，因此，其所得遗产份额转由其继承人庚继承，但庚并非钱某之第一顺序法定继承人。

综合上述分析，选项 ACD 为正确选项。

5. CD。本题考查对《继承法》第 10 条的理解与应用。《继承法》第 10 条规定："遗产按照下列顺序继承：第一顺序：配偶、子女、父母。第二顺序：兄弟姐妹、祖父母、外祖父母。继承开始后，由第一顺序继承人继承，第二顺序继承人不继承。没有第一顺序继承人继承的，由第二顺序继承人继承。本法所说的子女，包括婚生子女、非婚生子女、养子女和有扶养关系的继子女。本法所说的父母，包括生父母、养父母和有扶养关系的继父母。本法所说的兄弟姐妹，包括同父母的兄弟姐妹、同父异母或者同母异父的兄弟姐妹、养兄弟姐妹、有扶养关系的继兄弟姐妹。"

选项 A，根据题目描述胡某与钱某离婚，胡某已经不是钱某的法定继承人。故选项 A 错误。

选项 B，根据题目描述，胡某与吴某结婚时，甲已经参加工作，故甲不可能再与吴某形成扶养关系。故选项 B 错误。

选项 C，胡某与吴某在婚姻存续期间生下丙，丙自然属于第一顺位的法定继承人。故选项 C 正确。

选项 D，吴某是丁的生父，丁是其第一顺位法定继承人；根据题目，吴某与继子（女）乙已经形成了事实上的扶养关系，因此乙也是其第一顺位法定继承人。故选项 D 正确。

简答题

1. 代位继承，是指被继承人的子女先于被继承人死亡时，由被继承人的晚辈直系血亲代位取得被继承人遗产的一项法定的继承制度。《继承法》第11条规定，“被继承人的子女先于被继承人死亡的，由被继承人的子女的晚辈直系血亲代位继承”。代位继承具有如下的法律特征：(1) 代位继承以被继承人的子女先于被继承人死亡为前提。(2) 被代位继承人必须是享有法定继承权的被继承人的子女或孙子女、外孙子女，即直系血亲卑亲属。(3) 代位继承人限于被代位继承人的子女及其直系卑亲属。(4) 代位继承只适用于法定继承。

2. 代位继承人是代替被代位继承人继承遗产，因此，其取得的遗产份额应是被代位继承人有权继承的份额。对此我国《继承法》在第11条中作了明确的规定，“代位继承人一般只能继承他的父亲或者母亲有权继承的遗产份额”。代位继承作为本位继承的补充，是代位继承人按照被代位继承人的继承顺序参加继承，因此，只能取得被代位继承人有权继承的遗产份额。如果有两个以上的代位继承人，则他们也只能共同分割被代位继承人的应继份，不能与其他处于被代位继承人同一顺序的法定继承人一起平均分割遗产。但《继承法意见》第27条规定：“代位继承人缺乏劳动能力又没有生活来源，或者对被继承人尽过主要赡养义务的，分配遗产时，可以多分。”

3. 转继承，又称转归继承或再继承，是指继承人或受遗赠人在继承开始后、遗产分割前死亡，其所应继承的遗产份额或接受遗赠的权利转由其继承人承受的一项继承制度。本应继承遗产，但在遗产分割前死亡的继承人称为被转继承人，实际接受遗产的人称为转继承人。转继承具有以下几点法律特征：(1) 转继承是继承开始后因继承人死亡而发生的继承制度。(2) 转继承是继承人在实际取得遗产前死亡而发生的继承制度。(3) 转继承人只能承受被转继承人有权继承的遗产份额。

4. 法定继承是指由法律直接规定继承人的范围、继承的先后顺序以及遗产分配原则的一种继承方式。其有以下几个基本特征：

(1) 法定继承是严格建立在人身关系基础上的。确定法定继承人的根据，是继承人与被继承人之间存在的婚姻关系和血亲关系，法定继承人的范围被法律限定在家庭关系内，特定的亲属身份是法定继承的前提。

(2) 法定继承人的范围、继承顺序和继承份额，以及法定继承的遗产分配原则均由《继承法》具体规定，属于强行性法律规范，任何组织和个人均无权予以改变。法定继承是由法律直接规定的、具有强制性的法律规范，具有普遍适用的强制性法律效力。

(3) 法定继承的适用受遗嘱继承的限制。法定继承和遗嘱继承是继承制度中同时并存的两种继承方式，但就其法律效力而言，遗嘱继承优先于法定继承。继承开始后，只有在缺乏遗嘱时，才发生法定继承，包括被继承人未设立遗嘱、遗嘱无效或遗嘱未处分的部分。

5. 法定继承人的范围，是指适用法定继承方式时，有权继承死者遗产的自然人的范围。确认法定继承人范围的依据是自然人与被继承人之间是否存在婚姻关系、血缘关系以及扶养关系。我国《继承法》第10、11、12条规定了法定继承人的范围，第10条规定：“遗产按照下列顺序继承：第一顺序：配偶、子女、父母。第二顺序：兄弟姐妹、祖父母、外祖父母。继承开始后，由第一顺序继承人继承，第二顺序继承人不继承。没有第一顺序继承人继承的，由第二顺序继承人继承。本法所说的子女，包括婚生子女、非婚生子女、养子女和有扶养关系的继子女。本法所说的父母，包括生父母、养父母和有扶养关系的继父母。本法所说的兄弟姐妹，包括同父母的兄弟姐妹、同父异母或者同母异父的兄弟姐妹、养兄弟姐妹、有扶养关系的继兄弟姐妹。”第11条规定：“被继承人的子女先于被继承人死亡的，由被继承人的子女的晚辈直系血亲代位继承。代位继承人一般只能继承他的父亲或者母亲有权继承的遗产份额。”第12条规定：“丧偶儿媳对公、婆，丧偶女婿对岳父、岳母，尽了主要赡养义务的，作为第一顺序继承人。”据此，我国法定继承人的范围包括：配偶、子女、父母、兄弟姐妹、祖父母、外祖父母，对公、婆或者岳父母尽了主要赡养义务的丧偶儿媳或丧偶女婿，作为代位继承人的孙子女、外孙子女以及其直系卑血亲。

法定继承人的顺序，是指法律规定的各个法定继承人继承遗产的先后次序。继承顺序在前的法定继承人优先参加遗产分割。顺序在后的法定继承人只有在没有前一顺序继承人或者前一顺序继承人全部放弃或全部丧失继承权的情况下，才能参加遗产继承。前述我国《继承法》第 10 条即法定继承顺序的规定。

6. 酌分遗产权是指除法定继承人以外，在被继承人生前依靠其扶养或者对其扶养较多的人依法享有的可以酌情分得适当遗产的权利。我国《继承法》第 14 条规定："对继承人以外的依靠被继承人扶养的缺乏劳动能力又没有生活来源的人，或者继承人以外的对被继承人扶养较多的人，可以分给他们适当的遗产。"根据上述法律规定，酌分遗产权具有以下法律特征：

第一，酌分遗产权的权利主体具有特殊性，仅限于除法定继承人以外的依靠被继承人扶养的缺乏劳动能力又无生活来源的人以及法定继承人以外的对被继承人扶养较多的人。

第二，酌分遗产人取得酌分遗产权的依据是在被继承人生前其与被继承人之间业已存在的依靠被继承人扶养或对被继承人扶养较多的关系。

第三，酌分遗产人能够分得的遗产的数额是不确定的，主要取决于酌分遗产人依靠被继承人扶养的程度或者对被继承人进行扶养的程度。根据相关司法解释的规定，酌分遗产人分得的数额一般少于继承人的平均数额。但是如果酌分遗产人完全依靠或者主要依靠被继承人扶养或者被继承人完全依靠或者主要依靠酌分遗产人扶养时，其所应当获得的数额可以等于甚至高于继承人的平均数额。

第四，酌分遗产权只能在法定继承中适用，在遗嘱继承中不得适用。从体系解释的角度看，我国《继承法》将酌分遗产权规定在法定继承一章中，这就表明只有在法定继承中法定继承人以外的人才可以酌分遗产。在遗嘱继承中，《继承法》仅仅在第 19 条规定遗嘱应当对缺乏劳动能力又没有生活来源的继承人保留必要的遗产份额，却未规定为法定继承人以外的酌分遗产人保留遗产份额，这也从反面印证了上述结论。为了保护酌分遗产人的正当权益，《继承法意见》第 32 条规定："依继承法第 14 条规定可以分给适当遗产的人，在其依法取得被继承人遗产的权利受到侵犯时，本人有权以独立的诉讼主体的资格向人民法院提起诉讼。但在遗产分割时，明知而未提出请求的，一般不予受理；不知而未提出请求，在 2 年以内起诉的，应予受理。"因此，酌分遗产人享有独立的请求权，在其权益受到不法侵害时有权诉至人民法院请求保护其权利。

案例分析题

张某、王乙、王小甲。其中，张某分得 4 间，王乙、王小甲各分得 1 间。因该 6 间房系王某与张某的共同财产，王某死后，张某应获得其中的 3 间，余下 3 间房在第一顺序继承人间平均分配。第一顺序的继承人有张某、王乙，因王甲先于王某死亡，其子王小甲享有代位继承权。故余下 3 间房中张某、王乙、王小甲应各分得 1 间。

法条分析题

"遗嘱在先原则"是各国适用法定继承的通例。无论是以法定继承为主的国家，还是以遗嘱继承为主的国家，法定继承都必须以无遗嘱为发生前提，这是各国继承立法上普遍确立的原则，体现了法律对被继承人依法处分个人财产的充分尊重和保护。尤其近代以来，身份继承已被财产继承所取代，传统的法定继承与遗嘱继承相互排斥、互不兼容的思想已彻底改变，法定继承逐渐变通为对遗嘱继承的补充。

《继承法》第 5 条规定："继承开始后，按照法定继承办理；有遗嘱的，按照遗嘱继承或者遗赠办理；有遗赠扶养协议的，按照协议办理。"据此，法律的要求是，当继承开始后，有遗赠扶养协议的，先按遗赠扶养协议执行；没有遗赠扶养协议或协议无效的，按遗嘱执行；没有遗嘱、遗嘱无效或遗嘱未处分的部分，按法定继承处理。根据《继承法》第 27 条规定，有下列情形之一的，遗产中的有关部分按照法定继承办理：(1) 遗嘱继承人放弃继承或者受遗赠人放弃受遗赠的；(2) 遗嘱继承人丧失继承权的；(3) 遗嘱继承人、受遗赠人先于遗嘱人死亡的；(4) 遗嘱无效部分所涉及的遗产；（5）遗嘱未处分的遗产。

论述题

1. 代位继承须具备以下条件：

第一，被代位继承人先于被继承人死亡。被代位继承人先于被继承人死亡，是代位继承发生的原因和法定事由，是我国《继承法》规定的发生代位继承的先决条件。死亡包括自然死亡或宣告死亡，人民法院确定的失踪人死亡的日期，为失踪人宣告死亡的日期。

第二，被代位继承人只限于被继承人的直系卑亲属。能作为被代位继承人的，仅限于被继承人的子女及其直系卑亲属，被继承人的其他法定继承人，如被继承人的直系尊亲属或旁系血亲无权成为被代位继承人，即被继承人的配偶、父母、兄弟姐妹均不能成为被代位继承人。代位继承不受代数的限制，如果被继承人的子女、孙子女、外孙子女均先于其死亡时，其曾孙子女、曾外孙子女可以代位继承。这里所说的子女及孙子女、外孙子女均为被代位继承人。在我国，作为被代位继承人的被继承人的子女，不仅包括婚生子女，而且还包括非婚生子女、养子女和有扶养教育关系的继子女。

第三，代位继承人只限于被代位继承人的直系卑亲属。代位继承人必须是被继承人子女的晚辈直系血亲，即孙子女、外孙子女、曾孙子女、外曾孙子女等，被代位继承人的旁系血亲或长辈直系血亲无代位继承权。代位继承不受代数的限制，但以亲等近者优先，不能同时继承。《继承法意见》第25条规定："被继承人的孙子女、外孙子女、曾孙子女、外曾孙子女都可以代位继承，代位继承人不受辈数的限制。"我国代位继承人的范围包括：被继承人的养子女，已形成扶养关系的继子女的生子女可代位继承；被继承人亲生子女的养子女可代位继承；被继承人养子女的养子女可代位继承；与被继承人已形成扶养关系的继子女的养子女也可以代位继承。

第四，被代位继承人必须有法定的继承权。被代位继承人必须具有法定的继承权，如被代位继承人基于法定的事由丧失了继承权，则其直系卑亲属也丧失代位继承权。《继承法意见》第28条规定："继承人丧失继承权的，其晚辈直系血亲不得代位继承。如该代位继承人缺乏劳动能力又没有生活来源，或对被继承人尽赡养义务较多的，可适当分给遗产。"

第五，代位继承只适用于法定继承，不适用于遗嘱继承。代位继承是法定继承中的一种继承方式，法律对代位继承的发生原因、代位继承人的范围及其应继份等均有直接的规定，由于遗嘱是以遗嘱人死亡作为生效要件的，所以，如果享有遗嘱继承权的人在先于被继承人死亡时，遗嘱即丧失法律效力，因此遗嘱和遗赠继承不发生代位继承。

2. 转继承与代位继承是法定继承制度中的两种继承方式，两者都存在两次死亡的事实，被继承人的遗产都是由其继承人的继承人取得，但作为继承遗产权利转移的方式，两者间存在着很大的差异，主要体现在以下几个方面：

第一，继承人死亡的时间不同。转继承是继承人后于被继承人死亡的情况下发生的；而代位继承是被继承人的子女先于被继承人死亡的情况下发生的。

第二，发生的条件不同。引起转继承发生的条件是被继承人的继承人死亡；而引起代位继承发生的条件是被继承人的子女死亡。

第三，继承的主体不同。接受转继承遗产的人是被转继承人的继承人；而代位继承的代位继承人仅限于被代位继承人的直系卑亲属。

第四，继承的性质不同。转继承是继承开始后、遗产分割前死亡的继承人所享有的继承遗产应继份额的权利，转移给他的继承人继承，转继承是两个直接继承的连续，即先由继承人直接继承被继承人遗产的应继份，再由已死亡的继承人的继承人实际取得被继承人的遗产，转继承具有连续继承的性质；而代位继承是代位继承人代替被代位继承人的地位和顺序，一次性地间接继承被继承人的遗产，具有替补继承的性质。

第五，适用的范围不同。转继承不仅适用法定继承，也适用遗嘱继承和遗赠，但法定继承人、遗嘱继承人已放弃或丧失继承权的，不发生转继承；而代位继承则仅适用于法定继承，不适用遗嘱继承。

3. 在法定继承中，除法定继承人依法取得遗产外，法律规定具备法定条件的其他人也有权取得一定的遗产。我国《继承法》第 14 条规定："对继承人以外的依靠被继承人扶养的缺乏劳动能力又没有生活来源的人，或者继承人以外的对被继承人扶养较多的人，可以分给他们适当的遗产。"酌分遗产具有以下的法律特征：

第一，酌情分得遗产仅适用于法定继承，不适用于遗嘱继承。如被继承人留有遗嘱，继承则应按遗嘱指定的遗产分配方法由继承人或受遗赠人继承遗产，其他人不得继承。

第二，酌情分得遗产的人只能是继承人以外的或不在应召继承顺序上的人，凡在应召继承顺序上的法定继承人，应依《继承法》的规定取得遗产的应继份，不再享有适当分得遗产的权利。

第三，酌情分得遗产的份额，应根据具体情况而定，不适用《继承法》第 13 条对法定继承人遗产分配的规定。一般而言，对于缺乏劳动能力又没有生活来源的人，应以被继承人生前扶养的情况而定，以满足其基本的生活需要为限；对于对被继承人扶养较多的人，应以其对被继承人扶养的情况而定，其继承份额既可少于也可多于或等于法定继承人的继承份额。对此，在《继承法意见》第 31 条中作了明确的规定："依继承法第 14 条规定可以分给适当遗产的人，分给他们遗产时，按具体情况可多于或少于继承人。"

4. 法定继承的遗产分配原则，是指在依照法定的继承方式继承遗产时，应当遵循的遗产分配原则。继承开始后，遗产转归继承人，继承按法定的继承顺序进行，在同一继承顺序中，如果只有一个继承人，遗产由其全部继承，不发生确定继承份额、进行遗产分配的问题。如果在同一继承顺序上有两个或两个以上的继承人，就应当依据一定的遗产分配原则确定其各自的继承份额。《继承法》第 13 条："同一顺序继承人继承遗产的份额，一般应当均等。对生活有特殊困难的缺乏劳动能力的继承人，分配遗产时，应当予以照顾。对被继承人尽了主要扶养义务或者与被继承人共同生活的继承人，分配遗产时，可以多分。有扶养能力和有扶养条件的继承人，不尽扶养义务的，分配遗产时，应当不分或者少分。继承人协商同意的，也可以不均等。"依此，我国法定继承的遗产分配原则如下。

（1）互谅互让、团结和睦的原则

《继承法》第 15 条规定："继承人应当本着互谅互让、和睦团结的精神，协商处理继承问题。遗产分割的时间、办法和份额，由继承人协商确定。协商不成的，可以由人民调解委员会调解或者向人民法院提起诉讼。"互谅互让、团结和睦是继承法的基本原则，也是贯穿在法定继承人进行遗产分配时首要的和最基本的原则精神。这一原则充分体现了中华民族优良的继承传统和当前的实际国情，有利于促进家庭成员间的和睦团结、家庭关系的稳定及其经济上的相互扶助。

（2）一般情况下均等的原则

《继承法》第 13 条第 1 款规定："同一顺序继承人继承遗产的份额，一般应当均等。"这一原则是指，在法律没有特别规定的情形下，同一顺序的法定继承人应平均分配遗产。首先，我国《继承法》规定的均等原则是有条件的相对均等，其随特定条件而变化，如出现法律规定的情形，遗产则不平均分割。其次，我国《继承法》规定的同一顺序的继承人均等，是包括了在同一顺序上的所有继承人都平均分割遗产，如第一顺序有配偶、父母和子女时，应继份一律按人均等。最后，我国《继承法》规定的均等原则，是指同一继承顺序上的自然血亲或拟制血亲继承人的应继份一律均等，确立了非婚生子女与婚生子女应继份的均等、养子女与生子女应继份的均等、有扶养关系的继子女与生子女应继份的均等，确立了亲兄弟姐妹、养兄弟姐妹、有扶养关系的继兄弟姐妹应继份均等的继承制度。

（3）特殊情况下的不均等原则

我国《继承法》在规定相对均等原则的同时，从保护和照顾生活有特殊困难的继承人出发，并依据公平原则，规定法定继承人因一定情形，可取得不同等额的遗产。

①对生活有特殊困难的缺乏劳动能力的继承人，分配遗产时，应当予以照顾。"生活有困难"，是指继承人没有独立的生活来源或经济收入难以维持其基本生活的。"缺乏劳动能力"，是指继承人尚不具备或已经丧失了劳动能力。法律在此强调的是继承人要有特殊困难而非一般困难，缺乏劳动能力并非指劳动能力不强，如果在遗产分配时，继承人生活虽有特殊困难但有劳动能力，或

虽缺乏劳动能力但生活上没有特殊困难的，均不能予以照顾，只有继承人同时具备了这两个条件的，才能在遗产分配时给予照顾，其所分得的遗产份额应多于其他继承人。法律的这一规定体现的是法定继承制度的基本功能，即对家庭成员的扶养功能，重点保障生活有特殊困难又缺乏劳动能力继承人的基本生活需要。

②对被继承人尽了主要扶养义务或者与被继承人共同生活的继承人，分配遗产时，可以多分。法律规定可以多分的理由是，对被继承人尽了主要扶养义务，也即对被继承人的生活提供了主要的经济来源，或在生活上给予了主要的扶助；与被继承人共同生活也是依据其与被继承人在物质或情感的联系上会比其他继承人更为密切，因而从弘扬中华民族的继承传统和鼓励积极履行家庭成员间的扶养义务出发，法律特别规定可以在分割遗产时予以照顾。需要指出的是，法律在此规定的是“可以”多分，并非任何情况下都“必须”多分，如在同一顺序的继承人中，存在有生活特殊困难的缺乏劳动能力的继承人时，则应当首先对这些继承人在继承份额上予以照顾。

③有扶养能力和有扶养条件的继承人，不尽扶养义务的，分配遗产时，应当不分或者少分。继承人与被继承人之间存在着法律上的权利和义务关系，法律要求继承人对被继承人应尽扶养义务而继承人不予履行时，除构成遗弃丧失继承权外，在分配遗产时应当不分或者少分。《继承法意见》第33、34条规定，继承人有扶养能力和扶养条件，愿意尽扶养义务，但被继承人因有固定收入和劳动能力，明确表示不要求扶养的，分配遗产时，一般不应因此而影响其继承份额。有扶养能力和扶养条件的继承人虽然与被继承人共同生活，但对需要扶养的被继承人不尽扶养义务，分配遗产时，可以少分或者不分。

④经继承人协商同意的，也可以不均等。继承权是公民个人的财产权，可以依法享有也可以依法放弃，各法定继承人间一般都存在着一定的亲属关系，互助互让有利于促进家庭关系的和谐，这是法律所提倡的。但法律要求不均等分配遗产，必须是建立在全体继承人共同的意思表示上，或协商一致同意的基础上，任何人不得对他人进行欺诈和胁迫。

第十六章　遗嘱继承、遗赠和遗赠扶养协议

知识逻辑图

- 遗嘱继承、遗赠和遗赠扶养协议
  - 遗嘱继承
    - 遗嘱概述
      - 概念与特征
      - 适用范围
    - 遗嘱的成立条件
      - 遗嘱人具有遗嘱能力
      - 遗嘱人的意思表示真实
      - 内容不违反法律法规强制性规定
      - 形式符合法律规定
    - 遗嘱的法定形式
      - 公证遗嘱
      - 自书遗嘱
      - 代书遗嘱
      - 录音遗嘱
      - 口头遗嘱
    - 遗嘱的变更撤销
      - 明示方式
      - 推定方式
  - 遗赠
    - 概念
    - 特征
  - 遗赠扶养协议
    - 概念
    - 特征
    - 解除

名词解释

1. 遗嘱
2. 遗嘱继承
3. 公证遗嘱
4. 自书遗嘱
5. 代书遗嘱
6. 录音遗嘱
7. 遗嘱执行人
8. 遗赠
9. 遗赠扶养协议
10. 必留份
11. 特留份
12. 共同遗嘱
13. 后位继承
14. 遗嘱能力

选择题

（一）单项选择题

1. 某甲与某乙均喜好音律。某甲生子丙、女丁。甲生前立下遗嘱，将房产分予丙，将股票、债券以及存款留予丁，将其收藏的《广陵散》珍本赠与某乙。下列说法中正确的是（　　）。

A. 如果某乙在知道受遗赠后 2 个月内没有作出接受遗赠的意思表示，则视为接受遗赠

B. 继承开始后，如果《广陵散》珍本在交付某乙之前意外灭失，则某乙丧失遗赠权，

亦无权请求丙、丁赔偿

C. 如果某乙作出了接受遗赠的意思表示后意外死亡，则其继承人无权要求交付丙、丁《广陵散》珍本

D. 如果某乙在继承开始前意外死亡，则其继承人仍然有权要求丙、丁交付《广陵散》珍本

2. 某甲生前立有遗嘱，指明其所有之劳斯莱斯汽车由其女乙继承。嗣后，由于某甲无力清偿其对债权人丙所负债务，遂将汽车送予丙抵销欠款。根据我国继承法的相关规定，某甲遗嘱中指明其所有之汽车由乙继承的部分(　　)。

A. 效力未定，因汽车所有权在某甲生前已发生移转，在遗嘱中指定由乙继承系属无权处分

B. 仍然有效

C. 乙因某甲的抵销行为而被撤销，不发生遗嘱继承的法律效力

D. 无效，因为某甲已将汽车所有权移转给丙

3. 某甲生前曾立有遗嘱指定全部遗产由其子乙继承，乙目的达到遂对某甲不闻不问。某甲伤心欲绝，又与其好友之女丙签订遗赠扶养协议，约定丙对其生养死葬，甲死后则将全部遗产赠与丙。某甲安享余年后阖目而逝。在处理遗产时，乙与丙发生纠纷。根据我国继承法的规定，对某甲的遗产该当如何处理？(　　)

A. 根据遗嘱继承处理

B. 依照法定继承处理

C. 根据遗赠扶养协议处理

D. 由乙全部继承

4. 某甲生长子丙、幼子丁。丙生性木讷，为某甲所不喜。丁生性精灵乖巧，深得某甲喜爱。丙、丁均处幼年时，某甲即立遗嘱指定其全部遗产均由丁继承。丙、丁后均成家立业。某年月日，某甲撒手西去。丙、丁对如何分割遗产发生纠纷。根据我国法律的相关规定，甲的遗产应当如何处理？(　　)

A. 全部由丙继承

B. 全部由丁继承

C. 由丙、丁各继承一半

D. 丁继承大部分，丙继承较少部分

5. 某甲与某乙系夫妻，生子丙、女丁，收养一女戊。戊生性精明，小心侍候某甲夫妇。丙成家后对某甲夫妇置若罔闻。某甲夫妇甚为哀伤，遂自书遗嘱，将遗产分作两份，指定由丁、戊继承。戊见目的达到，遂对某甲夫妇不管不顾。丁承担了赡养某甲夫妇的责任。某甲夫妇深感日久见人心，某日订立新的遗嘱指定遗产全部由丁继承并到公证处做了公证。嗣后，夫妇相继去世。丙、丁、戊对遗产分割发生纠纷，各执一词互不相让。根据我国法律相关规定，此案该当如何处理？(　　)

A. 按照在先的自书遗嘱处理

B. 按照公证遗嘱处理

C. 遗产由丁、戊均分

D. 遗产由丙、丁、戊均分

6. 某甲生子乙、丙，女丁，其妻早逝。丙成年后娶妻戊，生子庚。三子女中，某甲独爱次子丙，遂立遗嘱指定丙继承其全部遗产。丙成年后参军，在某次执行任务过程中不幸以身殉职。噩耗传来，某甲痛不欲生，当天即因突发脑出血去世，留下遗产若干。乙、丁、戊就遗产分割发生纠纷，此案该如何处理？(　　)

A. 某甲的遗产全部由庚代位继承

B. 某甲的遗产应由丙之继承人戊、庚继承

C. 某甲的遗产应由乙、丁继承

D. 某甲的遗产应当由乙、丁、庚继承

7. 下列说法正确的是(　　)。

A. 放弃继承的效力，从放弃之时起发生法律效力

B. 应为胎儿保留的遗产份额，如果胎儿出生后又死亡的，应当在被继承人的继承人之间重新分割

C. 遗嘱人订立遗嘱后丧失了行为能力，则该遗嘱自始无效

D. 被继承人的遗产清偿其生前债务后才能执行遗嘱

8. 王某生三子甲、乙、丙，一女丁。三子均已成家。丁尚在外地大学就读。某日，王某意外摔倒突发脑出血，虽抢救及时挽回生命，但却右半身瘫痪。王某自知不久于人世，遂将三子招至床前。王某口述遗嘱，由甲代书，丙、丁见证，曰：吾患病久矣，药石难愈，百年之后，房产归甲，股票归乙，债券归丙，存款归丁。书毕，王某按指印确认。嗣后不久，王某去世。甲、乙、丙出示王某遗

嘱，要求遵照执行，丁不服，诉至法院。根据我国相关法律规定，本案该当如何处理？（　　）

A. 王某所立遗嘱有效，应当适用遗嘱继承分配遗产

B. 王某所立遗嘱无效，因为未经公证

C. 王某所立遗嘱无效，因为丁未在场见证

D. 王某所立遗嘱无效，因为丙、丁不具有见证人资格，且别无其他见证人

9. 张某生二子甲、乙、丙，一女丁。某日，张某突发心肌梗死去世。张某生前曾立遗嘱指定某处房产归甲，股票归乙，债券归丁，另保时捷汽车一辆赠与好友戊。经查，张某除上述财产外，尚有 20 万元的存款未作处分。嗣后，张某生前之债权人庚持 8 万元借据要求偿还欠款。根据我国法律相关规定，庚的债权如何获得清偿？（　　）

A. 由甲、乙、丁按照应继份额的比例清偿

B. 由戊在受遗赠财产的实际价值限度内清偿

C. 由甲、乙、丙、丁按照法定继承的比例在所实际分得之存款限度内清偿

D. 由丙以所实际分得之存款限度内清偿

10. 某甲与其兄某乙手足情深。某乙早逝，仅留一子丙。丙自幼深得某甲喜爱，被某甲视如己出。某甲曾立遗嘱指定由丙继承全部家产。丙成家后生子丁。某日，丙意外遭遇车祸不幸去世。某甲悲伤过度突发脑出血随后去世，留下遗产若干。某甲之子戊与丁就遗产分割发生纠纷，诉至法院。请问本案该如何处理？（　　）

A. 由丁代位丙继承某甲全部遗产

B. 由戊继承全部遗产

C. 某甲的全部遗产由丁、戊各得一半

D. 适用遗嘱继承，丙的应继份额转由丁继承

11. 某甲有二子乙、丙，一女丁。甲曾订立遗嘱，将部分财产赠与其侄戊，并附有一定义务；将剩余所有财产分为三份，三子女各得其一。某甲死后，戊拒不履行遗嘱所附义务。根据我国法律相关规定，某甲子女该如何处理？（　　）

A. 行使履行抗辩权，拒不向戊给付遗产

B. 向人民法院申请宣告涉及戊部分的遗嘱无效

C. 向人民法院申请取消戊接受遗产的权利

D. 向人民法院申请强制戊履行遗嘱所附义务

12. 某甲与某乙在战场同生共死，结下深厚友谊。为报某乙当年救命之恩，某甲死前立遗嘱将祖传宝剑赠与某乙。某甲死后，某乙含泪表示接受遗赠。然天意无常，遗产分割前，某乙旧伤复发身亡，仅留一子丙。根据我国法律规定，该宝剑该如何处理？（　　）

A. 由某甲的其他法定继承人继承

B. 由丙代位某乙继承

C. 由某甲的其他法定继承人与丙共同继承

D. 由丙转继承

13. 孙某中年丧妻，长子甲、次子乙对其不闻不问。幼子丙常常过来照料孙某。孙某患重病卧床，自知命将不久，遂召丙至床前，垂泪表示将全部遗产全部交由丙继承。丙感激涕泪，孙某旋即敛目而逝。甲、乙得知后，诉至法院要求继承孙某遗产。试问本案该如何处理？（　　）

A. 孙某遗产全部由丙继承

B. 孙某遗产由甲、乙、丙三人均分

C. 孙某遗产由甲、乙继承，但丙可以适当分得部分遗产

D. 孙某遗产由丙继承大部分，甲、乙继承少部分

（二）多项选择题

1. 某甲生有一女乙。乙远嫁外地长期对甲不闻不问。无奈之下，甲与其侄子丙签订了遗赠扶养协议，约定如果丙对甲尽了扶养义务，甲去世后主要遗产归丙所有。某甲在去世前曾立有一份遗嘱。遗嘱内容与遗赠扶养协议的绝大多数条款相互冲突。某甲去世后，其女从远方赶回来，要求继承遗产。下列有关某甲遗产继承说法正确的有哪些？（　　）

A. 某甲的主要遗产应当归丙所有

B. 应按遗嘱、遗赠扶养协议、法定继承的顺序进行继承

C. 遗赠扶养协议有效，应先按遗赠扶养协议进行，接下来按遗嘱，最后按法定继承进行

D. 应先由朱某的女儿继承，然后按遗赠扶养协议和遗嘱继承

2. 某甲与某乙在战场同生共死，结下深厚友谊，相互约定个人如后代皆为儿子则令其结为兄弟，皆为女儿则令其结为姊妹，如为一子一女则令其结为夫妻，如有违背天诛地灭。嗣后，某甲

生子丙、丁，某乙生女戊。某甲希望长子丙能与乙之女戊结婚，然丙却与庚两小无猜、青梅竹马，拒绝与戊结婚。某甲一怒之下重病不起，临终前留下遗嘱，将其遗产分为两份，丙、丁各得其一，另有10万元存款由丁暂管，如丙与戊结婚，该笔现金即由丙继承充作结婚费用。根据我国法律相关规定，下列说法哪些是正确的？（　　）

A. 某甲所立遗嘱中涉及存款部分无效

B. 涉及存款的部分无效，因为所附条件违反了婚姻自由原则

C. 涉及存款的部分有效，因为符合遗嘱自由原则

D. 涉及存款的部分无效，不影响其他部分的效力

3. 甲早年经商，家境丰裕。甲中年丧妻，有儿女四个。为在其死后妥善处理遗产，甲先后立有数份遗嘱。某日，甲因心脏病突发死亡，对其遗产应按下述哪些原则处理？（　　）

A. 如果其数份遗嘱内容相冲突，应以其最后所立遗嘱为准

B. 如果其数份遗嘱中有一份是经过公证的，则以公证的遗嘱为准

C. 即使有数份遗嘱，也应按法定继承处理

D. 对于其遗嘱中没涉及的财产，应按法定继承处理

4. 某甲关于其遗产处理的遗嘱中，下列哪些内容符合法律规定？（　　）

A. 将其全部存款捐赠给全国红十字会以赈济地震地区的孤儿

B. 将所有字画赠给挚友某乙

C. 宅基地由儿子继承

D. 土地承包的收益由女儿继承

5. 下列哪些遗嘱因不符合法律的相关规定而不能发生法律效力？（　　）

A. 某甲在弥留之际立下口头遗嘱，其8岁孙女乙与护士丙在场见证

B. 某甲遭遇地震，死前立下录音遗嘱，公证员某乙在场见证

C. 某甲临终前召其子甲、乙、丙至床前，口述遗嘱，由甲代书，乙、丙作见证

D. 某甲因患中风卧床多年，死前召其子甲、邻居丙、丁至床前，口述遗嘱，由甲代书，丙、丁作见证。书毕，因甲无法签字，遂由丙代签

6. 关于遗嘱继承，下列说法错误的是（　　）。

A. 代书遗嘱、录音遗嘱和口头遗嘱的在场见证人中如果有不具有见证人资格的，则遗嘱无效

B. 代书遗嘱中，遗嘱人如果无法亲笔签字，可由见证人代签

C. 遗嘱人前后所立遗嘱冲突的，后立的遗嘱均优先于在先的遗嘱

D. 遗嘱人欲修改经公证的遗嘱无须重复公证

7. 下面所列遗嘱，哪些不能产生相应的法律效力？（　　）

A. 某甲临终前，在遗嘱中未为其襁褓中的幼子乙保留必要的份额

B. 精神病患者某乙自书遗嘱，但在遗嘱成立后其精神病被治愈

C. 某丙临终前，召其子丁、邻居戊、庚至床前，口述遗嘱，由丁代书，戊见某丙无力签名遂主动代签

D. 某辛病危时，在护士己的帮助下立录音遗嘱，其子壬、病友癸、医生巳在场见证

（三）不定项选择题

1. 某甲中风后全身瘫痪常年卧床，其子乙、女丙均在国外无法照顾某甲。乙妻从家乡招保姆丁照顾某甲生活。丁任劳任怨，对甲照顾无微不至。甲甚为感激，遂立下遗嘱，将汽车赠与丁，房产由乙、丙继承。临终前，甲又立一遗嘱，改将房产赠与丁，汽车由乙、丙继承。下列说法哪些是正确的？（　　）

A. 甲的前一个遗嘱与后一遗嘱相抵触，因此无效

B. 汽车应由乙、丙继承

C. 房产由丁受遗赠

D. 房产应由乙、丙继承

2. 某甲早年因脑出血后遗症半身瘫痪，其子女均工作繁忙无法兼顾照料某甲。某甲遂从家乡招来一远房亲戚乙照料其起居。乙悉心照顾某甲，体贴入微。某甲感其行，遂立下遗嘱将其房产在其死后赠与乙，并进行了公证。乙见目的达到，便对某甲冷言冷语、动辄打骂。某甲痛惜人心难测，欲撤销遗嘱。下列哪些方式可以撤销某甲所

立的遗嘱？（ ）

A. 自书新遗嘱撤销原遗嘱

B. 召两个见证人订立录音遗嘱变更原遗嘱

C. 将房产出售

D. 声明撤销原遗嘱并经公证

3. 下列选项中哪些人不能成为遗赠扶养协议的扶养人？（ ）

A. 遗赠人的干女儿

B. 遗赠人的外甥

C. 遗赠人的兄弟姐妹

D. 遗赠人的侄女

4. 某甲有一子乙在外地工作，平时很少回来。某甲临终前曾立遗嘱，将存款赠与外甥女丙。乙和丙均被告知 4 个月后参加某甲的遗产分割。但直到遗产实际分割，乙与丙均未作出是否接受遗产的意思表示。下列说法错误的是（ ）。

A. 乙视为放弃继承，并视为接受遗赠

B. 乙视为接受继承，丙视为放弃接受遗赠

C. 乙、丙均视为接受遗产

D. 乙、丙均视为放弃接受遗产

5. 甲有一子一女，二人请了保姆乙照顾甲的生活。甲为感谢乙，在两位护士见证的情况下自书遗嘱，表示其三间房屋由两个子女平分，所有现金都赠给乙。后甲又立下书面遗嘱将其全部现金分给两个子女，但此时无人作为见证人。不久甲去世。下列哪些选项是正确的？（ ）

A. 甲的前一份遗嘱成立并生效，应按此遗嘱的内容分割遗产

B. 甲的后一份遗嘱有效

C. 所有现金应归甲的两个子女所有

D. 所有现金应归乙所有

简答题

1. 简述法律对遗嘱见证人的限制性规定。
2. 简述遗嘱变更和撤销的条件。
3. 简述遗嘱执行人确定的形式。
4. 简述遗赠的法律特征。
5. 简述遗嘱的有效要件。
6. 简述遗嘱的概念和法律特征。
7. 简述遗嘱继承的概念和法律特征。

案例分析题

某甲与某乙系夫妻，生子丙、女丁。丙成年后娶妻戊，生女庚。某日，甲携丙赴非洲旅游，途中遇海啸不幸双双遇难，尸骨无存。某甲生前曾立遗嘱指定丁继承全部遗产。经查，某甲与某乙共有财产价值 60 万元，丙有遗产 15 万元。根据我国相关法律规定，甲与丙的遗产应当如何分割？

材料分析题

遗嘱自由是继承制度中一项基本原则，但继承制度是建立在家庭制度之上的法律制度，法律在承认遗嘱自由的同时，也必须考虑家庭制度的稳定和家庭成员间的责任，因此，各国法律对遗嘱人处分遗产的自由都有所限制，遗嘱自由是相对的自由而非绝对的自由，其中大陆法系国家的特留份制度，就是对遗嘱自由所作的必要的限制。由于我国传统上家产为家长和家族共同共有，因而法律上没有特留份制度，是否要借鉴西方的法律的规定，学界有不同的意见。谈谈你对此的看法，如果持肯定意见请说明理由以及具体的制度建议；如果为否定意见，也请说明理由。

论述题

1. 试述遗嘱继承与遗赠的区别。
2. 试述遗赠扶养协议的法律特征。
3. 试述遗赠扶养协议的法律效力。
4. 试述遗嘱继承的适用。
5. 试述遗嘱的形式。
6. 试述遗嘱的有效要件。
7. 试述遗嘱自由原则以及我国法律对遗嘱自由的限制。

参考答案

名词解释

1. 遗嘱有广义和狭义之分，广义上的遗嘱涵

盖死者生前对其死后一切事务所作的预先处置和安排，包括政治、身份、财产、情感、道德等方面的内容。狭义上的遗嘱，即法律意义上的遗嘱，专指公民生前按照法律的规定处分自己的财产和财产权利，并于死后发生法律效力的单方的民事行为。

2. 遗嘱继承，是指继承人依照被继承人的遗嘱继承被继承人遗产的一种继承方式。遗嘱继承是继承制度中的重要组成部分，是与法定继承相对应的一种继承方式。根据《继承法》的规定，公民可以立遗嘱将个人财产指定由法定继承人的一人或者数人继承。公民可以立遗嘱将个人财产赠给国家、集体或者法定继承人以外的人。

3. 公证遗嘱是经过国家公证机关公证的遗嘱。公证，是国家公证机关根据当事人的申请，依法对法律行为、有法律意义的文书，以及事实的真实性、合法性给予的认可和证明。

4. 自书遗嘱是遗嘱人亲自书写的遗嘱。自书遗嘱具有简便易行的特点。根据《继承法》的规定，自书遗嘱由遗嘱人亲笔书写，签名，注明年、月、日。

5. 代书遗嘱是遗嘱人口述遗嘱内容，由他人代为书写的遗嘱。遗嘱是遗嘱人对其个人财产或其他事项所作的处理，应当由其本人完成，但有些遗嘱人因不识字或书写有困难的，可以委托他人代为书写遗嘱。根据《继承法》的规定，代书遗嘱应当有两个以上见证人在场见证，由其中一人代书，注明年、月、日，并由代书人、其他见证人和遗嘱人签名。

6. 录音遗嘱是遗嘱人以录音的方式立下的遗嘱。录音遗嘱是现代科学技术发展的产物，这种形式的遗嘱，能够直接、完整地反映遗嘱人的意思表示，在一定程度上方便遗嘱人，根据《继承法》的规定，以录音形式立的遗嘱，应当有两个以上见证人在场见证。见证人在见证录音遗嘱完成后，最好能将录音遗嘱的载体封存并签名。

7. 遗嘱执行人，是指有权按照遗嘱人的意志执行遗嘱的人。根据《继承法》的规定，公民可以依照本法规定立遗嘱处分个人财产，并可以指定遗嘱执行人。

8. 遗赠，是指公民以遗嘱的方式表示在其死后将遗产的一部或全部赠给国家、集体或法定继承人之外的人的法律行为。根据《继承法》的规定，公民可以立遗嘱将个人财产赠给国家、集体或者法定继承人以外的人。

9. 遗赠扶养协议，是指由遗赠人与扶养人签订的由遗赠人立下遗嘱将自己所有的合法财产指定在其死后转移给扶养人所有，而由扶养人承担遗赠人生养死葬的协议。根据《继承法》的规定，公民可以与扶养人签订遗赠扶养协议。按照协议，扶养人承担该公民生养死葬的义务，享有受遗赠的权利。公民可以与集体所有制组织签订遗赠扶养协议。按照协议，集体所有制组织承担该公民生养死葬的义务，享有受遗赠的权利。

10. 必留份是指遗嘱应当对缺乏劳动能力又没有生活来源的继承人保留必要的遗产份额。遗嘱自由不得剥夺缺乏劳动能力又没有生活来源的继承人的必要遗产份额。

11. 特留份，是指法律规定的遗嘱人不得以遗嘱取消的由特定的法定继承人继承的遗产份额。该制度是对遗嘱自由原则的限制。

12. 共同遗嘱，又称合立遗嘱，是指两个或两个以上的遗嘱人共同订立的一份遗嘱。共同遗嘱分形式意义上的共同遗嘱和实质意义上的共同遗嘱。形式意义上的共同遗嘱，是指记载于同一遗嘱文书上的，内容各自独立的两个或两个以上的遗嘱。这种共同遗嘱只是在形式上具有同一性，但在内容上各遗嘱人进行独立的意思表示，相互间不存在制约和牵连，一个遗嘱人的遗嘱生效，并不影响遗嘱的其他内容和法律效力。实质意义上的共同遗嘱，是指两个或两个以上的遗嘱人依据共同的意思表示订立的处分其共有财产的遗嘱。严格意义上的共同遗嘱，是指实质意义上的遗嘱，而形式意义上的共同遗嘱，只是属于不同遗嘱人的独立遗嘱，与实质意义上的共同遗嘱有着本质的区别。

13. 后位继承，是指遗嘱人在遗嘱中指定遗产由前位继承人继承，但当遗嘱所指定的某种条件成就或者某一期限到来时，前位继承人将遗产转移给后位继承人的一种继承方式。换句话说，后位继承是遗嘱人在遗嘱中先指定一人或数人为继承人，再指定另外的人为前者的继承人。先指定的人是前位继承人，后指定的人是后位继承人。当发生遗嘱所设定的条件或预定的期限到来时，后位继承人即可依遗嘱享有继承权。

14. 遗嘱能力，是指公民具有设立遗嘱、按照自己意愿处分财产的能力和资格。遗嘱是一种民事法律行为，设立遗嘱须具有相应的民事行为能力。订立遗嘱是重要的处分财产的民事活动。根据《继承法》的规定，只有完全的民事行为能力人所立的遗嘱，才具有法律效力。无行为能力人、限制行为能力人没有遗嘱能力，不能从事设立遗嘱这种重大的民事活动。

二、选择题

（一）单项选择题

1. B。我国《继承法》第 25 条规定，继承开始后，继承人没有表示放弃继承的，视为接受继承。受遗赠人应当在知道受遗赠后两个月内，作出接受或者放弃受遗赠的表示。到期没有表示的，视为放弃受遗赠。因此，如果某乙在知道受遗赠后两个月内没有作出接受遗赠的意思表示，则视为放弃遗赠，故选项 A 错误。

本题还涉及遗嘱继承与遗赠的区别。遗嘱继承是与法定继承相对的一种继承方式，系指被继承人死亡后按照其生前所立遗嘱继承其遗产的制度。遗赠是指公民以无偿方式将个人财产的一部分或者全部赠给国家、集体或者法定继承人以外的人，并于遗赠人死亡后发生法律效力的单方民事法律行为。遗赠与遗嘱继承均为公民基于自由意志处分其个人合法财产的单方、要式法律行为。但是二者同样存在下列区别：（1）接受遗产的主体不同。在遗赠中，受遗赠人只能是国家、集体或法定继承人以外的其他人。在遗嘱继承中，遗嘱继承人只能是被继承人的法定继承人范围之内的自然人。（2）接受、放弃的规则不同。在遗赠中，受遗赠人应当在知道遗赠后两个月内，作出接受或者放弃受遗赠的意思表示，逾期没有表示的，视为放弃接受遗赠。在遗嘱继承中，继承开始后，遗嘱继承人放弃继承的，应当在遗产分割前作出放弃的意思表示，没有表示放弃的，视为接受继承。（3）是否承担清偿被继承人生前所负债务不同。在遗赠中，受遗赠人只享有接受遗赠财产的权利，不负责清偿遗赠人生前所负债务。在分割遗产时，应当首先清偿遗赠人生前所负债务，清偿完毕后剩余的遗产才能执行遗赠。遗嘱继承中，遗嘱继承人不仅享有继承被继承人财产的权利，还负有在取得遗产实际价值范围内清偿被继承人债务的义务。（4）取得遗产的方式不同。受遗赠人无权参与遗产分配，仅能从遗嘱执行人或法定继承人、遗嘱继承人处取得受遗赠财产。遗嘱继承人有权直接参与遗产分配。由于遗赠人本人无权参与遗产分配，仅能请求遗嘱执行人或法定继承人、遗嘱继承人向其交付遗赠的财产，所以，继承开始后，如果《广陵散》珍本在交付某乙之前意外灭失，则某乙丧失遗赠权，亦无权请求丙、丁赔偿。选项 B 正确。

某乙表示接受遗赠后死亡，其所应受遗赠的财产转由其继承人继承，适用转继承制度，其继承人有权请求向其交付受遗赠财产。因此，选项 C 错误。

我国《继承法》第 27 条规定：“有下列情形之一的，遗产中的有关部分按照法定继承办理：（一）遗嘱继承人放弃继承或者受遗赠人放弃受遗赠的；（二）遗嘱继承人丧失继承权的；（三）遗嘱继承人、受遗赠人先于遗嘱人死亡的；（四）遗嘱无效部分所涉及的遗产；（五）遗嘱未处分的遗产。”因此，如果某乙在继承开始前意外死亡，则其受遗赠权丧失，其继承人自然无权要求丙、丁交付《广陵散》珍本。因此，选项 D 错误。

2. C。遗嘱既然是遗嘱人基于其自由意志处分个人合法财产的手段，则遗嘱人于其生前根据情况变化有权变更或撤销其所立遗嘱系属当然。《继承法》第 20 条第 1 款规定：“遗嘱人可以撤销、变更自己所立的遗嘱。”遗嘱的变更，是指遗嘱人依法改变原遗嘱的部分内容。遗嘱的撤销，是指遗嘱人取消原遗嘱的全部内容。遗嘱的变更和撤销的方式主要有明示方式和推定方式两种。明示方式，是指遗嘱人公开为意思表示，明确表示对原遗嘱进行修改和撤销。遗嘱人以明示方式对原遗嘱进行变更或撤销时，须以完成法定的方式为必要。我国《继承法》第 20 条规定：“自书、代书、录音、口头遗嘱，不得撤销、变更公证遗嘱。”因此，遗嘱人欲变更或者撤销公证遗嘱，必须经公证机关办理方为有效。推定方式，是指如果遗嘱人的行为与遗嘱体现的意思表示前后矛盾或遗嘱人所立数份遗嘱内容前后抵触，则推定遗嘱人对其原遗嘱进行了变更或者撤销。《继承法意见》第39条对推定的规则作出了规定："遗嘱人生前的行为与遗嘱的意思表示相反，而使遗嘱处分的财产在继承开始前灭失、部分灭失或所有权转移、部分转移的，遗嘱视为被撤销或部分被撤销。"本题中，尽管某甲在遗嘱中指定汽车在其死后由乙继承，但是生前又将汽车所有权移转与丙以抵销其债务。某甲嗣后的抵销行为表明其已撤销了原遗嘱中涉及汽车的内容，因此不能发生遗嘱继承的法律效力。选项C为正确选项。

3.C。本题涉及遗赠扶养协议与遗嘱效力孰先孰后的问题。对于遗赠扶养协议与遗嘱并存的情形，我国《继承法》规定了处理原则，其第5条规定："继承开始后，按照法定继承办理；有遗嘱的，按照遗嘱继承或者遗赠办理；有遗赠扶养协议的，按照协议办理。"《继承法意见》第5条规定："被继承人生前与他人订有遗赠扶养协议，同时又立有遗嘱的，继承开始后，如果遗赠扶养协议与遗嘱没有抵触，遗产分别按协议和遗嘱处理；如果有抵触，按协议处理，与协议抵触的遗嘱全部或部分无效。"本题中，某甲生前曾立有遗嘱指定全部遗产由其子乙继承，然而乙目的达到遂对某甲不闻不问。某甲遂又与丙签订遗赠扶养协议，约定丙对其生养死葬，甲死后则将全部遗产赠与丙。因此，某甲死后其遗产应当按照遗赠扶养协议处理。故选项C为正确选项。

4.B。我国《继承法》第19条规定："遗嘱应当对缺乏劳动能力又没有生活来源的继承人保留必要的遗产份额。"《继承法意见》第37条规定："遗嘱人未保留缺乏劳动能力又没有生活来源的继承人的遗产份额，遗产处理时，应当为该继承人留下必要的遗产，所剩余的部分，才可参照遗嘱确定的分配原则处理。继承人是否缺乏劳动能力又没有生活来源，应按遗嘱生效时该继承人的具体情况确定。"本题中，尽管某甲立下遗嘱时未为未成年子女丙保留必要份额，但是某甲去世后遗产分割时丙已成家，不符合缺乏劳动能力又没有生活来源的要求。因此，某甲的遗产应当按照遗嘱处理。选项B为正确选项。

5.B。本题涉及先后数份遗嘱相互冲突时何者效力优先的问题。遗嘱既然是遗嘱人基于其自由意志处分个人合法财产的手段，则遗嘱人于其生前根据情况变化有权变更或撤销其所立遗嘱系属当然。《继承法》第20条第1款规定："遗嘱人可以撤销、变更自己所立的遗嘱。"遗嘱的变更，是指遗嘱人依法改变原遗嘱的部分内容。遗嘱的撤销，是指遗嘱人取消原遗嘱的全部内容。为确保遗嘱能够体现遗嘱人之真实意愿，与订立遗嘱类似，遗嘱的变更或者撤销亦须遗嘱人亲力亲为，他人不得代理。遗嘱的变更和撤销的方式主要有明示方式和推定方式两种。明示方式，是指遗嘱人公开为意思表示，明确表示对原遗嘱进行修改和撤销。遗嘱人以明示方式对原遗嘱进行变更或撤销时，须以完成法定的方式为必要。我国《继承法》第20条第3款规定："自书、代书、录音、口头遗嘱，不得撤销、变更公证遗嘱。"因此，遗嘱人欲变更或者撤销公证遗嘱，必须经公证机关办理方为有效。推定方式，是指如果遗嘱人的行为与遗嘱体现的意思表示前后矛盾或遗嘱人所立数份遗嘱内容前后抵触，则推定遗嘱人对其原遗嘱进行了变更或者撤销。《继承法意见》第39、42条分别对推定的规则作出了规定，第39条规定："遗嘱人生前的行为与遗嘱的意思表示相反，而使遗嘱处分的财产在继承开始前灭失、部分灭失或所有权转移、部分转移的，遗嘱视为被撤销或部分被撤销。"第42条规定："遗嘱人以不同形式立有数份内容相抵触的遗嘱，其中有公证遗嘱的，以最后所立公证遗嘱为准；没有公证遗嘱的，以最后所立的遗嘱为准。"根据上述规定，对数份内容相互冲突的遗嘱进行推定的规则是：既有公证遗嘱又有其他遗嘱的，公证遗嘱优先于其他形式的遗嘱；没有公证遗嘱，数份其他形式遗嘱内容相左的，在后遗嘱优先于先前遗嘱。本题中，某甲夫妇虽曾自书遗嘱，将遗产分作两份，指定由丁、戊继承，但嗣后又立下新的遗嘱指定遗产全部由丁继承并到公证处做了公证。因此，某甲夫妇死后，其遗产之处理应当遵照公证遗嘱进行。故选项B为正确选项。

6.D。本题涉及遗嘱继承与法定继承适用范围问题。我国《继承法》第27条规定："有下列情形之一的，遗产中的有关部分按照法定继承办理：（一）遗嘱继承人放弃继承或者受遗赠人放弃受遗赠的；（二）遗嘱继承人丧失继承权的；（三）遗嘱继承人、受遗赠人先于遗嘱人死亡的；（四）遗嘱无效部分所涉及的遗产；（五）遗嘱未处分的遗产。”本题中，虽然某甲曾立下遗嘱指定丙继承其全部遗产，然而丙先于甲而死，遗嘱继承无发生余地。对甲之遗产应当按照法定继承办理，即由甲之法定继承人继承。丙先于甲而死，符合代位继承的适用条件，因此应由丙之子庚代位丙继承甲之遗产。选项D为正确选项。

7. D。选项A，继承权的放弃，是指继承人作出不接受被继承人遗产的意思表示。继承权既然是继承人所享有的民事权利，继承人根据其意志决定放弃与否自属当然。我国《继承法》第25条第1款规定：“继承开始后，继承人放弃继承的，应当在遗产处理前，作出放弃继承的表示。没有表示的，视为接受继承。”继承人放弃继承权行为的效力溯及继承开始之时，即继承人作出放弃继承的意思表示后，自继承开始时，所有围绕被继承人遗产的财产性权利和义务概与该当继承人无涉。我国《继承法》第33条规定：“继承遗产应当清偿被继承人依法应当缴纳的税款和债务，缴纳税款和清偿债务以他的遗产实际价值为限。超过遗产实际价值部分，继承人自愿偿还的不在此限。继承人放弃继承的，对被继承人依法应当缴纳的税款和债务可以不负偿还责任。”继承人放弃继承后，原所享有之应继份由其他法定继承人继承。因此，选项A错误。

选项B，《继承法意见》第45条规定：“应当为胎儿保留的遗产份额没有保留的应从继承人所继承的遗产中扣回。为胎儿保留的遗产份额，如胎儿出生后死亡的，由其继承人继承；如胎儿出生时就是死体的，由被继承人的继承人继承。”因此，应为胎儿保留的遗产份额，如果胎儿出生后又死亡的，并非在被继承人的继承人之间重新分割，而是由胎儿的继承人继承。故选项B错误。

选项C，遗嘱人订立遗嘱时必须具有遗嘱能力。遗嘱能力是指遗嘱人设立遗嘱的行为能力。遗嘱是遗嘱人对其个人合法财产的法律处分，这决定了遗嘱人必须具备完全民事行为能力，从而具有遗嘱能力，才能设立遗嘱并产生其预期之法律效果。无民事行为能力人以及限制民事行为能力人均不具有遗嘱能力，所立遗嘱无效。确定遗嘱人是否具有遗嘱能力，以遗嘱人设立遗嘱时为准。《继承法意见》第41条规定：“遗嘱人立遗嘱时必须有行为能力。无行为能力人所立的遗嘱，即使其本人后来有了行为能力，仍属无效遗嘱。遗嘱人立遗嘱时有行为能力，后来丧失了行为能力，不影响遗嘱的效力。”因此，选项C错误。

选项D，我国《继承法》第33条规定：“继承遗产应当清偿被继承人依法应当缴纳的税款和债务，缴纳税款和清偿债务以他的遗产实际价值为限。超过遗产实际价值部分，继承人自愿偿还的不在此限。继承人放弃继承的，对被继承人依法应当缴纳的税款和债务可以不负偿还责任。”因此，选项D正确。

8. D。遗嘱行为系要式法律行为，设立遗嘱必须符合法律规定的形式。法律一般明文规定了有效的遗嘱形式，以期尽可能保证遗嘱的真实性，防止日后产生纠纷。我国《继承法》第17条规定了遗嘱的五种法定形式，并对每种形式均作出了具体规定：“公证遗嘱由遗嘱人经公证机关办理。自书遗嘱由遗嘱人亲笔书写，签名，注明年、月、日。代书遗嘱应当有两个以上见证人在场见证，由其中一人代书，注明年、月、日，并由代书人、其他见证人和遗嘱人签名。以录音形式立的遗嘱，应当有两个以上见证人在场见证。遗嘱人在危急情况下，可以立口头遗嘱。口头遗嘱应当有两个以上见证人在场见证。危急情况解除后，遗嘱人能够用书面或者录音形式立遗嘱的，所立的口头遗嘱无效。”本题中，王某临终前立下代书遗嘱。代书遗嘱系指由遗嘱人口述，请他人代为书写的遗嘱。遗嘱人不能亲自书写或亲自书写遗嘱有困难，可以请人代写。为保证代书遗嘱能够真实体现遗嘱人的意志，《继承法》第17条规定：“代书遗嘱应当有两个以上见证人在场见证，由其中一人代书，注明年、月、日，并由代书人、其他见证人和遗嘱人签名。”如果遗嘱人不能签名，则应按指印代替，不能由他人代为签名。订立代书遗嘱须以两个以上适格见证人在场见证为前提，见证人的资格直接影响上述三种遗嘱的真实性与合法性。《继承法》第18条规定了见证人的消极资格，即下列人员不得作为见证人：无行为能力人、限制行为能力人；继承人、受遗赠人；与继承人、受遗赠人有利害关系的人。《继承法意见》第36条对此作了细化规定：“继承人、受遗赠人的债权人、债务人，共同经营的合伙人，也应当视为与继承人、受遗赠人有利害关系，不能作为遗嘱的见证人。”本题中，王某立下代书遗嘱时，在场见证的丙、丁均非适格见证人，此外别无其他见证人。因此，代书遗嘱无效，不发生遗嘱继承的法律效力。选项D为正确选项。

9.C。被继承人的债务，是指被继承人个人依照法律或者合同应当承担的债务。被继承人的债务，本应由其个人履行，但在其死后，该当个人债务即成为继承法律关系客体的组成部分，应由继承被继承人遗产的继承人承担清偿责任。《继承法意见》第62条规定：“遗产已被分割而未清偿债务时，如有法定继承又有遗嘱继承和遗赠的，首先由法定继承人用其所得遗产清偿债务；不足清偿时，剩余的债务由遗嘱继承人和受遗赠人按比例用所得遗产偿还；如果只有遗嘱继承和遗赠的，由遗嘱继承人和受遗赠人按比例用所得遗产偿还。”

清偿被继承人债务的方法主要有两种：一是统一清偿，即遗产分割前，先从被继承人的遗产中取出与被继承人的债务相同价值的财产用于清偿。剩余的遗产再由各个继承人按照应继份额进行分割。统一清偿，有助于及时、完全清偿债权人的债权，又可以避免因遗产分割完毕致使债权人债权不能及时获得清偿引起的纠纷。二是分别清偿，即遗产分割后，各个继承人按照各自应继份额的比例分别负担被继承人债务的清偿义务，为避免继承人将各自分得之遗产消费殆尽丧失清偿能力致使债权人利益受损，各个继承人彼此对债权人负担连带清偿责任。被继承人的债权人对共同继承人中之一人或者数人，不论其各自分担数额为多少，均有权请求其清偿一部或者全部债务；共同继承人中之一人或者数人不论其各自分担数额为多少，均有义务应债权人之请求清偿全部债务。共同继承人中之一人或者数人在清偿了被继承人债务之后，对超出其依法负担的部分有权向其他共同继承人追偿。本题中，甲、乙、丁均按照张某遗嘱继承相应遗产。张某遗嘱中尚有存款20万元未予处理。我国《继承法》第27条规定：“有下列情形之一的，遗产中的有关部分按照法定继承办理：（一）遗嘱继承人放弃继承或者受遗赠人放弃受遗赠的；（二）遗嘱继承人丧失继承权的；（三）遗嘱继承人、受遗赠人先于遗嘱人死亡的；（四）遗嘱无效部分所涉及的遗产；（五）遗嘱未处分的遗产。”存款应当作为张某的遗产由其法定继承人继承，即由甲、乙、丙、丁四人均分。根据最高人民法院上述司法解释的规定，继承中既有法定继承又有遗嘱继承的，清偿被继承人债务时，首先由法定继承人用其所得遗产清偿债务。因此应当由甲、乙、丙、丁按照比例以所实际分得之存款限度内清偿。选项C为正确选项。

10.B。本题涉及遗嘱继承与法定继承适用范围问题。我国《继承法》第27条规定：“有下列情形之一的，遗产中的有关部分按照法定继承办理：（一）遗嘱继承人放弃继承或者受遗赠人放弃受遗赠的；（二）遗嘱继承人丧失继承权的；（三）遗嘱继承人、受遗赠人先于遗嘱人死亡的；（四）遗嘱无效部分所涉及的遗产；（五）遗嘱未处分的遗产。”本题中，虽然某甲曾立下遗嘱指定丙继承其全部遗产，然而丙先于甲而死，遗嘱继承无发生余地，丁自然亦无继承权，对甲之遗产应当按照法定继承办理，悉由甲之法定继承人戊继承。因此，选项B为正确选项。

11.C。我国《继承法》第21条规定：“遗嘱继承或者遗赠附有义务的，继承人或者受遗赠人应当履行义务。没有正当理由不履行义务的，经有关单位或者个人请求，人民法院可以取消他接受遗产的权利。”本题中，戊拒不履行遗嘱所附义务，某甲子女可以向人民法院申请取消戊接受遗产的权利。选项C为正确选项。

12.D。我国《继承法》第25条规定：“继承开始后，继承人放弃继承的，应当在遗产处理前，作出放弃继承的表示。没有表示的，视为接受继承。受遗赠人应当在知道受遗赠后两个月内，作出接受或者放弃受遗赠的表示。到期没有表示的，视为放弃受遗赠。”本题中，某甲死后，某乙含泪表示接受遗赠。某乙有权请求某甲的法定继承人交付宝剑。然而，在遗产分割前，某乙死亡，应当适用转继承制度。转继承，是指继承人在被继承人死亡之后，遗产分割前死亡，其应继承的遗产份额由他的继承人继承。《继承法意见》第52条规定：“继承开始后，继承人没有表示放弃继承，并于遗产分割前死亡的，其继承遗产的权利转移给他的合法继承人。”在转继承中，死亡的继承人称为原继承人，原继承人的继承人称为转继承人。转继承权的标的是原继承人享有的遗产份额。可见，转继承是原继承人继承遗产权利的转移，所以又被称为再继承或者第二次继承。因此，某乙的受遗赠财产转由某乙的法定继承人丙继承，选项D为正确选项。

13. D。遗嘱行为系要式法律行为，设立遗嘱必须符合法律规定的形式。我国《继承法》第17条对遗嘱的形式作了明确规定。本题中，孙某临终前表示将全部遗产交由丙继承属于订立口头遗嘱。口头遗嘱是指遗嘱人用口头表述形式设立的遗嘱。口头遗嘱由于欠缺形式载体，因而极易被篡改和伪造，并且在遗嘱人死后无法查实，容易产生纠纷。因此，《继承法》对口头遗嘱作了严格限制，于第17条中规定："遗嘱人在危急情况下，可以立口头遗嘱。口头遗嘱应当有两个以上见证人在场见证。危急情况解除后，遗嘱人能够用书面或者录音形式立遗嘱的，所立的口头遗嘱无效。"此处规定的危急情况，通常是指遗嘱人生命垂危或者身处特殊场景，比如战场或者意外事故等。

本题中，孙某所立口头遗嘱因欠缺两个以上见证人而无效，不发生遗嘱继承的法律效果。孙某遗产应当按照法定继承办理，由甲、乙、丙继承。在确定各个法定继承人的应继份额时，应当考量继承人所尽扶养义务的情况，即对被继承人尽了主要扶养义务或者与被继承人共同生活的继承人在分配遗产时，可以多分；有扶养能力和扶养条件的继承人不尽扶养义务的，分配遗产时，应当不分或者少分。本题中，甲、乙二人有扶养条件却对孙某不闻不问，在分配遗产时，应当不分或者少分。丙对孙某尽了主要扶养义务，可以多分。因此，选项D为正确选项。

（二）多项选择题

1. AC。本题涉及遗赠扶养协议与遗嘱并存时该如何处理的问题。对于遗赠扶养协议与遗嘱并存的情形，我国《继承法》规定了处理原则，第5条规定："继承开始后，按照法定继承办理；有遗嘱的，按照遗嘱继承或者遗赠办理；有遗赠扶养协议的，按照协议办理。"最高人民法院《继承法意见》第5条规定："被继承人生前与他人订有遗赠扶养协议，同时又立有遗嘱的，继承开始后，如果遗赠扶养协议与遗嘱没有抵触，遗产分别按协议和遗嘱处理；如果有抵触，按协议处理，与协议抵触的遗嘱全部或部分无效。"本题中，某甲与侄子丙签订遗赠扶养协议，约定丙对其生养死葬，甲死后则将主要遗产赠与丙。因此，某甲死后其遗产应当按照遗赠扶养协议处理，然后再按遗嘱和法定继承进行。因此，选项AC为正确选项。

2. ABD。我国《婚姻法》第2条规定："实行婚姻自由、一夫一妻、男女平等的婚姻制度。保护妇女、儿童和老人的合法权益。实行计划生育。"第3条规定："禁止包办、买卖婚姻和其他干涉婚姻自由的行为。禁止借婚姻索取财物。禁止重婚。禁止有配偶者与他人同居。禁止家庭暴力。禁止家庭成员间的虐待和遗弃。"本题中，尽管某甲与某乙情谊深厚相约结为儿女亲家，但某甲强迫其子丙与戊结婚的行为违背了《婚姻法》规定的婚姻自由原则，干涉了丙的婚姻自由。我国《继承法》规定遗嘱有效的要件之一即为遗嘱内容不违反法律强制性规定。遗嘱系遗嘱人处分个人所有的合法财产的民事法律行为，因而不得违反公序良俗以及法律的强制性规定。但应注意，该部分遗嘱无效并不影响其他部分效力。因此，选项ABD为正确选项。

3. ABD。遗嘱既然是遗嘱人基于其自由意志处分个人合法财产的手段，则遗嘱人于其生前根据情况变化有权变更或撤销其所立遗嘱系属当然。根据我国《继承法》第20条和《继承法意见》第39、42条的规定，对数份内容相互冲突的遗嘱进行推定的规则是：既有公证遗嘱又有其他遗嘱的，公证遗嘱优先于其他形式的遗嘱；没有公证遗嘱，数份其他形式遗嘱内容相左的，在后遗嘱优先于先前遗嘱。本题中，甲先后立有数份遗嘱，内容相抵触的，其中有公证遗嘱的，以最后所立公证遗嘱为准；没有公证遗嘱的，以最后所立的遗嘱为准。因此，选项ABD为正确选项。

4. ABD。选项A，某甲将其全部存款捐赠给全国红十字会以赈济地震地区的孤儿的行为属于遗赠。遗赠是指公民以无偿方式将个人财产的一部分或者全部赠给国家、集体或者法定继承人以外的人，并于遗赠人死亡后发生法律效力的单方民事法律行为。我国《继承法》第16条明确规定了遗赠："公民可以依照本法规定立遗嘱处分个人财产，并可以指定遗嘱执行人。公民可以立遗嘱将个人财产指定由法定继承人的一人或者数人继承。公民可以立遗嘱将个人财产赠给国家、集体或者法定继承人以外的人。"因此，选项A正确。

选项B，某甲将所有字画赠给挚友某乙的行为同样属于遗赠，符合法律规定。

选项C，某甲将宅基地交由儿子继承的遗嘱不符合法律规定，因为宅基地不属于遗产范畴，某甲将宅基地交由儿子继承的行为不符合法律规定。故选项C错误。

选项D，我国《继承法》第4条规定："个人承包应得的个人收益，依照本法规定继承。个人承包，依照法律允许由继承人继续承包的，按照承包合同办理。"因此，某甲土地承包的收益由女儿继承的行为符合法律规定，选项D应选。

5. ABCD。遗嘱行为系要式法律行为，设立遗嘱必须符合法律规定的形式。根据我国《继承法》第17条的规定，我国的五种法定遗嘱形式是：公证遗嘱、自书遗嘱、代书遗嘱、录音遗嘱、口头遗嘱。设立遗嘱必须符合法定的形式是遗嘱的有效要件。《继承法》实施后订立的遗嘱，不符合法定形式的一律无效。上述五种法定遗嘱形式中，代书遗嘱、录音遗嘱、口头遗嘱均以两个以上见证人在场见证为前提，见证人的资格直接影响上述三种遗嘱的真实性与合法性。《继承法》第18条规定了见证人的消极资格，即下列人员不得作为见证人：无行为能力人、限制行为能力人；继承人、受遗赠人；与继承人、受遗赠人有利害关系的人。《继承法意见》第36条对此作了细化规定："继承人、受遗赠人的债权人、债务人，共同经营的合伙人，也应当视为与继承人、受遗赠人有利害关系，不能作为遗嘱的见证人。"

选项A，某甲在弥留之际立下口头遗嘱，其孙女系无行为能力人，非适格见证人。除此之外，仅有适格见证人护士一人在场见证，不符合两名适格见证人在场见证的法律要求，因而某甲所立遗嘱无效。

选项B，录音遗嘱同样需要两名见证人在场见证。某甲突遇地震遇难，立下录音遗嘱，却仅有公证员某乙在场见证，因而某甲所立录音遗嘱无效。即便在遗嘱人情况危急的情况下所立的口头遗嘱，同样需要两名以上的见证人在场见证。

选项C，某甲之子乙、丙非适格见证人，除此之外别无见证人，因而某甲临终所立代书遗嘱无效。

选项D，代书遗嘱要求立遗嘱人本人亲笔签字，本人无法签字的，可以按手印代替。某甲临终所立代书遗嘱，系由他人代签，因而无效。

6. ABCD。选项A，代书遗嘱、录音遗嘱、口头遗嘱均以两个以上见证人在场见证为前提，见证人的资格直接影响上述三种遗嘱的真实性与合法性。《继承法》第18条规定了见证人的消极资格，即下列人员不得作为见证人：无行为能力人、限制行为能力人；继承人、受遗赠人；与继承人、受遗赠人有利害关系的人。《继承法意见》第36条对此作了细化规定："继承人、受遗赠人的债权人、债务人，共同经营的合伙人，也应当视为与继承人、受遗赠人有利害关系，不能作为遗嘱的见证人。"代书遗嘱、录音遗嘱和口头遗嘱的在场见证人中尽管有不具有见证资格的，但如果除此之外仍有两个以上适格的见证人，上述三种遗嘱仍然有效。因此，选项A错误。

选项B，代书遗嘱系指由遗嘱人口述，请他人代为书写的遗嘱。遗嘱人不能亲自书写或亲自书写遗嘱有困难，可以请人代写。为保证代书遗嘱能够真实体现遗嘱人的意志，《继承法》第17条规定："代书遗嘱应当有两个以上的见证人在场见证，由其中一人代书，注明年、月、日，并由代书人、其他见证人和遗嘱人签名。"如果遗嘱人不能签名，则应按指印代替，不能由他人代为签名。因此，选项B错误。

选项C，《继承法意见》第42条对推定的规则作出了规定，遗嘱人以不同形式立有数份内容相抵触的遗嘱，公证遗嘱优先于其他形式的遗嘱；没有公证遗嘱，数份其他形式遗嘱内容相左的，在后遗嘱优先于先前遗嘱。据此，并非所有在后的遗嘱的效力均优先于在先的遗嘱，如果遗嘱人所立数份内容相抵触的遗嘱中有公证遗嘱，则公证遗嘱效力绝对优先于其他形式的遗嘱。因此，选项C错误。

选项D，公证遗嘱是指由遗嘱人亲自申请，经国家公证机关办理的遗嘱。公证是对法律事实的真实性以及合法性的法律确认。我国《继承法》

将公证遗嘱列为五种法定遗嘱之首，表明立法者重视公证遗嘱，鼓励遗嘱人订立公证遗嘱。公证遗嘱在五种法定遗嘱形式中效力最强，《继承法》第20条规定自书遗嘱、代书遗嘱、录音遗嘱以及口头遗嘱不得撤销、变更公证遗嘱。遗嘱人变更公证遗嘱时必须遵循公证遗嘱的法定程序，即非经再次公证变更无效。因此，选项D错误。

综上，本题应选ABCD。

7. ABC。选项A，我国《继承法》第19条规定："遗嘱应当对缺乏劳动能力又没有生活来源的继承人保留必要的遗产份额。"《继承法意见》第37条规定："遗嘱人未保留缺乏劳动能力又没有生活来源的继承人的遗产份额，遗产处理时，应当为该继承人留下必要的遗产，所剩余的部分，才可参照遗嘱确定的分配原则处理。继承人是否缺乏劳动能力又没有生活来源，应按遗嘱生效时该继承人的具体情况确定。"本选项中，某甲在遗嘱中未为其幼子乙保留必要的份额的行为显然违反了上述规定。

选项B，合法有效的遗嘱以遗嘱人具有遗嘱能力为前提。遗嘱是遗嘱人对其个人合法财产的法律处分，这决定了遗嘱人必须具备完全民事行为能力，从而具有遗嘱能力，才能设立遗嘱并产生其预期之法律效果。无民事行为能力人以及限制民事行为能力人均不具有遗嘱能力，所立遗嘱无效。确定遗嘱人是否具有遗嘱能力，以遗嘱人设立遗嘱时为准。《继承法意见》第41条规定："遗嘱人立遗嘱时必须有行为能力。无行为能力人所立的遗嘱，即使其本人后来有了行为能力，仍属无效遗嘱。遗嘱人立遗嘱时有行为能力，后来丧失了行为能力，不影响遗嘱的效力。"精神病患者某乙所立自书遗嘱自始无效，纵然其精神病嗣后被治愈，亦不能使其所立遗嘱有效。

选项C，代书遗嘱系指由遗嘱人口述，请他人代为书写的遗嘱。遗嘱人不能亲自书写或亲自书写遗嘱有困难，可以请人代写。为保证代书遗嘱能够真实体现遗嘱人的意志，《继承法》第17条规定："代书遗嘱应当有两个以上的见证人在场见证，由其中一人代书，注明年、月、日，并由代书人、其他见证人和遗嘱人签名。"如果遗嘱人不能签名，则应按指印代替，不能由他人代为签名。某丙的代书遗嘱为戊代签名，应属无效。

选项D，录音遗嘱系以两个以上见证人在场见证为有效要件之一，该见证人的资格直接影响录音遗嘱的真实性与合法性。《继承法》第18条规定了见证人的消极资格，即下列人员不得作为见证人：无行为能力人、限制行为能力人；继承人、受遗赠人；与继承人、受遗赠人有利害关系的人。《继承法意见》第36条对此作了细化规定："继承人、受遗赠人的债权人、债务人，共同经营的合伙人，也应当视为与继承人、受遗赠人有利害关系，不能作为遗嘱的见证人。"录音遗嘱的在场见证人中尽管有不具有见证资格的，但如果除此之外仍有两个以上适格的见证人，该当遗嘱仍然有效。本选项中，尽管遗嘱人之子在场，但除此之外，尚有护士己、病友癸、医生巳在场见证，因而该录音遗嘱有效。

（三）不定项选择题

1. BC。本题涉及前后内容抵触的数份遗嘱的效力问题。本题中，甲的前一个遗嘱与后一遗嘱相抵触，因而以最后所立遗嘱为准。因此，选项BC为正确选项。

2. CD。我国《继承法》规定，遗嘱人可以撤销、变更自己所立遗嘱，并规定了变更、撤销遗嘱的相应程序。本题中，由于某甲立下了公证遗嘱，因而欲撤销该遗嘱须以完成法定程式为必要。某甲可以至公证机关撤销原遗嘱并经其公证，也可以实施与原遗嘱内容相左的行为，比如变卖原遗嘱中所涉财产。除此之外，选项AB所列方式并不能撤销公证遗嘱。因此，选项CD为正确选项。

3. C。遗赠扶养协议，是指遗赠人与扶养人之间订立的由扶养人对遗赠人负担生养死葬的义务，并于遗赠人死亡后取得其遗产所有权的协议。我国《继承法》第31条规定："公民可以与扶养人签订遗赠扶养协议。按照协议，扶养人承担该公民生养死葬的义务，享有受遗赠的权利。公民可以与集体所有制组织签订遗赠扶养协议。按照协议，集体所有制组织承担该公民生养死葬的义务，享有受遗赠的权利。"遗赠扶养协议既可以发生在自然人之间，也可发生在自然人与集体组织之间。我国《继承法》规定遗赠扶养协议，有利于调动人们照顾、扶养老人的积极性，充分发挥社会在养老中的作用。遗赠扶养协议的扶养人属于受遗赠人，因此，其身份须符合遗赠人的要求。我国《继承法》第16条规定："公民可以依照本法规定立遗嘱处分个人财产，并可以指定遗嘱执行人。公民可以立遗嘱将个人财产指定由法定继承人的一人或者数人继承。公民可以立遗嘱将个人财产赠给国家、集体或者法定继承人以外的人。"据此，受遗赠人只能是国家、集体或者法定继承人以外的人。本题中，遗赠人的干女儿、遗赠人的外甥以及遗赠人的侄女均非其法定继承人，因此可以成为遗赠扶养协议的扶养人。但是遗赠人的兄弟姐妹系其第二顺序法定继承人，在第一顺序法定继承人全部放弃或者丧失继承权的情况下有权继承遗赠人的遗产，因此不能成为遗赠扶养协议的扶养人。

4. ACD。继承权的放弃，是指继承人作出不接受被继承人遗产的意思表示。自继承开始，客观意义的继承权也就转化为主观意义的继承权，继承人得自主决定是行使继承权、接受继承，还是放弃继承权。我国《继承法》第25条规定："继承开始后，继承人放弃继承的，应当在遗产处理前，作出放弃继承的表示。没有表示的，视为接受继承。受遗赠人应当在知道受遗赠后两个月内，作出接受或者放弃受遗赠的表示。到期没有表示的，视为放弃受遗赠。"本题中，乙作为法定继承人在继承开始后遗产分割前没有明确作出放弃继承的意思表示，因此视为接受继承。丙作为受遗赠人在知道受遗赠后4个月内没有作出接受遗赠的表示，视为放弃受遗赠。因此，选项ACD表述错误，为应选项。

5. BC。根据《继承法》对遗嘱形式要件的要求，自书遗嘱只要由遗嘱人亲笔书写，签名，注明年、月、日，并且无其他无效事由的发生，即为合法有效的遗嘱。需注意，自书遗嘱无须两名以上无利害关系的见证人加以见证。另外，《继承法》第20条规定："遗嘱人可以撤销、变更自己所立的遗嘱。立有数份遗嘱，内容相抵触的，以最后的遗嘱为准。"因此，本题中甲先设立的遗嘱已经被后设立的遗嘱所撤销，后设立的遗嘱可以在其死后生效。既然后一份遗嘱有效，就应当按其内容分割遗产，现金应当归属于两个子女所有。

简答题

1. 遗嘱见证人，是指为遗嘱人设立遗嘱，并可对遗嘱的真实性作出证明的第三人。按照《继承法》第17条的规定，代书遗嘱、录音遗嘱、口头遗嘱都须有两个以上的见证人在场见证，只有一人做见证人的遗嘱无效。由于遗嘱见证人直接证明遗嘱的真实性，且关系到遗嘱的法律效力，因此，法律对遗嘱的见证人也提出了明确的要求，根据《继承法》第18条的规定，下列人员不得担任遗嘱见证人：

第一，无行为能力人、限制行为能力人。按照《民法通则》的规定，无民事行为能力人、限制行为能力人只能从事与其年龄、智力相适应的法律行为。遗嘱的见证人直接关系到能否客观、真实地见证遗嘱内容，对能否真正按照遗嘱人的意愿执行遗嘱有着直接的影响。因此，无民事行为能力人、限制行为能力人不能做他人法律行为的见证人。如果遗嘱见证人中有无民事行为能力人、限制行为能力人做见证人的，该份遗嘱无效。遗嘱见证人的行为能力，应以其参与遗嘱的见证时为准，如果在作遗嘱见证时是有行为能力的，之后丧失了行为能力，则其作证的遗嘱是有效的，如果作遗嘱见证时是无行为能力人，而之后具有了行为能力的，其所作见证的遗嘱不具有法律效力。

第二，继承人、受遗赠人。继承人是指依照法律规定有权继承遗产的人，既包括第一顺序的法定继承人，也包括第二顺序的法定继承人。受遗赠人是指按照遗嘱的指定接受遗产的法定继承人之外的人。继承人、受遗赠人不能做遗嘱见证人，因为他们是继承法律关系的主体，是直接的受益人，如果允许他人做见证人，则有可能会使遗嘱的内容有利于自己，会造成不必要的纠纷。

第三，与继承人、受遗赠人有利害关系的人。与继承人、受遗赠人有利害关系的人，主要是指继承人、受遗赠人的近亲属，《继承法意见》第36条规定："继承人、受遗赠人的债权人、债务人，共同经营的合伙人，也应当视为与继承人、受遗赠人有利害关系的人，不能作为遗嘱的见证人。"如果允许与继承人、受遗赠人有利害关系的人参与遗嘱见证，难以保证遗嘱见证的客观性和公正性，也容易引起争议。

除此之外，遗嘱见证人应当是了解遗嘱内容的人。盲人、文盲、聋哑人不能作为代书遗嘱的见证人。聋哑人不能作为录音遗嘱、口头遗嘱的见证人。

2. 遗嘱的变更，是指遗嘱人在立遗嘱后对遗嘱的内容进行修改或变动。如变更继承人、受遗赠人或者变更继承人、受遗赠人的份额。遗嘱的撤销，是指遗嘱人在立遗嘱后对所立遗嘱予以废除。如另立一份新遗嘱或者销毁原遗嘱。遗嘱变更与撤销的区别，主要在于遗嘱人对遗嘱的内容改变的程度不同。变更只是遗嘱人部分地改变了原遗嘱的意思表示，也就是对遗嘱的部分撤销；而撤销遗嘱是遗嘱人变更原遗嘱的全部内容，也就是对原遗嘱的意思表示进行全部的变更。

遗嘱的变更和撤销与设立遗嘱一样，需要具备一定的条件才能发生遗嘱变更或者遗嘱撤销的法律效力。遗嘱变更或撤销的条件是：(1) 变更或撤销遗嘱时遗嘱人必须具有遗嘱能力。只有完全民事行为能力人可以设立遗嘱，也只有完全民事行为能力人才可以变更或者撤销遗嘱。如果遗嘱人立遗嘱时具有遗嘱能力，但立遗嘱后丧失了民事行为能力，则不能变更或者撤销遗嘱。(2) 变更或撤销遗嘱必须是遗嘱人真实的意思表示。遗嘱人撤销或变更其所立的遗嘱，取决于遗嘱人个人的意愿，至于其动机或目的，法律不予干涉。但如果遗嘱人是在他人胁迫、欺骗之下变更或撤销了遗嘱的，原遗嘱依然有效。

3. 遗嘱执行人，是指有权按照遗嘱人的意志执行遗嘱的人。《继承法》第 16 条第 1 款规定："公民可以依照本法规定立遗嘱处分个人财产，并可以指定遗嘱执行人。"遗嘱执行人确定的方式，《继承法》没有作限制性的规定，遗嘱执行人的确定主要有三种形式：

第一，遗嘱人指定的遗嘱执行人。遗嘱人可以口头在生前指定遗嘱执行人，也可以用书面、录音、公证等形式指定一人或数人担任遗嘱执行人。被指定的遗嘱执行人，可以是法定继承人，也可以是其他的公民或组织。遗嘱人指定遗嘱执行人是单方的法律行为，即遗嘱人无须征得被指定人的同意，只要遗嘱人一经指定即发生法律效力。

第二，法定继承人担任遗嘱执行人。如果遗嘱人没有指定遗嘱执行人，或者遗嘱指定的遗嘱执行人因各种原因不能担任遗嘱的执行人或拒绝担任遗嘱执行人时，遗嘱执行人应当由法定继承人的全体，或协商后指定其中的一人或数人担任，如果法定继承人对遗嘱执行人协商不成时，可以诉请人民法院裁决。

第三，遗嘱人生前所在单位或者继承开始地的基层社会组织担任遗嘱执行人。如果遗嘱人没有指定遗嘱执行人，也没有法定继承人担任遗嘱执行人，遗嘱应由遗嘱人生前所在的单位、基层组织，如居民委员会、村民委员会担任遗嘱执行人。

4. 遗赠，是指公民以遗嘱的方式表示在其死后将遗产的一部或全部赠给国家、集体或法定继承人之外的人的法律行为。《继承法》第 16 条第 3 款规定："公民可以立遗嘱将个人财产赠给国家、集体或者法定继承人以外的人。"在遗赠法律关系中，设立遗赠的遗嘱人，被称为遗赠人，接受遗赠的人，被称为受遗赠人。遗赠所指向的标的，被称为遗赠物。遗赠具有以下几点法律特征：

第一，遗赠是遗赠人将遗产赠与法定继承人以外的国家、集体或个人的法律行为。

第二，遗赠是要式的法律行为。遗赠应以遗嘱的方式进行，由《继承法》加以规范和调整，遗赠人设立遗赠，以及撤销、变更或修改遗赠的内容，都必须符合遗嘱的形式要件，否则不发生遗赠的法律效力。

第三，遗赠是单方的法律行为。遗赠人只需用遗嘱的方式表示遗赠的愿望，受遗赠人是否接受遗赠，并不影响遗赠的法律效力。遗赠人生前有权单方取消或变更遗赠，任何人都不得干涉。如果受遗赠人不接受遗赠，遗赠的财产按照法定继承的方式由遗赠人的法定继承人继承，或作无主财产处理。

第四，遗赠是无偿的法律行为。遗赠是给予受赠人财产利益的行为，这种财产利益必须是无偿的，既可以是财产权利的让与，也可以是遗赠人对受赠人义务的免除，即遗赠人可以立遗嘱将其遗产让与给受遗赠人，也可以免除受赠人所欠的债务。但遗赠人只能将财产权利遗赠给受遗赠人，不能将财产义务交由受遗赠人承担。如果遗赠人在遗嘱中对受赠人受赠遗产附加义务的，其所附的义务不得超出受赠人接受遗赠财产利益的限度。

第五，遗赠是遗赠人死后发生效力的法律行为。遗赠人立遗嘱将财产赠与他人的意思表示是在生前作出，但遗嘱只有在遗赠人死亡后才发生法律效力，即遗赠人死亡是受遗赠人取得财产的前提条件。

第六，遗赠是由受遗赠人亲自行使受遗赠权的法律行为。遗赠的受益主体具有特定性和不可替代性，受遗赠权是不能转让的，如果受遗赠的主体是集体组织，其在遗赠生效前已被撤销、解散的，遗赠不发生法律效力。如果受遗赠的主体是自然人，其必须是在遗赠生效时生存的人。如果受赠人在继承开始前死亡，其受赠财产应由遗赠人的法定继承人继承。《继承法》第27条规定，遗嘱继承人、受遗赠人先于遗嘱人死亡的，遗产中的有关部分按照法定继承办理。

5. 遗嘱的有效要件，是指遗嘱须符合法律规定的哪些条件才具有法律效力。在遗嘱继承中，遗嘱的效力是至关重要的，其直接影响到遗嘱人的意志能否实现，遗嘱继承人能否依照遗嘱取得遗产的问题。作为遗嘱人实施的法律行为，遗嘱的有效要件是：

第一，遗嘱人必须具有遗嘱能力。遗嘱能力，是指公民具有设立遗嘱、按照自己意愿处分财产的能力和资格。遗嘱是一种民事法律行为，设立遗嘱须具有相应的民事行为能力。订立遗嘱是重要的处分财产的民事活动，因而，根据《继承法》第22条的规定，只有完全的民事行为能力人所立的遗嘱，才具有法律效力。无行为能力人、限制行为能力人没有遗嘱能力，不能从事设立遗嘱这种重大的民事活动。

第二，遗嘱必须是遗嘱人的真实意思表示。意思表示真实，是指遗嘱人的意思表示是根据其内心的真实意愿作出的，反映其内心的意思。《继承法》第22条第2款、第3款规定："遗嘱必须表示遗嘱人的真实意思，受胁迫、欺骗所立的遗嘱无效。伪造的遗嘱无效。"在民法上，胁迫是指一方当事人以恐吓、威胁、逼迫等手段预示要对另一方当事人或者其亲属的生命、健康、财产的安全或名誉等施加某种现实的或将来的危害，使对方当事人产生恐惧心理，陷入意志不自由状态，从而作出违背自己内心真意的意思表示。欺诈是指一方当事人故意告知对方虚假情况，或者故意隐瞒真实情况，诱使对方当事人作出错误的意思表示。订立遗嘱是法律赋予公民行使财产自由处分的权利。任何公民、组织用威胁、强迫行为迫使遗嘱人设立的遗嘱，或者用制造虚假事实、掩盖事实真相的手段欺骗遗嘱人所订立的遗嘱，都是对遗嘱人自由处分遗产权利的侵害，遗嘱人因此而订立的遗嘱无效。伪造的遗嘱，是冒用他人的名义所订立的遗嘱，因而是无效的。认定遗嘱是否遗嘱人的真实意思表示，应当从以下四个方面确认：①遗嘱人在立遗嘱时必须处于意志自由状态，没有在身体上、精神上受到任何外来的强制；②遗嘱人立遗嘱时必须神志清醒，能够了解自己行为的性质和后果；③遗嘱人立遗嘱必须是完全自愿的；④遗嘱人在遗嘱中所表达的意思是清晰的。

第三，遗嘱不得取消缺乏劳动能力又没有生活来源的继承人必要的遗产份额。必要的遗产份额是保障缺乏劳动能力又没有生活来源的继承人的基本生活需要，《继承法意见》第37条规定："遗嘱人未保留缺乏劳动能力又没有生活来源的继承人的遗产份额，遗产处理时，应当为该继承人留下必要的遗产，所剩余的部分，才可参照遗嘱确定的分配原则处理。继承人是否缺乏劳动能力又没有生活来源，应按遗嘱生效时该继承人的具体情况确定。"

第四，遗产必须是遗嘱人的个人合法财产。公民所立遗嘱处分的只能是自己的财产，遗嘱中有关处分他人财产的部分无效。《继承法意见》第38条规定："遗嘱人以遗嘱处分了属于国家、集体或他人所有的财产，遗嘱的这部分，应认定无效。"

第五，遗嘱的内容必须合法。法律赋予公民自由处分遗产的权利，但这种处分权并非不受任何的限制，如果遗嘱人所立的遗嘱违反了法律或侵犯了他人合法权益的，该遗嘱不具有法律效力。判断遗嘱的内容是否合法，应以遗嘱发生法律效力即遗嘱人死亡时为准。凡违反了法律强制性的规定，或违反了社会公共道德，损害了社会公共利益的遗嘱无效。

第六，遗嘱必须符合法定的形式要件。遗嘱是要式的法律行为，必须符合法定的形式。设立遗嘱是重大的民事法律行为，只有遗嘱的形式符合法律的规定，遗嘱才具有法律效力，不合形式要件的遗嘱，即使遗嘱的内容合法，也不具有法律效力。《继承法意见》第35条规定：“继承法实施前订立的，形式上稍有欠缺的遗嘱，如内容合法，又有充分证据证明确为遗嘱人真实意思表示的，可以认定遗嘱有效。”换句话说，1985年10月1日《继承法》施行后订立的遗嘱，形式上有欠缺的，不再具有法律效力。

6. 遗嘱有广义和狭义之分，广义上的遗嘱涵盖死者生前对其死后一切事务所作的预先处置和安排，包括政治、身份、财产、情感、道德等方面的内容。狭义上的遗嘱，即法律意义上的遗嘱，专指公民生前按照法律的规定处分自己的财产和财产权利，并于死后发生法律效力的单方的民事行为。遗嘱，具有以下法律特征：

第一，遗嘱是被继承人生前所为的法律行为，但在其死后才发生法律效力。遗嘱是公民生前以遗嘱方式对其财产所作的预先处分，但遗嘱在遗嘱人生前并不发生法律效力，遗嘱继承人不能在遗嘱人生存时要求按照遗嘱继承遗产。在民事法律体系中，遗嘱归属于法律事实，是一种符合民事法律规范的、能够引起民事主体的民事权利义务关系产生、变更和消灭的客观现象。但遗嘱这一法律事实并不能独立产生法律效力，其必须与遗嘱人死亡这一法律事实相结合，形成一个完整的法律事实，才能使遗嘱的内容产生相应的法律后果。没有遗嘱人死亡的法律事实的出现，遗嘱则不具有法律意义。

第二，遗嘱人必须具有遗嘱能力。遗嘱人的民事行为能力，称为遗嘱能力，是指公民具有设立遗嘱的能力和资格。《继承法》第22条第1款规定：“无行为能力人或者限制行为能力人所立的遗嘱无效。”依此规定，只有完全民事行为能力人才有遗嘱能力，其所立遗嘱才具有法律效力。除此之外，无民事行为能力人、限制行为能力人都不具有遗嘱能力，所立的遗嘱都不具有法律效力。这里要特别强调的是，公民设立遗嘱的行为不得由他人代理，无行为能力人、限制行为能力人的法定代理人可以代理其进行其他的民事活动，但无权代理其订立遗嘱。

第三，遗嘱必须是遗嘱人真实的意思表示。真实意思表示，是指遗嘱人所立的遗嘱必须由遗嘱人亲自完成。这是因为遗嘱是遗嘱人对自己财产所作的处分，具有严格的人身专属性，只能由遗嘱人独立地作出意思表示，他人不得代为表示，换句话说，遗嘱不适用民法上有关民事代理的规定。由代理人代理设立的遗嘱不具有法律效力。《继承法》第22条规定，遗嘱必须表示遗嘱人的真实意思，受胁迫、欺骗所立的遗嘱无效。伪造的遗嘱无效。遗嘱被篡改的，篡改的内容无效。

第四，遗嘱是单方的法律行为。单方的法律行为，是指基于一方当事人的意思表示即可成立的民事法律行为。遗嘱是典型的单方法律行为，遗嘱人无须征求遗嘱继承人、受遗赠人的意见，完全可以凭借自己的意愿，用遗嘱的方式处分遗产。因此，遗嘱生效前，遗嘱人可以随时以自己的意愿变更或撤销遗嘱。至于遗嘱继承人或受遗赠人是否接受遗产，并不影响遗嘱的成立和效力。

第五，遗嘱是要式的法律行为。要式法律行为，是指只有符合法律规定的法定形式，才具有法律效力。遗嘱是要式的法律行为，是指合法有效的遗嘱必须符合法律规定的形式，缺少形式要件的遗嘱，不发生遗嘱人预期的法律后果。由于遗嘱事关继承人的继承权，因此法律对遗嘱规定了严格的形式要件，只有符合这些形式要件，遗嘱才具有法律效力，才能受到法律的保护。

7. 遗嘱继承，是指继承人依照被继承人的遗嘱继承被继承人遗产的一种继承方式。遗嘱继承是继承制度中的重要组成部分，是与法定继承相对应的一种继承方式。《继承法》第16条第2款、第3款规定：“公民可以立遗嘱将个人财产指定由法定继承人的一人或者数人继承。公民可以立遗嘱将个人财产赠给国家、集体或者法定继承人以外的人。”公民依照自己的意愿立遗嘱处分其个人财产，不仅体现了国家对公民个人合法财产所有权的充分保护，而且也有利于家庭职能的实现。总的来说，遗嘱继承有以下法律特征：

第一，遗嘱继承是依据遗嘱指定的继承。因此，遗嘱继承是以被继承人生前留有合法有效的遗嘱为成立条件的。

第二，遗嘱继承是在法定继承人范围内指定继承人的继承。

第三，遗嘱继承体现的是被继承人的意志。遗嘱继承是被继承人按照自己的意志，依法用遗嘱的方式指定遗产的继承人及其继承份额。遗嘱继承直接体现被继承人的意志，充分尊重被继承人行使财产权的意愿。

第四，遗嘱继承的法律效力高于法定继承。遗嘱继承优先于法定继承，继承开始后，被继承人留有遗嘱的，应先按照遗嘱进行继承，不受法定继承人的范围、顺序和遗产分配原则的限制。

案例分析题

本题涉及相互间有继承关系的数人在同一事件中死亡且死亡先后时间无法确定的，如何适用推定原则的问题。《继承法意见》第2条规定，相互有继承关系的几个人在同一事件中死亡，如不能确定死亡先后时间的，推定没有继承人的人先死亡。死亡人各自都有继承人的，如几个死亡人辈分不同，推定长辈先死亡；几个死亡人辈分相同，推定同时死亡，彼此不发生继承，由他们各自的继承人分别继承。根据该规定，本题中，甲、丙系父子相互间有继承关系在同一事件中死亡且先后时间无法确定，二人除对方外均有其他法定继承人，甲有法定继承人乙、丁，丙有法定继承人乙、戊、庚。因此，应当推定甲先死亡，甲与乙之共同财产分割出一半，即30万元作为甲之遗产，由于某甲生前曾立遗嘱指定丁继承全部遗产，因而该30万元全部由丁继承。丙后于甲死亡，其遗产由其法定继承人乙、戊、庚继承，各得5万元。乙共分得35万元，丁分得30万元，戊、庚各得5万元。

材料分析题

从维护道义、保护社会利益和维护家庭关系的角度出发，建议增设特留份制度以替代必留份，该方案主要包括以下内容：

（1）特留份权利人。遗嘱人立遗嘱时，必须为下列法定继承人预留本法规定的份额。第一顺序法定继承人的特留份为其应继份的1/2；第二顺序法定继承人的特留份为其应继份的1/3；除本法有特别规定外，特留份适用法定继承的规定。

（2）特留份的丧失。继承人按照本法的规定丧失继承权的，其特留份同时消灭。

（3）特留份的抛弃权。继承人可以在继承开始后，向相对人以明示的方式抛弃特留份权。继承人向受遗赠人履行支付标的物的义务者，视为抛弃特留份权。继承人不得抛弃继承权，而仅保留特留份权。

（4）特留份算定的基础财产。特留份，依被继承人在继承开始时所有一切财产的价额，加特种赠与的财产的价额，从其中扣除遗产债务的全额算定。附解除条件的权利、存续期间不确定的权利、遗产中附停止条件的权利由利害关系人协商确定其价格。协商不能者，可以向人民法院提起诉讼。

（5）特留份扣减权。特留份权利人，为保全特留份，在必要的限度内，得请求扣减遗嘱处分。

（6）扣减权行使后不当得利及物权请求权的准用。扣减权行使后，特留份权人对相对人可以选择行使物权请求权或不当得利请求权。

（7）遗赠、赠与依标的的物价额的比例扣减。扣减应当按照遗赠标的的物价额比例扣减，但遗嘱人在其遗嘱中已表示特别意思的，从其意思。

（8）因受遗赠人无资力损失的负担。因应受扣减的受赠人无资力所生的损失，归特留份权利人负担。

（9）附负担赠与的扣减。附负担遗赠，得就其标的价额中扣除负担的价额，请求其扣减。

（10）扣减权的除斥期间。扣减权，自特留份权利人知道或应当知道有行使扣减权的事由起，一年间不行使时消灭。

（11）扣减标的的范围。关于特留份扣减权的规定适用于遗嘱继承、死因赠与、遗嘱信托。

论述题

1. 遗赠和遗嘱继承，都是遗嘱人以遗嘱的方式处分自己的财产，并于遗嘱人死后财产所有权发生转移的法律行为。但二者仍具有以下的区别之处。

第一，受遗赠人与遗嘱继承人的范围不同。遗嘱继承的主体限于法定继承人范围内的人，既包括第一顺序的继承人，也包括第二顺序的继承人。除此之外，取得代位继承权的晚辈直系血亲，以及对公婆、岳父母尽了主要赡养义务的丧偶儿媳、女婿也可成为遗嘱继承人。而受遗赠人的范围则是国家、集体或者法定继承人之外的人。

第二，受遗赠权与遗嘱继承权承担的义务不同。遗嘱继承人在享有继承遗产的同时，也负有清偿遗嘱人债务的义务。遗嘱继承人清偿遗嘱人的债务和税款，以遗产的实际价值为限。受遗赠人除负担遗赠人附加的义务外，不承担清偿遗赠人所欠债务和税款的义务。但受遗赠人只有在遗赠人的债务和税款被清偿后，才可获得遗赠。在遗赠人的债务和税款超过遗产的实际价值时，受遗赠人不得主张受遗赠权。

第三，受遗赠人与遗嘱继承人接受遗产的方式不同。遗嘱继承人接受遗嘱继承的时间，法律没有作限制性的规定，只要遗嘱继承人在遗产分割前没有作放弃继承的意思表示，即视为接受继承。而受遗赠人接受遗赠，应当在知道受遗赠的两个月内作出明确的接受遗赠的意思表示，到期没有表示的，视为放弃受遗赠。

第四，受遗赠人与遗嘱继承人取得遗产的方式不同。遗嘱继承人有责任保管和直接参与遗产分配的权利和义务。受遗赠人是法定继承人之外的人或组织，不能直接参与遗产的分割，其只能从继承人或者遗嘱执行人处取得受遗赠的财产。

2. 遗赠扶养协议，是指由遗赠人与扶养人签订的由遗赠人立下遗嘱将自己所有的合法财产指定在其死后转移给扶养人所有，而由扶养人承担遗赠人生养死葬的协议。《继承法》第 31 条规定："公民可以与扶养人签订遗赠扶养协议。按照协议，扶养人承担该公民生养死葬的义务，享有受遗赠的权利。公民可以与集体所有制组织签订遗赠扶养协议。按照协议，集体所有制组织承担该公民生养死葬的义务，享有受遗赠的权利。"

第一，遗赠扶养协议是双方的法律行为。遗赠人与扶养人之间是一种合同关系，任何一方在合同成立后，非经法定的事由和程序都不得擅自变更或解除协议，否则就应承担违约责任。

第二，遗赠扶养协议是双务的法律行为。双务法律行为，是指双方当事人都承担一定义务的法律行为。遗赠扶养协议中的权利义务是相对的，双方当事人既享有权利也承担义务。

第三，遗赠扶养协议是诺成性的法律行为。诺成性的法律行为，是指当事人意思表示达成一致即成立的法律行为。遗赠扶养协议经双方协商一致，即发生法律效力。

3. 第一，遗赠扶养协议的法律效力高于法定继承、遗嘱继承和遗赠。《继承法》第 5 条规定："继承开始后，按照法定继承办理；有遗嘱的，按照遗嘱继承或者遗赠办理；有遗赠扶养协议的，按照协议办理。"依此，当遗嘱继承与遗赠扶养协议相抵触时，执行遗赠扶养协议；只有遗赠扶养协议未处分的遗产，才能按照遗嘱继承或法定继承处理。

第二，遗赠扶养协议一经签订，双方必须认真遵守协议的各项规定。遗赠扶养协议使扶养人和被扶养人之间形成了约定的权利义务关系，对此双方都要履行。扶养人应当履行自己的扶养义务，按照协议对被扶养人给予生活上的照顾和扶助，以及被扶养人后事的处理。扶养人不认真履行扶养义务的，受扶养的一方有权请求解除协议。受扶养人生前未解除协议的，对不尽扶养义务或者以非法手段夺取遗赠财产的扶养人，经继承人或有关单位的请求，人民法院可以剥夺扶养人的受遗赠权。对于不认真履行扶养义务，致使受扶养人在生活上没有得到妥善照顾的，人民法院可酌情对扶养人受遗赠的财产数额予以减少。受扶养人应当履行在其死后将其财产遗赠给扶养人的义务，对其在协议中指定遗赠给扶养人的财产，受扶养人在其生前享有占有、使用、收益的权利，但处分遗赠财产则应受到限制，如果受扶养人擅自处分财产导致扶养人的受遗赠权无法实现的，扶养人有权解除遗赠扶养协议，并要求受扶养人补偿已经付出的扶养费。

4. 第一，被继承人立有合法有效的遗嘱。被继承人生前没有立遗嘱的，或者虽然立有遗嘱但经人民法院确认该遗嘱无效的，不能实行遗嘱继承。

第二，遗嘱继承人未放弃或丧失继承权。无论是法定继承人还是遗嘱继承人都必须具有继承的资格，遗嘱继承人因具有丧失继承权的法定事由，或是遗嘱继承人明确表示放弃继承权的，则不发生遗嘱继承。被继承人在遗嘱中指定的由丧失或放弃继承权的继承人继承的遗产，应当依法定继承处理。

第三，遗嘱继承不得妨碍遗赠扶养协议的执行。遗嘱继承的效力高于法定继承，但遗嘱继承的效力不能对抗遗赠扶养协议，如果被继承人所立的遗嘱与其生前所签订的遗赠扶养协议的内容相抵触的，必须执行遗赠扶养协议。这是因为遗赠扶养协议是遗赠人与扶养人签订的，由扶养人负担遗赠人生养死葬的义务，并按照协议取得遗赠人遗产的权利的契约。《继承法》第5条规定："继承开始后，按照法定继承办理；有遗嘱的，按照遗嘱继承或者遗赠办理，有遗赠扶养协议的，按照协议办理。"由此不难看出，遗嘱继承的效力高于法定继承，遗赠扶养协议的效力高于遗嘱继承。

5. 遗嘱的形式，是指遗嘱人处分自己遗产的几种方式。因遗嘱体现的是被继承人的意愿，并对法定继承人的继承权产生直接的影响，所以，各国在继承立法上，对遗嘱的设立及对遗嘱形式上的审查，都规定有极为严格的程序。根据我国《继承法》第17条的规定，我国遗嘱的法定形式有以下五种：

第一，公证遗嘱。公证遗嘱是经过国家公证机关公证的遗嘱。公证，是国家公证机关根据当事人的申请，依法对法律行为、有法律意义的文书，以及事实的真实性、合法性给予的认可和证明。为确保遗嘱内容的真实性，避免继承纠纷的发生，有条件的尽可能办理公证遗嘱。这是一种特殊形式的书面遗嘱，由于公证遗嘱是经公证机关对遗嘱内容进行审查，并出具公证证书对遗嘱内容的真实性和合法性予以证实的，因此，较其他形式的遗嘱，公证遗嘱的效力大于其他形式的遗嘱。公证遗嘱更能保障遗嘱人意思表示的真实性，可以有效地防止他人欺骗、伪造，避免继承遗产的纠纷。公证遗嘱有较强的证明性，根据《民事诉讼法》的规定，在没有相反证据足以推翻公证遗嘱所证明的事实时，人民法院可以将公证遗嘱直接作为认定事实的根据。

第二，自书遗嘱。自书遗嘱是遗嘱人亲自书写的遗嘱。自书遗嘱具有简便易行、修改容易、便于保密等特点。《继承法》第17条规定，自书遗嘱由遗嘱人亲笔书写，签名，注明年、月、日。

第三，代书遗嘱。代书遗嘱是遗嘱人口述遗嘱内容，由他人代为书写的遗嘱。遗嘱是遗嘱人对其个人财产或其他事项所作的处理，应当由其本人完成，但有些遗嘱人因不识字或书写有困难的，可以委托他人代为书写遗嘱。《继承法》第17条规定，代书遗嘱应当有两个以上见证人在场见证，由其中一人代书，注明年、月、日，并由代书人、其他见证人和遗嘱人签名。

第四，录音遗嘱。录音遗嘱是遗嘱人以录音的方式立下的遗嘱。录音遗嘱是现代科学技术发展的产物，这种形式的遗嘱，能够直接、完整地反映遗嘱人的意思表示，在一定程度上方便遗嘱人，因此，《继承法》第17条规定，以录音形式立的遗嘱，应当有两个以上见证人在场见证。见证人在见证录音遗嘱完成后，最好能将录音遗嘱的载体封存并签名。

第五，口头遗嘱。口头遗嘱是遗嘱人在危急情况下用口头表述的遗嘱。口头遗嘱形式简便，是遗嘱人在紧急情况下不能以其他方式订立遗嘱时作为应急的一种遗嘱形式。由于口头遗嘱具有不固定性，极易被篡改、编造，因而，世界各国对口头遗嘱的设立都非常谨慎。

6. 遗嘱的有效要件，是指遗嘱须符合法律规定的哪些条件才具有法律效力。在遗嘱继承中，遗嘱的效力是至关重要的，其直接影响到遗嘱人的意志能否实现，遗嘱继承人能否依照遗嘱取得遗产的问题。作为遗嘱人实施的法律行为，遗嘱的有效要件是：

第一，遗嘱人必须具有遗嘱能力。遗嘱能力，是指公民具有设立遗嘱、按照自己意愿处分财产的能力和资格。遗嘱是一种民事法律行为，设立遗嘱须具有相应的民事行为能力。订立遗嘱是重要的处分财产的民事活动，因而，根据《继承法》第22条的规定，只有完全的民事行为能力人所立的遗嘱才具有法律效力。无行为能力人、限制行为能力人没有遗嘱能力，不能从事设立遗嘱这种重大的民事活动。根据《民法通则》的规定，无行为能力人、限制行为能力人可以由其法定代理人代理其从事民事活动，但设立遗嘱的行为，与其身份密不可分，法律特别规定遗嘱行为不得由其法定代理人代为行使。

第二，遗嘱必须是遗嘱人的真实意思表示。意思表示真实，是指遗嘱人的意思表示是根据其内心的真实意愿作出的，反映其内心的意思。《继承法》第22条第2款、第3款规定："遗嘱必须表示遗嘱人的真实意思，受胁迫、欺骗所立的遗嘱无效。伪造的遗嘱无效。”在民法上，胁迫是指一方当事人以恐吓、威胁、逼迫等手段预示要对另一方当事人或者其亲属的生命、健康、财产的安全或名誉等施加某种现实的或将来的危害，使对方当事人产生恐惧心理，陷入意志不自由状态，从而作出违背自己内心真意的意思表示。欺诈是指一方当事人故意告知对方虚假情况，或者故意隐瞒真实情况，诱使对方当事人作出错误的意思表示。订立遗嘱是法律赋予公民行使财产自由处分的权利。任何公民、组织用威胁、强迫行为迫使遗嘱人设立的遗嘱，或者用制造虚假事实、掩盖事实真相的手段欺骗遗嘱人所订立的遗嘱，都是对遗嘱人自由处分遗产权利的侵害，遗嘱人因此而订立的遗嘱无效。伪造的遗嘱，是冒用他人的名义所订立的遗嘱，因而是无效的。

第三，遗嘱不得取消缺乏劳动能力又没有生活来源的继承人必要的遗产份额。必要的遗产份额是保障缺乏劳动能力又没有生活来源的继承人的基本生活需要，《继承法意见》第 37 条规定：“遗嘱人未保留缺乏劳动能力又没有生活来源的继承人的遗产份额，遗产处理时，应当为该继承人留下必要的遗产，所剩余的部分，才可参照遗嘱确定的分配原则处理。继承人是否缺乏劳动能力又没有生活来源，应按遗嘱生效时该继承人的具体情况确定。”

第四，遗产必须是遗嘱人的个人合法财产。公民所立遗嘱处分的只能是自己的财产，遗嘱中有关处分他人财产的部分无效。《继承法意见》第 38 条规定：“遗嘱人以遗嘱处分了属于国家、集体或他人所有的财产，遗嘱的这部分，应认定无效。”

第五，遗嘱的内容必须合法。法律赋予公民自由处分遗产的权利，但这种处分权并非不受任何的限制，如果遗嘱人所立的遗嘱违反了法律或侵犯了他人合法权益的，该遗嘱不具有法律效力。判断遗嘱的内容是否合法，应以遗嘱发生法律效力即遗嘱人死亡时为准。凡违反了法律强制性的规定，或违反了社会公共道德，损害了社会公共利益的遗嘱无效。

第六，遗嘱必须符合法定的形式要件。遗嘱是要式的法律行为，必须符合法定的形式。设立遗嘱是重大的民事法律行为，只有遗嘱的形式符合法律的规定，遗嘱才具有法律效力，不合形式要件的遗嘱，即使遗嘱的内容合法，也不具有法律效力。《继承法意见》第 35 条规定：“继承法实施前订立的，形式上稍有欠缺的遗嘱，如内容合法，又有充分证据证明确为遗嘱人真实意思表示的，可以认定遗嘱有效。”换句话说，1985 年 10 月 1 日《继承法》施行后订立的遗嘱，形式上有欠缺的，不再具有法律效力。

7. 法定继承和遗嘱继承都是私有制的产物，其中，遗嘱继承因更能直接体现私有者对遗产处分的愿望。在现代，遗嘱自由已成为各国继承法上的一项基本原则，目的是要充分地保护公民个人财产的所有权，防止被继承人死亡后，家庭成员为争夺遗产而产生纠纷。

任何制度的存在，都有其积极和消极的一面。遗嘱继承有利于被继承人按自己的意志处分遗产，但有时会因个人的好恶、偏爱、一时感情冲动而滥用遗嘱自由原则而显失公平。事实上，各国历史上都没有过绝对意义上的遗嘱自由，继承制度是建立在家庭制度之上的法律制度，法律在承认所有人处分自己财产的同时，必须考虑家庭的稳定和家庭职能的正常行使，考虑被继承人对家庭其他成员的责任。所以，遗嘱自由自古至今，一直都受家庭制度和伦理道德的限制。在我国，对遗嘱自由的限制表现为以下几点：

第一，遗嘱自由受宪法和法律的限制。凡遗嘱人所立的遗嘱违反了国家的宪法和法律的，该遗嘱不具有法律效力。

第二，遗嘱自由不得违背社会道德和公序良俗。由于遗嘱具有改变继承人范围、继承顺序和继承份额等效力，关系到继承人实际继承遗产权利的取得或丧失，因而，继承法一方面赋予了公民处分自己遗产的自由权，另一方面又要求公民在处分遗产时必须符合社会公共利益，如果遗嘱的内容违反了社会公共利益或善良风俗的，则该遗嘱无效。

第三，遗嘱自由不得剥夺缺乏劳动能力又没有生活来源的继承人的必要遗产份额。《继承法》第 19 条规定：“遗嘱应当对缺乏劳动能力又没有生活来源的继承人保留必要的遗产份额。”依法享有“必留份”的继承人，应当是缺乏劳动能力又没有生活来源的继承人，必须符合以下两个条件：

①必须是被继承人的法定继承人，即依法对被继承人的遗产享有继承权的人。②必须是缺乏劳动能力又没有生活来源的人，对此，主要是从两方面看，“缺乏劳动能力”，是指在被继承人死亡时，继承人不具备或尚不完全具备劳动能力，如未成年人或丧失劳动能力的老年人、残疾人等。“没有生活来源”是指继承人不具有独立维持最低物资生活的条件，这里并不是指一般意义上的生活困难，而是指该继承人在被继承人生前是靠被继承人的供养来维持生活的，被继承人死亡后，其生活处于没有生活来源的状态。缺乏劳动能力又没有生活来源须同时具备，如果继承人缺乏劳动能力但有生活来源，或者没有生活来源但有劳动能力的，均不属于为其保留必留份的继承人。

第十七章　遗产的处理

知识逻辑图

- 遗产处理
  - 继承开始
    - 时间：被继承人死亡之时
    - 地点：被继承人死亡前住所地或主要遗产所在地
    - 通知继承人、遗嘱执行人
    - 保管遗产
  - 继承的接受与放弃
    - 接受
      - 明示方式
      - 推定方式
    - 放弃
      - 明示方式
      - 推定方式
  - 遗产分割
    - 分割原则
      - 互谅互让、协商分割
      - 应当保留胎儿的应继份额
      - 发挥遗产的最大效用
    - 分割方法
      - 实物分割
      - 折价分割、适当补偿
      - 由继承人共有
    - 分割的效力
      - 分割后的效力，溯及继承开始之时
      - 共同继承人间的瑕疵担保责任
        - 瑕疵担保责任的种类
          - 权利瑕疵担保责任
          - 物的瑕疵担保责任
        - 责任分担方法
          - 按人数平均分担
          - 按应继份额比例分担
  - 被继承人债务的清偿
    - 概念及范围
    - 清偿原则
    - 清偿方式
      - 统一清偿：适用于遗产分割前
      - 分别清偿：适用于遗产分割后

名词解释

1. 限定继承
2. 概括继承
3. 无人继受的遗产
4. 遗产分割
5. 遗产保管人
6. 遗产债务

选择题

（一）单项选择题

1. 失踪人被宣告死亡，其遗产继承从（　　）开始。

A. 利害关系人向人民法院申请宣告失踪人死亡时

B. 失踪人下落不明之日

C. 人民法院判决宣告之日

D. 人民法院判决中确定的失踪人的死亡时间

2. 某甲死后，其遗产被分割殆尽。乙根据甲的遗嘱继承了现金 8 万元，丙获得甲遗赠的价值 12 万元的汽车，丁根据法定继承分得房产一处，价值 20 万元。现甲生前的债权人戊持 5 万元借据请求偿还。根据我国法律规定，戊的债权如何实现？(　　)

A. 由丁全部偿还

B. 由乙、丙、丁按继承遗产的价值比例偿还

C. 由乙偿还 2 万元，由丙偿还 3 万元

D. 由丙全部清偿

3. 根据我国继承法的规定，下列财产哪项不属于遗产范围？(　　)

A. 承包经营企业所得个人收益

B. 土地承包经营权

C. 有限责任公司中的出资额

D. 四荒土地承包经营所得收益

(二) 多项选择题

1. 张某生三子甲、乙、丙。张某死后，遗产包括 1 张 10 000 元的存折，1 台电视机和一些旧家具。甲、乙、丙三人经协商后，甲继承了存款，乙继承了电视机，丙继承了旧家具。不久，李某向乙出示了自己将电视机借于张某的借条，乙将电视还于李某，下列选项中的说法哪些是正确的？(　　)

A. 分遗产时乙自愿要电视机，故无权要求甲、丙进行补偿

B. 甲、丙应承担权利瑕疵担保责任

C. 甲、丙构成不当得利

D. 甲、丙应按其所得遗产比例向乙进行补偿

2. 某甲中年丧妻，生子乙、丙、丁，女戊。某甲曾经立下遗嘱，指定其死后遗产由丙继承 2 万元，戊继承 3 万元。甲去世后，遗有现金 8 万元，丙分得 2 万元，戊分得 3 万元。剩余 3 万由乙、丁均分。分割完毕后，某甲债权人庚上门索债，请求偿还 6 万元。根据我国法律相关规定，该债务如何偿还？(　　)

A. 由乙、丁各偿还 1.5 万元

B. 由丙偿还 1.2 万元，由戊偿还 1.8 万元

C. 由丙、戊各偿还 1.5 万元

D. 由乙、丙、丁、戊各偿还 1.5 万元

3. 被继承人生前先后立有数份遗嘱，根据我国相关法律的规定，应当按照哪些原则处理？(　　)

A. 如果其数份遗嘱内容相冲突，应以其最后所立遗嘱为准

B. 如果其数份遗嘱中有一份是经过公证的，则以公证的遗嘱为准

C. 即使有数份遗嘱，也应按法定继承处理

D. 对于其遗嘱中没涉及的财产，应按法定继承处理

4. 下列关于被继承人债务清偿的说法哪些是错误的？(　　)

A. 遗产分割完毕尚未清偿被继承人债务的，只能由法定继承人在其所继承遗产的实际价值范围内清偿

B. 继承人对被继承人债务的清偿仅限于其所继承遗产的实际价值范围内

C. 被继承人的遗产应当首先全部用来清偿债务，清偿完毕如有剩余，则进行分割；如无剩余，则继承结束

D. 继承人自愿以其个人财产偿还超过其所继承遗产实际价值的被继承人债务的，应予支持

(三) 不定项选择题

1. 某甲与某乙系夫妻，生子丙。某日，甲、乙、丙（尚未成年）与甲父丁出海旅游，因遭遇海啸不幸全部遇难，无法确定其死亡先后时间。经过调查，甲有一弟弟戊，乙无其他法定继承人。根据相关法律规定，推定四人死亡先后顺序是(　　)。

A. 甲先死亡，乙随后死亡，再次丙，丁最后死亡

B. 丙先死亡，丁随后死亡，甲、乙同时死亡

C. 乙、丙先死亡，丁随后死亡，甲最后死亡

D. 甲先死亡，丁随后死亡，再次乙，丙最后死亡

2. 章某生前曾与他的邻居朱某签订了遗赠扶养协议，朱某尽了主要扶养义务。去世前，章某还立下一份遗嘱。章某去世后，他的女儿从远方赶回来，要求继承遗产。下列有关章某遗产继承说法不正确的有哪些？(　　)

A. 应当由当事人协商解决，如果协商不成，由人民法院判决

B. 应由按遗嘱、遗赠扶养协议、法定继承的顺序进行继承

C. 遗赠扶养协议有效，应先按遗赠扶养协议进行，接下来按遗嘱和法定继承进行

D. 应先由章某的女儿继承，然后按遗赠扶养协议和遗嘱继承

3. 根据我国继承法的规定，遗产继承从（　　）开始。

A. 遗产被分割之时

B. 通知全部继承人之时

C. 继承人各自应继份额确定之时

D. 被继承人死亡之时

简答题

1. 简述被继承人死亡时间的推定。

2. 简述遗产分割后各共同继承人相互间对遗产之担保责任。

3. 简述遗产债务的清偿方式。

4. 简述无人继受遗产的处理。

5. 简述遗产的分割方法。

案例分析题

王某、赵某系夫妻，生子甲、乙、丙，女丁。甲与A婚后育有一子戊一女庚，甲平日喜好户外运动，有次在练习攀岩时不幸坠落山崖，经抢救无效死亡。王某夫妇二人闻之噩耗，伤心欲绝，先后去世。王某夫妇二人早年经商，家境殷实，去世后，留有遗产价值200万元。乙、丙、丁料理完丧事后，分割遗产前，丙因抢救落水儿童不幸牺牲，留妻子B以及幼子辛。根据我国相关法律规定，王某夫妇遗产该如何分割？

材料分析题

我国《继承法》第35条规定："民族自治地方的人民代表大会可以根据本法的原则，结合当地民族财产继承的具体情况，制定变通的或者补充的规定。自治区的规定，报全国人民代表大会常务委员会备案。自治州、自治县的规定，报省或者自治区的人民代表大会常务委员会批准后生效，并报全国人民代表大会常务委员会备案。"谈谈你对该条文的理解。

论述题

1. 简述继承开始的法律意义。

2. 试述遗产债务的清偿原则。

3. 试述我国遗产分割的原则与方式。

参考答案

名词解释

1. 限定继承，是指继承人仅限于在一定范围内继承被继承人的财产权利和义务。在限定继承中，继承人继承被继承人的债务以遗产的实际价值为限，对被继承人生前所欠的债务超过遗产实际价值的部分，继承人可以不负清偿责任。

2. 概括继承，是指继承人必须继承被继承人的全部财产权利和义务。在概括继承中，如果被继承人的债务超过其财产和财产权利的，继承人也要继承被继承人的遗产而不得拒绝，继承人须以自己的财产清偿被继承人生前所欠的债务。

3. 无人继受的遗产，是指被继承人死后，在法定期间内其遗产没有人接受继承也没有人受领遗赠，该遗产遂为无人继承的遗产。此处之法定期限，就法定继承和遗嘱继承而言，系始于继承开始之时，终于遗产处理之时；就受遗赠而言，系指继承开始后，受遗赠人得知其受遗赠后两个月内。无人继承，系指没有法定继承人和遗嘱继承人或虽有法定继承人和遗嘱继承人然其全部放弃继承或者丧失继承权。无人受领遗赠，系指被继承人生前未以遗嘱设立遗赠，或者虽已设立遗赠但却无效，或者受遗赠人全部放弃继承或被法院剥夺了受遗赠权，或者被继承人生前从未订立遗赠扶养协议。

4. 遗产分割，是指为了消除遗产的共有关系，各个继承人从遗产中分出其所享有的应继份额的行为。

5. 遗产保管人，是对遗产负责保存和管理的人。我国《继承法》第24条规定："存有遗产的人，应当妥善保管遗产，任何人不得侵吞或者争抢。"《继承法意见》第44条规定："人民法院在审理继承案件时，如果知道有继承人而无法通知

的，分割遗产时，要保留其应继承的遗产，并确定该遗产的保管人或保管单位。”

6. 遗产债务，是指被继承人生前所欠依法应由其个人偿还的债务，即被继承人生前以个人名义欠下的，完全用于被继承人个人的需要或其他依法应当由其个人承担法律责任的债务。

选择题

（一）单项选择题

1. C。我国《继承法》第 2 条规定：“继承从被继承人死亡时开始。”确定继承开始的时间，系以被继承人死亡时为准。被继承人死亡时包括自然死亡和宣告死亡两种情形。自然死亡应以医学上公认的确定生命终止的时间为准。我国《民法总则》第 48 条规定：“被宣告死亡的人，人民法院宣告死亡的判决作出之日视为其死亡的日期；因意外事件下落不明宣告死亡的，意外事件发生之日视为其死亡的日期。”因此，根据《继承法》第 2 条以及《民法总则》第 48 条的规定，选项 C 为正确选项。

2. A。当遗嘱继承、遗赠以及法定继承等多种继承方式并存时，如果在遗产分割后再清偿被继承人债务，则将产生依照不同继承方式取得遗产的数个继承人的清偿顺序问题。我国《继承法》为上述几种继承方式规定了不同的效力顺序，即第 5 条所规定的：“继承开始后，按照法定继承办理；有遗嘱的，按照遗嘱继承或者遗赠办理；有遗赠扶养协议的，按照协议办理。”因此，在多种继承方式并存时，被继承人债务的清偿顺序亦有先后之别，《继承法意见》第 62 条规定：“遗产已被分割而未清偿债务时，如有法定继承又有遗嘱继承和遗赠的，首先由法定继承人用其所得遗产清偿债务；不足清偿时，剩余的债务由遗嘱继承人和受遗赠人按比例用所得遗产偿还；如果只有遗嘱继承和遗赠的，由遗嘱继承人和受遗赠人按比例用所得遗产偿还。”本题中，丁作为法定继承人应当首先在其继承遗产的实际价值限度内清偿被继承人债务。因此，选项 A 为正确选项。

3. B。遗产，是指被继承人死亡时遗留的个人所有财产和法律规定可以继承的其他财产权益的总和，包括积极遗产和消极遗产。积极遗产指死者生前个人所有的财产和可以继承的其他合法权益，如债权和著作权中的财产权益等。消极遗产指死者生前所欠的个人债务。我国《继承法》第 3 条规定：“遗产是公民死亡时遗留的个人合法财产，包括：（一）公民的收入；（二）公民的房屋、储蓄和生活用品；（三）公民的林木、牲畜和家禽；（四）公民的文物、图书资料；（五）法律允许公民所有的生产资料；（六）公民的著作权、专利权中的财产权利；（七）公民的其他合法财产。”

选项 A，我国《继承法》第 4 条规定：“个人承包应得的个人收益，依照本法规定继承。个人承包，依照法律允许由继承人继续承包的，按照承包合同办理。”因此，承包经营企业所得的收益属于遗产。

选项 B，我国《农村土地承包法》第 15 条规定：“家庭承包的承包方是本集体经济组织的农户。”据此，农户是承包经营合同的承包主体，家庭中部分成员死亡的，并不影响作为承包方的农户存在，因此不发生继承问题，由家庭中其他成员继续承包。

选项 C，《继承法意见》第 3 条规定：“公民可继承的其他合法财产包括有价证券和履行标的为财物的债权等。”因此，有限责任公司的出资额也属于遗产的范围。

选项 D，根据我国《继承法》第 4 条的规定，四荒土地的承包经营收益属于遗产范围。

（二）多项选择题

1. BD。本题涉及遗产分割时各继承人间的权利瑕疵担保责任问题。权利瑕疵担保责任，是指遗产分割后，各共同继承人对其他继承人分得的遗产因他人追夺而丧失所承担的责任。如果遗产本身负载着各个继承人以外之第三人的权利，遗产分割后难免产生该当负载他人权利的遗产为第三人所追夺的情形，分得该遗产的继承人权益将因他人追夺行为而受损。被追夺的遗产通常是本非被继承人之财产或者虽系被继承人所有却为其生前所处分的财产。遗产分割时，由于各该继承人不知遗产上存在权利瑕疵，以致分得该遗产的继承人日后因第三人之追夺行为而受损害，因而其他继承人应当承担担保责任，以维护各该继承人利益均衡。关于权利瑕疵担保责任的分担方法主要有两种：一是按照继承人的人数平均负担，即各共同继承人对其他继承人所分遗产的担保责任，按照全体共同继承人人数平均分担；二是各继承人按照其各自的应继份额分担，即各共同继承人对其他继承人所分遗产的瑕疵担保责任，按照各继承人应继份额的比例分担。比如，某继承人分得的遗产因被追夺而使其丧失全部或者部分应继份额的，其有权请求其他共同继承人重新按各自的应继份额分割遗产以补足该遗产被追夺的继承人的应继份额。此外，如果承担担保责任的某继承人丧失资力时，其担保责任由有请求权的继承人和其他继承人按照各自应继份额的比例分担。本题中，甲、乙、丙三人分割遗产时并不知道电视机系李某所有，无论乙是否自愿分得电视机，甲、丙二人应按其所得遗产比例对乙进行补偿。选项 BD 为正确选项。

2. AB。本题涉及被继承人债务清偿问题。当遗嘱继承、遗赠以及法定继承等多种继承方式并存时，如果采用分别清偿方法，即在遗产分割后再清偿被继承人债务，则将产生依照不同继承方式取得遗产的数个继承人的清偿顺序问题。由于我国《继承法》为上述几种继承方式规定了不同的效力顺序，即第 5 条所规定的“继承开始后，按照法定继承办理；有遗嘱的，按照遗嘱继承或者遗赠办理；有遗赠扶养协议的，按照协议办理”，所以，在多种继承方式并存时，被继承人债务的清偿顺序亦有先后之别。《继承法意见》第 62 条规定：“遗产已被分割而未清偿债务时，如有法定继承又有遗嘱继承和遗赠的，首先由法定继承人用其所得遗产清偿债务；不足清偿时，剩余的债务由遗嘱继承人和受遗赠人按比例用所得遗产偿还；如果只有遗嘱继承和遗赠的，由遗嘱继承人和受遗赠人按比例用所得遗产偿还。”本题中，对于甲生前的债务，应当首先由其法定继承人乙、丁在继承遗产实际价值范围内清偿，即二人各偿还 1.5 万元。法定继承人所继承的遗产不足以清偿的，剩余的债务由遗嘱继承人按比例用所得遗产清偿，即由丙、戊按比例清偿，即由丙偿还 1.2 万元，戊偿还 1.8 万元。因此，选项 AB 为正确选项。

3. ABD。本题涉及先后数份遗嘱相互冲突时何者效力优先的问题。遗嘱既然是遗嘱人基于其自由意志处分个人合法财产的手段，则遗嘱人于其生前根据情况变化有权变更或撤销其所立遗嘱系属当然。《继承法》第 20 条第 1 款规定：“遗嘱人可以撤销、变更自己所立遗嘱。”遗嘱的变更，是指遗嘱人依法改变原遗嘱的部分内容。遗嘱的撤销，是指遗嘱人取消原遗嘱的全部内容。为确保遗嘱能够体现遗嘱人之真实意愿，与订立遗嘱类似，遗嘱的变更或者撤销亦须遗嘱人亲力亲为，他人不得代理。遗嘱的变更和撤销的方式主要有明示方式和推定方式两种。明示方式，是指遗嘱人公开为意思表示，明确表示对原遗嘱进行修改和撤销。遗嘱人以明示方式对原遗嘱进行变更或撤销时，须以完成法定的方式为必要。我国《继承法》第 20 条第 3 款规定：“自书、代书、录音、口头遗嘱，不得撤销、变更公证遗嘱。”因此，遗嘱人欲变更或者撤销公证遗嘱，必须经公证机关办理方为有效。推定方式，是指如果遗嘱人的行为与遗嘱体现的意思表示前后矛盾或遗嘱人所立数份遗嘱内容前后抵触，则推定遗嘱人对其原遗嘱进行了变更或者撤销。《继承法意见》第 39 和 42 条分别对推定的规则作出了规定，第 39 条规定：“遗嘱人生前的行为与遗嘱的意思表示相反，而使遗嘱处分的财产在继承开始前灭失、部分灭失或所有权转移、部分转移的，遗嘱视为被撤销或部分被撤销。”第 42 条规定：“遗嘱人以不同形式立有数份内容相抵触的遗嘱，其中有公证遗嘱的，以最后所立公证遗嘱为准；没有公证遗嘱的，以最后所立的遗嘱为准。”因此，选项 ABD 为正确选项。

4. AC。选项 A，遗产分割完毕尚未清偿被继承人债务的，假如遗嘱继承、遗赠以及法定继承等多种继承方式并存，则将产生依照不同继承方式取得遗产的数个继承人的清偿顺序问题。我国《继承法》第 5 条为上述几种继承方式规定了不同的效力顺序：“继承开始后，按照法定继承办理；有遗嘱的，按照遗嘱继承或者遗赠办理；有遗赠扶养协议的，按照协议办理。”因此，在多种继承方式并存时，被继承人债务的清偿顺序亦有先后之别，《继承法意见》第 62 条规定：“遗产已被分割而未清偿债务时，如有法定继承又有遗嘱继承和遗赠的，首先由法定继承人用其所得遗产清偿债务；不足清偿时，剩余的债务由遗嘱继承人和受遗赠人按比例用所得遗产偿还；如果只有遗嘱继承和遗赠的，由遗嘱继承人和受遗赠人按比例用所得遗产偿还。”因此，遗产分割完毕被继承人债务尚未清偿的，如果仅有法定继承，则仅由法定继承人负责清偿；如果多种继承方式并存，则按照上述顺序清偿。因此，选项A说法错误。

选项B，我国《继承法》第33条规定：“继承遗产应当清偿被继承人依法应当缴纳的税款和债务，缴纳税款和清偿债务以他的遗产实际价值为限。超过遗产实际价值部分，继承人自愿偿还的不在此限。继承人放弃继承的，对被继承人依法应当缴纳的税款和债务可以不负偿还责任。”因此，选项B说法正确。

选项C，《继承法意见》第61条规定：“继承人中有缺乏劳动能力又没有生活来源的人，即使遗产不足清偿债务，也应为其保留适当遗产，然后再按继承法第33条和民事诉讼法第180条（现已失效）的规定清偿债务。”因此，选项C说法错误。

选项D，分析理由同选项B。

（三）不定项选择题

1. C。本题涉及相互间有继承关系的数人在同一事件中死亡且死亡先后时间无法确定的，如何适用推定原则确定各继承人死亡时间先后的问题。《继承法意见》第2条规定：“相互有继承关系的几个人在同一事件中死亡，如不能确定死亡先后时间的，推定没有继承人的人先死亡。死亡人各自都有继承人的，如几个死亡人辈分不同，推定长辈先死亡；几个死亡人辈分相同，推定同时死亡，彼此不发生继承，由他们各自的继承人分别继承。”

根据题目的描述，戊为某甲的弟弟，也就是说，戊分别为甲、丁的继承人。而乙和丙除了同时遇难的甲和丁外，并无其他继承人，因此推定乙、丙先死亡。甲、丁二人中，丁系长辈，推定先于甲死亡。因此，选项C为正确选项。

2. ABD。本题涉及遗赠扶养协议与遗嘱并存时该如何处理的问题。对于遗赠扶养协议与遗嘱并存的情形，我国《继承法》第5条规定了处理原则：“继承开始后，按照法定继承办理；有遗嘱的，按照遗嘱继承或者遗赠办理；有遗赠扶养协议的，按照协议办理。”《继承法意见》第5条规定：“被继承人生前与他人订有遗赠扶养协议，同时又立有遗嘱的，继承开始后，如果遗赠扶养协议与遗嘱没有抵触，遗产分别按协议和遗嘱处理；如果有抵触，按协议处理，与协议抵触的遗嘱全部或部分无效。”本题中，章某与朱某签订遗赠扶养协议，约定朱某对其生养死葬。根据上述条文规定，应优先按遗赠扶养协议办理。因此，章某死后其遗产应当按照遗赠扶养协议处理，然后再按遗嘱和法定继承进行。因此，选项ABD说法错误，为应选项。

3. D。我国《继承法》第2条规定：“继承从被继承人死亡时开始。”确定继承开始的时间，系以被继承人死亡时为准。被继承人死亡时包括自然死亡和宣告死亡两种情形。自然死亡应以医学上公认的确定生命终止的时间为准。故选项D为正确选项。

简答题

1. 当两个或两个以上互有继承关系的人在同一事件中死亡，而死亡的先后时间又不能确定的，如何推定他们死亡的先后顺序，是事关继承人切身利益的重大问题，其直接影响着继承人的范围。《继承法意见》第2条规定：“相互有继承关系的几个人在同一事件中死亡，如不能确定死亡先后时间的，推定没有继承人的人先死亡。死亡人各自都有继承人的，如几个死亡人辈分不同，推定长辈先死亡；几个死亡人辈分相同，推定同时死亡，彼此不发生继承，由他们各自的继承人分别继承。”这一规定，是推定被继承人死亡时间所必须遵循的法则。其适用的条件是：(1) 两个以上的人在同一事件中死亡。(2) 这些人相互之间有继承关系。(3) 各自死亡时间的先后顺序无法认定。其推定的三种后果是：第一，数人中有的有继承人，有的没有继承人的，推定没有继承人的人先死亡。第二，都有继承人而辈分不同的，推定长辈先死。第三，都有继承人而辈分相同的，推定同时死亡，彼此不发生继承，遗产分别由各自的继承人继承。

2. 瑕疵担保责任，是指在交易活动中当事人一方移转财产（或财产权利）给另一方时，应担保该财产（或财产权利）没有瑕疵，若移转的财产（或财产权利）存在瑕疵，则应向对方当事人承担相应的责任。瑕疵担保责任一般为有偿合同的当事人承担的责任，如出卖人向买受人承担瑕疵担保责任。瑕疵担保责任是一种法定责任，而非当事人约定的责任。瑕疵担保责任可分为权利瑕疵担保责任和物的瑕疵担保责任两种。前者又被称为追夺担保，系就移转之标的物保证第三人不得向财产继受人主张任何权利责任；后者为担保标的物质量上无瑕疵的责任。我国《继承法》对遗产分割后各共同继承人相互间对分割之遗产的瑕疵担保责任未加规定。但是，遗产分割后，一旦某继承人分得的遗产因存在权利上的瑕疵而被追夺或因存在质量上的瑕疵而受损害，该当继承人的合法权益将受到损害。为维护各共同继承人的继承权益，保证遗产分割公平合理，各共同继承人相互之间应当对对方分得的遗产承担一定的瑕疵担保责任。如此，则假使某继承人分得的遗产因存在权利上的瑕疵而被他人追夺或因存在质量上的瑕疵而受损害，该当继承人有权请求其他继承人重新分割遗产，其他继承人则负有重新分割遗产或依各自其应继份额按比例对该当继承人所受损失予以弥补的义务。对遗产的瑕疵担保责任分为物的瑕疵担保责任与权利瑕疵担保责任，以下分别介绍：

第一，物的瑕疵担保责任，是指遗产分割后，各共同继承人对其他继承人经分割所得遗产本身的质量上的瑕疵承担的担保责任。承担物的瑕疵担保责任的要件是：①遗产的瑕疵必须是在遗产分割之前就已存在。如果是遗产分割后产生的瑕疵，其他继承人不承担担保责任。②分得瑕疵遗产的继承人在遗产分割时不知道该遗产上存在瑕疵。如果分得瑕疵遗产的继承人在遗产分割时明知该遗产上存在瑕疵仍然同意分得该遗产，则风险自担，其他继承人不承担责任。③各继承人应在遗产分割后合理期间内检查其分得的遗产，如有瑕疵，应及时通知其他继承人。④各继承人间未有限制或免除瑕疵担保责任之特约，如果各继承人间存在该当特约，则各继承人不承担瑕疵担保责任或者仅承担特约厘定之责任。

第二，权利瑕疵担保责任，是指遗产分割后，各共同继承人对其他继承人分得的遗产因他人追夺而丧失所承担的责任。如果遗产本身负载着各个继承人以外之第三人的权利，遗产分割后难免产生该当负载他人权利的遗产为第三人所追夺的情形，分得该遗产的继承人权益将因他人追夺行为而受损。被追夺的遗产通常是本非被继承人之财产或者虽系被继承人所有却为其生前所处分的财产。遗产分割时，由于各该继承人不知遗产上存在权利瑕疵，以致分得该遗产的继承人日后因第三人之追夺行为而受损害，因而其他继承人应当承担担保责任，以维护各该继承人利益均衡。权利瑕疵除第三人追夺外，就广义而言，还包括债务人支付能力瑕疵。由于遗产范围中包括被继承人生前对他人所享有之债权，该当债权之债务人的支付能力对债权能否实现至关重要。因而，在遗产分割后，对于因分割而获债权之继承人，各其他继承人应就遗产分割时债务人之支付能力，负担担保责任。如果前述债权附有停止条件或清偿期未届满，则其他继承人就应清偿时债务人之支付能力负担担保责任。

关于瑕疵担保责任的分担方法主要有两种：一是人均分担，即各共同继承人对其他继承人所分遗产的担保责任，按照全体共同继承人人数平均分担；二是比例分担，即各共同继承人对其他继承人所分遗产的瑕疵担保责任，按照各继承人应继份额的比例分担。此外，如果承担担保责任的某继承人丧失资力时，其担保责任由有请求权的继承人和其他继承人按照各自应继份额的比例分担。

3. 清偿遗产债务的具体方式，一般采用两种方式：第一，总体清偿的方式，即先将被继承人的债务从遗产中扣除，剩余的遗产再由继承人继承。这种清偿方式的优点在于，有利于债权的及时受偿，防止遗产分割后因债务得不到清偿而引发的纠纷。第二，分别清偿的方式，即在遗产分割后，由各继承人按照其继承的比例，分别向债权人偿还债务。这种清偿的方式优点在于，各继承人的清偿责任明确，但对债权人的保护不利。

4. 无人继受的遗产，是指被继承人死后，其遗产既没有人接受继承又没有人受领遗赠，该遗产遂为无人继承的遗产。无人继承，系指没有法定继承人和遗嘱继承人或者虽有法定继承人和遗嘱继承人然其全部放弃继承或者丧失继承权。无人受领遗赠，系指被继承人生前未以遗嘱设立遗赠，或者虽已设立遗赠但却无效，或者受遗赠人全部放弃遗赠或被法院剥夺了受遗赠权，或者被继承人生前从未订立遗赠扶养协议。如果被继承人的遗产出现上述无人继承又无人受遗赠的情况，则成为无人继承的遗产。

(1) 无人继受遗产的确定。继承开始后，被继承人有无继承人、受遗赠人情况不明时，应由死者生前单位或所在基层组织或人民法院发出寻找继承人、受遗赠人的公告，公告期一般为1年，逾期无人接受继承或受领遗赠的，则被继承人的遗产属于无人继承又无人受遗赠的财产。

(2) 无人继受的遗产的处理。我国《继承法》第32条规定："无人继承又无人受遗赠的遗产，归国家所有；死者生前是集体所有制组织成员的，归所在集体所有制组织所有。"根据死者生前身份不同，接受遗产的主体也不尽相同。除集体经济组织有权接受作为其成员的死者的遗产外，死者无论生前是否系国家机关、企事业单位工作人员，其遗产均归国家所有。不仅如此，纵然国家或集体组织有权接受无人继承遗产，其仍应在有限清偿限度内以该遗产清偿被继承人生前所负债务。另外，《继承法意见》第57条规定："遗产因无人继承收归国家或集体组织所有时，按继承法第14条规定可以分给遗产的人提出取得遗产的要求，人民法院应视情况适当分给遗产。"

5. 遗产的分割方法，是指继承人取得遗产应继份的具体方法。如果被继承人已经在遗嘱中指定了具体的分割方法，应按照遗嘱的指定分割。被继承人没有遗嘱或遗嘱对遗产分割不明确的，应由共同继承人协商处理，或由有关单位调解，也可以直接向人民法院提起诉讼。《继承法》第29条规定，不宜分割的遗产，可以采取折价、适当补偿或者共有等方法处理。根据这一规定，在分割遗产时，应当针对继承人的需要和遗产的性质采取相应的处理方法。

案例分析题

本题主要考查代位继承与转继承之区别。代位继承是指继承人的子女先于被继承人死亡的，继承开始后由被继承人子女的晚辈直系血亲代替原继承人继承被继承人的遗产。在代位继承中，先于被继承人死亡的继承人，称为被代位人；代替先于被继承人死亡的继承人继承遗产的人称为代位人。我国《继承法》第11条规定："被继承人的子女先于被继承人死亡的，由被继承人的子女的晚辈直系血亲代位继承。代位继承人一般只能继承他的父亲或者母亲有权继承的遗产份额。"

转继承，是指继承人在继承开始后，遗产分割前死亡，其应继承的遗产份额由他的继承人继承。《继承法意见》第52条规定："继承开始后，继承人没有表示放弃继承，并于遗产分割前死亡的，其继承遗产的权利转移给他的合法继承人。"本质上，转继承是原继承人继承遗产权利的转移，所以又被称为再继承或者第二次继承。代位继承与转继承的区别主要有以下几点：

(1) 前提不同。代位继承发生的前提是被继承人的子女先于其死亡。转继承的发生前提是继承人后于被继承人死亡且未表示放弃继承权。

(2) 代位继承中死亡的继承人仅限于被继承人的子女。转继承中死亡的继承人既可以是被继承人的子女，也可以是被继承人的其他继承人。

(3) 代位继承中实际继承遗产的代位继承人仅限于被继承人子女的晚辈直系血亲。转继承中实际继承遗产的转继承人既可以是原继承人的晚辈直系血亲，也可以是原继承人的其他继承人。

(4) 适用范围不同。代位继承仅适用于法定继承。转继承则既可以适用于法定继承，又可以适用于遗嘱继承，即无论是法定继承抑或是遗嘱继承，只要在继承开始后，继承人未表示放弃继承而于遗产分割前死亡的，原继承人的应继份额均可转由其继承人继承。

本题中，甲先于被继承人死亡，因此应由其晚辈直系血亲戊、庚代位继承王某夫妇之遗产，因甲系王某夫妇的第一顺序法定继承人，故戊、庚亦为王某夫妇之第一顺序法定继承人。由于A不是甲的直系卑亲属，因而非代位继承人，故不参与遗产的分割。乙与丁系王某夫妇之子女，自然为第一顺序法定继承人。本题的难点在于判断丙、辛以及B的继承地位。丙在料理完王某夫妇之丧事后遗产分割前死亡，因此应当适用转继承制度。转继承制度中，转继承人是被转继承人的继承人，包括了辛以及其妻子B。

因此，本题中，王某夫妇遗产的分割如下：由戊、庚代位甲继承遗产，各得25万元，其妻子A并非代位继承人，不参与遗产的分割；丙的应继份额50万元转由其幼子辛以及妻子B继承，二人各分得25万元；乙、丁均为法定继承人，各得50万元。

材料分析题

我国是一个多民族的国家，在长期共同发展的过程中，各族人民在创造着中华民族灿烂文化的同时，也仍然保留着各民族不同的风俗习惯，我国《宪法》规定，各少数民族聚居的地方实行民族自治制度，即在国家统一的领导下，民族自治地方的人民代表大会有权依照当地民族的政治、经济和文化的特点，制定自治条例和单行条例。

依据宪法，《继承法》第35条规定："民族自治地方的人民代表大会可以根据本法的原则，结合当地民族财产继承的具体情况，制定变通的或者补充的规定。自治区的规定，报全国人民代表大会常务委员会备案。自治州、自治县的规定，报省或者自治区的人民代表大会常务委员会批准后生效，并报全国人民代表大会常务委员会备案。"这一规定表明民族自治地方在不能适用《继承法》时，可以制定变通或补充的规定，民族自治区、自治州、自治县的人民代表大会可以根据本地区的实际情况制定地方继承法规。这种继承法规只适用于本地区，对其他地区不具有法律效力。按照特别法优于普通法的原则，当地方继承法规与《继承法》规定的不一致时，地方继承法规应优于《继承法》的适用。地方继承法规没有规定的，则应适用《继承法》的规定。

民族自治地方适用《继承法》时应注意的问题：第一，《继承法》规定的各项基本原则、基本内容适用于任何地方。各民族自治地方也必须遵守和执行。第二，民族自治地方的人民代表大会可以在不违背《继承法》基本原则和基本制度的情况下，结合本地区的具体风俗习惯和财产状况，制定变通或者补充的规定。第三，制定变通或者补充立法的地方，必须严格遵守立法程序的规定。自治区的规定，报全国人民代表大会常务委员会备案。自治州、自治县的规定，报省或者自治区的人民代表大会常务委员会批准后生效，并报全国人民代表大会常务委员会备案。

论述题

1. 我国《继承法》第2条规定："继承从被继承人死亡时开始。"确定继承开始的时间，系以被继承人死亡时为准。被继承人死亡时包括自然死亡和宣告死亡两种情形。自然死亡应以医学上公认的确定生命终止的时间为准。公民被宣告死亡的，应以法院判决中确定的失踪人的死亡日期为准。关于相互间有继承关系的数人在同一事件中死亡且死亡先后时间无法确定的，适用推定原则。《继承法意见》第2条规定："相互有继承关系的几个人在同一事件中死亡，如不能确定死亡先后时间的，推定没有继承人的人先死亡。死亡人各自都有继承人的，如几个死亡人辈分不同，推定长辈先死亡；几个死亡人辈分相同，推定同时死亡，彼此不发生继承，由他们各自的继承人分别继承。"继承开始除了确定时间外，还需确定继承开始的地点。我国《继承法》对继承开始的地点并无明文规定，但是民事诉讼法等相关法律却规定，继承开始的地点通常以被继承人生前最后住所地为主，遗产所在地为辅，即如果主要遗产不在被继承人生前最后住所地或者被继承人生前最后住所地不能确定的，则以被继承人主要遗产所在地作为继承开始的地点。确定继承开始的时间和地点具有极为重要的法律意义，详言之，即：

（1）继承开始的时间的法律意义

第一，继承开始的时间是继承人享有的继承期待权转化为继承既得权的依据。在继承开始之前，继承人对被继承人的遗产仅享有期待权，只有继承开始后，其继承遗产的期待权转化为继承既得权，继承人始有资格实际参加被继承人遗产分配并取得分割后遗产的所有权。易言之，被继承人的遗产的所有权从继承开始时的继承人共同所有，转化为在遗产最终分割后由各个继承人个人所有。

第二，继承开始的时间是确定遗产范围的基准。在被继承人死亡前，其财产处于变动不居的状态，遗产的范围自然无法确定。只有在被继承人死亡时，其所遗留的个人财产范围才能最终确定。被继承人死亡时遗留的所有个人合法财产才能纳入遗产范围。

第三，继承开始的时间是确定继承人范围的准据。只有在继承开始时尚生存且有继承权的继承人才有资格参加遗产分配，取得被继承人的遗产。如果继承人先于被继承人死亡，且该当继承人系被继承人之子女，则其继承地位由该当继承人之晚辈直系血亲承受，适用代位继承。如果先于被继承人死亡的继承人并非其子女，则无发生代位继承之余地。

第四，继承开始的时间是确定继承方式的根据。继承开始时，才能确定继承方式，即确定遗产的移转方式。有遗赠扶养协议的，按照协议办理；没有协议却有遗嘱的，按照遗嘱继承或者遗赠办理；既没有遗赠扶养协议又没有遗嘱的，或者除遗赠扶养协议和遗嘱外尚有未处理的遗产的，适用法定继承。不宁唯是，继承开始的时间亦是判定遗嘱是否有效的时间，只有在被继承人死亡时合法有效的遗嘱才能发生遗嘱继承或者遗赠的法律效力。

第五，继承开始的时间是确定继承回复请求权最长保护期限的准绳。我国《继承法》第 8 条规定："继承权纠纷提起诉讼的期限为 2 年，自继承人知道或者应当知道其权利被侵犯之日起计算。但是，自继承开始之日起超过 20 年的，不得再提起诉讼。"因此，继承回复请求权的权利最长保护期限是 20 年，从继承开始时起算。

（2）继承开始的地点的法律意义

确定继承开始的地点的法律意义在于，继承开始的地点是召集各个继承人、受遗赠人等有权参与遗产分配的人员的场所，亦是清查被继承人遗产、清偿被继承人生前所负债务、执行遗嘱、分割遗产的场所。更为重要的是，继承开始的地点是继承遗产纠纷的法院管辖地。我国《民事诉讼法》等相关法律规定，继承遗产的诉讼，由被继承人生前最后住所地或者主要遗产所在地人民法院管辖。

2. 继承人继承被继承人的遗产，应当清偿被继承人所欠的债务，继承人在清偿债务时，应当坚持如下原则。

第一，限定继承原则。限定继承，是指继承人仅限于在一定范围内继承被继承人的财产权利和义务。在限定继承中，继承人继承被继承人的债务以遗产的实际价值为限，对被继承人生前所欠的债务超过遗产实际价值的部分，继承人可不负清偿责任。与限定继承相对应的是概括继承，概括继承，是指继承人必须继承被继承人的全部财产权利和义务。在概括继承中，如果被继承人的债务超过其财产和财产权利的，继承人也要继承被继承人的遗产而不得拒绝，继承人须以自己的财产清偿被继承人生前所欠的债务。我国自古就有"父债子还"、"夫债妻还"的习俗。当被继承人生前欠有债务时，被继承人的子女或妻子就"天经地义"地要为其偿还，加上高利贷的盘剥，继承人往往为还债而倾家荡产，甚至被迫卖儿卖女或签订卖身契去抵债。从民法的角度上讲，公民作为平等、独立的民事主体，其因参与民事活动而取得的权利或设立的义务，应由本人享有或承担，因而，现代世界各国的继承立法大多都采用限定继承原则。我国《继承法》第 33 条规定："继承遗产应当清偿被继承人依法应当缴纳的税款和债务，缴纳税款和清偿债务以他的遗产实际价值为限。超过遗产实际价值部分，继承人自愿偿还的不在此限。继承人放弃继承的，对被继承人依法应当缴纳的税款和债务可以不负偿还责任。"

第二，保留"必留份"原则。《继承法》第 19 条规定："遗嘱应当对缺乏劳动能力又没有生活来源的继承人保留必要的遗产份额。"《继承法意见》第 61 条规定："继承人中有缺乏劳动能力又没有生活来源的人，即使遗产不足清偿债务，也应为其保留适当遗产，然后再按继承法第 33 条和民事诉讼法第 180 条（现已失效）的规定清偿债务。"这一规定是我国《继承法》养老育幼原则的体现，无论法定继承还是遗嘱继承，在遗产处理时都应当遵循这一原则，必须为缺乏劳动能力又没有生活来源的继承人保留必要的遗产份额，以保障他们基本的生活需要。

第三，清偿债务优先于执行遗赠原则。《继承法》第 34 条规定："执行遗赠不得妨碍清偿遗赠人依法应当缴纳的税款和债务。"在被继承人负债的情况下，必须在清偿债务后，才能执行遗赠。遗赠是被继承人以遗嘱的方式将其财产于死后赠与国家、集体或法定继承人之外的人的法律行为。为保障债权人的利益，防止被继承人利用遗赠逃避债务，《继承法》明确规定清偿债务优先于执行遗赠。

第四，连带责任原则。共同继承人对清偿被继承人的债务承担连带责任。由于继承人共同继承遗产后是共同共有关系，所以共同继承人对遗产债务应当承担连带责任。承担连带责任意味着被继承人的债权人有权向共同继承人中的一人或数人请求在遗产的实际价值内清偿债务，任何继承人不得拒绝。另外，在遗产分割后，各共同继承人仍然对被继承人的债权人负连带清偿责任。在继承人中的一人或数人清偿了遗产债务后，其他共同继承人应按照各自继承的比例分担遗产债务。

3. 根据我国《继承法》的相关规定，遗产分割应当遵循以下几方面原则：

第一，互谅互让、协商分割原则。我国《继承法》第 15 条规定，继承人应当本着互谅互让、和睦团结的精神，协商处理继承问题。遗产分割的时间、办法和份额，由继承人协商确定。协商不成的，可以由人民调解委员会调解或者向人民法院提起诉讼。遗产分割是各个继承人按其各自之应继份额从遗产中分出其所享有的财产从而消灭遗产共有关系的法律行为。因此，在分割遗产时，首先应当考虑的就是发挥继承人的自治精神，由其在互谅互让的基础上协商分割遗产，以期达到减少和避免继承纠纷，维持继承人间和睦状态的目的。因此，《继承法》将互谅互让、协商分割原则规定为遗产分割的主要原则。

第二，平均分割为主、兼顾其他原则。同一顺序继承人继承遗产的份额，一般应当均等，即如果同一顺序的各个法定继承人的生活状况、劳动能力以及对被继承人所尽扶养义务等条件相差不大时，各个继承人的应继份额应当均等。继承人协商同意的，各个继承人享有的份额也可以不均等。如果处于同一继承顺序的数个继承人经平等协商自愿达成遗产分配协议的，即使各自的份额不均等，也应当按照协议处理。但是，平均分割为主并不代表在任何情况下均不考虑差别，实行平均主义。在平均分割为主的基础上，亦应合理考量各个法定继承人的具体生活状况、劳动能力以及对被继承人所尽扶养义务等条件。①对生活有特殊困难的缺乏劳动能力的继承人，分配遗产时，应当予以照顾，即对于因年幼或年老以及病残等缺乏劳动能力且无固定经济来源或经济收入难以维持最低生活水平的继承人，应当适当照顾多分遗产，其所得份额一般大于平均份额。我国《继承法》规定遗产分割应当照顾既缺乏劳动能力又缺乏生活来源从而生活有特殊困难的继承人的做法，彰显了我国《继承法》养老育幼、照顾病残的原则，体现了社会主义扶危助困的道德风尚。②为胎儿保留继承份额。我国《继承法》第 28 条规定：“遗产分割时，应当保留胎儿的继承份额。胎儿出生时是死体的，保留的份额按照法定继承办理。”即遗产分割时，如果被继承人遗有尚未出生的胎儿，应当为胎儿保留其应当享有的应继份额以保证胎儿出生后受到正常的抚养与教育。未保留的，应当从继承人所继承的遗产中扣回。《继承法意见》第 45 条规定，为胎儿保留的遗产份额，如果胎儿出生后死亡的，由胎儿的法定继承人继承；如果胎儿出生即为死体的，则由被继承人的继承人继承。③根据继承人所尽扶养义务的情况确定其继承遗产的份额，即对被继承人尽了主要扶养义务或者与被继承人共同生活的继承人在分配遗产时，可以多分；有扶养能力和扶养条件的继承人不尽扶养义务的，分配遗产时，应当不分或者少分。这体现了权利义务相一致的法律原则。无论从法律上还是从道德上讲，权利与义务都是紧密联系、互呈互现的，没有不负担义务的权利，也没有不享有权利的义务。父母子女间有相互扶养的义务，也有相互继承遗产的权利。从权利义务相统一的原则出发，在进行遗产分割时必须兼顾各共同继承人生前对继承人尽义务的多少，尽义务多的继承人多分遗产，尽义务少的继承人则少分，不尽义务的则少分或不分。但是，权利义务相一致的原则也不是绝对的，不能根据该当原则排除未成年人、缺乏劳动能力又无生活来源的继承人的应继份额。不仅如此，在适用该原则时还应当注意两方面的情形：一是假设继承人虽然有扶养能力和扶养条件并且愿意尽扶养义务，但被继承人因有固定收入和劳动能力，明确表示不要求扶养的，分配遗产时，一般不应因此而影响其继承份额。二是有扶养能力和扶养条件的继承人虽然与被继承人共同生活，但对需要扶养的被继承人不尽扶养义务，分配遗产时，可以少分或者不分。

第三，有利生产、发挥遗产效用的原则。在

遗产的具体分割过程中，应当从有利于生产、充分发挥遗产功能的角度出发，结合遗产自身的属性以及各个继承人的需求状态来具体确定。关于遗产的具体分割方法，我国《继承法》第29条作出了规定："遗产分割应当有利于生产和生活需要，不损害遗产的效用。不宜分割的遗产，可以采取折价、适当补偿或者共有等方法处理。"根据这一规定，遗产分割的方式主要有以下几种：①实物分割。在不影响遗产的整体效用的前提下，各继承人可以采取实物分割方法。唯需注意的是，实物分割通常仅适用于可分物，即从物理上可分且不影响物之使用价值与交换价值之物。对于不可分物，因其属性不可分，故而各继承人无从获得各组成部分，而仅能获得物之价值份额。②折价分割。对于不宜进行实物分割的遗产，可采用折价分割的方式。对于不具可分性之遗产而言，各继承人唯有将其变价，并就价金依据各自份额比例分割。或者，各继承人也可约定遗产归某继承人所有，由该继承人向其他继承人作价补偿。③维持共有。对于无法通过实物或折价方式分割的遗产，如果各共有人达成一致意见，愿继续维持共有状态的，遗产可仍由各继承人共同共有。

图书在版编目（CIP）数据

婚姻家庭继承法练习题集 / 龙翼飞主编 .—北京：中国人民大学出版社，2018.4
21 世纪法学系列教材配套辅导用书
ISBN 978-7-300-25591-0

Ⅰ.①婚… Ⅱ.①龙… Ⅲ.①婚姻法-中国-高等学校-习题集 ②继承法-中国-高等学校-习题集
Ⅳ.①D923－44

中国版本图书馆 CIP 数据核字（2018）第 032787 号

21 世纪法学系列教材配套辅导用书
婚姻家庭继承法练习题集
主　编　龙翼飞
副主编　孙若军
Hunyin Jiating Jichengfa Lianxitiji

出版发行	中国人民大学出版社		
社　　址	北京中关村大街 31 号	**邮政编码**	100080
电　　话	010－62511242（总编室）		010－62511770（质管部）
	010－82501766（邮购部）		010－62514148（门市部）
	010－62515195（发行公司）		010－62515275（盗版举报）
网　　址	http://www.crup.com.cn		
经　　销	新华书店		
印　　刷	北京鑫丰华彩印有限公司		
规　　格	185mm×260mm　16 开本	**版　　次**	2018 年 4 月第 1 版
印　　张	13.75	**印　　次**	2021 年 4 月第 6 次印刷
字　　数	376 000	**定　　价**	28.00 元